Sammlung Metzler
Band 230

Hartmut Vinçon

Frank Wedekind

J. B. Metzlersche Verlagsbuchhandlung
Stuttgart

Illusionslos leben wir
nur vom Traum, der Illusion
dessen, der keine Illusionen
haben kann. (Fernando Pessoa)

Für Elisabeth Vinçon, meine Mutter

CIP-Kurztitelaufnahme der Deutschen Bibliothek

Vinçon, Hartmut:
Frank Wedekind / Hartmut Vinçon. –
Stuttgart: Metzler, 1987.
(Sammlung Metzler; SM230)

NE: GT

ISSN 0558-3667
ISBN 978-3-476-10230-0
ISBN 978-3-476-03933-0 (eBook)
DOI 10.1007/978-3-476-03933-0

SM 230

© 1987 Springer-Verlag GmbH Deutschland
Ursprünglich erschienen bei J. B. Metzlersche Verlagsbuchhandlung
und Carl Ernst Poeschel Verlag GmbH in Stuttgart 1987

Inhalt

1. Die Wedekind-Forschung. Ein Pamphlet

»*Kahane* betont, daß man gegenüber der Anklage gegen die Gesellschaft, die Wedekinds Buch sei, die Gesellschaft doch auch in Schutz nehmen müsse. Alle Kultur beruhe doch, wie Freud dargetan habe, auf Sexualverdrängung. Die Erziehung müsse in der Weise erfolgen, wenn auch einige daran zugrunde gingen: das sei gleichsam der Prüfstein, den die Gesellschaft dem Individuum entgegenhalte.«
(Protokolle der Wiener Psychoanalytischen Vereinigung. Bd. 1, 1906–1908. Frankfurt 1976: 13. Protokoll – Wedekinds: *Frühlings Erwachen*. S. 110)
»Was ihm die Gesellschaft nicht verzieh, war [. . .] nicht, daß er sie angriff, sondern daß er das von ihr vorgeblich Verpönte, dem sie in Wahrheit huldigte, offen als verpflichtendes Prinzip aussprach. Indem Wedekind die verkniffenen Gelüste des Bürgers aufs Tableau brachte, gab er ein Betriebsgeheimnis preis. Er ›verriet‹ nur eine Regelung, der er sich – indem er als ihr Prophet auftrat – tief verpflichtet fühlte.«
Michelsen, Peter: Frank Wedekind. In: Deutsche Dichter der Moderne. Ihr Leben und Werk. Berlin 3. Aufl. 1975 (1965), S. 59

Wedekind und Brecht gehören zu den wichtigsten und bedeutendsten Theaterautoren des 20. Jahrhunderts. Im Fall Wedekinds wurde dies von der – deutschen – Literaturwissenschaft kaum zur Kenntnis genommen. Schon früh wurde sein Werk zum ›Fall Wedekind‹ gemacht. Weder die staatliche Zensur und die reaktionäre Kulturkritik im Kaiserreich noch das Verbot von Wedekinds Werk durch den deutschen Faschismus veranlaßten nach 1945 die Germanistik, Wedekinds Dichtung zu rehabilitieren und so ein Stück deutscher Vergangenheit aufzuarbeiten und zu bewältigen. Dies zeitigte auch Folgen für die wissenschaftliche Rezeption seines Werkes bis heute. Kein anderer deutscher ›Klassiker der Moderne‹ wurde so sehr wie Wedekind philologisch und literar-historisch vernachlässigt. Was sind das für Fremdenführer, die Autor und Leser ›in die Wüste schicken‹?
Bis heute gibt es keine – eine für Wedekinds Werke besonders dringend erforderliche – kritische Ausgabe seines Gesamtwerks. Bis heute stellt sich die Wedekind-Forschung selbst vollkommen disparat dar. Sie nimmt sich selbst weder umfassend noch kritisch zur Kenntnis. Dabei hatte Artur Kutscher mit seiner Werkbiographie eine Vorarbeit geleistet, ohne die – auch wenn sie heute in vie-

lem überholt und kritisierbar ist – Wedekinds Werk vermutlich in noch größerem Ausmaß akademischer Verdrängung anheimgefallen wäre. An der literarhistorischen Rezeption Wedekinds läßt sich – dem prätentiösen Anspruch auf kulturelle Tradierung widersprechend – ein Exempel politischer Wissenschaftsgeschichte statuieren:

Der eine literarhistorische Held widerruft 1933 sein »Bekenntnis« zu Wedekind und läuft »Vom Wilhelm Meister zur SA« (Deutsche Rundschau 137, 1933) über. Der andere ist so gut wie schweigsam – nach 1933 – und beantragt 1941 die Aufnahme in die Partei, um erst nach 1945 wieder – ihm schon lang bekannte – ›Quellen‹ zu Wedekinds Werk zu veröffentlichen. Der dritte schreibt 1943 einen Aufsatz mit dem Titel »Der Einbruch des Judentums in das wissenschaftliche und fachliche Denken« (Das Deutsche Fachschrifttum. Berlin 1943, H. 4–6), und möchte sich nach 1945 – etabliert – ein weiteres Mal, nun mit Wedekind, rehabilitieren.

Was hat dies mit Wedekinds Werk zu tun? Viel! Ein geschichtlich diskrimierter und verbotener Autor und sein Werk sind – wie sich zeigt – besonders Fehleinschätzungen, Fehldeutungen und Fälschungen ausgesetzt. Auch der Selektion und der Zerstückelung seines Gesamtwerkes hat sich die Literaturwissenschaft nicht widersetzt. Noch heute ist es sogar möglich, daß ohne energischen Einspruch in der kulturellen Öffentlichkeit ein Werk wie Wedekinds »Lulu« pornographisch verfilmt werden kann. Wie wäre die Reaktion im Fall von Goethes »Faust. II«?

Erst spät und mühsam sind in der Bundesrepublik Deutschland, hier zunächst vor allem auf dem Theater, und in der Deutschen Demokratischen Republik, Versuche unternommen worden, Wedekinds Werk literatur- und theatergeschichtlich zu rekonstruieren. Diese notwendige Rekonstruktion ist aber bis heute noch nicht abgeschlossen und ließe sich bei einer lebendigen Tradition mit Sicherheit – in positivem Sinn – nicht ›abschließen‹. Das Gegenteil ist aber eher zu erwarten, wenn wie jetzt die Wedekind-Rezeption innerhalb der Literaturwissenschaft eher wieder abzunehmen scheint. Wedekinds Werk wäre es jedoch wert, nicht nur entdeckt zu werden, sondern auch als entdecktes wertgehalten zu bleiben. »Heute noch [. . .] leidet Wedekinds Werk unter einer Verständnislosigkeit, die mit der Borniertheit der wilhelminischen Epoche wetteifern kann.« (Rudolf Frank: Frank Wedekinds Ewigkeitswerte. Festrede zum hundertsten Geburtstag des Dichters. Typoskript 1964, S. 6)

2. Materialien

2.1 Nachlaß

Zur Ordnung des literarischen Nachlasses Frank Wedekinds wurde auf Veranlassung Tilly Wedekinds 1918 eine Kommission gebildet, der Joachim Friedenthal, Max Halbe, Artur Kutscher, Max Langheinrich, Heinrich Mann, Kurt Martens und Erich Mühsam angehörten. Einen ersten Überblick über den Nachlaß gaben Kutscher und Friedenthal in den Bänden 8 und 9 der Gesamtausgabe. Insgesamt gilt für die erste Beschreibung des Nachlasses, daß sie eine grobe und lückenhafte Skizze darstellt. Kutscher vertröstete auf seine damals von ihm vorbereitete Wedekind-Biographie, in welcher »alles [. . .] sorgfältig dargestellt werden« sollte (GW 8, S. 327). Dort wird das Nachlaßmaterial zwar nicht systematisch, wohl aber im einzelnen an chronologischer Stelle beschrieben. Was aber 1918 als Nachlaß vorlag, ist heute offenbar nicht mehr in vollem Umfang vorhanden.

Auf die Bedeutung des literarischen Nachlasses Wedekinds machte 1932 in einem Rundfunkvortrag Theodor W. Adorno noch einmal aufmerksam – in der »Hoffnung, es möchten Trümmer und Bruchstücke an die Ganzheit eines literarischen Werkes erinnern, während die Ganzheit des Werkes selber, die in Erscheinung trat, fürs öffentliche Bewußtsein in Trümmer und Bruchstücke zerfiel«. (S. 627) Was sich vor 1933 bereits abzeichnete, die gesellschaftliche Verdrängung des Wedekindschen Werkes als Ganzes, sie wurde schließlich während der Herrschaft des Faschismus vollzogen. Viele hielten es jetzt in Deutschland für inopportun, sich mit Wedekind auseinanderzusetzen. Die Nationalsozialisten hatten zwar Aufführungen und Neuauflagen seiner Werke nicht verboten, sie waren jedoch – nach der damaligen Sprachregelung – nicht erwünscht.

»Im Jahre 1943 war es der Tochter Frank Wedekinds, Pamela Regnier-Wedekind, unter schwierigen Umständen gelungen, den gesamten, durch Beschlagnahmung und Kriegshandlungen gefährdeten dichterischen Nachlaß ihres Vaters in die Schweiz zu retten.« (Halder, S. 7) 1958 übernahm die Kantonsbibliothek in Aarau das zunächst im Staatsarchiv Lenzburg deponierte Nachlaßmaterial. »Im Jahre 1960 einigte sich die Erbengemeinschaft mit der Stadtbibliothek München und der Kantonsbibliothek Aarau auf eine Teilung des Nachlasses.« (Halder, S. 7 f.) Der Nachlaß bis 1888 blieb in Aarau, der andere Nachlaßteil kam nach München. 1962 wurde in München, 1963 in Aarau offiziell ein Wedekind-Archiv eingerichtet. Ein Austausch des Materials der beiden Wedekindarchive in Fotokopie und auf Mikrofilm wurde vereinbart.

Über den Umfang des Teilnachlasses, welcher der Stadtbibliothek München übergeben wurde, gibt Halder einen flüchtigen Überblick (S. 8). Der Plan, »das Verzeichnis der Aarauer Bestände mit denjenigen von München gemeinsam in der Broschürenreihe ›Aargauische Bibliographien und Repertorien‹ herauszugeben«, wurde bislang nicht realisiert. Für beide Wedekindarchive gilt, daß »die Aufstellung eines systematischen Verzeichnisses der Wedekindmaterialien mit bibliographischen Hinweisen, Inhaltsangaben usw.« (Halder, S. 8) ein Desiderat ist.
Nach dem Tod Tilly Wedekinds (1970) wurde auch ihr Nachlaß, zu welchem ein Restnachlaß Frank Wedekinds gehörte, der Stadtbibliothek übergeben. Über den gesamten Bestand des Münchner Wedekind-Archivs informiert das katalogisierte Verzeichnis der Handschriften-Abteilung (Stadtbibliothek München, numeriertes Bestandsverzeichnis).

Kern des literarischen Nachlasses stellen vor allem die Tagebücher und die Notizbücher dar. Die Notizbücher bieten einen Querschnitt fast durch das gesamte Werk Wedekinds. Die Numerierung in 64 Notizbüchern stammt von Wedekind. Die Notizbücher 1–46 sind außerdem mit (bislang unbekannten) Zahlzeichen zusätzlich numeriert. Die Notizbücher 1–4 sind auf der Innenseite des Umschlags neben einer Orts- und Datumsangabe mit den Ziffern XXIX–XXXII versehen. Sie stellen den Rest einer vermutlich von ihm selbst vernichteten Notizbuchreihe dar. Von dieser ist – außer Nb 1–4 – nur ein Konvolut herausgelöster Blätter erhalten. Die Notizbücher 1–45 liegen transkribiert im Wedekind-Archiv München vor.
Detaillierte Handschriften- und andere Materialhinweise werden – soweit wie notwendig und möglich – bei der Darstellung der einzelnen Werke gegeben.
Außer in Aarau und München befinden sich Wedekindiana (hauptsächlich Briefe und Zensurexemplare seiner Dramen) u. a. in Berlin, Düsseldorf, Koblenz, Kopenhagen, Marbach a. N., Wien und Zürich-Kempttal.

Literatur:

Wedekind, Tilly: Vorwort. In: Frank Wedekind. Gesammelte Werke (GW). Bd. 8. München 1920, S. V.
Kutscher, Artur: Geleitwort. Ebd. S. 315–328

Friedenthal, Joachim: Nachwort. In: Frank Wedekind. GW 9, München 1921, S. 457–468

Adorno, Theodor W.: Über den Nachlaß Frank Wedekinds. In: Noten zur Literatur. Frankfurt 1981, S. 627–633

Ude, Karl: Neue Dokumente zur Literaturgeschichte. Anmerkungen anläßlich der Gründung eines Wedekind-Archivs. In: Welt und Wort 18, 1963, S. 197–200 (geringfügig abgeändert: Ders., Frank Wedekind in seiner Zeit. Nach Dokumenten des neugegründeten Wedekind-Archivs. In: Börsenblatt f. d. Dt. Buchhandel (F) Nr. 49, 1963, S. 1115–1118)

Halder, Nold: Das Wedekind-Archiv in der aargauischen Kantonsbibliothek. In: Aargauer Blätter Nr. 34, 1964, S. 3–8

Typoskript zum Nachlaß. Wedekind-Archiv Aarau. 17 S. o. J.

Typoskript zum Nachlaß. Wedekind-Archiv München. 17 S. 1961/1962

Emrich, Wilhelm: Frank Wedekind-Ausgabe. In: Sprache im technischen Zeitalter, H. 69, 1979, S. 105–107

Weidl, Erhard: Zur Edition der Notizhefte Frank Wedekinds. In: Die Nachlaßedition, hrsg. v. L. *Hay* u. W. *Woesler*. Bern/Frankfurt/Las Vegas 1979, S. 241–244

Emrich, Wilhelm/*Linke*, Manfred/*Weidl*, Erhard: Kritische Gesamtausgabe der Werke und Briefe Frank Wedekinds. In: Werkstattgespräch »Berliner Ausgaben« (1979). Berlin 1981, S. 118–125

2.2 Veröffentlichungen Wedekinds

Zensur und – davon nicht zu trennen – auch Selbstzensur, haben die Geschichte der Werke Wedekinds mitbestimmt. Überdies hatte sich Wedekind von Fall zu Fall verlegerischer Politik zu beugen, insbesondere verlegerischer Publikationsstrategie, die oft nicht davor zurückschreckte, direkt in die schriftstellerische Produktion einzugreifen. Auch Rücksichtnahme auf den zeitgenössischen Theaterbetrieb zwang Wedekind immer wieder zu Korrekturen an seinen Texten. Außerdem regte ihn natürlich auch seine an intensiver Theaterarbeit sich ausrichtende schriftstellerische Praxis zu Änderungen an seinem dramatischen, lyrischen und erzählerischen Werk an, was oft zu Kursänderungen schon zu Beginn der Produktion führte. Schließlich hat Wedekind nie aufgehört, seine eigene Werkproduktion selbst als veränderbares Material zu begreifen, was für ihn einschloß, so bewußt wie nur möglich zu dem lebensgeschichtlichen Prozeß zu stehen, dem Werk wie Autor unterworfen sind.

Die Folge ist, daß von der Authentizität seines Gesamtwerks so leicht nicht die Rede sein kann, wenn sie nicht gerade darin sich verbirgt, daß es sie angesichts der gesellschaftlichen Verhältnisse, gegen die sein Werk opponierte, nicht geben konnte. Wie bei kaum einem anderen Autor der Moderne ist daher zu berücksichtigen, daß die von außen bewirkte Unterdrückung und Entstellung seines Werkes wie auch die Eingriffe und Veränderungen durch den Autor sich bis auf Details und bis ins Innere der von ihm entworfenen Werke ausgewirkt haben. Diese einander entgegengesetzten, aber auch in sich widersprüchlichen Kräfte haben für das Gesamtwerk Wedekinds zu dem Resultat geführt, daß sowohl der philologische Zugang zu seinem Werk als auch dessen literarisches Verständnis erschwert sind. Philologisch läßt sich eine authentische Textbasis, die den »wirklichen Intentionen Wedekinds« (Emrich u. a. S. 119) entspräche und – wie üblich – als Norm fungierte, widerspruchsfrei nicht rekonstruieren. Die Geschichte des Wedekindschen Werks geht wirklich in ihrer Textgeschichte auf. Daher repräsentiert – philologisch gesehen – die Edition der »Gesammelten Werke« Wedekinds, die keineswegs das Interesse einer kritischen Ausgabe verfolgte, nur partiell sein Gesamtwerk. Aufgabe der Wedekindforschung ist es erst noch, sich die Geschichte seiner Werke zu erarbeiten. Notwendigerweise müssen dabei u. a. auch die im Text oft unterschiedlichen Einzelveröffentlichungen seiner Werke berücksichtigt werden. Oft genug waren sich Wedekinds Interpreten nicht einmal darüber im klaren, daß sie je nach Wahl einer Ausgabe von jeweils unterschiedlichen Texten ausgingen.

Literatur:

Stobbe, Horst: Bibliographie der Erstausgaben Frank Wedekinds. In: Almanach der Bücherstube auf das Jahr 1921. 2. Auflage München 1920, S. 58–72

Kutscher, Artur: Frank Wedekind. Sein Leben und seine Werke. 3 Bde. München 1922, 1927, 1931

Frank Wedekind: Werke in drei Bänden. Herausgegeben und eingeleitet v. Manfred Hahn. Berlin/Weimar 1969

Siegmann, Peter C.: Frank Wedekind als Werbetexter. Unveröffentlichte Manuskripte aus dem Archiv von Julius Maggi. In: Der kühne Heinrich. Ein Almanach auf das Jahr 1976. Zürich 1975, S. 52–57

2.3 Ausgaben

Nach der Übernahme der Verlagsrechte am Werk Wedekinds (1910) durch den Verleger Georg Müller wurden bald darauf Verhandlungen wegen einer Gesamtausgabe geführt. Im Verlagskatalog von 1912 kündigte der Verlag eine ›wohlfeile Ausgabe in sechs Bänden‹ zum 50. Geburtstag des Dichters an. Diese erschien 1912–14 unter dem Titel »Gesammelte Werke«. »Den einzelnen Werken – außer der Lyrik, Prosa und Fritz Schwiegerling – sind die Daten der Entstehung beigegeben.« (K 3, S. 84) Die nach Abschluß dieser Ausgabe noch in Einzelausgaben erschienenen Werke »Bismarck«, »Herakles« und »Überfürchtenichts« legte in einem 7. Band zusammen mit dem Drama »Der Schnellmaler« und dem Glossarium »Schauspielkunst« Artur Kutscher als Herausgeber 1920 vor. Damit »war in den sieben Bänden alles enthalten, was Wedekind selbst in Einzelausgaben hatte erscheinen lassen und als sein Werk betrachtete«. (K 3, S. 244)

In Gemeinschaft mit Joachim Friedenthal gab Kutscher zwei Nachlaßbände (1919 und 1921). Mit diesen – so behauptete Kutscher – »liegt das Gesamtwerk Wedekinds geschlossen vor«. (GW 7, S. 325) Beide Bände enthalten nicht oder nur zerstreut und unvollständig Veröffentlichtes (GW 8, S. 315). Einen Teil der Gedichte und die Erzählungen (GW 8) hat Kutscher (s. a. »Geleitwort«) zu datieren versucht. Für den 9. Band gibt Friedenthal sporadisch Hinweise (s. a. »Nachwort«). Eine von Kutscher geplante historische Ausgabe wurde nicht mehr in Angriff genommen (K 3, S. 245).

Die Ausgabe der »Gesammelten Werke« ist Ausgangsbasis für die literarische Auseinandersetzung mit dem Werk Wedekinds geblieben, obwohl es sich – unter philologischer Kritik – keineswegs um eine verläßliche Edition handelt. Über Jahrzehnte hinweg hat die literaturwissenschaftliche Forschung daran keinen Anstoß genommen. Erst in jüngster Zeit ist die Kritik philologisch geworden. Hinweise gab z. B. schon – Kutscher, der zur Edition des »Taugenichts« (GW 9) schrieb, die Textwiedergabe sei fehlerhaft und wichtige Bruchstücke seien weggelassen worden (K 3, S. 148 Anm.). Alfons Högers Kritik bringt die wichtigsten Einwände: »Durch die Aufnahme des Jugendwerks und Teilen des Nachlasses in den letzten drei Bänden impliziert die Ausgabe [. . .] einen wissenschaftlichen Anspruch, der weder von den ersten sechs Bänden noch von den Nachlaßbänden erfüllt wird.« (Höger, S. 15) Es fehlen Hinweise auf Auslassungen, wichtige Varianten bleiben unberücksichtigt, die Datierungen, soweit überhaupt welche vorliegen, sind oft nicht gesicherte oder gar fälschliche. Hinweise auf das handschriftliche Material, dem die veschiedenen Texte entnommen, sind oft unvollständig, widersprüchlich oder fehlen gänzlich. Von Fall zu Fall sind Texte unkorrekt wiedergegeben. Höger kommt zu dem Schluß, »von einem eigentlichen Fortschritt, einem Überschreiten der durch Kutschers Arbeit gesetzten Grenzen« sei – sieht man von wenigen Ausnahmen ab –»nicht zu sprechen«.(Höger, S. 19) Dies liegt jedoch nicht nur an der für Wedekinds Werk zur Autorität gewordenen Figur Kutschers, sondern vor allem auch an der häufig auf Abwehr bedachten Einstellung zum Werk Wedekinds.

Erst wieder 1969 erschien eine Auswahl der Werke Wedekinds mit wissenschaftlichem Anspruch. Sie will keine kritische Ausgabe sein, auch wenn der Herausgeber Manfred Hahn vom Grundsatz einer ›Ausgabe letzter Hand‹ ausging und seine Auswahl mit Anmerkungen zur Entstehungs-, Druck- und Wirkungsgeschichte sowie mit literarischen Erläuterungen versah. Diese Ausgabe ist nach Dramen, Gedichten, Erzählungen, Aufsätzen, Selbstzeugnissen und Briefen gruppiert.

Nicht aufgenommen sind bei den Dramen: »Der Schnellmaler oder Kunst und Mammon«, »Kinder und Narren«, »Franziska«, »Simson oder Scham und Eifersucht«, »Bismarck«, »Überfürchtenichts« und sämtliche im Nachlaßband 9 der »Gesammelten Werke« veröffentlichten Dramenentwürfe. Von den pantomimischen Tanzstücken wird nur »Die Kaiserin von Neufundland« abgedruckt. Durch diese Dramen-Auswahl kommen allerdings Früh- und Spätwerk Wedekinds zu kurz, wobei freilich nur nachvollzogen wird, was zuvor schon durch die Wedekind-Forschung vollzogen war: die abwertende Einschätzung der Werke aus diesen beiden Schaffensperioden. Abweichend vom Prinzip der Ausgabe letzter Hand wird »Oaha« nicht in der Fassung der »Gesammelten Werke«, sondern in der Bearbeitung »Till Eulenspiegel« (1916) gedruckt. Und »Schloß Wetterstein« wird in der Fassung von 1912 der Vorzug gegeben. Abweichend von den »Gesammelten Werken« werden unter der Überschrift »Nachgelassene und weitere Gedichte« publiziert: Ein Bruchstück aus dem »Argonautenepos«, »Der Abend«, »Das neue Vaterunser«, »Die neue Communion«, »Falstaff«, »Eh du mon Dieu«, »Die sechzig Zeilen oder die sieben Worte«, »Sonnenfinsternis«, »Ostereierspruch«, »Mädchen mit langen Zöpfen«, »Die Schriftstellerhymne« (aus »Franziska«), »Kriegerlied« (aus »Simson«), »Politische Disticha« und »An Tilly« (Erstdruck). Aus den »Gesammelten Werken« (Band 8) nicht aufgenommen werden: »Diplomatische Nöte«, »An die öffentliche Meinung«, »Die schöne Helena«, »Des Dichters Klage«, »An wen?«, »Augustus«, »Idyll«, »Trost in Leiden«, »Meiner Mutter«, »Der Kuß«, »Sofie Marti« und »Der Lorbeer«. Warum so verfahren wurde – beispielsweise fehlen drei der »Simplizissimus«-Gedichte –, wird des weiteren nicht begründet. Außer den Erzählungen des ersten Bandes der »Gesammelten Werke« werden aus dem Nachlaßband 8 »Der erste Schritt« und »Bella. Eine Hundegeschichte« in die Werkauswahl übernommen. Dann folgt das Romanfragment »Mine-Haha«. Nicht aufgenommen von den Aufsätzen der »Gesammelten Werke« werden: »Böcklins ›Helvetia‹«, »Ein unheimlicher Gast«, »Ein gefährliches Individuum«, »Der Goethe-Brunnen«, »Über Abschaffung der Todesstrafe«, »Weihnachtsgedanken«. Außerdem werden die in den »Gesammelten Werken« nicht enthaltenen Arbeiten: »Im Zirkus«, »Iwan Michailowitsch Rogoschin« (Interview II), »Rosa« (Interview III), »Don Giovanni« (Interview VI), »Münchens Niedergang als Kunststadt«, »Bund der Bühnendichter«, »Arthur Schnitzler«, »Politik«, »Gefühlsauffassung«, »Deutschland bringt die Freiheit« (vgl. »Vom deutschen Vaterlandsstolz« GW 9) für die »Auswahl-Ausgabe« berücksichtigt. Vollständig abgedruckt werden die beiden Schulaufsätze »Betrachtungen des Spießbürgers vor der neuen Kantonsschule« und »Behandelt jedermann nach seinem Verdienst«, welche in den »Gesammelten Werken« nicht enthalten sind. Außerdem werden Ausschnitte aus den bis auf Auszüge bisher nicht veröffentlichten »Pariser Tagebüchern«, »Autobiographisches« und aus dem Notizbuch 54 die »Entstehungszeit meiner Arbeiten« in die »Auswahl« einbezogen.

Von der zweibändigen Ausgabe der »Gesammelten Briefe« (1924) werden 190 ausgewählt, ergänzt durch 11 bisher nicht veröffentlichte Briefe an Tilly Wedekind und einen im »Berliner Börsen-Courier« (1913) veröffentlichten Brief an Max Reinhardt (v. 5. IX. 1913).

So verdienstvoll Hahns dreibändige Wedekind-Auswahl ist, so macht sie doch auch deutlich, daß eine kritische Gesamtausgabe der Werke und Briefe Wedekinds für eine literarische Auseinandersetzung mit seinem Werk dringend erforderlich ist. Die von Emrich u. a. 1979 angekündigte kritische Ausgabe ist nicht erschienen.

Literatur:

Frank Wedekind: Gesammelte Werke. 9 Bde. München/Leipzig 1912–1921
Frank Wedekind: Ausgewählte Werke. Hrsg. v. Fritz Strich. 5 Bde. München 1924 (Texte nach GW)
Frank Wedekind: Prosa. Dramen. Verse. Auswahl von Hansgeorg Maier. München o. J. (1954) (Texte nach GW)
Frank Wedekind: Werke in drei Bänden. Herausgegeben und eingeleitet v. Manfred Hahn. Berlin/Weimar 1969
Kutscher, Artur: Frank Wedekind. Sein Leben und seine Werke. 3 Bde. München 1922, 1927, 1931
Emrich, Wilhelm/*Linke*, Manfred/*Weidl*, Erhard: Kritische Gesamtausgabe der Werke und Briefe Frank Wedekinds. In: Werkstattgespräch »Berliner Ausgaben« (1979). Berlin 1981, S. 118–125
Höger, Alfons: Hetärismus und bürgerliche Gesellschaft im Frühwerk Frank Wedekinds. Kopenhagen/München 1981, bes. S. 14 ff.

2.4 Briefe

Die umfangreichste Ausgabe der Briefe Wedekinds stellen die bereits 1924 von Fritz Strich herausgegebenen »Gesammelten Briefe« in zwei Bänden dar. Sie umfassen 479 Briefe und Briefentwürfe von Wedekind. Ein weiterer Brief (an Erich Mühsam v. 16. VIII. 1911) ist in den Anmerkungen (Bd. 2, Anm. 236, S. 369) abgedruckt, in welche gelegentlich auch Briefe an Wedekind bzw. Briefauszüge (an und von Wedekind, An William Lincoln Wedekind [Willy], X. 1885) aufgenommen sind.

Da ein Teil der Briefe nur in Abschriften vorlag, wurde darauf verzichtet, in Wedekinds originaler Orthographie zu drucken, ohne allerdings die alte Schreibweise gänzlich aufzugeben. Durch Striche gekennzeichnete Auslassungen waren durch Rücksichtnahme auf damals noch lebende Briefempfänger und auf die Wünsche von Briefbesitzern notwendig. Das Material ist ergänzt durch Entwürfe, die sich in Wedekinds Notiz- und Tagebüchern fanden. »Viel wichtiges Material ist verloren, verbrannt, verlegt und vorläufig wenigstens noch nicht zu finden«, schrieb Strich im »Vorwort« (S. 6, 1923) zu seiner Ausgabe. Vernichtete Briefe verdanken wir erst recht den Verheerungen des Zweiten Weltkrieges, so daß Briefe, die Strich noch vorliegen hatte, heute nicht mehr existieren. In verschiedenen Nachlässen ruhen jedoch auch noch bisher unveröffentlichte Briefe Wedekinds. Eine neue, erweiterte Briefedition ist daher für die Forschung durchaus ein Desiderat. Dies gilt auch für Briefe an Wedekind, die bisher – zum größten Teil unveröffentlicht – von der Forschung kaum berücksichtigt und nur mühsam teilweise aus anderen Briefeditionen zu entnehmen sind.
Wedekind sammelte und ordnete mit ›peinlicher Sorgfalt‹ alle Briefe, die an ihn kamen. Wedekind »stand zu den meisten seiner bedeutenden Zeitgenossen in Beziehung, und viele werden im Spiegel dieser Briefe lebendig: Dichter, Kritiker, Schauspieler, Theaterdirektoren und Politiker«. (Strich, S. 6) So »gehören die Briefe zu den unentbehrlichen Dokumenten der literarischen Epoche zwischen Naturalismus und Expressionismus«. (Rasch, S. 242)

Schon Strich machte darauf aufmerksam, es sei in den Briefen Wedekinds »unendlich mehr Distanz und Undurchdringlichkeit und Abgerücktheit [. . .] als in seinen Dichtungen«. Der Autor, der sich nach dem Urteil seiner Zeitgenossen in seinen Werken exponierte, scheint in seinen Briefen ein anderer zu sein. Erst über seine Briefe lasse sich, behauptete Strich, »sein wahres Menschenbild« erschließen (S. 2). So mögen diejenigen enttäuscht sein, die dort »eine bequeme und weitläufige Selbstdarstellung des Menschen und eine ohne weiteres ergiebige Quelle für die Meinungen und Taten des Schriftstellers erwartet« hatten. Sommerfeld urteilte einsichtig: »Was die Briefe dieses Menschen [. . .] zeigen können, sind nur die

Stationen seines Weges; das Ziel verraten sie mit keiner Silbe, ja sie
gefallen sich darin, in diesem Punkt irrezuführen. [. . .] für die
Deutung des Ziels lassen sie dem Biographen so gut wie alles zu tun
übrig. Um so eindringlicher aber verweisen sie auf das, worin
Frank Wedekind sich hemmungslos und schonungslos, mit glühen-
dem Ernst und liebendem Herzen vollkommen hingab: auf sein
dichterisches Werk.« (S. 268 u. S. 269) Dieser hier gestreifte Widerspruch hätte der biographisch orientierten Wedekind-Forschung,
die allzu bereitwillig Biographie und Werk in eins setzte, zu denken
geben müssen. Der Autor als Produzent läßt sich in einer Epoche,
in welcher die künstlerische Produktion der bereits vollkommen
durchorganisierten Rationalität des Kapitals und des Marktes unterworfen ist, eben nicht mehr unter der klassizistischen Vorstellung einer in sich einheitlichen individualistischen Persönlichkeits-
struktur begreifen. Dieses Hochbild preiszugeben, gehört als Intention zum Werk Wedekinds.

In den »Gesammelten Briefen« nicht enthalten:
An Ferdinand Hardekopf. München, 28. IV. 1901. Almanach der Bücher-
  stube 3, 2. Auflage München 1920, S. 11–14
An Karl Kraus. (München), 24. II. 1904. Briefe Frank Wedekinds. Die Fak-
  kel 21, 1920, Nr. 521–530, S. 102
An Karl Kraus. (Nürnberg, 1904). A.a.O. S. 103
An Karl Kraus. (1904). A.a.O. S. 104
An Karl Kraus. (München, 3. X. 1904). A.a.O. S. 105
An Karl Kraus. München, 4. I. 1905. A.a.O. S. 110
An Karl Kraus. 8. VII. 1905. A.a.O. S. 116 f.
An Karl Kraus. (Berlin, 15. XII. 1905). A.a.O. S. 117 f.
An Karl Kraus. (Berlin, 30. XII. 1905). A.a.O. S. 118
An Karl Kraus. (Berlin, 31. I. 1906). A.a.O. S. 118
An Karl Kraus. (Berlin, 10. III. 1906). A.a.O. S. 119
An Karl Kraus. (Berlin, 27. III. 1906). A.a.O. S. 119
An Karl Kraus. (Berlin, 27. V. 1906). A. a.O. S. 122
An Karl Kraus. (München, 17. VIII. 1906). A.a.O. S. 122
An Josef Kainz. (Briefentwurf, 1907). K 2, S. 187 f.
(An Bertha Maria Denk). München, 28. VII. 1905. (Mein lieber Fisch-
  mann!). Die Fackel 32, 1930, Nr. 834–837, S. 74–75
An Max Reinhardt. (Undatierter Brief, Auszug). K 3, S. 34 f. Anm.
Offener Brief an Erich Mühsam. München, 16. VIII. 1911. Kain 1, 1911,
  S. 90–93 (s. GB 2, S. 369, Anm. 236)
An Erich Mühsam. München, 7. V. 1913. Kain 3, 1913, S. 30
An Otto Nieten. (4. II. 1913, Auszug). K 3, S. 134
An Graf Eduard von Keyserling. 19. XII. 1916, (Auszug). K 3, S. 192 Anm.
An Max Halbe. (Undatierter Briefentwurf). Karl Ude: Neue Dokumente
  zur Literaturgeschichte. Welt und Wort 18, 1963, S. 198
An Tilly Newes. München, 4. VI. 1905. Tilly Wedekind: Meine erste Be-

gegnung mit Frank Wedekind. In: Frank Wedekind zum 100. Geburtstag. München (1964), S. 12 f. (mit Faksimile)

Brief an das Theater in der Josefstadt, Wien. München, 16. IV. 1903. Seehaus, Günter: Frank Wedekind und das Theater. München 1964, S. 457 f. (zuerst: Illustriertes Wiener Extrablatt 3. V. 1903)

Frank Wedekind: Werke in drei Bänden. Hrsg. u. eingeleitet v. Manfred Hahn. Berlin/Weimar 1969, Bd. 3, S. 376 ff.:

An Tilly Wedekind (undatiert, eingeordnet 1907/1908), S. 586 f.

An Max Reinhardt. München, 5. IX. 1913, S. 609 f.

An Tilly Wedekind. Paris, 3. VII. 1914, S. 614 f.

An Tilly Wedekind. Paris, 4. VII. 1914, S. 615 f.

An Tilly Wedekind. Paris, 6. VII. 1914, S. 616 f.

An Tilly Wedekind. Paris, 8. VII. 1914, S. 617 f.

An Tilly Wedekind. Berlin, 14. II. 1917, S. 636 f.

An Tilly Wedekind. Berlin, 19. III. 1917, S. 638

An Tilly Wedekind. Berlin, 26. III. 1917, S. 638 f.

An Tilly Wedekind. Zürich, 16. XI. 1917, S. 641 f.

An Tilly Wedekind. München, 11. XII. 1917, S. 642

An Tilly Wedekind. München, 16. I. 1918, S. 643

Brief (-Auszüge) an Langen (10. VII. 1895, 22. V. 1903, 19. VIII. 1903, 31. VIII. 1903, 25. VI. 1903, Entwurf). Ernestine Koch. Albert Langen. Ein Verleger in München. München/Wien 1969, S. 88, 138, 139 u. S. 141 f.

An Julius Maggi & Co. Zürich, 13. IV. 1887. Der kühne Heinrich. Ein Almanach auf das Jahr 1976, Zürich 1975, S. 54 (mit Faksimile)

An Julius Maggi & Co. Zürich, 20. IV. 1887. A.a.O. S. 54 f. (mit Faksimile)

Klaus Bohnen: Frank Wedekind und Georg Brandes. Unveröffentlichte Briefe. Euphorion 72, 1978:

An Georg Brandes. München, 24. X. 1904, S. 109

An Georg Brandes. (Berlin), 28. III. 1907, S. 110

An Georg Brandes. (Berlin), 6. IV. 1908, S. 110 f.

An Georg Brandes. München, 10. I. 1909, S. 112 (vgl. den Briefentwurf GB II, S. 214 f.)

An Georg Brandes. (München), 19. I. 1909, S. 116

An Georg Brandes. Lenzburg, 27. VIII. 1910, S. 117

An Georg Brandes. (München), 12. X. 1910, S. 118

An Georg Brandes. München, 8. IV. 1914, S. 118

An Georg Brandes. München, 10. VI. 1914, S. 118 f.

Auszüge aus bisher unveröffentlichten Briefen an Karl Kraus. Hugh Salvesen: A Pinch of Snuff from Pandora's Box. New Light on Karl Kraus and Frank Wedekind. Oxford German Studies 12, 1981, S. 122–138 (13. XII. 1905, 29. XII. 1905, 15. II. 1906 s. a. Fackel 21, 1920, Nr. 521–530)

An die Polizeidirektion München. München, 22. XII. 1911. In: Meyer, Michael: Theaterzensur in München 1900–1918. München 1982, S. 205

Literatur:

Frank Wedekind: Gesammelte Briefe. Hrsg. v. Fritz Strich 2 Bde. München
1924
  Dazu: Sommerfeld, Martin: Frank Wedekinds Briefe. Die Literatur 28,
  1925/26, S. 268–269
Frank Wedekind: Der vermummte Herr. Briefe . . . aus den Jahren
1881–1917. Hrsg. u. ausgewählt v. Wolfdietrich Rasch. München 1967
(Auswahl nach Strich)
Frank Wedekind: Werke in drei Bänden. Hrsg. u. eingeleitet v. Manfred
Hahn. Berlin/Weimar 1969, Bd. 3, S. 376 ff.
Briefe Frank Wedekinds, hrsg. v. Karl Kraus. Die Fackel 21, 1920, Nr.
521–530, S. 101–135, u. 23, 1921, Nr. 583–587, S. 31
Klaus Bohnen: Frank Wedekind und Georg Brandes. Unveröffentlichte
Briefe. Euphorion 72, 1978, S. 106–119

2.5 Tagebücher und Autobiographisches

Aus Frank Wedekinds Tagebüchern stammen in überarbeiteter
Fassung die beiden von ihm veröffentlichten Prosastücke »Bei den
Hallen« (Pariser Tagebuch, 8.–10. IX. 1893) und »Middlesex Musikhall« (Londoner Tagebuch, 1894). Die Veröffentlichung von
zwei weiteren Tagebuchteilen aus dieser Zeit mit dem Titel »Drei
Rosen« – sie waren bereits gesetzt und korrigiert – unterblieb. Mit
Erlaubnis Wedekinds brachte Josef M. Jurinek im »Neuen Wiener
Journal« (1916) unter dem Titel »Herzens und Herweghs Liebestragödien« einen Auszug aus den »Memoiren« (Pariser Tagebuch,
11. I. 1894). Der Prosatext »Ich langweile mich«, 1897 veröffentlicht, greift auf Tagebuchaufzeichnungen aus dem Jahr 1888 zurück. Einen Tagebuchauszug »Die Furcht vor dem Tode« veröffentlichte Wedekind 1915.

Umfangreiche Teile der »Pariser Tagebücher« sind zum ersten
Mal in der von Manfred Hahn herausgegebenen Werkauswahl abgedruckt: die Abschnitte vom 21. VI. 1892 bis zum 11. VII. 1892,
vom 3. XII. 1892 bis zum 24. XII. 1892 und vom 1. I. 1894 bis zum
22. I. 1894. Textstreichungen Wedekinds blieben unberücksichtigt.
In Absprache mit den Erben Wedekinds nahm der Herausgeber einige Textauslassungen vor.

Wedekind hatte einst Jurinek einen Teil seiner Tagebuchaufzeichnungen zur Einsicht mit der Bemerkung überlassen, er habe
nichts zu verbergen (s. Neues Wiener Journal, 24. XII. 1916). Ihre
Niederschrift erfolgte – nach eigenem Kommentar – nicht mit der

unmittelbaren Absicht einer späteren Publikation (zit. n. K 1, S. 286). Wedekind war der Auffassung, es sei das Eigentümliche an Tagebuchblättern, »wenn sie echt sind, daß sie keine Ereignisse enthalten«. (GW 1, S. 294) Beobachtung und Reflexion, begriffen als »stilistische Übung« (zit. n. K 1, S. 286), bestimmen den Charakter von Wedekinds Aufzeichnungen. Kutscher schreibt: »Die Treffsicherheit des Ausdrucks, die starke Momentanität mit ihrer leicht ironischen Untermalung erinnert an helle, lockere pointilistische Malerei [. . .] Das Nebeneinander der verschiedensten Gegenstände setzt nicht in Verwunderung, stört nicht im geringsten. Selbst die hineingeklebten Blumen, Photographien, Bilder, Briefe, Zettel sind keine Fremdkörper.« (K 1, S. 287)

Insgesamt ist von den seit 1888 mit Unterbrechungen geführten acht Tagebüchern wenig erhalten. Von ihnen existieren u. a. noch – fragmentarisch – die Hefte V und VI. Aus dem Heft V fehlen die ersten acht Seiten. Die Aufzeichnung setzt ein mit dem Datum Paris, 30. April 1892 und endet mit dem 3. August 1892. Heft VI mit dem Titelblatt »Frank Wedekind Memoiren beg. Paris Dez. 92« beginnt mit dem 3. Dezember 1892 und bricht nach dem 24. Dezember 1892 ab. Von dem im August fortgesetzten Tagebuch fehlen für den Zeitraum August bis Anfang September 15 Seiten. Die Aufzeichnungen beginnen erst mit dem 4. September und brechen am 10. September 1893 erneut ab. Der letzte Abschnitt reicht vom 1. Januar 1894 (Paris) bis zum 25. Januar 1894. Wedekind hatte am 23. Januar die Überfahrt nach England angetreten. Die 18 Schlußseiten sind aus dem Heft herausgeschnitten. Außerdem sind handschriftlich – 1898 niedergeschrieben – drei Blätter erhalten, welche Erinnerungen über das Londoner Palacetheater überliefern. 1915 hat Wedekind einen großen Teil seiner Tagebuchaufzeichnungen vernichtet.

Wedekinds Warnung an die »Autographenjäger« darf auch als ein Wink an die Biographienjäger verstanden werden. Die zu einem großen Teil hauptsächlich an der Biographie Wedekinds orientierte Forschung kann sich keineswegs auf zahlreiche Selbstzeugnisse berufen. Das hinderte sie freilich nicht, sondern war für sie eher noch ein Stachel, Autobiographisches aus seinem Werk herauszudestillieren. Was Wedekind über sich und sein Werk schrieb, bedarf vorsichtiger Interpretation. Einerseits erheben seine Angaben und Daten zu seinem Werk und zu seiner Person keinen Anspruch auf exakte dokumentarische Realität, andererseits verband er gern provokatorisch Dichtung mit Wahrheit. Außerdem sah er sich genötigt, der Zensur und spießbürgerlicher Pedanterie durch bewußte Irreführung zuvorzukommen und ihrer Eingriffe und Zudringlichkeit einen Riegel vorzuschieben. Wer Wedekinds autobiographische Äußerungen und seine Selbstinterpretationen wörtlich nimmt, wird in der Regel fehlgehen und fehlschließen.

Als Ferdinand Hardekopf 1901 den Dichter bat, ihm einige Angaben zur Person zu überlassen, schickte ihm Wedekind einen kurzen Lebensabriß, der jedoch erst 1911 unter dem Titel »Autobiographisches« veröffentlicht wurde. Über »Frank Wedekinds literarische Anfänge« berichtet Josef M. Jurinek in einem Aufsatz mit dem Untertitel »Unveröffentlichte Bekenntnisse des Dichters« (1916). Eine kleine Erinnerung aus seiner Züricher Zeit (1887) gibt der Aufsatz »Luisa und Radiana« (1917). 1911 hatte Wedekind Notizen als Kommentar zu seinem dramatischen Werk zusammengestellt, den er »Was ich mir dabei dachte« nannte. Er überließ dieses Material Gustav Werner Peters, einem jungen Schriftsteller, der ein Buch über ihn plante. Dieser Kommentar ist im neunten Band der »Gesammelten Werke« aus dem Nachlaß herausgegeben. Ergänzend wird im dritten Band der Hahnschen Ausgabe u. a. der »Prolog« mit dem Titel »Die Ehe«, verfaßt 1913 zur »Franziska«, wiederabgedruckt (W 3, S. 371–374). Dort findet sich schließlich auch eine Zusammenstellung Wedekinds mit dem Titel »Entstehungszeit meiner Arbeiten. Aus dem Gedächtnis« (W 3, S. 335). Kleinere autobiographische Notizen sind bei Kutscher zitiert. Unveröffentlichtes Autobiographisches enthalten u. a. auch die »Notizbücher«und die tagebuchartig geführten Agenden (Kalender).

Literatur:

Holzbock, Alfred: Frank Wedekind als Dichter, Regisseur und Schauspieler. Berliner Lokal-Anzeiger v. 31. V. 1914. 2. Beiblatt
Jurinek, Josef M.: Frank Wedekinds literarische Anfänge. Unveröffentlichte Bekenntnisse des Dichters. Neues Wiener Journal v. 12. IX. 1916, Nr. 8215
Jurinek, Josef M.: Herzens und Herweghs Liebestragödien. Aus den unveröffentlichten Tagebüchern Frank Wedekinds. Neues Wiener Journal v. 24. XII. 1916, Nr. 8318
Kutscher, Artur: Frank Wedekind. Sein Leben und seine Werke. 3 Bde. München 1922, 1927, 1931, über die Tagebücher Bd. 1, S. 197–198, S. 283–287
Reich, Willi (Hrsg.): Frank Wedekind. Selbstdarstellung. München 1954
Wedekind, Frank: Autobiographisches. Pan 1, 1911, Nr. 5; siehe auch: Almanach der Bücherstube 3, 2. Auflage München 1920, S. 11–14
Luisa und Radiana. Berliner Tageblatt v. 1. IV. 1917, Nr. 167
»Was ich mir dabei dachte.« Kurzer Kommentar zu den Werken Frank Wedekinds von ihm selbst. In: GW 9, S. 421–453
Die Ehe. Aus einem Prolog, gesprochen bei der Aufführung der »Franziska« in den Münchener Kammerspielen. W 3, S. 371–374
Wedekind, Frank: Pariser Tagebuch. In: Werke in drei Bänden. Herausgegeben und eingeleitet v. Manfred Hahn. Bd. 3 Berlin/Weimar 1969, S. 281–331
Die Furcht vor dem Tode. Originalbeitrag aus dem Tagebuch. In: Frank Wedekind und das Theater. Berlin 1915, S. 83–84

Wie vielen, das *Werk* Wedekinds zu verstehen, Schwierigkeiten bereitete und noch bereitet, so waren auch nicht wenige seiner Zeitgenossen sich darüber bewußt, wie schwer es fiel, *Wedekind* zu verstehen. In der Memoirenliteratur nach der Jahrhundertwende spiegelt sich das Bewußtsein, an der Entstehung einer modernen Epoche beteiligt gewesen zu sein. Und daß zu einer der künstlerisch Epoche machenden Kräfte Wedekind gehörte, schien unumstritten, gerade weil seine Person und sein Werk so umstritten waren. Anekdotisch bleibt jedoch das meiste, wovon die Zeitgenossen über Wedekind berichten, und ihre Urteile sind in der Regel vom Entweder-Oder bewundernder Zustimmung und radikaler Ablehnung bestimmt. Die literarische Kultur, einschließlich der Subkultur der Bohème, lebte dazuhin von einer privaten Enge, zu welcher die großen Erwartungen auf gesellschaftliche Öffentlichkeit in bedeutsamem Gegensatz standen. Vielen schien selbstverständlich der Zusammenhang von Individuum und Gesellschaft primär durchs Individuum bestimmt, obwohl gerade der Naturalismus das Gegenteil zu lehren sich vorgenommen hatte. Wedekinds Person, als deutete dies auf sein Selbstverständnis, paßt weder in das eine noch in das andere Erklärungsmodell. Wer in den zahlreichen zeitgenössischen Berichten blättert, sie sind hier summarisch angeführt, wird erstaunt feststellen, daß sie zwar Privates, aber wenig Persönliches zu erzählen wissen.

Wer sich genaue Vorstellungen über die soziale Herkunft des Dichters machen möchte, ist besser beraten, wenn er auf Familienzeugnisse zurückgreift. Von Wedekinds Vater existieren unveröffentlichte Tagebücher aus den Jahren 1835 bis 1847, aus den Jahren 1854 bis 1856 und von Januar bis Mitte Mai 1861. Letzteres – ausschließlich in französisch geschrieben – übersetzte Frank Wedekind in seinen letzten Jahren. Außerdem befindet sich im Nachlaß noch ein tabellarischer Lebenslauf des Vaters bis zur Zeit der Erwerbung der Lenzburg in der Schweiz. Die Mutter, Emilie geb. Kammerer, schrieb ebenfalls ein Tagebuch, welches sie zum Teil für eine unveröffentlicht gebliebene autobiographische Erzählung »Bewährte Liebe« benutzte. Spätere Aufzeichnungen tragen den Titel »Für meine Kinder. Jugenderinnerungen von Emilie Wedekind-Kammerer, zu Lenzburg am 18. März 1914 abgeschlossen«. (Vgl. dazu K 1, S. 2 Anm. u. S. 11 Anm.) Vom Sohn Arnim ist ein 12 Seiten langes Heftchen »Worte am Sarge von Frau Dr. Wedekind« erhalten (a.a. O.). Schließlich ist auf die große Autobiographie Tilly Wedekinds, gemeinschaftlich verfaßt mit ihrer Tochter

Kadidja, und auf kleinere biographische Aufsätze von Pamela und Kadidja Wedekind zu verweisen. Erwähnt sei hier auch eine zeitgenössische biographische Skizze, die Oskar Geller nach einem Interview mit Wedekind 1908 veröffentlichte.

Kutschers dreibändige Werkbiographie hat dann einen Standard gesetzt, der die Rezeption Wedekinds wie auch die wissenschaftliche Auseinandersetzung mit seinem Werk bis heute dominierte. Methodisch weder ausschließlich biographisch noch theaterwissenschaftlich verfahrend, hat Kutscher zur Biographie, zur zeitgenössischen Auseinandersetzung um Wedekinds Werk und Person, zur aus dem Nachlaß geschöpften Textgeschichte und zur Wirkung Wedekinds auf dem Theater Daten und Fakten in einem Umfang versammelt, die seine Dokumentation selbst zu einem Dokument werden ließ. Kutscher hält einer wissenschaftlichen Auffassung die Treue, die im Sammeln und Vergleichen, in der biographischen Deutung und im gelegentlichen persönlichen Urteil sich bekundet. Methodisch durchweg positivistisch geht seine Darstellung von einem Realitätsbegriff aus, der sich in erster Linie auf das empirisch Erfahrbare, auf Biographie, Erlebnis und allgemeine gesellschaftliche Erfahrung beruft. So steht pikanterweise Kutscher in seinem wissenschaftlichen Empirismus dem Positivismus wie auch der naturalistischen Literaturauffassung näher als dem Werk Wedekinds, das gegen jene gerade als Herausforderung gedacht war. Wissenschaftskritische Einwände gegen Kutschers Arbeit wurden erst spät erhoben. Höger erinnerte nicht nur zurecht, daß Kutschers Literaturauffassung von einem spätklassizistischen Kommunikationsmodell beherrscht ist, sondern auch daran, daß philologische und literarhistorische Exaktheit, obwohl solcher Anspruch erhoben und – im Vertrauen auf die prinzipielle Verläßlichkeit von Daten und Angaben – anerkannt wurde, zu wünschen übrig lassen (vgl. Höger, Hetärismus a.a.O. S. 21). Auch wenn Kutscher bescheiden *hinter* dem Werk Wedekinds stehen wollte, hat er doch in dessen Darstellung eine wissenschaftlich deterministische Auffassung hineingetragen, hinter welcher seine eigene Individualität sich selbst auflöst und die stellenweise seine Werkbiographie zu einem mühsam zu durchsteigenden Steinbruch macht. Von Kutscher beziehen alle späteren Wedekind-Biographen (Seehaus, Ude, Völker, Wagener) nicht nur hauptsächlich ihr biographisches Material, sondern sie bleiben – von geringfügigen oberflächlichen Abweichungen abgesehen – an ihm auch wissenschaftlich orientiert. Biographische Ergänzungen zu Kutscher liefern Aufsätze von Heuser, Seidlin, Halder, Attenhofer, Siegmann, Salvesen u. a. An zeitgenössischen Dokumentationen sind die beiden Veröffentlichungen zu Wedekinds fünfzigstem Geburtstag hervorzuheben: das »Wedekindbuch« von 1914, herausgegeben und mit einer Monographie versehen von Joachim Friedenthal bzw. »Frank Wedekind und das Theater« (1915), welches verschiedene Beiträge zur Biographie Wedekinds als Autor, Regisseur und Schauspieler enthält. Auch die Festschrift »Frank Wedekind zum 100. Geburtstag« (1964) versammelt hauptsächlich Beiträge zu Wedekinds Biographie.

Als Standardwerk zur Wirkungsgeschichte Wedekinds auf dem Theater ist die Monographie von Günter Seehaus »Frank Wedekind und das Theater« (1964) anerkannt. Im ersten Kapitel enthält das Werk eine Übersicht über das »Wedekind-Bild im Wandel der Zeit«. Daran an schließen sich zwei Kapitel »Wedekind auf den deutschen Bühnen«, nach Aufführungsorten geordnet, und »Inszenierungsgeschichte der Werke Wedekinds«, in chronologischer Reihenfolge. Das vierte Kapitel behandelt, allerdings im Vergleich zu den vorausgegangenen Darstellungen in extenso sehr knapp gehalten, den sog. »Wedekind-Stil der Bühne«. Im »Anhang« folgen u. a. Aufführungsstatistik, Literaturverzeichnis und Register, wobei jedoch bedauerlicherweise die bibliographischen Angaben von Fall zu Fall unzuverlässig sind bzw. im Anhang die nach Theaterkritiken ausgewerteten Zeitschriften und Zeitungen nur pauschal in alphabetischer Reihenfolge angeführt werden. Methodisch vergleichbar ist die Arbeit von Seehaus mit Kutschers Werkbiographie. Sie erschöpft sich im Sammeln, Beschreiben und Typisieren. Seehaus neigt dazu, die politischen Auseinandersetzungen um das dramatische Werk Wedekinds auf der Bühne zu relativieren. Und in der Frage nach einem Wedekind-Stil geht Seehaus von einem individualistischen Stilbegriff aus, was ihn des öfteren von gesellschaftspolitischen Zusammenhängen abstrahieren läßt und ihn statt zu historischer Darstellung zu ästhetischer Normierung veranlaßt. Lebendiger als bei Seehaus lassen sich die Debatten um das theatralische Werk Wedekinds etwa in den Veröffentlichungen von Kurt Fischer, Lehnert und Segebrecht, Ludwig Leiss oder Michael Meyer nachlesen oder es empfiehlt sich, zum Streit gegen Zensur und etablierte öffentliche Meinung die Streitschriften für Wedekind in der »Fackel« von Karl Kraus oder in Mühsams Zeitschrift »Kain« zur Kenntnis zu nehmen. Überhaupt ist an Wedekinds schwierigem Werdegang zum freien Schriftsteller und Bühnenautor zu erinnern, wie er nach Zeugnissen bei Ernestine Koch vor allem in der Untersuchung von Ulrike Sattel rekonstruiert wird.

Literatur:

Biographie:
Attenhofer, Ed.: Über Frank Wedekinds Bezirksschulzeit, Schloßesel und mitternächtliches Bad im Klausbrunnen. Lenzburger Neujahrsblätter 30, 1959, S. 3–38

Geller, Oscar: Frank Wedekind. Bühne und Welt, 9, 1908/09, Bd. 21, S. 509–517

Halder, Nold: Frank Wedekind und der Aargau. Eine Skizze. 100. Semesterblatt des Altherrenverbandes Industria Aarau. Festnummer zur 150. Jahrfeier der Aargauischen Kantonsschule v. 21. Juni 1952, S. 4–16

Heuser, Frederick W. J.: Personal and Literary Relations of Hauptmann and Wedekind. MLN 36, 1921, S. 395–402 Gerhart Hauptmann and Frank Wedekind. GR 20, 1945, S. 54–68

Kutscher, Artur: Frank Wedekind. Sein Leben und seine Werke. 3 Bde. München 1922, 1927, 1931

Kutscher, Artur: Gestalten um Wedekind. Uhu 3, 1927, H. 6, S. 120–122

Petzet, Wolfgang: Frank Wedekind und Otto Falckenberg. Blätter des bayerischen Staatsschauspiels 6, 1954, H. 9, S. 116–119

Salvesen, Hugh: A Pinch of Snuff from Pandora's Box. New Light on Karl Kraus and Frank Wedekind. Oxford German Studies 12, 1981, S. 122–138 (siehe auch: Nike Wagner, Geist und Geschlecht. Karl Kraus und die Erotik der Wiener Moderne. Frankfurt 1982, S. 181–186)

Seehaus, Günter: Frank Wedekind. In Selbstzeugnissen und Bilddokumenten. Reinbek bei Hamburg 1974

Seidlin, Oskar: Frank Wedekind's German-American Parents. The American-German Review 12, 1946, S. 24–26

Siegmann, Peter C.: Frank Wedekind als Werbetexter. Unveröffentlichte Manuskripte aus dem Archiv von Julius Maggi. In: Der Kühne Heinrich. Ein Almanach auf das Jahr 1976, Zürich 1975, S. 52–55

Ude, Karl: Frank Wedekind. Mühlacker 1966
Eine Ehe wie im Drama. Frank Wedekind – wie seine Frau ihn sah. Welt und Wort 7, 1970, S. 204–207

Völker, Klaus: Frank Wedekind. Velber bei Hannover 1965. Ergänzte und überarbeitete Ausgabe München 1977

Wagener, Hans: Frank Wedekind. Berlin 1979

Wedekind, Kadidja: Frank Wedekind und seine Kinder. Der Querschnitt 11, 1931, S. 526–530
Mein Vater Frank Wedekind. Münchner Merkur v. 18. VII. 1964

Wedekind, Pamela: Mein Vater Frank Wedekind. In: Frank Wedekind, Der Kammersänger. Stuttgart 1967, S. 57–66

Wedekind, Tilly: Wedekindmodelle. Uhu 3, 1927, H. 6, S. 49–55 Lulu. Die Rolle meines Lebens. München, Bern und Wien 1969

Dokumentation:
Aufruf. Die Aktion 4, 1914, Sp. 488
Für Frank Wedekind. Die Aktion 1, 1911, Sp. 531–532

Hatvany, Ludwig: Ein Fall Wedekind. Die Schaubühne 6, 1910, Bd. 1, S. 366–370

Koch, Ernestine: Albert Langen. München/Wien 1969

Königsberger Hartungsche Dramaturgie. 150 Jahre Theaterkultur im Spiegel der Kritik. Hrsg. v. E. Kurt Fischer. Königsberg 1932

Lehnert, Herbert/*Segebrecht*, Wulf: Thomas Mann im Münchener Zensurbeirat (1912/13). Ein Beitrag zum Verhältnis Thomas Manns zu Frank Wedekind. Jahrbuch der Deutschen Schillergesellschaft 7, 1963, S. 190–200

Leiss, Ludwig: Der Fall »Wedekind«. In: Ders., Kunst im Konflikt. Berlin/New York 1971, S. 267–286

Meyer, Michael: Theaterzensur in München 1900–1918. Geschichte und Entwicklung der polizeilichen Zensur und des Theaterzensurbeirates unter besonderer Berücksichtigung Frank Wedekinds. München 1982

Der Fall »Schloß Wetterstein«. Erklärung der Münchner Kammerspiele. München 1920

Sattel, Ulrike: Studien zur Marktabhängigkeit der Literatur am Beispiel Frank Wedekinds. Diss. Kassel 1976

Seehaus, Günter: Frank Wedekind und das Theater. München 1964 (Neuausgabe Rommerskirchen 1973)

Das Wedekindbuch. Hrsg. u. mit einer Monographie von Joachim Friedenthal. – Beiträge von: Hermann Bahr, Franz Blei, Paul Block, Lovis Corinth, Richard Dehmel, Franz Dülberg, Fritz Engel, Herbert Eulenberg, Bruno Frank, Max Halbe, Carl Hauptmann, Wilhelm Herzog, Alfred Kerr, Artur Kutscher, Max Liebermann, Heinrich Mann, Thomas Mann, Kurt Martens, Erich Mühsam, Walther Rathenau, Wilhelm von Scholz, Werner Sombart, Carl Sternheim, Jakob Wassermann, Stefan Zweig. München/Leipzig 1914

Frank Wedekind und das Theater. Berlin 1915 (Inhalt: Zur Einführung. Josef M. Jurinek: Wedekind-Statistik. Paul Block: Wedekind. Artur Kutscher: Frank Wedekinds Leben. Hermann Kienzl: Der fünfzigjährige Wedekind. Alfred Kutscher: Frank Wedekind als Bühnenautor. Alfred Holzbock: Frank Wedekind: Regisseur und Schauspieler. Wilhelm Bolze: Wedekind: . . . Romantiker. Frank Wedekind: Begegnung mit Josef Kainz. Die Furcht vor dem Tode, Originalbeitrag aus dem Tagebuch Frank Wedekinds.

Frank Wedekind zum 100. Geburtstag. Hrsg. v. der Stadtbibliothek München (1964) (Inhalt: Tilly Wedekind: Meine erste Begegnung mit Frank Wedekind. Kadidja Wedekind: Franziska und Galatea. Leroy R. Shaw: Bekenntnis und Erkenntnis in Wedekinds »Die Zensur«. Frank Wedekinds Werke, Ihre Erstaufführungen und ihre Darsteller, Eine Zusammenstellung von Hans Wagner)

Erinnerungen:

Beyerlein, Franz Adam: Die literarische Gesellschaft zu Leipzig. Leipzig 1923

Blei, Franz: Der schüchterne Wedekind. Persönliche Erinnerungen. Der Querschnitt Bd. 9/1, 1929, S. 169–176

Brandenburg, Hans: München leuchtete. München 1953

Brecht, Bertolt: Frank Wedekind. In: Ders., Gesammelte Werke, Bd. 15, Frankfurt 1967, S. 3–4 (zuerst: 1918)

Conrad, Michael Georg: Von Emile Zola bis Gerhart Hauptmann. Erinnerungen zur Geschichte der Moderne. Leipzig 1902

Dreher, Konrad: Abreißkalender meines Lebens. München 1930

Durieux, Tilla: Meine ersten neunzig Jahre. München 1971

Eulenberg, Herbert: Gestalten und Begebenheiten. Dresden 1924

Falckenberg, Otto: Mein Leben – Mein Theater. Nach Gesprächen und Dokumenten aufgezeichnet von Wolfgang Petzet. München/Wien/Leipzig 1944

Fechter, Paul: Frank Wedekind. In: Ders., Menschen und Zeiten. Begegnungen aus fünf Jahrzehnten. Gütersloh 1948, S. 129–153

Fuchs, Georg: Sturm und Drang in München um die Jahrhundertwende. München 1936

Geiger, Hansludwig: Es war um die Jahrhundertwende. München 1953

Grossmann, Stefan: Ich war begeistert. Berlin 1930

Gumppenberg, Hanns von: Lebenserinnerungen. Aus dem Nachlaß des Dichters. Berlin/Zürich 1929

Halbe, Max: Jahrhundertwende. Geschichte meines Lebens 1893–1914. Danzig 1935

Hauptmann, Gerhart: Das Abenteuer meiner Jugend. Das Gesammelte Werk. 1. Abt. Bd. 14, Berlin 1942

Heine, Carl: Wie Wedekind Schauspieler wurde. Das junge Deutschland. Monatsschrift in Literatur u. Theater 1, 1918, S. 122–123

Herald, Heinz: Wedekind als Schauspieler. Ebd. S. 92–93

Herzog, Wilhelm: Menschen, denen ich begegnete. Bern/München 1958

Holitscher, Arthur: Lebensgeschichte eines Rebellen. Meine Erinnerungen. Berlin 1924

Mein Leben in dieser Zeit. Der »Lebensgeschichte eines Rebellen« zweiter Band (1907–1925). Potsdam 1928

Holm, Korfiz: ich – kleingeschrieben. Heitere Erlebnisse eines Verlegers. München 1932

Farbiger Abglanz. München 1940 (1947)

Jhering, Herbert: Begegnungen mit Zeit und Menschen. Berlin 1963

Kahane, Arthur: Tagebuch eines Dramaturgen. Berlin 1928

Kayser, Rudolf: Wedekind als Vorleser. Die Aktion 2, 1912, Sp. 559–560

Kortner, Fritz: Aller Tage Abend. München 1959

Krauss, Werner: Das Theater meines Lebens, einem Freund erzählt. Stuttgart 1958

Kutscher, Artur: Der Theaterprofessor. Ein Leben für die Wissenschaft vom Theater. München 1960

Lautensack, Heinrich: Frank Wedekinds Grablegung. Ein Requiem. Berlin (1919)

Mann, Heinrich: Erinnerungen an Frank Wedekind. Die Neue Rundschau

38, 1927, Bd. 1, S. 585–599 (auch in: Ders., Sieben Jahre. Berlin 1929 u. Ein Zeitalter wird besichtigt. Berlin 1947)

Martens, Kurt: Erinnerungen an Frank Wedekind 1897–1900. Der Neue Mercur 4, 1920, S. 537–549

Schonungslose Lebenschronik. 1870–1900. Wien/Berlin/Leipzig/München 1921

Schonungslose Lebenschronik. Zweiter Teil 1901–1923. Wien/Berlin/Leipzig/München 1924

Mühsam, Erich: Der Schauspieler Wedekind. Die Schaubühne 6/2, 1910, S. 803–808

Frank Wedekind als Persönlichkeit. Uhu 3, 1927, H. 6, S. 122–126

Namen und Menschen. Leipzig 1949

Unpolitische Erinnerungen. Berlin 1958

Rath, Wilhelm: Frank Wedekind. Ein Rückblick auf den Mann und Dichter. Velhagen und Klasings Monatshefte 32, 1917/18, Bd. 3, S. 96–107

Reventlow, Franziska Gräfin zu: Tagebücher 1895–1910. Frankfurt 1976

Rudinoff, Willy Wolf: Wedekind unter den Artisten. Der Querschnitt 10, 1930, S. 801–807

Ruederer, Josef: München. Stuttgart 1907

Salten, Felix: Wedekind als Schauspieler. Blätter des Deutschen Theaters Nr. 19 v. 1. VI. 1912, S. 292–295 Frank Wedekind I und II (II identisch mit W.a.Sch.). In: Ders., Gestalten und Erscheinungen. Berlin 1913, S. 36–48

Geister der Zeit. Berlin/Wien/Leipzig 1924

Schaukal, Richard: Frank Wedekind. Eine Porträtskizze. Bühne und Welt 5/2, 1903, S. 1031–1034

Sinsheimer, Hermann: Gelebt im Paradies. München 1953

Sternheim, Carl: Vorkriegseuropa im Gleichnis meines Lebens. Amsterdam 1936

Thoma, Ludwig: Ein Leben in Briefen. München 1963

Wedekind, Tilly: Lulu. Die Rolle meines Lebens. München/Bern/Wien 1969

Weinhöppel, Hans Richard: Erinnerungen an Frank Wedekind. Aus dem Nachlaß von Hans Richard Weinhöppel. Kölnische Zeitung v. 31. III. 1931, Nr. 179

Winterstein, Eduard von: Mein Leben und meine Zeit. 2 Bde. Berlin 1947

2.7 *Bibliographien und Forschungsberichte*

Außer der »Bibliographie der Erstausgaben Frank Wedekinds« (1920) von Horst Stobbe sind zwei Forschungsberichte von Edward Force (1964) und von Paul G. Graves (1982) erschienen, in welchen wenigstens ein Teil der umfangreichen Literatur über Wedekind vorgestellt wird. Graves berücksichtigt die Sekundärliteratur (1960–1980) zum dramatischen Werk. In chronologischer Reihenfolge stellt er die einzelnen Beiträge vor, verzichtet aber darauf, die Wedekind-Forschung mit ihrer Geschichte zu konfrontieren, Forschungsgeschichte als Wirkungsgeschichte zu begreifen. Seine kritischen Äußerungen zu fehlerhaften Zitaten, zu falschen Angaben über Werk und Person des Dichters und seine respektlose Kritik der literarhistorischen Wertungen nehmen sich erfrischend gegenüber dem rein deskriptiven Bericht von Force aus, der sich zwar um eine – wenn auch wenig einleuchtende – Periodisierung der Forschungsgeschichte (1899–1960) bemüht, sich aber in der Behauptung erschöpft, die literarische Wertschätzung des Werkes Wedekinds habe sich im Lauf der Zeit zum Besseren hin entwickelt. Wie noch zu zeigen sein wird, kann so nicht davon gesprochen werden. Andere gaben zu bedenken: »Kein Kapitel der neueren Literaturgeschichte bedarf so sehr der Überarbeitung wie das über Wedekind, und selbst wenn es auf den Stand der gegenwärtigen Forschungsergebnisse gebracht würde, könnte es doch nicht viel mehr tun, als eine Reihe von Meinungen verzeichnen, die nahezu unversöhnbar nebeneinander stehen.« (Kujat, S. 3) Erstaunlich jedenfalls ist es, daß die Wedekind-Forschung – von Ausnahmen abgesehen – die zu seinem Werk erschienene Literatur nur fragmentarisch zur Kenntnis genommen hat. Selbst bei themenspezifischen Studien und Aufsätzen ist festzustellen, daß die dazu verfügbare Literatur oft nicht vollständig bekannt war. So bleibt es auch bezeichnend, daß die anglo-amerikanische Wedekind-Forschung, was Grundlagen betrifft, sich fast mehr Verdienste als die deutsche, die Wedekinds Werk sehr reserviert gegenüberstand, erworben hat, wobei allerdings von dieser Kritik die Wedekind-Literatur der DDR seit Ende der sechziger Jahre ausgenommen werden muß. Abgesehen von Anmerkungen bei Kutscher (1931) und von Fritz Hagemanns flüchtiger Literaturkritik in seiner Dissertation (1925) finden sich kritische Einführungen zur Forschung bei Ralph Martin Hovel (1966) und Audrone Barunas Willeke, welche vor allem über die Sekundärliteratur zu Wedekinds Prosa berichtet (1972), bei Hans-Jochen Irmer (zuerst: 1970, ungekürzte Fassung) und bei Hans Joachim Thomas (1972). Einige forsche Hinweise und Bemerkungen gibt Alfons Höger (1981). Nützlich mit vielen bibliographischen Hinweisen sind auch natürlich die beiden Standardwerke von Kutscher und Seehaus. Einen Überblick über die Geschichte des »Wedekind-Bildes« durch die Bühne stellt Seehaus seiner Monographie (1964) voran. Ergänzend dazu ist wiederum auf die Arbeit Irmers zu verweisen. Grundlagenforschung ist, läßt sich abschließend sagen, auch hier nötig. So wenig selbstverständlich es in den zwanziger Jahren war, sich akademisch mit Wedekinds Werk zu beschäftigen, – nach 1933 schweigt im faschistischen Deutschland die Wedekind-Forschung –, so wichtig wäre es nach 1945 in Deutschland gewesen, das wissenschaftlich Versäumte wiedergutzumachen. Daß dies im Fall Wedekinds unterblieb, wirft ein Licht auf das vorurteilsvolle Verhältnis der Wissenschaft zur Literatur in Deutschland. Wedekind blieb ihr eine nicht vergleichbare Größe.

Literatur:

Force, Edward: The development of Wedekind criticism. Diss. Indiana University (Bloomington) 1964

Graves, Paul G.: Frank Wedekinds dramatisches Werk im Spiegel der Sekundärliteratur 1960 bis 1980. Ein Forschungsbericht. Diss. University of Colorado 1982

Hagemann, Fritz: Wedekinds »Erdgeist« und »Die Büchse der Pandora«. Diss. Erlangen 1925. Neustrelitz 1926, S. 2–8

Höger, Alfons: Hetärismus und bürgerliche Gesellschaft im Frühwerk Frank Wedekinds. Kopenhagen/München 1981, S. 8–27

Hovel, Ralph Martin: The image of the artist in the works of Frank Wedekind. Diss. University of Southern California 1966, S. 5–38

Irmer, Hans-Jochen: Der Theaterdichter Frank Wedekind. Werk und Wirkung. 2. Auflage Berlin 1979 (1975), Frank Wedekind auf der Bühne, S. 13–29, Stimmen der Theaterkritik, S. 30–55, Wissenschaftliche Arbeiten, S. 56–66, Erinnerungsbücher, S. 67–68, Stimmen von Schriftstellern, S. 69–78

Kujat, Alfons: Die späten Dramen Frank Wedekinds. Diss. Jena 1959

Kutscher, Artur: Frank Wedekind. Sein Leben und seine Werke. 3 Bde. München 1922, 1927, 1931, zur Wedekind-Forschung besonders Bd. 3, 15. Kapitel »Summa Summarum«, S. 240–283

Seehaus, Günter: Frank Wedekind und das Theater. München 1964 (1973), S. 11–55

Stobbe, Horst: Bibliographie der Erstausgaben Frank Wedekinds. In: Almanach der Bücherstube auf das Jahr 1921. 2. Auflage München 1920, S. 58–72

Thomas, Hans Joachim: Die weltanschauliche und ästhetische Entwicklung Frank Wedekinds, dargestellt am Werk des Dichters von der Züricher Publizistik bis zu »Der Marquis von Keith« unter Einbeziehung der frühen Versuche. Diss. Halle-Wittenberg 1972

Willeke, Audrone Barunas: Frank Wedekind's narrative prose. Diss. Stanford University 1972, S. 1–9

Eine Gesamtbibliographie zum Werk Wedekinds ist vom Verfasser in Vorbereitung.

3. Leben und Werk

3.1 Kindheit und Jugend (1864–1884)

1864–1884 Hannover–Lenzburg

Am 24. Juli 1864 kam Benjamin Franklin Wedekind in Hannover zur Welt.

Seine Mutter Emilie (1840–1915), Tochter aus der zweiten Ehe des demokratischen Liberalen und Fabrikanten Jakob Friedrich Kammerer mit Karoline Friederike Keck aus Ludwigsburg, wuchs, da der Vater sich der politischen Verfolgung während der Restaurationszeit durch Emigration entzog, in Riesbach bei Zürich auf. Als Sechzehnjährige folgte sie einer Einladung ihrer älteren Schwester Sophie, die nach ihrer Heirat nach Valparaiso (Chile) übergesiedelt war. In finanzielle Schwierigkeiten geraten, sah sich Sophie genötigt, ihre frühere berufliche Tätigkeit als Opernsängerin wieder aufzugreifen, und gastierte, gemeinsam mit ihrer ebenfalls musikalisch geschulten Schwester, mit einem aus Liedern, Arien, Duetten zusammengestellten Opernprogramm zunächst in verschiedenen süd- und mittelamerikanischen Küstenstädten. Nach Sophies frühem Tod gelangte Emilie mit Sophies Töchterchen und Ehemann nach San Franzisco, heiratete dort den erheblich älteren Sänger und Gastwirt deutscher Herkunft Hans Schwegerle, von dem sie sich nach dem raschen Scheitern ihrer Ehe 1860 trennte und 1861 scheiden ließ. Im Frühjahr 1860 lernte sie, ihren Lebensunterhalt mit Konzert- und Varieté-Auftritten bestreitend, in San Franzisco den Arzt Dr. Friedrich Wilhelm Wedekind kennen. Nach ihrer Heirat (1862) kehrten sie 1864 nach Europa zurück und entschieden sich für Hannover als Wohnsitz.

Wedekinds Vater (1816–1888) stammte aus einer niedersächsischen Juristenfamilie, studierte in Göttingen und Würzburg Medizin und hielt sich nach Promotion (Würzburg 1839) und abgeschlossenem Staatsexamen (Hannover 1843) in verschiedenen Teilen Europas und so auch als Bergwerksarzt in der Türkei auf. Im Vormärz beteiligte er sich an der demokratisch-konstitutionellen Bewegung in Deutschland. Als Linksliberaler enttäuscht vom Scheitern der achtundvierziger Revolution, beschloß er 1849, nach Amerika auszuwandern, und ließ sich in San Franzisco als praktischer Arzt nieder. Dort war er auch kulturpolitisch aktiv und war zuletzt Präsident des Deutschen Clubs.

In Hannover lebte die Familie von den im Ausland erworbenen Einkünften; die Arztpraxis gab der Vater auf und widmete sich dem politischen Journalismus. Er lehnte die seit 1866 sich durchsetzende großpreußische Politik Bismarcks ab – behielt bezeichnenderweise seine amerikanische Staatsbürgerschaft bei – und siedelte nach der Reichsgründung von 1871, die statt demokratischer Freiheit die Kaiserherrschaft brachte, als politisch Oppositioneller in die Schweiz über. Die Lenzburg bei Aarau, käuflich erworben, wurde der endgültige Sitz der Familie.

Die Eintragung im Kirchenbuch zur Geburt Frank Wedekinds hatte den Zusatz: »Das Kind wird ungetauft die Eltern auf der Rückkehr nach Kalifornien begleiten.« Wenn auch solche Rückreisepläne nicht ernstlich erwogen wurden, im Hause Wedekinds blieb die politische Orientierung an der Neuen Welt mit der Hoffnung auf demokratische Freiheit eng verwoben, und dieser politische Wille dokumentiert sich zum Teil selbst noch in der Namensgebung für die Kinder: Arnim (geb. 1863), William Lincoln (geb. 1866), Frieda Marianne Erika (geb. 1868), Donald Lenzelin (geb. 1871) und Emilie (geb. 1876). Seinen amerikanischen Vornamen hat Wedekind offiziell erst 1891 in Frank geändert. Aber nicht nur sprechende Namen gaben Wedekinds Eltern ihren Kindern, sondern als langjährige Emigranten sprachen und vermittelten sie auch eine Sprache, die Walter H. Sokel so einzuschätzen suchte: »Die zweimal emigrierte Familie Wedekind [sprach] weiter ihr kaustisches und intellektuelles Idiom, das mit seiner gestelzten Syntax und der Armut des konkreten Wortschatzes dem deutschen Jargon eben emanzipierter Ghettojuden ähnelte. Dieses Idiom sollte das Sprachmittel der aufsehenerregenden Dramen Wedekinds werden. In diesem Licht betrachtet, ist es destillierte Heimatlosigkeit und Isolierung.« (Sokel, S. 333). Freilich ist diese Behauptung mehr eine Vermutung und sie bezieht sich auch nur auf *einen* sprachgeschichtlichen Aspekt, der gewiß auch u. a. um den einer gemeinsamen klassizistischen Bildung ergänzt werden muß, welche beide Eltern durch ihre bürgerliche Erziehung erworben hatten. Der gleichsam internationale Horizont der Familie hat sicherlich auch die sprachliche Sensibilität und Beweglichkeit bei den Kindern unterstützt und gefördert. Jedenfalls rechnete die elterliche Familie zum mittelständischen Erwerbs- und Bildungsbürgertum, für die – wenn auch unter patriarchalischer Regie – politische Emanzipation und Emanzipation durch Bildung selbstverständlich eine Einheit bilden sollte.

In Lenzburg besuchte Frank seit Herbst 1872 die Gemeindeknabenschule und ab 1875 die Bezirksschule. Zur Schulausbildung zählte auch militärischer Unterricht, Exerzieren auf der Kadettenschule. Prügelstrafe und Karzer gehörten zum Schulalltag. 1879 wechselte Frank auf das kantonale vierklassige obere Gymnasium in Aarau (»Stereotypausgabe einer Provinzstadt«, so Wedekind, W 3, S. 272) über. Er war kein strebsamer Schüler, wurde in die zweite Klasse nur »provisorisch promoviert« und in die dritte Klasse nicht versetzt. Der Vater nahm seinen Sohn von der Schule und ließ ihm Privatunterricht erteilen. Seine Lehrer tadelten schon damals seine »jeder gesunden Entwicklung und Disziplinierung im Wege stehende Poetasterei« oder billigten ihm eine »mehr als gewöhnliche Begabung und Neigung zu poetischer Produktion« (K 1, S. 30 f.) zu. Seiner ältesten Tochter Pamela soll er später zu bedenken gegeben haben: »Ich habe gehört, meine liebe Annapamela, daß du jetzt zur Schule kommst. Hoffentlich bist du nicht so töricht, alles für wahr zu halten, was man dir dort erzählen wird.« (Pamela Wedekind, S. 57). Nach einem halben Jahr, im Herbst 1881, trat Wedekind in die zweite Klasse der Kantonsschule wieder ein. Am Gymnasium gab es einen Schülerzirkel mit dem Namen »Senatus Poetikus oder Dichterbund«, dem außer Frank u. a. auch Walter Laue, später Bürgermeister von Köln, Adolph Vögtlin (Schweizer Schriftsteller) und Oskar Schibler, später aargauischer Regierungsrat, angehörten. In einem Brief an Vögtlin (VII. 1881) benachrichtigt Frank seinen Freund über den Selbstmord des Aarauer Primaners Frank Oberlin. Die Freunde tauschen sich über philosophischen Pessimismus, Egoismus und Atheismus und natürlich auch über Liebe aus. Einen Freundschaftsbund gründete er 1883 mit seiner Base Minna von Greyerz und deren Freundin Anny Barte, in welchem ebenfalls über Philosophie und Poesie debattiert wurde. Eingeführt in die Philosophie der Schopenhauerschen Schule wurde Frank aber vor allem durch die Jugendfreundin seiner Mutter, die »philosophische Tante« Olga Plümacher, mit der er lange Zeit auch brieflich verkehrte. In die letzte Gymnasialzeit fällt auch der Beginn seiner Beziehung zur »erotischen Tante« Bertha Jahn, deren Familie er in Lenzburg kennenlernte. Briefe und Gedichte wechselten hin und her, und von einigen frühen Gedichten läßt sich nicht mit Sicherheit feststellen, wer von beiden sie verfaßt hat.

Ebenfalls nur provisorisch wurde Wedekind in die oberste Klasse des Gymnasiums versetzt. Im Frühjahr 1884 bestand er das Abitur und sollte nach dem Willen des Vaters Jura studieren. Doch wird ihm nach einigen Kämpfen von zuhause erlaubt, im Sommer 1884 ein Übergangssemester mit dem Studium deutscher und französischer Literatur in Lausanne zu verbringen. Dort erwartete ihn sein Bruder Willy, der gerade eine Kaufmannslehre absolvierte.

Um sein juristisches Studium aufzunehmen, entschied sich Frank nach München zu gehen, wo sein Bruder Arnim sein Medizinstudium fortsetzte.

Lyrik

Von den zahlreichen Gedichten, Prosaentwürfen und dramatischen Versuchen aus seiner Schulzeit hat Wedekinds kritischem Urteil später nur weniges standgehalten. Als sein ältestes Gedicht gilt »De scriptore« aus der Zeit der zweiten Bezirksschulklasse (1876). Wedekind selbst bezeichnete als sein ältestes »Die Liebe« (Juli 1877), vermutlich zum Lenzburger Jugendfest verfaßt. Seine frühen Gedichte bewahrte er in einem ausgedienten Steinbaukasten auf, woran die »Ode an den Behälter meiner Manuskripte« (April 1878) erinnert. Manche seiner Gedichte sind mehrfach, auch in verschiedenen Fassungen erhalten.

Dreizehn seiner frühen Gedichte hat Wedekind in die Sammlung »Die Jahreszeiten« (1897, »Die Fürstin Russalka«) bzw. »Die vier Jahreszeiten« (1905 und GW 1, 1912) aufgenommen: »An L. B.« als »Pennal« (1897), »An Oskar« als »Stallknecht und Viehmagd« (1905), »Francisca« (1897), »Margaretha« als »Die Symbolisten: Anna. (Otto)« (1897) bzw. »Die Symbolistin« (1905), »Fernsicht« als »Autodafé« (1897), »Lösung« als »Die tiefe Richtung« (1897), »Mahnung« als »Erdgeist« (1897) und »Mahnung« (Schlußverse) als »An Francisca de Warens« (1897), »Galathea« (1897), »Frühling« (1897), »Emma« als »An Moppchen« (1897) bzw. als »An Elka« (1905), »Nachtgedanken« als »Der Gefangene« (1905), »Reue« als »Wehmut« (1897) bzw. als »Der blinde Knabe (1905), »Jubilate« als »Weltweisheit« (1897).

In die Gedichtsammlung der Gesamtausgabe wurde auch das Fragment »Felix und Galathea« aufgenommen. Der ursprüngliche Titel des gesamten Zyklus hieß »Bucolica«, während das Gedicht »Felix und Galathea« die Zwischenüberschrift »Das Paradies. Eine Idylle für die gebildete Welt« trug, Untertitel: »In aller Ergebenheit gewidmet den Freunden der *freien Natur*.« Das Einführungsgedicht zur Idylle, der »Prolog«, ist bei Kutscher (1, S. 96 f.) abgedruckt. In Briefen an Adolph Vögtlin hat Wedekind über sein Werk ausführlich berichtet. Es entstand im Sommer 1881 (Höger, Hetärismus, S. 37 ff.). Vermutlich umfaßte der Zyklus insgesamt folgende Teile: Motto, zwei (fehlende) Gedichte, Das Paradies mit Prolog, Präludium (fehlt Hs.), Chorlied (1. Seite fehlt) und Ein Zwiegespräch. Der Erstdruck von »Felix und Galathea« erfolgte 1908. Überarbeitungen dieses Textes erfolgten 1894, vermutlich um 1902/03 und

1907/08 (Höger a.a.O. S. 184 Anm. 1). Im Luxusdruck von 1911 fügte Wedekind die beiden Gedichte »Galathea« und »Frühling« vor dem »Finale« ein.

Der Dithyrambus zum »Neuen Vaterunser«, welches als Manuskriptdruck 1892 erschien, entstand im April 1884. Ob und inwiefern er für den Druck verändert wurde, ist nicht bekannt (K 1, S. 200).

In diese Epoche (1876–1884) fallen auch die Gedichte »Marianne«, »Der Abend«, »An Franziska« und »Ein Lebenslauf«. An handschriftlichen Gedichtsammlungen sind außer den »Agenda pro Franklin« und den »Memorabilia 1882–83« noch zu nennen »Gedichte von Franklin Wedekind aus den Jahren 1877 bis [. . .] Schloß Lenzburg 1881«, das Schulschreibheft »Poesie. Winter 1882–83«, die »Stunden der Andacht« (satirische Anspielung auf Heinrich Zschokkes weitverbreitetes christliches Erbauungsbuch), das Gedichte aus der Zeit Frühling 1881 bis Winter 1883/84 enthält, und die »Lebensfreuden«, Gedichte aus der Zeit Sommer 1882 bis Oktober 1884. An Versepen sind noch zu erwähnen: ein Zeus-Europagedicht (Fragment), ein Argonautenepos (Fragment, XI. 1880), ein Pangedicht (Fragment), Bruchstücke eines Epos, in welchem Satan einen Engel verführt, und zwei satirische – zu den Turnfesten in Aarau 1882 und 1883 verfaßte – Epopöen; zur ersten liegt auch eine Disposition mit dem Titel »Erinnerung eines Festbummlers« vor, während die zweite den Titel »Wie man sich in Aarau auf das eidgenössische Turnfest rüstet« trug. Zu Weihnachten 1879 schrieb Frank für die jüngste Schwester Emilie das Kinderepos »Hänseken«, das sich in seiner Handlung an Theodor Storms Kindermärchen »Der kleine Häwelmann« (1849) anlehnt, aber auch auf Heinrich Hoffmanns »Struwelpeter« (1847) anspielt. Der Bruder Arnim entwarf dazu Bilder. Erst 1896 wurde dieses Werkchen gedruckt. Wedekinds erste selbständige Veröffentlichung ist sein »Prolog zur Abendunterhaltung der Kantonsschüler« (Aarau 1884).

Prosa

»Sieben Aufsatzhefte aus den letzten drei Schuljahren sind erhalten.« (K 1, 57) Kutscher hebt an Aufsätzen aus dem letzten Jahr hervor: »Warum wollen die meisten Menschen lieber schlecht als dumm erscheinen?«, »Behandelt jedermann nach seinem Verdienst, und wer ist vor Schlägen sicher?« (1884) und »Betrachtungen des Spießbürgers vor der neuen Kantonsschule in Aarau a. d. 1908« (1883). An erzählerischer Prosa erwähnt Kutscher eine frühe in vier Teile gegliederte und skizzierte romantische Geschichte und drei Entwürfe aus den »Memorabilia«: den Plan zu einer Novelle »Der Schloßgeist«, zu einer Erzählung »Zwischen Himmel und Erde« und die Skizze »Das Hoftheater. Eine Allegorie zum Weltlauf« (K 1, S. 72–76).

Drama

An dramatischen Versuchen läßt sich als ältester das fast vollständige Drama »Eine Szene aus dem Orient« – der Verfasser führt sich als Dr. F. Wedekind ein – ansetzen, vermutlich entstanden während der Lenzburger Bezirksschulzeit. »Die Form mischt Vers und Prosa. Aus den anfänglich sechs Akten sind während des Schreibens acht geworden« (K 1, 69). Die dramatische Szene »Die Verzweifelten« ist um 1879/80 entstanden. »Das Gastmahl bei Sokrates, ein Schauspiel für die gebildete Welt, aus dem Griechischen übersetzt« wurde im September 1882 niedergeschrieben, durchweg als schwankhafte Komödie gedacht.

Zusammenfassung

Zum literarischen Bildungsstand des jungen Wedekind läßt sich resümieren: Die Kenntnis antiker Literatur wurde ihm wohl vor allem über das humanistische Gymnasium in Aarau vermittelt. Mit der deutschen Literatur der Klassik und Romantik wurde er bereits im Elternhaus bekanntgemacht. Favorit unter den literarisch interessierten Schülern war zweifellos Heinrich Heine. Wedekind: »Von Heine las ich indessen wieder verschiedene Sachen, so den Rabbi von Bacharach, die Memoiren des Herrn von Schnabelewopsky, die Elementargeister und die Florentinischen Nächte. Letztere sind stellenweise geradezu feenhaft. Stimmungsbilder finden sich darin, so weich, so zart, als wären sie aus lauterem Mondschein gewoben.« (GB 1, S. 37). Er kannte auch Prosa und Lyrik des poetischen Realismus. Über Hieronymus Lorm urteilte er: »In seinen Gedichten, voll Poesie, aber auch voll Philosophie findet sich [. . .] durchaus nichts von dem wilden Entrüstungspessimismus eines Byron.« (GB 1, S. 38) Und über Lorms Novellensammlung »Am Kamin«: Sie »bietet ein getreues Bild heutiger sozialer Verhältnisse. Die Form derselben ist, wie die seiner Gedichte, vollendet und glänzend. Aber der Stoff selbst trägt die Schuld in sich, daß die Mehrzahl der Erzählungen das Gefühl untilgbarer Unzufriedenheit in mir zurückließ.« (GB 1. S. 38) Natürlich zirkulierten unter den Schülern auch Volks- und Studentenlieder, man kannte das »Kommersbuch« oder die »Musenklänge aus Deutschlands Leierkasten«. Und in Lausanne auf der Akademie wurde Wedekind, wie er nach Hause schrieb, »mit allen französischen Poeten der Neuzeit einigermaßen bekannt gemacht« (GB 1, S. 55).

Über seine philosophische Schulung äußerte sich Wedekind später distanziert: »Ich hatte Fühlung mit der Interessensphäre der Eduard v. Hartmannschen Philosophie durch die philosophische

Schriftstellerin Olga Plümacher gewonnen, die verschiedene Bücher zur Verteidigung der Hartmannschen Lehre veröffentlichte« (Jurinek, 12. IX. 1916), so z. B. »Zwei Individualitäten der Schopenhauerschen Schule«, »Der Kampf um's Unbewußte« (1881) und »Der Pessimismus in Vergangenheit und Gegenwart. Geschichtliches und Kritisches« (1884). Über das Letzte berichtete er seiner Mutter: »Ich durchflog schnell das Inhaltsverzeichnis des Buches und ersah daraus, wieviel darin zu lernen, positiv Wissenschaftliches zu lernen sei. Ich habe bereits die ersten Abschnitte durchflogen und bin bis zum Christenthum gekommen. Es scheint mir ein sehr verdienstvolles Werk zu sein, das in manchem Kopfe ein wenig durch seine logische Strenge aufräumen und manchen verworrenen Gedanken discipliniren kann.« (GB 1, S. 52) Tante Plümacher schenkte Frank zum siebzehnten Geburtstag auch die von Max Schneidewin herausgegebenen »Lichtstrahlen aus Eduard von Hartmann's sämmtlichen Werken« (1881) und zu Weihnachten 1884 Hieronymus Lorms »Natur und Geist im Verhältnis zu den Kulturepochen« (1884), das an sein 1876 erschienenes Werk »Der Naturgenuß. Eine Philosophie der Jahreszeiten« anknüpft. Bekannt war Wedekind auch mit antiker Philosophie und mit philosophisch-ästhetischen Schriften der deutschen Aufklärung und Klassik. Deutlich zeichnet sich ab, daß er schon als Schüler mit den damals diskutierten Themen der Zeit vertraut war: Pessimismus als Weltanschauung, Kritik der christlichen Dogmatik und des Christentums, philosophischer Egoismus, dessen »alte« Debatte seit Max Stirners »Der Einzige und sein Eigentum« (1845) in Deutschland weite Verbreitung fand, Sozialkritik und die über die Jungdeutschen propagierte, jetzt naturwissenschaftlich sich begründende Emanzipation des Fleisches.

Poetisch und philosophisch reflektiert finden sich die erwähnten literarischen Eindrücke und philosophischen Anschauungen wieder in Wedekinds Jugendwerk, wobei sowohl an die philosophisch-literarischen Diskussionen als auch an den lebhaften Austausch über eigene literarische Produktionen im Familien- und Freundeskreis zu erinnern ist. Und schließlich spielte man auch selbst Theater, und zwar nicht nur Auszüge aus Klassikern, sondern vor allem auch schwank- und possenhaftes Laientheater.

In Wedekinds Jugendwerk nimmt die Lyrik den ersten Rang ein. Ihre Themen sind von Anfang an: Scherz, Satire, Ironie, romantischer Weltschmerz, pessimistische Lebensanschauung, poetisches Stimmungsbild und – Erotik.

Literatur:

Attenhofer, Ed.: Über Frank Wedekinds Bezirksschulzeit, Schloßesel und mitternächtliches Bad im Klausbrunnen. Lenzburger Neujahrsblätter 30, 1959, S. 3–38

Halder, Nold: Frank Wedekind und der Aargau. In: 100. Semesterblatt des Altherrenverbandes Industria Aarau. Festnummer z. 150. Jahrfeier der Aargauischen Kantonsschule 21. Juni 1952 Aarau S. 4–16
  Das Wedekind-Archiv in der aargauischen Kantonsbibliothek. Aargauer Blätter Nr. 34, 1964, S. 3–8

Hämmerli-Marti, Sophie: De Franklin. In: 100. Semesterblatt des Altherrenverbandes Industria Aarau. Festnummer z. 150. Jahrfeier der Aargauischen Kantonsschule 21. Juni 1952 Aarau, S. 22–32

Höger, Alfons: Hetärismus und bürgerliche Gesellschaft im Frühwerk Frank Wedekinds. Kopenhagen/München 1981, bes. S. 16, S. 37–42, S. 182–185

Frank Wedekind. Der Konstruktivismus als schöpferische Methode. Königstein 1979

Jurinek, Josef M.: Frank Wedekinds literarische Anfänge. Unveröffentlichte Bekenntnisse des Dichters. Neues Wiener Journal v. 12. IX. 1916, Nr. 8215

Kutscher, Artur: Frank Wedekind. Sein Leben und seine Werke. Bd. 1 München 1922

Schröder-Zebralla, Josephine: Frank Wedekinds religiöser Sensualismus. Frankfurt/Bern/New York 1985, bes. S. 53–71

Sokel, Walter H.: Frank Wedekind – Poeta dolorosus. In: Querschnitt Langen-Müller 1952–1962 (München 1962), S. 333

Wedekind, Frank: Autobiographisches. In: Werke in drei Bänden. Hrsg. u. eingeleitet v. Manfred Hahn. Bd. 3 Berlin/Weimar 1969, S. 332–334
  Betrachtungen des Spießbürgers vor der neuen Kantonsschule in Aarau a. d. 1908, ebd. S. 271–276
  »Behandelt jedermann nach seinem Verdienst, und wer ist vor Schlägen sicher?«, ebd., S. 277–280

Wedekind, Frank: Gesammelte Werke. Bd. 8 München 1919, S. 3–52

Wedekind, Frank: Gesammelte Briefe. Bd. 1, München 1924

Wedekind, Pamela: Mein Vater Frank Wedekind. In: Frank Wedekind, Der Kammersänger. Stuttgart 1967, S. 57–66

3.2 Studienjahre – Reisen – Freier Schriftsteller (1885–1900)

1885–1886 München

»Nachdem ich in Aarau das Gymnasium absolviert, bezog ich die Münchner Universität, wo ich mich vier Semester hindurch mit philosophischen Studien aller Art beschäftigte. Dank derselben glaub ich mir unter anderem auch ein durch solide Prinzipien begründetes, durch die mannigfachste Erfahrung gerechtfertigtes gesundes Urteil über Kunst, Musik, Theater und Literatur im allgemeinen beimessen zu dürfen.« So stellte sich Wedekind brieflich vor (1887, GB 1, S. 174). Das ihm von seinem Vater aufgezwungene Jurastudium interessierte ihn nicht groß, und in Furcht vor seinem Vater mußte er selbst seine Mutter, zu welcher er eine nahe Beziehung hatte, in dem »süßen Wahne lassen«, daß er Jurisprudenz studiere (GB 1, S. 150). »München ist«, schrieb er seiner Mutter, »eine imposante Stadt, die viel Interessantes, viel Sehenswürdiges bietet; aber wir genießen langsam und mit Bedacht.« (GB 1, S. 73) In dieser damals neben Berlin führenden Kunststadt und Metropole Deutschlands besuchte Wedekind mit Vorliebe die bekannten Kunstgalerien und Gemäldesammlungen und ging regelmäßig ins Theater und in die Oper. Besonders entdeckt er für sich – bei aller Distanz zur »Wagnerei« (GB 1, S. 93) – das Musiktheater. Seinem Vater setzte er darüber auseinander: »Das sind wirklich Kunstprodukte, die genau untersucht sein wollen und die dem Uneingeweihten nicht viel mehr bieten, als recht viel lautes lärmendes Tschinpum und großartige Scenerien. Selbst das wenige Melodische, wirklich Musikalische in seiner Musik ist wenn auch imposant, so doch so gesucht, so ausstudirt, daß es wol kaum jemals, wie die Musik der Italiener, Eigenthum der Drehorgeln und Gassenjungen werden wird.« Bedeutsam ist dabei Wedekinds Unterscheidung zwischen einer naiven und reflektierten Kunstauffassung. Sie werden für ihn zu Schlüsselbegriffen in seiner Auseinandersetzung mit moderner Kunst und Literatur, vor allem auch mit dem Naturalismus, der mit dem Anspruch des »Modernen« auftritt. Für seine Einführung in das moderne Münchner Leben verdankte er viel dem ihm von Aarau her bekannten Musikkritiker und Schriftsteller Heinrich Welti: »Half er mir doch mit liebevoller Geduld mich in dem großen Chaos von Eindrücken jeder Art hier in München zurechtzufinden, sodaß ich jetzt auf jedem Gebiete der Kunst auf dem besten Wege zu einem gesunden Urtheil bin.« (GB 1, S. 123) Ibsen wird ihm zuerst durch ihn vermittelt, aber die Vorstellung einer Tendenzliteratur und die Behauptung eines ästhetischen Programms erregen bei Wedekind sofort Widerspruch. Sie passen nicht zu seinem bereits fundierten sowohl naiven, sich auf Unmittelbarkeit berufenden, als auch metaphysischen Kunstbegriff. In München lernte er, um einen Aufsatz seiner Tante Plümacher zu überbringen, Michael Georg Conrad kennen (1886), den Wegbereiter des deutschen Naturalismus und Herausgeber der »Gesellschaft. Realistische Zeitschrift für Litteratur, Kunst und öffentliches Leben«. Er nannte ihn einen »ganz ergrimmten Zolaisten« (GB 1, S. 144), doch sollte er bald sein Vorurteil über den Naturalismus in gewissem Sinn revidieren, als er während der Semesterferien im Sommer 1886 mit Karl Henckell in Lenzburg zusammentraf. Über diese neuen Dichter schrieb ihm sein Vater nach München: »Sie wollen mit noch einigen anderen die ganze Lyrik reformieren, das Ideale, dessen sich Schiller und Goethe schuldig gemacht haben, ganz und gar verbannen und die Lyrik mehr dem jetzigen alltäglichen, realistischen Leben anpassen, wie es Zola in seinen Romanen getan hat.« (K I, S. 140) Daß ihm sein Sohn vorsichtig zurückschrieb, es täte ihm leid, daß Henckell »so schmählich unter die Philister geraten« sei (GB 1, S. 147), findet seine Erklärung nicht nur darin, daß Wedekind die klassizistische Kunstauffassung seines Vaters, die er keineswegs unbesehen teilte, kannte, sondern auch darin, daß er selbst ganz andere Verse schrieb.

Lyrik

An Gedichten aus dieser Zeit sind zu nennen: »An Madame de Warens« (21. X. 1885), »Neue Liebe« (ursprünglicher Titel »An Franziska«, 1885), »Vor dem Spiegel an mich selbst mit einem Glas Ellyswyler Sauser in der Hand« (X. 1885), »Selbstzersetzung« (ursprünglicher Titel »Apokalypse«, 1885), »Enttäuschung« (1885), »Johannistrieb« (1885), »Frühlingslied eines Velozipedisten« (1885), »Der Mensch ist ein Chamäleon« (ca. 1884/85). Während eines sechswöchigen Krankenhausaufenthalts im Sommer 1885 entstanden: »Melitta oder Die Liebe siegt, eine Künstlerballade« (VIII. 1885) und »Ännchen Tartini. Die Kunstreiterin. Große Romanze in sieben und sechzig Strophen und einem Prolog, mit einem moralischen Hintergrund, gesetzt und gesungen durch einen fahrenden Sänger zu München im Jahres des Heils 1886«. Zum 70. Geburtstag seines Vaters verfaßte Frank ein über tausend Verse umfassendes Gelegenheitsgedicht (II. 1886). Die Verse »Könnt ich heut mir selbst entfliehn« sind am 1. Juni 1886 niedergeschrieben, und um diese Zeit entstand auch ein »Prolog zur Fünfhundertjahrfeier der Schlacht bei Sempach«, vorgetragen am 3. Juli 1886 vor der Schweizer Kolonie in München.

Prosa

An Prosawerken begann er am 5. Januar 1885 eine Novelle mit dem Titel »Galathea«, wovon handschriftlich zwei Versionen existieren. Kutscher ordnet die Textgeschichte nach drei Fassungen, unterstellt aber auch die Möglichkeit einer vierten Fassung (K 1, S. 118–123). Die Novelle »Fanny«, wahrscheinlich eine der beiden Erzählungen, an denen Wedekind seit seines Krankenhausaufenthaltes im Sommer 1886 arbeitete, liegt in zwei Fassungen vor, die zweite unter dem Titel »Der Kuß«.

Drama

Ein ebenfalls im Krankenhaus begonnenes Trauerspiel blieb wie die vorigen Versuche unvollendet und ist vermutlich verloren gegangen. Wedekinds privates und berufliches Interesse richtete sich aber mehr und mehr darauf, mit einem abgeschlossenen Werk hervorzutreten, und er legte seine angefangenen Arbeiten beiseite, als er Ende 1885 die Arbeit an »Der Schnellmaler oder Kunst und Mammon. Große tragikomische Originalposse in drei Aufzügen« aufnahm, welche ihn »drei Monate Tag und Nacht« in Anspruch nehmen sollte (abgeschlossen am 23. IV. 1886). Er schrieb dazu: »Ich hoffe nichts weiter davon, als daß es mir den Weg auf die Bühne bahnen soll« (GB 1, S. 151). Später urteilte der Dichter: »Der Schnellmaler möge am Schluß meiner Gesamtausgabe als Beweis dafür Platz finden, wie fern mir im Beginn meiner Tätigkeit jeder literarische Ehrgeiz lag. Ich hatte die ehrliche Absicht, auf dem Gebiet der Dramatik von der Pique auf zu dienen, irregeleitet durch den naiven Aberglauben, daß geistig wertlose Kunst leichter zu schaffen sei als geistig anspruchsvolle.« (zit. n. K 1, S. 136)

Daß Wedekind 1886 ein Weg zur Bühne offen war – angeblich versuchte er, das Stück am Gärtnerplatztheater in München unterzubringen (Jurinek, 12. IX. 1916) – darf kaum angenommen werden. Er wollte das Werk aber so bald als möglich – zuerst anonym – veröffentlicht sehen. Als es schließlich 1889 bei Schabelitz in Zürich für den Druck angenommen war, verfaßte er eine Vorrede mit dem Titel »Geehrter Herr Direktor!«, in welcher er für sein Stück wirbt:

»Wenn ich in vorliegender Arbeit nach Art des alten Raimund stellenweise, zumal in der Titelrolle, die gebundene Rede zur Verwendung brachte, so geschah das, um dem Darsteller ein andauerndes, ausdrucksvolles, und dabei doch nicht ermüdendes Pathos zu ermöglichen, welches [. . .] auch im ungebildeten Besucher nur einen wohltuenden Eindruck hinterlassen dürfte. Wenn ich dagegen durch Ausfälle gegen den modernen Pessimismus usw. tatsächlich einen weiteren Horizont der Interessen und des Geschmacks voraussetzte, als ihn das heutige Volksbühnenstück in der Regel erfordert, so glaube ich den Ansprüchen eines größeren Publikums anderweitig zur Genüge entgegengekommen zu sein [. . .] Ebenso möchte der da und dort bescheiden zutage tretende Realismus kaum in Widerspruch mit den Erwartungen stehen, mit denen man sich heutzutage in jeder Premiere einzufinden pflegt. Und so gebe ich mich der Hoffnung hin, durch eine derartige Verschmelzung von Neuestem und Älterem ein Werk von lebensfähiger Frische geschaffen [. . .] zu haben.« (W 3, S. 336 f.)

Wedekinds Werk war durchaus »marktorientiert« abgefaßt in der Absicht, Unterhaltung, modernen Pessimismus und Realismus publikumswirksam in einem Stück unterzubringen. Bedeutsam ist dabei auch, daß er sich jetzt auch mit dem sich als modern bezeichnenden Naturalismus konfrontiert sieht. Die »Vorrede« spekuliert mit Erfahrungen, die Wedekind – durch Henckell vermittelt – mit den Naturalisten machte.

1886–1888   Zürich

Nach einer tätlichen Auseinandersetzung mit dem Vater – vorausgegangen war das Geständnis des Sohnes, sich wenig um sein Jurastudium bemüht zu haben – kam es im Oktober 1886 zum Bruch zwischen beiden. Frank wurde jegliche finanzielle Unterstützung versagt und so mußte er sich rasch um eine berufliche Tätigkeit kümmern. Henckell, mit dem er sich befreundet hatte und der ihm den Plan einer gemeinsamen Zeitschrift vorschlug, verschaffte ihm die Stelle eines Vorstehers des Reklame- und Preßbüros bei dem jungen erfolgreichen Unternehmen Maggi in Kempttal bei Zürich. Als Lohnschreiber hatte er hier wöchentlich 12 bis 18 Reklametexte in Prosa oder in Versen zu liefern. Julius Maggi schickte ihn Ende Januar 1887 auf Reise nach Leipzig, um sich dort über die »I. internationale Ausstellung für Kochkunst und Volksernährung« zu informieren und Kontakte zu knüpfen. Auch die beiden Feuilletons »Feinschmeckerei« und »Kulturhistorische Plauderei« stammen aus der Maggizeit. Sie dauerte jedoch nur vom November 1886 bis Juli 1887. Wedekind, der nebenbei für Schweizer Blätter schrieb, löste den Arbeitsvertrag und hoffte, als Schriftsteller zu Erfolg zu kommen. Er arbeitete an Novellen und betonte zugleich: »Ich stehe jetzt auf eigenen Füßen und muß Egoist sein, um auf eigenen Füßen vorwärts zu kommen. Der Erreichung meines Zieles bin ich gewiß, denn ich trage mein Ziel in mir, und das ist mehr als Novellen schreiben.« (GB 1, S. 168) Teilweise wurde er von seiner Mutter finanziell unterstützt; im August suchte er eine Stelle als Journalist. Als aber alle Versuche, sich beruflich selbständig zu machen, scheitern, sah er sich genötigt, seinem Vater brieflich seine Versöhnungsbereitschaft anzuzeigen (19. IX. 1887). Schließlich kam es zu einer Annäherung. Frank wurde erlaubt, im Winter 1887/88 seine schriftstellerischen Arbeiten ungehindert in Zürich fortsetzen zu können – immer noch in der Hoffnung, durch einen schriftstellerischen Erfolg seinen Vater überzeugen zu können: »Ich glaube nicht, daß es mir an Talent fehlt und an ernstem Fleiß soll es mir auch nicht fehlen. Außerdem trau' ich mir auch den praktischen Sinn zu, um zu wissen, auf welchem Wege etwas auch in pecuniärer Beziehung zu erreichen ist. Novellen schreiben möcht ich mein Leben lang eben so wenig wie Steine klopfen.« (GB 1, S. 182) Schließlich verlangte der Vater, daß Frank zum Sommersemester 1888 sein Jura-Studium in Zürich wieder aufnehmen sollte. Und der Sohn mußte sich fügen. Es schien ganz so, als ob sich Wedekinds Hoffnung, es »doch im Leben auch ein wenig weiter zu bringen als bis zum aargauischen Regierungsrath« (GB 1, S. 182), in nichts auflösen würde. Da ermöglichte es ihm der plötzliche Tod des Vaters am 11. Oktober 1888, dank des ihm nun zufallenden Erbteils seine schriftstellerische Tätigkeit ohne Existenzsorgen fortsetzen zu können.

In Zürich wurde Wedekind nicht nur mit dem Kreis der jüngsten oppositionellen Literatur des Naturalismus bekannt, sondern auch mit Autoren konfrontiert, die der sozialistischen Bewegung in Europa nahestanden oder sich ihr angeschlossen hatten. Zürich war überhaupt seit der Durchsetzung des Sozialistengesetzes in Deutschland ein Zufluchtsort für Schriftsteller und Sozialdemokraten. In Jakob Schabelitz fanden sie hier auch einen aufgeschlossenen Verleger, der sich ihrer verbotenen oder von der Zensur bedrohten Literatur annahm. Außer Henckell hielten sich u. a. in Zürich John Henry Mackay, Maurice Reinhold v. Stern, Peter Hille, Carl und Gerhart Hauptmann auf. Henckell gründete hier den Ulrich-Hutten-Bund und in Anlehnung an die Jungdeutschen nannte man sich auch »Das junge Deutschland«. Wedekind war mit von der Partie. Die Debatten in diesem Kreis drehten sich nicht nur um Literatur, wobei neben Lenz und Grabbe vor allem auch Georg Büchner diskutiert wurde, sondern auch um die modernen Naturwissenschaften, die Medizin und die Psychologie und um Fragen des Sozialismus. Gerhart Hauptmann und Wedekind vertraten unterschiedliche, nicht miteinander vereinbare literarische Positionen, was schriftstellerische Folgen hatte. Wedekind erinnerte sich später:

»An einem dieser Abende las ich nun, um meinen Freunden die Zeit zu verkürzen, den ›Schnellmaler‹ vor. Gerhart Hauptmann verstand schon damals

auf dem Gebiete der Literatur durchaus keinen Spaß. [. . .] Man kann sich
denken, daß die Vorlesung des ›Schnellmalers‹ einen fast empörenden Eindruck auf Gerhart Hauptmann gemacht hat, dem für den Sinn der Vorlesung, der doch in angenehmem Zeitvertreib bestand, jede Schätzung
fehlte.« (Jurinek, 13. IX. 1916)

Lyrik

Daß Wedekind sich durchaus auch auf Sprache und Vorstellungen
des Naturalismus einließ, läßt sich an verschiedenen Beispielen zeigen. So änderte er u. a. an dem Titel der Ballade »Ännchen Tartini«
»moralischen« in »sozialen Hintergrund«, den »fahrenden Sänger«
in »alten Leiermann« und »München 1886« in »Zürich 1887« um.
Aus der Züricher Zeit »stammt ein Manuskript mit fünf Gedichten
an Emilie Lorenz, von denen drei als ›Wilhelmine‹ I, ›Zur Verlo-
bung‹ und ›Abschied‹ in die Gesamtausgabe aufgenommen« wurden (K 1, S. 150 f.). Ebenfalls in dieser Epoche entstanden die Gedichte »Der Dampfhammer« (1886), »Christine« und »Fräulein
Ella Belling« (Sommer 1887). Wedekind plante, ein größeres Manuskript Gedichte zur Veröffentlichung zusammenzustellen, das er
im Frühjahr 1888 Otto Erich Hartleben aushändigte, der es an
Hermann Conradi weitergab. Das Manuskript gilt als verschollen.

Prosa

Ella Belling war Mitglied des im Juni 1887 in Zürich gastierenden
Zirkus Herzog. Noch spät (1917) erinnerte sich Wedekind an sein
Züricher Zirkuserlebnis: »Ganz besonders von den Leistungen der
schönen Ella war ich derart hingerissen, daß ich mir von der Redaktion der ›Neuen Züricher Zeitung‹ die Erlaubnis erbat, einige
Artikel über die Ästhetik des Zirkus schreiben zu dürfen.« (Luisa
und Radiana, 1917) Es handelte sich dabei um die Aufsätze »Zirkusgedanken« (29./30. VI. 1887), »Im Zirkus« (2. VIII. 1888) und
»Im Zirkus. II. Das hängende Drahtseil« (5. VIII. 1888). Voraus
ging diesen Feuilletons in der »Neuen Züricher Zeitung« der Essay
»Der Witz und seine Sippe« (4./5./6. V. 1887). Zu erwähnen ist
aber auch sein kontinuierliches Interesse für die moderne Malerei,
das aus dieser Zeit sich u. a. in dem Aufsatz »Böcklins Helvetia«
dokumentiert.
    Hauptsächlich aber beschäftigte sich Wedekind damals mit No-
vellenschreiberei. Er hoffte, damit vielleicht eher zu literarischer

Anerkennung zu kommen und suchte sich in seinem Schreiben auch damit zu rechtfertigen, »geringer als die Ehre einer guten Reklame« sei »die Ehre einer schlechten Erzählung gewiß nicht.« (GB 1, S. 167) Von der Erzählung »Ein böser Dämon«, deren Anfänge Kutscher auf Mai 1886 datiert, »hat sich neben einem fast fertigen Manuskript eine unvollständige Lage Blätter erhalten, die mehrere Bearbeitungsschichten aufweisen« (K 1, S. 151 u. 153). Überarbeitet wurde sie vermutlich 1887. Die endgültige Fassung – Wedekind dachte an eine sofortige Drucklegung – wurde erst aus dem Nachlaß veröffentlicht. Dies gilt auch für die »Erzählung aus dem Bauernleben«, »Marianne«, die im Mai 1887 vollendet war. Sowohl die »Neue Züricher« als auch die »Thurgauische Zeitung« lehnten einen Abdruck ab. Diese »Lebensgeschichte« liegt nur in einer druckfertigen Fassung vor. Wedekinds Mutter nahm zu diesem Werk, das er ihr zur Kritik übergab, ausführlich brieflich Stellung (10. V. 1887, GW 8, S. 323–326). Unterbringen konnte Wedekind nur die Erzählung »Gährung«, eine »Charakterskizze«, und zwar in der »Neuen Züricher Zeitung« (13. /14./15. u. 18. X. 1887). Ihre Entstehungszeit fällt vermutlich auch in das Frühjahr 1886. In einer früheren Fassung ist sie bereits im Herbst 1886 abgeschlossen (vgl. K 1, 162) Seine Mutter bat er um ein *aufrichtiges Urtheil* (GB 1, S. 180) dieser Veröffentlichung. Als letzte der Erzählungen aus dieser Zeit gilt das Fragment »Trudi«.

Drama

Erst im Spätherbst 1887 beschäftigte sich Wedekind wieder mit dem Entwurf eines Dramas. Seinem Vater schrieb er am 17. XI. 1887, vor einem Monat habe er eine Arbeit in die Hand genommen, die »seither zu einem Drittel« vollendet sei (GB 1, S. 181). Ursprünglich bestand wohl zwischen Henckell und Wedekind der Plan, dieses Werk gemeinsam zu schreiben. Jedenfalls existiert handschriftlich eine frühe Reinschrift des Eingangsmonologs der 1. Szene, welchem – im Monolog paraphrasiert – Henckells Gedicht »O Morgenluft« in dessen Handschrift vorausgeht. Die Reinschrift des Originals von Wedekind liegt in drei Heften vor, wobei jedes Heft eine Szene enthält. Die vierte Szene ist handschriftlich in einer Originalversion und in einer Reinschrift der Originalversion erhalten. Von diesem Fragment ist ein Teil der 2. Szene unter der Überschrift »Bruchstück aus der Komödie *Elins Erweckung*« im »Modernen Musenalmanach auf das Jahr 1894«, herausgegeben von Otto Julius Bierbaum, abgedruckt worden. Im Vorwort dazu heißt es: »Vorliegende Verse sind einer dreiaktigen Komödie entnommen, die [. . .] seit sieben Jahren in meinem Schreibtisch liegt.« Wie jedoch eine Skizze über den Fortgang der Komödie auf der Rückseite eines Briefes an Frank von seinem Bruder Arnim (14. XII. 1890) beweist, war zunächst an ein vieraktiges Drama gedacht. Unter dem Titel »Elins Erweckung« wurde der Entwurf erst 1920 in den Gesammelten Werken vollständig, wenn auch nicht philologisch exakt, veröffentlicht. Offenbar hat Wedekind, vermutlich frühestens 1891 (Höger, Hetärismus S. 59), die vieraktige zugunsten einer dreiaktigen Version aufgegeben und am Wunsch, das Werk zu vollenden, noch eine Zeitlang festgehalten. Mit Vorsicht und mit Kritik an der literarischen Zensur kommentierte Wedekind im »Vorwort« (entstanden 1893) den auszugsweisen Abdruck: »In einer Zeit, in der die weitgehendsten Ausschreitungen der schönen Literatur zum Vorwurf dienen, gelangt die Unschuld kaum in Kammerjungferromanen mehr zu der ihr gebührenden Würdigung [. . .]. Demgemäß sind ihre ungeheuren Domänen zu einer Wildnis geworden, in der Bären und Wölfe hausen und die seit Cervantes keines Forschers Fuß mehr betreten hat.«

1888–1891   Lenzburg – Berlin – München

Nach dem Tod seines Vaters kehrte Frank, sein Jura-Studium aufgebend, nach Lenzburg zurück. Anfang Mai 1889 reiste er über Darmstadt nach Berlin. Henckell hatte ihn mit einer Empfehlung an Hartleben versehen, und er traf sich mit Schriftstellern des Friedrichshagener und Erkner Kreises: den Gebrüdern Hart, Wilhelm Bölsche, Bruno Wille, Gerhart Hauptmann u. a. Er traf sich auch des öfteren mit seinem in Berlin wohnenden Freund Dr. Welti, besuchte häufig Theater und Oper, die Nationalgallerie und das Museum. Gemälde von Böcklin und Feuerbach beeindruckten ihn. Da die Berliner Polizei aber auf einem Staatsangehörigkeitszeugnis im Original bestand, das so rasch nicht zu beschaffen war, mußte er bereits am 4. Juli Berlin wieder verlassen, über das er schrieb, es wirke »geistig und körperlich totschlagend«, dennoch sei München »das reine Phäakennest dagegen, in Kunst und Leben«. (GB 1, S. 186) Er wandte sich schließlich doch nach München: »Gelingt es mir dort mein Auskommen zu finden, so ist es gut.« (GB 1, S. 194) Er kam gerade rechtzeitig dorthin, um die Geburtsstunde der »Münchener Moderne« mitzuerleben. 1890 begründete Conrad mit Bierbaum, Oskar Panizza, Hanns von Gumppenberg, Julius Schaumberger u. a. in München die »Gesell-

schaft für modernes Leben«, dessen offizielles Mitglied auch Wedekind 1891 wurde. In München lernte er auch den Musiker Rudi
Weinhöppel und den Artisten Willi Rudinoff (Morgenstern) kennen, mit denen er lebenslänglich freundschaftlich verbunden blieb.
Die Wintermonate 1889 und 1890 verbrachte er zum Teil in Lenzburg und in die Schweiz kehrte er auch Mitte September 1891 zurück, zumal dort in Lenzburg die offizielle Vermögensteilung des
väterlichen Erbes erfolgen sollte. Wedekinds Entschluß stand fest,
jetzt Paris zu seinem Aufenthaltsort zu wählen. Am 28. November
verließ er Lenzburg, hielt sich noch eine Woche in Zürich auf und
reiste am 7. Dezember über München nach Paris. Dort kommt er
am 29. Dezember an.

Lyrik

An Gedichten aus dieser Epoche sind zu nennen: »Tiefer Friede«,
zuerst veröffentlicht unter dem Titel »Selbstschau« im Musenalmanach »Sommerfest«, herausgegeben vom Vorstand der »Gesellschaft für modernes Leben«, 1891. In »Modernes Leben. Ein Sammelband der Münchner Moderne« (1891) erschienen – neben Dichtungen von Bierbaum, Conrad, Anna Croissant-Rust, Gumppenberg, Panizza, Ludwig Scharf, Georg Schaumberg und Schaumberger – acht Gedichte Wedekinds: »Gott und Welt« (Confession),
»Marys Kochschule« (Minnas Kochschule), »An das Leben« (zuerst: Pech, dann: Denkmal), »Aufschrei« (Nemesis), »Coralie« und
die aus früherer Zeit stammenden »Gespenst« (An Franziska de
Warens), »Wilhelmine« (Krisis) und »Christine«. Vermutlich um
1888/1889 entstanden die Gedichte »Liebesantrag« und »Sehnsucht«; das »Lied vom gehorsamen Mägdlein« (ursprünglicher Titel »Der goldene Mittelweg«), nach der Melodie »Am grünen
Strand der Spree« zu singen, »Die Hunde« und das Gelegenheitsge-
dicht an die Mutter (GB 1, S. 200, 12. X. 1889) stammen aus
Münchner Zeit. Ob Wedekind schon damals Melodien zu seinen
Versen komponierte, läßt sich nicht nachweisen. »Das neue Vater
Unser. Eine Offenbarung Gottes. Seiner Zeit mitgetheilt von Hugo
Frh. von Trenck« war als Parodie auf Hanns von Gumppenbergs
»Das dritte Testament. Eine Offenbarung Gottes. Seiner Zeit mit-
getheilt von Hanns v. Gumppenberg« und auf dessen Anhang »Der
Prophet Jesus Christus, die neue Religion und andere Erläuterun-
gen zum dritten Testament Gottes« (München 1891) gedacht. We-
dekinds Anhang trägt den Titel »Die neue Communion. Eine Offenbarung Gottes. Gratisbeigabe zum ›Neuen Vaterunser‹« (Mün-

chen 1892, Manuskriptdruck). Der Dithyrambus geht auf die Aarauer Gymnasialzeit zurück (s. S. 29). Die einleitende Erzählung sowie der veränderte Titel wurden neu verfaßt, ob auch das Gedicht »Die neue Communion« aus dieser Zeit stammt, läßt sich nicht feststellen. Jedenfalls wird »Die neue Communion« – gekürzt und stark verändert – erst 1905 in Wedekinds Gedichtsammlung »Die vier Jahreszeiten« unter dem Titel »Unterm Apfelbaum« aufgenommen. Unveröffentlicht bleiben das Gedicht »Altarbild« sowie einige andere Gedicht- und Prosaentwürfe.

Prosa

Vermutlich deuten die Prosaentwürfe auf ein Romanprojekt hin, zu dessen Ausarbeitung Wedekind jetzt aber nicht kommt. Zu erwähnen sind die Notizen »Leda für höhere Töchter von Hugo Freiherr v. Trenck«, »Bella«, »Der Schlüssel Salamonis oder Die Kunst jedes beliebige Weib binnen einer halben Stunde zu gewinnen. Erfolg garantiert. In vierundzwanzig Paradigmen von Hugo Freiherr v. Trenck«, »Physiologie der Tugend«, »Entdeckungsreisen in den Tiefen einer Mädchenseele«, »Trostlose Erinnerungen aus dem Leben einer Sprungfedermatratze«, »Daniela in der Löwengrube« (s. K 1, S. 202–204).

Von den seit 1888 mit Unterbrechungen von Wedekind geführten acht Tagebüchern sind nur wenige fragmentarische Notizen erhalten. Eine Abschrift aus dem Tagebuch 1890/91 liegt vor (s. S. 13 f.).

Drama

Hauptsächlich wirft sich Wedekind in dieser Zeit aber auf dramatische Arbeiten. Nach eigenen Angaben (GB 1, S. 193, S. 196, S. 197) hat er das »Lustspiel in vier Aufzügen«, »Kinder und Narren« 1889 niederzuschreiben begonnen (W 3, S. 335: IV 1889 – IV 1890). Beendet wurde es vermutlich im Sommer 1890. Bruchstücke sind handschriftlich in einem Notizbuch vom August dieses Jahres erhalten. Die Drucklegung jedoch verzögerte sich. Am 5. Dezember kündigte Wedekind an, sein Stück sei »nahezu gedruckt«, dann beklagte er sich in einem Brief an die Mutter (29. XII. 1890), er warte nun »seit mehr als einem halben Jahr« auf das Erscheinen seines Stückes (GB 1, S. 214). Schließlich erschien es im Druck im April 1891 im Verlag R. Warth, München. Im Frühjahr 1890 war in der zunächst von Otto Brahm herausgegebenen Wochenschrift »Freie Bühne für modernes Leben« (später: »Neue Rundschau«) Gerhart Hauptmanns »Das Friedensfest. Eine Familienkatastrophe« publiziert worden. Hauptmann hatte in diesem Stück Berichte über Familienstreit im Elternhaus Wedekinds verwertet, die ihm zum Teil durch Frank selbst kolportiert worden waren. Durch deren indiskrete Veröffentlichung fühlte sich Wedekind desavouiert und provoziert. Während er seinem Bruder Arnim noch am 13. August 1889 mitteilte, er hoffe mit seiner Arbeit in ein bis zwei Monaten fertig zu sein (GB 1, S. 197), muß er wohl – nach der Lektüre von Hauptmanns Drama – sein Stück umgearbeitet haben, das sich vielfach satirisch auf Hauptmann und seine beiden Stücke »Vor Sonnenaufgang« und »Das Friedensfest« bezieht. »Kinder und Narren« stellen als Parodie auf den Naturalismus eindeutig ein Beispiel gegen das naturalistische Tendenz- und Mitleidsdrama dar. Das Motto lautete: »Der Realismus ist eine pedantische Gouvernante. Der Realismus hat dich den Menschen vergessen lassen. Kehr zur Natur zurück.« Hauptmann widmete »Vor Sonnenaufgang« dem Verfasser von »Papa Hamlet« ,Bjarne P. Holmsen, »dem konsequentesten Realisten«. In Wedekinds Lustspiel argumentiert Karl Rappart: »Ihr Naturalisten seid Zyniker, weil ihr Theoretiker seid. Die Natur ist nie zynisch. Die Natur ist andächtig.« Über das Stück insgesamt urteilte Wedekind: »Der Stoff ist Romanstoff.« (GB 1, S. 215) Rückblickend kommentierte er sein Drama: »Ich hatte den Plan gefaßt, die Charaktere meines damaligen Bekanntenkreises und den Inhalt meines geistigen Horizontes in künstlerischer Form zusammenzufassen.« (GW 9, S. 422) Es ist anzunehmen, daß dies das ursprüngliche Konzept für das Lustspiel um das Thema »Frauenrechte« war, das schließlich zu einem Angriff auf den ›bornierten‹ deutschen Naturalismus umgestaltet wurde. Wedekind bekannte: »›Die junge Welt‹ und ›Frühlings Erwachen‹ schrieb ich im Kampf und im bewußten Gegensatz gegen den damals (1890) in Deutschland auftauchenden Realismus, der mir, im Gegensatz zu seinen Vorbildern im Ausland, als die ausgemachte Banalität, Spießbürgerlichkeit und Schulmeisterei erschien.« (Bohnen, S. 114) »Frühlings Erwachen. Eine Kindertragödie« begann Wedekind nach eigenen Angaben im Oktober 1890 zu skizzieren. 1911 erinnerte er sich: »Ich begann zu schreiben ohne irgendeinen Plan, mit der Absicht zu schreiben, was mir Vergnügen macht. Der Plan entstand nach der dritten Szene und setzte sich aus persönlichen Erlebnissen oder Erlebnissen meiner Schulkameraden zusammen.« (GW 9, S. 424) Seinem Bruder Arnim schrieb er am 5. Dezember 1890, er habe schon wieder – »Kinder und Narren« war noch im

Druck – ein zweites Stück »zur Hälfte fertig« (GB 1, S. 213), und am 24. Mai 1891 läßt er ihn wissen, »Frühlings Erwachen« sei abgeschlossen (GB 1, S. 215 f. u. vgl. W 3, S. 335). Verlegt wurde das Werk bei Jean Groß in Zürich (Oktober 1891). Schabelitz hatte es abgelehnt. Wedekind mußte die Auslagen für den Druck übernehmen. Gewidmet ist das Werk »Dem vermummten Herrn«. Der Autor dachte nach Abschluß der Niederschrift, mit seinem Werk »im Laufe des Juni in Vorträgen in verschiedenen öffentlichen Gesellschaften vor das Publicum« zu treten (GB 1, S. 216). Schließlich schickte er es ›zur Promotion‹ auch an einen Kritiker mit dem Hinweis, daß er hier »die Erscheinungen der Pubertät bei der heranwachsenden Jugend poetisch zu gestalten suchte, um denselben wenn möglich bei Erziehern Eltern und Lehrern zu einer humaneren rationelleren Beurtheilung zu verhelfen.« (GB 1, S. 217) Daß seine philosophische Tante und seine Mutter sein ›larmoyantes Opus‹ sehr tragisch genommen hatten (GB 1, S. 226), amüsierte ihn eher. Sich rückerinnernd schrieb er: »Während der Arbeit bildete ich mir etwas darauf ein, in keiner Szene, sei sie noch so ernst, den Humor zu verlieren.« (GW 9, S. 424), und Georg Brandes gegenüber bestand er auf dem Humor, »den ich mit vollem Bewußtsein in jede Scene hineinzulegen suchte«. (Bohnen, S. 111) Wedekinds Gesamturteil war: Das Stück »wird heute allgemein als meine bedeutendste Arbeit gepriesen, eine Ansicht, die ich nicht theile«. (Ebd., S. 116) Aus der Münchner Zeit ist die fragmentarische Notiz zum Werk erhalten: »[. . .] die männlichen sowohl wie die weiblichen stehen sämtlich im Alter von beiläufig vierzehn Jahren. Der schmächtige Halm ist emporgeschossen, die schwere saftstrotzende Knospe droht ihn zu knicken, die Blätter haben sich noch nicht entfaltet, aber der Kelch steht geöffnet und gestattet [. . .]« (K 1, S. 235). Von der Handschrift ist nur eine einzige Seite überliefert.

Schließlich liegen aus dieser Zeit noch mehrere Dramenentwürfe vor, so die Idee zu einem Familienstück (in zweifacher Fassung), die dramatische Szene »Adalbert und Rosi«, Dramenpläne mit den Titeln »Spätsommer« und »Spätfrühling« (Tragödien), welche ihn noch in Paris beschäftigten, und vor allem Entwürfe zu »Fritz Schwigerling« (Notizen vom August 1891), einem »Schwank in drei Aufzügen«, den Wedekind erst in Paris realisierte (vgl. K 1, S. 204, Anm. S. 245, S. 260 u. S. 287 f.).

1891–1895   Paris–London–Paris

Wedekinds Entscheidung, nach Paris, der »Hauptstadt des 19. Jahrhunderts«, zu gehen, lag nicht nur an der Attraktion dieser

Metropole, worüber er alsbald brieflich berichtete: »Paris ist that-sächlich über alle Illusion erhaben.« (GB 1, 220) Sondern es schien ihm wohl auch wichtig, sich aus den allzuengen Kreisen deutscher literarischer Vereinigungen zu lösen und mit jener europäischen Bewegung der Moderne Fühlung aufzunehmen, die eine Überwindung des Naturalismus bedeutete. Schließlich traf er aber auch Münchner Freunde und Bekannte in Paris wieder wie zunächst z. B. die Malerin Käthe Juncker und Weinhöppel. Er besuchte häufig die Pariser Theater und die Oper und vor allem Zirkus-, Varieté- und Ballettveranstaltungen. Er verkehrte mit der Schriftstellerin Emilie Huny und lernte über sie die Malerin Breslau kennen. Er traf sich mit der weitläufig verwandten Familie des Champagner-Fabrikanten Perré, berichtete seinem Bruder Arnim über die Pariser: »Alles concentrirt sich bei ihnen auf die Liebe« (GB 1, S. 229) und ließ sich selbst »in die Bohème des Quartier Latin« einführen, »wo die weltberühmten Grisetten blühen.« (GB 1, S. 230 f.) Selbstverständlich beschäftigte er sich erneut intensiv vor allem mit neuester französischer Literatur und versuchte nebenbei einem jungen Pariser Philosophen bei der Übersetzung von Nietzsche behilflich zu sein (GB 1, S. 230). Sein Pariser Aufenthalt wurde zunächst von einer kurzen vierwöchigen Reise nach Lenzburg, Bern und Genf (Mitte August – 12. September 1892) unterbrochen. Mit Henckell zusammen besuchte er in Bern den vom 22. bis 27. August dauernden Friedenskongreß, an dem sich auch Bertha von Suttner beteiligte. In Paris feierte er ein Wiedersehen am 5. Dezember mit Rudinoff, der vorübergehend im »Cirque d'Hiver« engagiert war. O. E. Hartleben schickte ihm – nach der Lektüre von »Frühlings Erwachen« – seine Übertragung von Albert Girauds »Pierrot Lunaire«, und Henckell schrieb er kritisch: »Es vergeht kein Tag, wo nicht eine der wenigen Theorien, die ich mir überhaupt je gemacht, hinfällig Abschied nimmt. Vielleicht muß man Fremder sein, damit einem hier der Horizont so gewaltsam auseinander gerissen wird.« (GB 1, S. 245) Im Frühjahr 1893 traf er zum ersten Mal mit der Witwe des revolutionären Dichters Georg Herwegh, Emma, zusammen. Sie, verarmt, und ihr Sohn Marcell lebten im Quartier Latin. Zwischen Wedekind und ihr entwickelte sich bald eine enge Freundschaft, der er, wie er bekannte, »so ziemlich alles« verdankte, was er in Paris »Gesellschaftliches kennen gelernt und genossen« (GB 1, S. 258). Befreundet hatte er sich auch mit der Schriftstellerin Louisa Read, zu deren Salon er Zugang hatte. Durch Wedekinds Vermittlung suchte Marcell Herwegh nach einem Verleger für Ferdinand Lassalles Briefe an Georg Herwegh bzw. für Georg Herweghs Briefwechsel (1896 b. Albert Langen).

Wedekind selbst hoffte auf Übersetzung seiner »Kindertragödie« ins Französische; es blieb aber zunächst bei Versprechungen (1. veröffentlichte Übersetzung 1907). Im Mai erlebte er, wie »mit glänzendem Erfolg« G. Hauptmanns »Die Weber« aufgeführt wurden, und bemerkte dazu: Das »Stück ist so philiströs wie möglich und will nach den strengsten Gesetzen des Realismus gewürdigt werden«. (GB 1, S. 259)

Zum zweiten Mal reiste er im Juni 1893 nach Hause und hielt sich auch in Bregenz und Zürich auf. In Zürich mußte er sich um seine bisher dort verlegten Bücher kümmern. Der Verlag Schabelitz ging an Caesar Schmidt über, der auch »Frühlings Erwachen« übernehmen wollte (Oktober 1893). Am 6. September kehrte Wedekind nach Paris zurück, ursprünglich in der Absicht, sofort nach London weiterzureisen. Mit dem Plan, nach London zu gehen, trug er sich schon Ende April 1893, »um ein halbes Jahr wenigstens dort zu bleiben«. (GB 1, S. 255) Er blieb jedoch in Paris hängen, um – wie er seinem Bruder Arnim bedeutete – seine Arbeit an der »Büchse der Pandora« hier zu vollenden (GB 1, S. 262). Am 23. Januar 1894 schließlich befand er sich auf der Überfahrt nach England und traf am 24. Januar in London ein: »Ich befinde mich in ausgezeichneter Stimmung. Ich habe noch nie mit so leichtem Herzen, so ohne alle moralischen Beschwerden mein Domizil gewechselt. Das Übermaß von Freundlichkeit, von Liebe und Entgegenkommen, das ich in den letzten Monaten in Paris gefunden, mag die Hauptursache meiner sonnigen Zuversicht sein.« (W 3, S. 331). Bald hieß es: »Ich habe noch kein abgeschmackteres Buxtehude gesehen als dieses London.« (GB 1, S. 266) Er blieb bis Mitte Juni 1894. Er besichtigte Londoner Sehenswürdigkeiten, ging – wie gewohnt – in die verschiedenen Museen und besuchte Zirkus und Varietés. Er machte in London die »unschätzbare Bekanntschaft« mit dem aus Paris ausgewiesenen Kritiker und Literaturhistoriker Georg Brandes (GB 1, S. 268) und begegnete hier wieder Max Dauthendey, mit dem er sich über impressionistische und symbolistische Kunst auseinandersetzte. Er verkehrte viel mit deutschen Flüchtlingen in demselben Klub, »der vor 80 Jahren von Marx, Kinkel und Engels gegründet worden« (GB 1, S. 270), und wurde von Bruno Kampffmeier »in den anarchistischen Club geschleppt«: »Ich traf dort viele Bekannte, die ich letzten Sommer in Zürich kennen gelernt, viele Flüchtlinge aus Paris, kaum einer darunter, der nicht schon irgend wo einige Zeit hinter verschlossenen Thüren zugebracht.« (GB 1, S. 270)

Nach Paris zurückgekehrt (Mitte Juni 1894) trat er neu in Bekanntschaft u. a. mit Lou Andreas-Salomé, mit Frida und August

Strindberg, mit Albert Langen, dem reichen Sohn eines Kölner Zuckerfabrikanten, und mit Willy Grétor alias Petersen. Die Bekanntschaft mit Langen vermittelte dem Autor die Übersetzerin Gräfin Emmy de Nemethy, die er seit Mai 1893 kannte. Langen gründete mit Grétor zusammen 1892 einen Buchverlag. Grétor verkaufte ihm 1894 seine elegante Luxuswohnung in Paris. Die Strindbergs wurden mit Grétor im Spätsommer 1894 bekannt. Wedekind, dessen Mittel aus der Erbschaft bereits erschöpft waren und der von seiner Schriftstellerei nicht leben konnte, wurde im September 1894 von Grétor als »Sekretär« engagiert. In einem Bittbrief (Entwurf) Wedekinds (IX. 1894), schrieb er verzweifelt: »Ich wäre glücklich, irgend eine Arbeit zu finden, die mir zweihundert Francs per Monat einbrächte.« Und: »Ich huldige keinen Utopien. Ich habe kein anderes Ziel, als mir eine geachtete Position in der Gesellschaft zu erringen.« Zum Schluß heißt es: »Ich bitte Sie nur um das eine, mich nicht warten zu lassen, denn Ihre Entscheidung ist entscheidend.« (GB 1, S. 272 f.) Frida Strindberg, die von Grétor fasziniert war, versuchte, ihn für sich einzunehmen. Als dies erfolglos blieb, knüpfte sie ein enges Verhältnis zu Wedekind. Auch Langen zog sie in ihren Bann. Die schon zuvor zerrüttete Ehe der Strindbergs hielt weiterer Belastungen nicht stand. Frida verließ Paris am 22. Oktober 1894. Das Paar sah sich nie wieder. Anfang Dezember kam es zum Zerwürfnis zwischen Wedekind und dem eifersüchtigen Strindberg, der sich auch von Grétor und Langen zurückzog. Bald darauf glückte Strindberg sein Durchbruch in Paris mit der Aufführung des »Vaters« (13. XII. 1894). Anfang des Jahres 1895 überwarf sich Grétor mit Wedekind, der sich daraufhin im Februar nach Berlin absetzte.

Lyrik

An Gedichten sind dieser Periode zuzurechnen: »Ilse« (ursprünglich: »Alice«, am 4. Dezember 1893 »nach der Natur« gemacht, K 1, S. 260 Anm.; auch aufgenommen in »Das Sonnenspektrum«, GW 9, S. 165), »Wendla« (wieder abgedruckt in: »Der Stein der Weisen«), »Das arme Mädchen« (auch aufgenommen in: »Das Sonnenspektrum«, GW 9, S. 175–178), »Marasmus«, »Das tote Meer«, »Allbesiegerin Liebe« (ursprünglich: »An Leontine«), »An eine grausame Geliebte« (ursprünglich: »Kathja«), »Das Opfer«, »Menschlichkeit«, »Wer etwas bringt . . .« (unveröffentlicht), »Präliminarien« (ursprünglich: »An Katja«, unveröffentlicht), »Das war Herr Kurt von Filzislaus« (unveröffentlicht) und »O Tag voll Graun« (unveröffentlicht). Zu dieser Zeit begann er auch zu seinen Gedichten eigene Melodien zu schaffen, so zu: »Als ich zum ersten Mal mein Schätzchen sah« (unveröffentlicht), »Mein Lieschen« (ursprünglich: »Mein Käthchen I« bzw. »Mariechen trägt keine Hosen«, »Mein Kätchen (»Mein Käthchen II«, ursprünglich: »Mein Ännchen fordert zum Lohne«), »Der Anarchist«, »Brigitte B.«, »Die Keuschheit«, »Das arme Mädchen« und zu »Ilse«. Auch zu den früheren Gedichten »Alte Liebe« (1883) und »Die neue Communion« (s. S. 41 f.) wurden Melodien entworfen.

Prosa

An Erzählungen sind zu erwähnen: »Der erste Schritt«, Fragment einer tagebuchartigen Erzählung aus der ersten Pariser Zeit, das »Fragment aus meinem Londoner Tagebuch. Middlesex Musikhall« (späterer Titel: »Middlesex Musikhall«), »Bei den Hallen« (überarbeiteter Abschnitt aus dem »Pariser Tagebuch«, 8. – 10. IX. 1893), »Drei Rosen« (ebenfalls überarbeitete Tagebuchabschnitte, unveröffentlicht), drei Novellenentwürfe (darunter »C. B.«, s. K 1, S. 316 f.) und die ausgeführte Erzählung »Flirt« (Frühjahr 1894), von welcher sich der älteste Entwurf in Notizbuch 1 findet. Eine spätere fragmentarische Fassung »Empfindungen« und die Reinschrift liegen handschriftlich vor. Wedekinds Versuche, »Flirt« unterzubringen, scheiterten. Veröffentlicht wurde die Erzählung erst aus dem Nachlaß.

Die bereits erwähnten Tagebücher setzen mit dem 25. Januar 1894 aus. Von den genannten acht sind in größerem Umfang, jedoch nur fragmentarisch (s. S. 13 f.), fünf und sechs erhalten, das sog. »Pariser« – (und Londoner) – Tagebuch«. »Handschriftlich sind außerdem erhalten drei Blätter, welche 98 niedergeschrieben sind und Erinnerungen bringen aus dem Londoner Palacetheater.« (K 1, S. 284)

Drama

Am »Liebestrank« hat Wedekind hauptsächlich während des ersten Halbjahres 1892 gearbeitet und schloß das Stück am 11. Juli ab. (GB 1, S. 229, S. 236; W 3, S. 335). In einem späteren kurzen Kommentar erläuterte der Autor: »Meine Begeisterung für den Zirkus, die mich Jahre hindurch beseelte, sollte in dem Stück zum Ausdruck gelangen. Eine Verteidigung und Rechtfertigung körperlicher Kunst gegenüber geistiger Kunst. Verteidigung des Persönchen in der Kunst gegenüber Engherzigkeit, Schulmeisterei und Unnatur.« (GW 9, S. 426) Versuche, das Stück auf die Bühne zu bringen, blieben erfolglos; er fand dafür zu dieser Zeit auch keinen Verleger. Erstmals gedruckt wurde es 1899. Eine Handschrift ist nicht erhalten.

Nach seiner ersten Rückkehr nach Paris schrieb er ein französisches Ballett »Les puces (La dance de douleur) Ballet-pantomime en trois tableaux. Livret par Franklin Querilinth«, dessen Handschrift nur in französischer Sprache erhalten ist. Dieses Manuskript wurde am 8. November 1892 abgeschlossen. Auch hier zerschlugen sich Wedekinds Hoffnungen, obwohl ihm in Paris sowohl »die Musik wie die Aufführung«, letztere von »Folies-Bergère«, versprochen war (GB 1, S. 240). In deutscher Fassung wurde »Der Schmerzenstanz. Ein Ballett in drei Bildern« erst 1897 publiziert (»Fürstin Russalka«).

An Dramenentwürfen entstanden im ersten Pariser Jahr die Skizze eines dreiaktigen Schauspiels »Einmal ist keinmal« (mit dem Zusatz: »nach Lessings Jungem Gelehrten«), die Fragmente »Faustine« und »Gottesgeburt« sowie der 1. Akt eines Stückes mit dem Titel »Astarte« (beendet am 4. XII. 1892) und die Idee einer Tragödie »Staub«, von der das Titelblatt erhalten ist.

Das Stück, das Wedekind in Paris und London jedoch am meisten beschäftigte, hieß: »Die Büchse der Pandora«. »Pariser Tagebuch«, 12. VI. 1892: ». . . gehe in die Champs Elisées, wobei mir die Idee zu einer Schauertragödie kommt. Ich arbeite den ganzen Abend an der Concipierung des ersten Actes« (Höger, S. 92); 15. VI.: »Tagsüber gearbeitet. Abends concipiere ich im Cafe de l'Opera den zweiten Act meiner Schauertragödie« und nach dem 11. Juli den dritten Akt. Wieder in Paris arbeitete er – mit häufigen Unterbrechungen wegen der Niederschrift von »Les Puces« – an seinem »großen Trauerspiel« (GB 1, S. 236) weiter. Am 7. Januar 1893 teilte er seiner Mutter mit: »Ich habe erst den ersten Akt fix und fertig, und die Tragödie hat deren fünf.« (GB 1, S. 240) Nach seiner zweiten Rückkehr nach Paris wurde die Arbeit fortgesetzt. Am 1. Januar 1894 notierte er im »Pariser Tagebuch«: »Ich [. . .] schreibe einige Scenen ab, und lese den dritten Akt durch.« (W 3, S. 309), und am 3. Januar: ». . . schreibe noch die letzten drei Sätze am vierten Akt und trage das Manuskript zur alten Herwegh.« (W 3, S. 311) Den 4. Akt korrigierte auf die französischen Passagen hin am 8. Januar Emma Herwegh, und am 11. Januar wurden noch einmal zusammen mit Louisa Read die französischen Textstellen überprüft. Am 15. Januar überbrachte er erneut Louisa Read den vierten Akt zur Lektüre. Am 21. Januar – vor seiner Abreise nach London – händigte er sein Manuskript der Gräfin Nemethy mit der Bitte aus, es bis zu seiner Rückkehr zu bewahren (W 3, S. 329). Entwürfe zum 5. Akt lassen sich noch in die Zeit vor Dezember 1893 datieren (Höger, S. 98 f.) Dagegen stand es vermutlich im Sommer 1892 noch nicht fest, ob die Tragödie aus drei, vier oder fünf Akten bestehen sollte. Die Entscheidung für 5 Akte fiel jedoch spätestens im Januar 1893 (s. o.). Wedekinds Absicht (10. X. 93, GB 1, S. 262), sein Werk noch in Paris zu vollenden, ließ sich nicht mehr realisieren. Die Niederschrift des 5. Aktes wurde dann in London abgeschlossen. Von dort schrieb er seinem Bruder: »Mein neues Trauerspiel, ›Die Büchse der Pandora‹, wird voraussichtlich in Paris erscheinen.« (14. IV. 1894, GB 1, S. 269) Nach seiner Rückkehr aus London mußte er dann den 5. Akt in die bereits vollendeten vier Akte einarbeiten, was zu Korrekturen an der zuvor in Paris niedergelegten Reinschrift führte. Vollendet war das Urmanuskript aller Wahrscheinlichkeit nach im Sommer 1894. Diese Handschrift, »Die Büchse der Pandora. Eine Monstretragödie«, ist vollständig erhalten.

Langen sollte die Tragödie verlegen. Aber er lehnte ab. Einen Vorwortentwurf zur geplanten Veröffentlichung hatte Wedekind bereits während seines Londoner Aufenthalts verfaßt (Nb 1). Um das Werk doch noch unterzubringen, sah er sich offensichtlich zu einer neuen Publikationsstrategie genötigt und begann, die Tragödie umzustrukturieren. Unterstützung versprach ihm wohl Grétor sowohl für die Umarbeitung als auch für den Verlag bei Langen (K 1, S. 347). Resultat dieser Bearbeitung war die Veröffentlichung bei Langen 1895; der Titel hieß: »Der Erdgeist. Eine Tragödie«, ein Drama in vier Akten. Die Umarbeitung setzte Wedekind selbst für die Zeit September 1894 bis Februar 1895 an (W 3, S. 335). Handschriftliche Fragmente befinden sich auf der Rückseite des sogenannten Stollberg-Manuskripts (Reinschrift von »Die junge Welt«) und in Notizbuch 4. Eine Reinschrift von »Der Erdgeist« liegt nicht vor. Zwischen Akt 2 und 3 der Urfassung ist ein neuer dritter eingeschoben. Die ursprünglichen ersten drei Akte sind überarbeitet und gekürzt. Vor jedem Akt ist eine Bühnenskizze abgedruckt. Die Umarbeitung – vermutlich war ihm dann eine Drucklegung versprochen – hatte zur Folge, daß die bereits fortgesetzte Arbeit an einem weiteren Drama, »Das Sonnenspektrum«, liegenblieb.

Während Wedekind zunächst auf die Veröffentlichung der »Urpandora« wartete, machte er sich an die Ausarbeitung des Dramas in vier Aufzügen »Das Sonnenspektrum. Ein Idyll aus dem modernen Leben«. Die Konzeption dazu reicht vermutlich in den Dezember 1893 zurück (Höger, Parkleben, S. 37 f.). Ursprünglich war das Stück zunächst dreiaktig geplant. Sowohl im April als auch im Mai 1894 (Londoner Zeit) beschäftigte er sich erneut mit dem Konzept, wobei im Mai die ersten Dialogpassagen entworfen wurden (Nb 1 u. Nb 2). Ausgeführt wurde der erste Akt vermutlich Mai/Juni, der zweite – wenige Passagen – Juni/Juli; die spätesten Aufzeichnungen reichen bis in den August 1894. Mit Ursache, das Drama zu vervollständigen, war wohl die in diese Zeit fallende Ablehnung Langens, die »Urpandora« zu veröffentlichen. In der ausgeführten Handschrift besitzt das »Sonnenspektrum« keine Akt- und Szeneneinteilung. Die letzte Überarbeitung datiert aus der Zeit Oktober 1900: »Jetzt bin ich eben im Begriff, einen neuen Einakter »Das Sonnenspektrum« fertig zu schreiben, von dem ich mir mindestens in der Presse einen bedeutenden Erfolg verspreche.« (GB 2, S. 57) Veröffentlicht wurde das Werk erst aus dem Nachlaß (GW 9), doch erschien 1901 die dazugehörige dramatische Szene »Der Garten des Todes« im »Simplizissimus«. Andere Versuche, das »Sonnenspektrum« noch zu verwerten, unternahm der Autor 1895/96 (K 1, S. 336 u. GB 1, S. 173 u. S. 286).

Spätestens während der Londoner Zeit wurden die Pantomimen »Der Mückenprinz« und »Die Kaiserin von Neufundland« abgeschlossen und zusammen mit dem »Schmerzenstanz« von London aus an das Vertriebsbüro Entsch in Berlin geschickt. Die später entstandene Pantomime »Bethel« (brieflich am 1. IV. u. 15. VII. 1897 erwähnt) wurde erst aus dem Nachlaß veröffentlicht (GW 9).

1895–1898 Berlin–München–Zürich–München–Berlin–
Dresden–Leipzig–München

Zur Gruppe der Künstler, welche die Berliner Moderne repräsentierten, war Wedekinds Kontakt nicht abgebrochen. Er traf sich wieder mit Bierbaum, seit 1895 Mitherausgeber der neuen Zeitschrift »Pan«, mit Hartleben, den Brüdern Hart, Bölsche, Mackay, Ludwig Scharf, Max Halbe, Julius Meier-Graefe (Mitherausgeber des »Pan«) u. a. Die bereits umgearbeitete »Büchse der Pandora«, die Tragödie »Der Erdgeist«, suchte Wedekind vergeblich hier unterzubringen. Noch im Februar fand eine Lesung in Hartlebens Wohnung statt, eine zweite im Atelier Max Liebermanns. Weder die »Freie Bühne« noch später (1896) die Berliner »Literarische Gesellschaft« akzeptierten das Stück.

Im Sommer 1895 verließ Wedekind – enttäuscht vom Mißerfolg seiner literarischen Interessen – Berlin und reiste nach München, hin Langen mit seinem Hauptverlag inzwischen verzogen war. Grétor wußte im Juli, daß »Der Erdgeist« bei Langen bereits zum Druck eingereicht war. Die »Gesellschaft für modernes Leben« hatte sich bereits wieder aufgelöst, und neue literarische Gruppierungen hatten sich gebildet. Wedekind verließ jedoch schon im Herbst wieder München und kehrte nach Lenzburg zur Familie und nach Zürich zum Kreis um Henckell zurück. Seinen Lebensunterhalt versuchte er im Winter 95/96 als Rezitator unter dem Namen Cornelius Mine-Haha zu verdienen. Ende März reiste er zur Gründung der illustrierten Wochenschrift »Simplizissimus« (Verlag Langen) nach München zurück. Zu den engeren Mitarbeitern zählte Wedekind, doch Langen zahlte schlecht. Ununterbrochene Streitigkeiten mit Langen waren die Folge. Auch in München unternahm Wedekind vielfältige Anstrengungen mit seinen bisher unaufgeführten Dramen zu Erfolg zu kommen. Er knüpfte u. a. Verbindungen zu Emil Meßthaler, der – mit seinem »Modernen Theater« auf Tournee – sich fest in München etablieren wollte, wo er schließlich 1896 sein »Deutsches Theater« eröffnete, und zu Georg Stollberg, dessen Oberregisseur. 1892 war bereits der Akademisch-dramatische Verein gegründet worden, der sich in München für das moderne Drama einsetzen wollte, und Max Halbe begründete dort 1895 das »Intime Theater« (seit 1897: Münchner Schauspielhaus). Selbst mit der Leitung des Münchner Hoftheaters suchte Wedekind Verbindung aufzunehmen.

Weinhöppel kam nach München zurück. Hamsun, den Wedekind aus Paris kannte, besuchte ihn in München. Die Beziehung zu Frida Strindberg vertiefte sich. Im Herbst 1896 begleitete sie den ruhelos um seine schriftstellerische Existenz besorgten Dichter nach Berlin, der dort erneut um die Aufführung seiner Dramen warb. Anfang April 1897 schrieb er Weinhöppel: »Im übrigen [. . .] ist im Augenblick kein Schriftstellername in Berlin verrufener als der meine.« (GB 1, S. 280). Seine schwangere »Braut«, Frida Strindberg, war mittlerweile wieder nach München zurückgekehrt (GB 1, S. 279 u. S. 282). Ihre Beziehung hatte sich gelockert. Am 18. August brachte sie ihren gemeinsamen Sohn Friedrich zur Welt. Wedekind sah sich seinen Sohn erst über ein halbes Jahr später an.

Wedekinds Berliner Theaterpläne erwiesen sich als hoffnungslos und ebenso schien es um seine pekuniäre Existenz bestellt, als er brieflich notierte: »Das Leben ist eine verdammte Bestie.« (GB 1, S. 282) Immerhin konnte er jedoch 1897 seinen Sammelband »Die Fürstin Russalka« (Langen) und im selben Jahr die umgearbeitete Fassung von »Kinder und Narren«, »Die junge Welt« (Berlin bei W. Pauli's Nachfolger) veröffentlichen.

Seit September 97 weilte Wedekind bei seiner Schwester Erika in Dresden, die dort an der Hofoper eine feste Anstellung erhalten hatte, und aß bei ihr, wie er sich ausdrückte, »das Gnadenbrod« (GB 1, S. 284). Hier erreichte ihn Anfang Oktober ein Schreiben des Vorsitzenden der Leipziger Literarischen Gesellschaft, Kurt Martens, der ihn aufforderte, eine Vorlesung in Leipzig zu halten und eine Aufführung des ersten Aktes von »Der Erdgeist« oder vielleicht auch der »Kaiserin von Neufundland« zu gestatten. Wedekind sagte sofort zu und legte ihm später für den 26. November folgendes Programm vor: »1. Rabbi Esra. 2. Das Gastspiel«, der spätere »Kammersänger« (GB 1, S. 286), um gleich hinzuzufügen: »Ich hätte weit dichterischere Sachen vorzulesen, wie mein Sonnenspectrum, die aber für einen größeren unvorbereiteten Kreis entschieden zu stark sind.« (GB 1, 286) Die nach dieser gehaltenen Vorlesung geplante Aufführung der »Kaiserin von Neufundland« fand jedoch nicht statt, da u. a. der Komponist Hans Merian die dazu erhoffte Musik nicht lieferte. Wedekind, der sich nun seit Ende November in Leipzig aufhielt und darüber klagte, für seinen Verleger weiterhin »in ekelhafter Weise Lohnsklavenarbeit« verrichten zu müssen (GB 1, S. 293), erhielt hier jedoch ein neues Angebot, das er sofort annahm. Carl Heine verpflichtete ihn im Januar 1898 als Sekretär, Schauspieler und Regisseur für sein neugegründetes Ibsentheater und übernahm im Auftrag der Literarischen Gesellschaft die Regie zu »Der Erdgeist«. Am 25. Februar fand – die erste Wedekind-Aufführung überhaupt – mit großem Erfolg die Uraufführung der Tragödie statt, die – dem Kalkül von Interpretation und Wirkung entsprechend – auf dem Theaterzettel als »Burleske« angekündigt war. Wedekind spielte die Rolle des Dr. Schön. Im März ging das Ibsen-Theater auf Tournee, an der – bis April – auch Wedekind beteiligt war. Seit dem 13. April hielt sich Wedekind vorübergehend in München auf. Im Juni 1896 kehrte Heines Ensemble nach Leipzig zurück. Dort gab man als letzte Vorstellung, bevor sich die Truppe auflöste, und zum zehnten Male Wedekinds »Der Erdgeist« (24. VI. 98), wofür der Dichter den »Prolog« verfaßte. Im Juli berichtete Wedekind aus München, er habe mit dem Oberregisseur des Münchner Schauspielhauses, Stollberg, abgesprochen, als Schauspieler aufzutreten. Nachdem Stollberg zum Direktor avancierte, wurde Wedekind von ihm als Dramaturg und Schauspieler unter Vertrag genommen (22. VIII. 98). Für den 29. Oktober war die Münchner Premiere des »Der Erdgeist« mit Wedekind als Dr. Schön angesetzt. Sie endete »unter dem Getöse von Beifall und heulendem Widerspruch« (K 2, S. 19). Was dann folgte, darüber berichtete Wedekind: »Nach Schluß der Vorstellung ließ mir die Polizei durch einen Detectiv mittheilen, sie brauche nur noch zwei Tage, um den Autor des Gedichtes zu entdecken«, das unter dem Pseudonym Hieronymus im »Simplizissimus« veröffentlicht worden war (GB 1, S. 315). Gemeint waren eigentlich die beiden Gedichte »Meerfahrt« und »Im Heiligen Lied«, Satiren auf Kaiser Wilhelms d. II. Palästinareise, weswegen die Wochenschrift konfisziert und Strafverfolgung wegen Majestätsbeleidigung eingeleitet wurde. Wie zuvor bereits Langen entzog sich Wedekind der drohenden Verhaftung durch Flucht ins Ausland. Am 31. Oktober kam er in Zürich an, wo er sich zwei Tage später mit Langen traf.

Lyrik

Bis 1897 waren folgende Gedichte entstanden: »Das Wüstenschiff«, »Gebet eines Kindes«, »In usum Delphini«, »Morgenstimmung«, »Einkehr«, »Eroberung« (wieder abgedruckt in: »Der Stein der Weisen«), »Stimmen der Wüste« (abgedruckt in »Bethel«, GW 9, S. 107–108), »Schicksal«, »Anwandlung«, »Eifersucht«, »An einen Hypochonder«, »Waldweben«, »Kapitulation«; *vermutlich* aus den Jahren 1895–1898, teilweise vielleicht noch aus der Pariser Zeit stammen: »Genieße, was die Jahreszeit« (»Die Jahreszeiten«), »Stimme in Wüste« (später: »An einen Jüngling«), »Der Thaler«, »Falstaff«, »An mein Weib« (später: »An Berta Maria, Typus Gräfin Potocka«), »Altes Lied«, »Der Reisekoffer«, »Schreckgespenst« (später: »Stille Befürchtung«), »Die Fürstin Russalka« (später: »Lulu«), »Pirschgang«, »Sieben Rappen« (1896: »Die sieben Rappen«, später: »Die sieben Heller«), »Der Lehrer von Mezzodur«, »Fata Morgana«, »Der Tantenmörder«, »Auf dem Faulbett«, »Erholung«, »Parricida« (später: »Am Scheidewege«), »Menengitis tuberculosa«, »Vergänglichkeit«, »Das Goldstück«, »Krafft-Ebing« (später: »Perversität«), »Begegnung« (später: »Das Sonntagskind«), »Spiritus familiaris«, »Minona«, »Ein letztes Ende« und »Die Dramatische Gesellschaft«, »Die Realistin«, »An mich« (aus dem Nachlaß).

Im »Simplizissimus« erschienen 1896 15 Gedichte, darunter »Bankerott«, »Mißgeschick«, »Lieschen's Abendlied«, »Galgenbrut«, 1897 7 Gedichte, darunter »Christel«, »Der erste Lebenstag«, »Tingel-Tangel (Ballade)«. An politischen Gedichten für den »Simplizissimus« liegen aus 1897–1898 einundzwanzig vor. Handschriftlich ist keines davon erhalten. Sämtliche wurden unter Decknamen – Hieronymus Jobs, Hermann, Kaspar Hauser, Simplizissimus – veröffentlicht. Im Sommer 1898 schrieb Wedekind: »Meine

Hauptbeschäftigung ist der Simplizissimus, für den ich täglich arbeite in Witzen, Gedichten und anderem Mist.« (GB 1, S. 307). Die Lohnschreiberei unter Langen paßte Wedekind nicht. Daß er seine politischen Gedichte ganz gegen seine Überzeugung geschrieben habe (GB 1, S. 314 u. S. 316), wollte er aber auch wiederum nicht allein geltend machen, obwohl es für ihn klar war, daß er vor allem aus finanziellen Gründen weiterhin Zusagen machte. Insgesamt jedoch wurden durch den Autor die politischen Gedichte nicht in die »Gesammelten Werke« aufgenommen.

Prosa

1896 erscheinen im »Simplizissimus« auch drei Erzählungen (hs. Fragment erhalten von: »Die Fürstin von Russalka«) und sechs Interviews und in der Zeitschrift »Mephisto« vier Aufsätze. Im »Simplizissimus« wird 1897 die Erzählung »Rabbi Esra« gedruckt, und in dem Sammelband »Die Fürstin Russalka« werden erstmals »Der Brand von Egliswyl« (hs. Fragment erhalten), »Das Opferlamm« (ursprünglich: »Umkehr«) und die tagebuchartigen Erzählungen »Bei den Hallen« und »Ich langweile mich«, letztere geht auf Eintragungen im Jahr 1888 zurück (überarbeitet zwischen 1895 und 1897, K 1, S. 197), veröffentlicht. Der Erstveröffentlichung der Erzählung »Der greise Freier« im »Simplizissimus« (1896) fehlt der in der »Fürstin Russalka« vorhandene Schluß. Abgesehen von den tagebuchartigen Skizzen sind sämtliche Erzählungen zwischen November 1895 und März 1896 entstanden. Nach den bereits erwähnten Gedichten aus dem Zyklus »Die Jahreszeiten« schließt »Die Fürstin Russalka« mit den drei Pantomimen »Der Schmerzenstanz«, »Der Mückenprinz« und »Die Kaiserin von Neufundland« ab.

Aus diesen Jahren stammen auch die Erzählungen »Der Verführer« (erst aus dem Nachlaß veröffentlicht) und – unveröffentlicht – »Die Sühne«. Von Juli bis Oktober 1895 arbeitete Wedekind vor allem an dem Roman »Mine Haha« (1. Fassung). Er umfaßte damals schließlich die ersten drei Kapitel (zuerst 1901 in der »Insel« veröffentlicht) und – fragmentarisch – ein viertes. Brandes unterrichtete er darüber: »Im Jahr 1895 wollte ich *meine* Utopie schreiben. Der Roman war auf 18 Kapitel berechnet von denen nur die ersten 3 fertig wurden, die ich dann, nur wegen stilistischer Qualitäten, die sie mir zu haben schienen, unter dem Titel »Mine-Haha« herausgab.« (Bohnen, S. 114) Zum Umfeld von dessen Thematik zählen in engerem Sinn auch die Prosaentwürfe »Eden« (aus dem

Jahr 1890), »Leiden eines Freudenmädchens« (1892), »Der Brand eines Bordells« (1894), »Simba« und »Mylitta«, die Entwürfe »Die eiserne Jungfrau im Bordell« (1894), »Eva« (auch betitelt: »Parthenon, ein Universalhandbuch der Frauenkunde«, 1897 und »Das Aristokratenbordell« sowie die dramatische Skizze »Schloß Wildenstein« (1889 u. 1897), welche über die moderne Erziehung junger Mädchen handelt, und – bereits dargestellt – »Das Sonnenspektrum« (s. S. 50 f., 1893/94).

Drama

Die Komödie »Die junge Welt« (Hs., das sog. Stollberg-Manuskript), umgearbeitete Fassung von »Kinder und Narren«, datiert von 1885. Einen Verlag für diese zweite Fassung fand Wedekind erst 1897. Eine Tagebuchaufzeichnung »Charakteristik der Hauptpersonen« ist erhalten (GW 9 u. W 3, S. 665 Anm. S. 337) Die Fassung »Der Erdgeist« wurde bereits erwähnt (s. S. 49 f.). Zwischen August und Oktober 1897 entwarf Wedekind den Einakter »Der Kammersänger«, dessen ursprünglicher Titel »Das Gastspiel« hieß (GB 1, S. 284 u. S. 286 f.). Der Druck bei Langen verzögerte sich; das Werk kam erst 1899 auf den Markt. Später äußerte sich Wedekind zum Stück: »›Der Kammersänger‹ ist weder eine Hanswurstiade noch ein Konversationsstück, sondern der Zusammenstoß zwischen einer brutalen Intelligenz und verschiedenen blinden Leidenschaften.« (GW 3, S. 197 u. vgl. GW 9) Eine Handschrift ist nicht mehr erhalten. Schließlich sind noch die Dramenkonzepte »Der Weltbeherrscher« (1893/94) im Zusammenhang mit »Der Büchse der Pandora« (K 1, S. 402) und »Der Dichter. Trauerspiel in 5 Acten« (vermutlich 1898) zu erwähnen (Höger a.a.O. S. 190 Anm. 6).

1898–1900   Zürich–Paris–Leipzig–Festung Königstein

Schon am zweiten Tage seines unfreiwilligen Aufenthalts in Zürich begann Wedekind ein neues Stück, das später so benannte »Der Marquis von Keith«, dessen erster Akt Mitte November 1898 beendet war (GB 1, S. 315). Mit Langen schloß er einen Jahresvertrag ab, der ihm 400 Franken monatlich sicherte und die Vereinbarung enthielt, daß bei Langen alles verlegt würde, was er literarisch produzierte. Wedekind wiederum wurde verpflichtet, wöchentlich Auftragsarbeiten für den »Simplizissimus« zu liefern. (GB 1, S.

315, S. 320 u. S. 323). Seine persönliche Lage als Schriftsteller schätzte er so ein: »Ich habe [. . .] so unendlich viel verloren, daß es mir gar nicht möglich ist zurückzublicken. Ich muß vorwärts, vorwärts, sonst werde ich verrückt.« (GB 1, S. 319) Durch den täglichen Umgang mit Langen kam jedoch, wie es ihm schien, seine literarische Produktivität ins Stocken. Am 22. Dezember verließ er Zürich mit dem Ziel Paris und in der Absicht: »Wenn mir hier nicht etwas Außerordentliches blüht, dann komme ich nach Deutschland und sitze meine Buße ab.« (GB 1, S. 334) In Paris traf er u. a. Panizza und Meier-Gräfe an, begegnete wieder Grétor und Dauthendey, auch Langen, sein Bruder Donald und Frida Strindberg kamen später hinzu. Aber obwohl er schrieb: »Den fascinirenden Eindruck von Paris habe ich nie so empfunden wie jetzt« (GB 1, S. 330), und obwohl er am »Marquis« weiterarbeiten konnte, beschloß er Ende Mai 1899, nachdem sich seine Hoffnungen in Paris nicht erfüllten, öffentlich zu Erfolg zu kommen, nach Leipzig zu reisen, um dort die gerichtliche Verhandlung durchzustehen und seine zu erwartende Strafe abzusitzen. Nach langer Untersuchungshaft wurde er in erster Instanz zu Gefängnis und in zweiter Verhandlung (am 3. VIII. 1899) zu Festungshaft begnadigt, die er am 21. September auf der Festung Königstein antrat. Langen hatte indessen die monatlichen Zahlungen storniert, und erst dank der Vermittlung des Simplizissimus-Zeichners Thomas Theodor Heine, der ebenfalls auf der Festung Königstein einsaß, wurde Wedekind bis zu seiner Entlassung eine monatliche Zahlung von 200 Mark zugestanden. Am 3. Februar wurde der Dichter aus der Haft entlassen und kehrte – entschlossen, für Langen keine feste Auftragsarbeit mehr zu übernehmen – nach München zurück.

Drama

Die ursprüngliche Fassung des »Marquis von Keith« ist unter dem Titel »Ein Genußmensch. Schauspiel in vier Aufzügen« als Fragment handschriftlich erhalten. Es liegen vor die 1. Aufzug (geschrieben 2. XI. – 12. XI. 1898) und ein kurzer Anfang des zweiten (ca. 12. – 14. XI.). Zu den Personen des Fragments »Der Genußmensch« zählen die beiden Männer mit den sprechenden Namen Franz Welter, Theaterdirektor, Dramaturg und Schauspieler im Casanovatheater, dessen ehemaliger Schulfreund Eduard Grabau, reich und vornehm, Frau Welter und Martha, die Schauspielschülerin, die Fürstin Douglas, sechzigjährig, Henriette, Grabaus Geliebte und der Schneidermeister Leistikow. Am 29. XI. schrieb Wedekind aus Zürich, er habe an seinem Drama »seit 14 Tagen keine Zeile mehr gearbeitet« (GB 1, S. 322). Dieses »verdammte Drama« ließ ihn auch in Paris nicht los. Dort begann er mit der Arbeit erneut, die er am 23. Februar zunächst abschloß: ». . . gestern bin ich mit meiner gottverfluchten Arbeit fertig geworden.« (GB 1, S. 334) Wedekinds ganze Anstrengung zielte darauf hin, noch einmal zu versuchen, »etwas Praktisches, Brauchbares für die Bühne zu schaffen«. Und er war der Ansicht: »Gelingt es mir diesmal nicht, dann lasse ich es vielleicht für mein ganzes Leben.« (GB 1, S. 330) Am 12. März 99 teilte er brieflich mit: »Ich weiß nicht, ich weiß nicht wie es mit meinem Stück wird. Den einen Tag erscheint es mir sehr gut und den anderen Tag sehr schlecht. Immerhin bin ich über das Schlimmste hinaus. Ich beschäftige mich momentan damit, es noch einmal durchzuarbeiten und hoffe in vierzehn Tagen, drei Wochen, endgültig damit fertig zu sein.« (GB 1, S. 336) Nach vielfachen Unterbrechungen konnte er aber die Überarbeitung erst Ende Mai abschließen (GB 1, S. 340 u. S. 343) Der Titel dieser Fassung lautete: »Der gefallene Teufel«. Wedekind urteilte darüber: »Die Schlußscenen des 4. und 5. Aufzuges sind noch sehr dünn. Ich werde sie noch vertiefen müssen. Vielleicht auch die letzte Scene des 3. Aufzuges.« (GB 2, S. 1) Diese zweite Fassung ließ er Carl Heine aushändigen, der damals Leiter des Hamburger Carl-Schulze-Theaters war, in der Hoffnung, daß es auf der Bühne untergebracht werden könnte. Am 16. September räumte er in einem Brief an Beate Heine ein, daß ihm sein Stück in dieser Form »jetzt geradezu entsetzlich skelettartig und unplastisch« erscheine (GB 2, S. 8), und er überraschte sie damit, jetzt habe er die »Überzeugung, daß es etwas geworden ist«. (GB 2, S. 9) Diese weitere Überarbeitung der zweiten Fassung war jedoch erst im März 1900 in München abgeschlossen (GB 2, S. 44). Im April las er diese Fassung in der Wohnung Halbes vor. Eine Handschrift (im Besitz Stefan Zweigs) war erhalten (im Nachlaß Zweigs jedoch nicht vorhanden, Hartwig, S. 96 Anm. 10). Ein vollständiger Abdruck dieses Manuskripts erschien in der von Bierbaum mit herausgegebenen Monatsschrift »Die Insel« (Nr. 7–9, April–Juni 1900) unter dem Titel »Münchner Scenen. Nach dem Leben aufgezeichnet«. In leichter Überarbeitung (seit Sommer 1900) wird das Stück mit dem neuen Titel, der seit März feststand, »Marquis von Keith. (Münchener Scenen). Schauspiel in fünf Aufzügen« 1901 als Buch veröffentlicht. Die zweite Auflage von 1907 (letzte von Wedekind bearbeitete Fassung) trägt den Titel »Der Marquis von Keith«.

Später kommentierte Wedekind sein Schauspiel: »Das Wechselspiel zwischen einem Don Quijote des Lebensgenusses (Keith) und einem Don Quijote der Moral (Scholz) [. . .] Das Stück hat in keiner Szene Konversationston. Alles muß hochdramatisch gespielt werden.« (GW 9, S. 429 f.) Und: »M. v. Keith hatte ich vollkommen auf Dialog gestellt.« (GW 9, S. 430) Wedekind hielt dieses Werk für aufführbarer als »Der Erdgeist«, vertrat die Auffassung, es stehe und falle »mit seinem ethischen Gehalt« und hielt es »für weitaus das beste«, was er »bis jetzt überhaupt geschrieben« (GB 2, S. 19, S. 77 u. S. 92). Die Uraufführung am 11. Oktober 1901 in Berlin wurde jedoch zu einem Fiasko. Dagegen war die Uraufführung des »Kammersängers« am 10. Dezember 1899 in Berlin ein Erfolg, obgleich der Autor den Einakter für sein schlechtestes Stück hielt (GB 2, S. 84). Es blieb Wedekinds meistinszeniertes Werk. 1900 erschienen bereits die 2. und 3. Auflage. In späteren Auflagen sind die Statisten für die Schlußszene, zwei Kammermädchen und eine Schrubberfrau, gestrichen.

Lyrik

An Gedichten wurden im »Simplizissimus« 6 politische Lieder, z. T. unter neuen Pseudonymen: Benjamin und Müller von Bückeburg, veröffentlicht. Aus dieser Zeit sind der Entwurf »Christi Erscheinen in Berlin« (K 2, S. 41 Anm. 1) sowie die Gedichte »Sachsen in München« (Isar und Pleiße) und »Jupheidi« (K 2, ebd.) zu erwähnen. Seine politischen Simplizissimus-Gedichte betrachtete Wedekind distanziert: »Meine Specialität war nur der Radauton. Ich sehne mich nicht danach zurück, bin aber froh, daß ich eine gewisse Uebung und andererseits Popularität darin erlangt habe, derart, daß ich jetzt überall zu gutem Preis damit ankommen werde.« (GB 2, S. 22) An neuer lyrischer Produktion war ihm zu diesem Zeitpunkt, als er vor allem auf Theatererfolge setzte, nicht gelegen. Noch am 27. April 1901 schrieb er – das Kabarett »Die elf Scharfrichter« hatte bereits eröffnet –: »An ungedruckten lyrischen Sachen habe ich gar nichts.« (GB 2, S. 68)

Zusammenfassung

Entscheidend wurde für Wedekind seine Auseinandersetzung mit den deutschen Naturalisten. Ausgangspunkt seiner Kritik blieb die durch Schopenhauer bestimmte lebensphilosophische Weltanschauung. Als Dichter griff Wedekind eine für ihn lebensfern erscheinende Kunstauffassung an, die zwar beanspruchte, das Leben abzubilden und Lebensprobleme zur Diskussion zu stellen, aber als Tendenzdichtung immer noch dem tradierten Gesellschaftsdrama verpflichtet und viel zu literarisch war. Das Theater zu theatralisieren suchte Wedekind im Rückgriff auf Formen des Volksstücks und der Commedia dell'arte zu erreichen. Außerdem griff er von Anfang an die Formen des klassischen Dramas, des Konversationsstücks und des Unterhaltungstheaters parodistisch auf. Ähnlich verfuhr er auch mit seiner lyrischen Produktion, deren kolportagehafter, parodistischer und demonstrativer lyrischer Stil signifikant wird. Am unentwickeltsten, am meisten der Tradition einer realistischen Erzählweise blieb sein Prosawerk verhaftet.

Diese kontrastive und der Montage verpflichtete dichterische Verfahrensweise, die klassische und triviale literarische Formen, niedere und hohe Kunst einander entgegensetzt und miteinander vermischt, deutet auf eine Absicht, ästhetische Dichotomien ebensowenig wie gesellschaftliche als selbstverständlich auf sich beruhen zu lassen. Dem ästhetischen Verfahren entspricht, Gesellschaft und Leben miteinander zu konfrontieren und ihr Ineinanderverstricktsein vorzuführen. Gesellschaftskritik heißt dann grundlegend Lebenskritik. Am »Leben« muß sich zeigen, was gesellschaftlich wahr und falsch ist. Diese Dichotomie läßt sich abstrakt als eine zwischen Oben und Unten bezeichnen. Eros und Logos, Frau und Mann, Leben und Gesellschaft, Klassik und Moderne, hohe und niedere Kunst liegen miteinander im Streit.

Die in dieser Epoche entstandenen Zirkusaufsätze bzw. der Essay »Der Witz und seine Sippe« dokumentieren Wedekinds gegen den Naturalismus gerichtetes ästhetisches »Programm«, das jenes Oben und Unten auch als ästhetische Theorie reflektiert. Metaphysische und antimetaphysische Kunst- und Lebensauffassung werden zur Diskussion gestellt, Zirkus- und Varieté-Welten als Unter- und Halbwelten einer traditionellen idealistischen Oberwelt nicht nur einander gegenübergestellt, sondern auch miteinander verquickt. Ihre gemeinsame Basis heißt nicht Realismus, sondern Leben und »Theater«, das Widerspiel von Bewußtem und Unbewußtem, von Lächerlichem und Erhabenem. Literarhistorisch gesehen stützt sich eine solche Kunst- und Lebensauffassung auf eine antiklassizistische Tradition in Deutschland (Lenz, Grabbe, Büchner, Heine) und auf die literarische Debatte der europäischen Moderne, an der sich natürlich auch die deutschen Naturalisten beteiligten, die aber vor allem durch die französischen Literaten bestritten wurde. In erster Linie an ihr orientierte sich Wedekind, ebenso wie ihn vor allem Theater *und* Varieté in Paris tief beeindruckten. In Zürich, dem wichtigen Treffpunkt politischer und literarischer

Emigranten jener Zeit hatte er sich zuvor in diese »neuen« Debatten eingeführt. Dazu gehörte auch die Auseinandersetzung mit Resultaten der modernen Naturwissenschaften. In seinem berühmten Aufsatz »Qu'est-ce que le Moderne?« (1894, dt. 1895) hatte z. B. auch Strindberg verkündet: Für uns, »den Zeitgenossen des Dampfes, der Elektrizität, der Schnellzüge, des Telephons« ist »die telephonische, schnelle, korrekte Ausdrucksweise« modern . . . Die ›Nummer‹ herrscht auf der Bühne, wie die Anekdote oder die Skizze im Journal.« (Sp. 6) Wissenschaftliche Literatur z. B. der Medizin und Psychologie (Richard Krafft-Ebing: Psychopathia sexualis. Eine klinisch-forensische Studie. 1882; Paul Mantegazza: Die Physiologie der Liebe. 1873 etc.) wurden ebenso heftig diskutiert wie z. B. die der Frauen- und Arbeiterbewegung und die Übertragung dieser Debatten auf die Kritik der modernen Literatur (z. B. Leo Berg: Das sexuelle Problem in der modernen Literatur. 1890; Wilhelm Bölsche: Die naturwissenschaftlichen Grundlagen der modernen Poesie, 1887). Philosophiegeschichtlich betrachtet stützte sich Wedekind auf die durch Schopenhauer und Hartmann vertretene, im Bürgertum weitverbreitete Lebensphilosophie und deren pessimistische Weltanschauung. Nietzsche und schließlich Freud wurden zu Bezugspunkten in Wedekinds philosophischem Koordinatensystem. Wedekind blieb Lebensphilosoph und sein »Hauptreferent« blieb das »Leben«, was ein politisches Engagement Wedekinds für irgendeine soziale Klasse oder für eine politische Partei oder Bewegung – sei es Arbeiter- oder Frauenbewegung – ausschloß, *nicht* aber ein generelles politisches Engagement. Dies erklärt z. B. auch, warum Wedekind durchaus auch politische Gedichte schreiben konnte, und nicht nur Chansons, Moritaten und Couplets. Ebenso durchschaute er – geschult durch jene kritische Referenz – auch durchaus die kapitalistisch entwickelten, auch den Literatur- und Kulturbetrieb mehr und mehr erfassenden Marktmechanismen seiner Zeit und die Funktion und die Folgen der staatlichen Zensur für die Gesellschaft und für den Autor als Produzent.

Literatur:

Bohnen, Klaus: Frank Wedekind und Georg Brandes. Unveröffentlichte Briefe. Euphorion 72, 1978, S. 106–119
Gundlach, Angelika (Hrsg.): Der andere Strindberg. Frankfurt 1981
Hartwig, Wolfgang (Hrsg.): Frank Wedekind. Der Marquis von Keith. Berlin 1965

Höger, Alfons: Frank Wedekind. Der Konstruktivismus als schöpferische Methode. Königstein 1979

Hetärismus und bürgerliche Gesellschaft im Frühwerk Frank Wedekinds. Kopenhagen/München 1981

Das Parkleben. Darstellung und Analyse von Frank Wedekinds Fragment *Das Sonnenspektrum*. In: Text und Kontext 11, 1983, S. 35–55

Irmer, Hans-Jochen: Der Theaterdichter Frank Wedekind. Werk und Wirkung. Berlin 1979 (zuerst: 1970)

Krauss, Ingrid: Frank Wedekind und der Pessimismus. In: Dies., Studien über Schopenhauer und den Pessimismus in der deutschen Literatur des 19. Jahrhunderts. Bern 1931, S. 144–191

Kutscher, Artur. Frank Wedekind. Sein Leben und seine Werke. Bd. 1 u. Bd. 2 München 1922/1927

Maclean, Hector: The Genesis of the ›Lulu‹ Plays (Teil eines unveröffentlichten Typoskripts) 1978

Sattel, Ulrike: Studien zur Marktabhängigkeit der Literatur am Beispiel Frank Wedekinds. Diss. Kassel 1976

Seehaus, Günter: Frank Wedekind und das Theater. München 1964

Strindberg, August: Die Modernen? In: Das Magazin für Litteratur 64, 1895, Nr. 1, Sp. 5–8 (zuerst: Qu'est-ce que le Moderne? L'Echo de Paris 20/12 1894)

Wedekind, Frank: Gesammelte Werke. 9 Bde. München/Leipzig 1912–1921

Gesammelte Briefe. 2 Bde. München 1924

Werke in drei Bänden. Herausgegeben und eingeleitet von Manfred Hahn. Berlin/Weimar 1969

3.3 Karriere (1900–1918)

1900–1906 München–Wien–Berlin

Nach dem Ende der Festungshaft sah sich Wedekind sofort genötigt, seine berufliche Existenz als freier Schriftsteller zu sichern. Zwar stand auch erneut eine Erbschaft in Aussicht, deren Auszahlung sich jedoch verzögerte, aber Langen legte ihm eine Abrechnung vor, die ihn zu dessen Schuldner machte. Im April kam es schließlich zu einem neuen Vertrag. Doch bei schmalen Einkünften war Wedekind vorerst wieder auf Unterstützung durch seine Familie angewiesen. Hoffnung setzte er auch auf die Mitarbeiterschaft bei der neugegründeten Zeitschrift »Die Insel«, für die er »für die Zukunft festen Vertrag« machte (GB 2, S. 52). Er wünschte sich »nach zehn Jahren heimathlosen Umherirrens« eine Beruhigung seiner »wechselvollen Carrière« (GB 2, S. 44 u. S. 32). »Ich *muß* und *muß* in größere Kreise gelangen« (GB 2, S. 45), war seine Devise.

Um die Jahrhundertwende entfaltete sich in den deutschen Metropolen nach französischem Vorbild eine bedeutende Kabarettkultur. Ernst von Wolzogen, der Begründer des Berliner »Überbrettls« machte ihm bereits Anfang März in München ein Angebot zur Mitarbeit. Wedekind dachte aber lieber daran, seine Bühnentätigkeit wieder aufzunehmen, abgesehen davon, daß er durch Chansons und politische Lieder nicht erneut sich der Gefahr eines politischen Eingriffs aussetzen und seine berufliche Existenz infragegestellt sehen wollte. Schließlich vertrat er den Standpunkt, daß er sich zuerst dem Publikum von seiner »*künstlerisch* sowohl wie *moralisch ernsten* Seite« vorzustellen wünschte, bevor er im Kabarett mit der zehnten Muse auftrat.

Obwohl sich der »Kammersänger« als »ergiebige Quelle« zu erweisen schien (GB 2, S. 69), war Wedekind mit der Gestaltung der Hauptrolle nicht zufrieden, so daß er sie selbst studierte und schließlich auch spielte. Um seine schauspielerischen Fähigkeiten zu verbessern, begann er seit September 1900 Schauspielunterricht zu nehmen, den er – vor allem unter der Anleitung des Münchner Hofschauspielers Fritz Basil – intensiv bis Anfang 1905 fortsetzte. Die »absolute Erfolglosigkeit« seines »Marquis von Keith« auf der Bühne war darüber hinaus Motiv, ihn selbst zu spielen, um endlich mit einem großen Werk zu reüssieren (GB 2, S. 92). Noch Ende 1900 – ein erfolgreiches Gastspiel in Rotterdam war vorausgegangen, und in Zürich wurde »Der Liebestrank« zur Uraufführung (28. IX. 1900) gebracht – hatte er das hoffnungsvolle Gefühl, jetzt einigermaßen den Ertrag seiner langjährigen Mühen und Arbeit ernten zu können (GB 2, S. 56), doch schon ein Jahr später sah er sich darin getäuscht, daß der fürchterliche Bann, der seit Jahren seine Produktion zurückhielt, endlich gebrochen sei (GB 2, S. 84).

Unterdessen sang er – mehr oder weniger dazu genötigt – bei dem seit dem 13. April 1901 in München eröffneten Kabarett, den »Elf Scharfrichtern«, seine »Gedichte nach eigenen Compositionen [. . .] zur Gitarre«. (Autobiographisches, S. 15) »Ich habe«, schrieb er Ende April, »zu mehr als einem Dutzend meiner Gedichte aus der »Fürstin Russalka« passende Melodien hergestellt, die den wirkungsvollen Vortrag dieser Gedichte eigentlich erst ermöglichen«. (GB 2, S. 67) Im Mai teilte er Beate Heine mit: »Sämmtliche Nummern und Productionen der hiesigen Scharfrichter sind für den kommenden Winter schon für Berlin gewonnen« (GB 2, S. 73), doch war er über seine Brettl-Erfahrungen nicht sonderlich glücklich. Im August – gerade kam er von einer nicht eben erfreulichen

Scharfrichter-Tournee zurück – klagte er, das Balladensingen hänge ihm »jetzt schon gewaltig zum Halse heraus«. (GB 2, S. 79) Andererseits war ihm klar: »Mit meinem Auftreten bei den Scharfrichtern verdiene ich mehr als mir bis jetzt jemals die edle Muse eingetragen hat.« (GB 2, S. 85) Eine szenische Fassung der Erzählung »Rabbi Esra« gehörte schon zum frühen Programm des Münchner Kabaretts, ebenfalls Berücksichtigung fand im Novemberprogramm der »Prolog« zu »Der Erdgeist«, und am 12. März 1902 wurde die Pantomime »Die Kaiserin von Neufundland« uraufgeführt, »natürlich ohne Comparserie und mit einer von mir selbst zusammengestellten Potpourri-Musik«. (GB 2, S. 92). Die »Exekution« der »Frühlingsstürme«, eine für die »Elf Scharfrichter« bearbeitete Fassung des Ersten Aufzugs von »Der Erdgeist«, fand im Oktober 1902 statt. Ein Berliner Gastspiel bei Wolzogen im Mai 1902 verlief enttäuschend. Während der Scharfrichter-Tournee in Nürnberg (Winter 1902/03) zerstritt sich Wedekind mit dem Ensemble und stellte seine Mitarbeit ein. Im Kabarett trat er aber noch bis 1905 auf – außer bei den »Scharfrichtern« auch bei Kathi Kobus' »Simplicissimus« und Josef Vallées »Sieben Tantenmördern«.

In München traf Wedekind wieder auf alte und neue Bekannte wie u. a. Franz Blei, Eduard von Keyserling, Arthur Holitscher . . . Mittelpunkt des literarischen Lebens und einflußreicher Faktor im Münchner Theaterleben wurde der »Akademisch-Dramatische Verein« – seit 1903 der »Neue Verein« –, dem jetzt auch Wedekind angehörte. Wichtig war auch der Kreis um die »Elf Scharfrichter«, dessen Vereinsmitglieder zunächst als Publikum fungierten. Besonders eng verbunden war Wedekind in dieser Zeit mit Keyserling, Weinhöppel und Halbe. Zusammen unternahmen sie Ende März 1901 auch eine Reise nach Italien. Seit Herbst 1900 kannte er auch Hildegarde Zellner; aus ihrer Beziehung (beendet Herbst 1903) ging der Sohn Frank hervor. Das Münchner Leben wurde nur ab und an durch Gastspielreise und Besuche wie z. B. in Berlin (Sommer 1901) unterbrochen. In Berlin weilte Wedekind auch an Neujahr 1903, um sich nach der eindrucksvollen Premiere von »Der Erdgeist« am 17. Dezember 1902 im »Kleinen Theater« (Leitung: Max Reinhardt, Regie: Richard Vallentin) diese Inszenierung anzusehen. Die Lulu spielte Gertrud Eysoldt, der er, sobald er um den Erfolg wußte, begeistert schrieb: »Erlauben Sie mir, Ihnen den Ausdruck schrankenloser Bewunderung zu Füßen zu legen für den herrlichen Sieg, den Sie über das spröde ungefüge Material meines Stückes davongetragen haben.« (GB 2, S. 94) 1909 urteilte er rückblickend: »Mit Staunen sah ich, welch eine Art von Drama ich geschrieben hatte [. . .] Ich hatte das menschlich Bewußte, das sich selbst unter allen Umständen immer so maßlos überschätzt, am menschlich Unbewußten scheitern lassen wollen und was hatte ich vor Augen, Lulu war raffiniert. Dr. Schön war dekadent. [. . .] Lulu war Salome.« (GW 9, S. 440) Zuvor hatte – sehr umstritten – am 22. Februar 1902 die Uraufführung von »So ist das Leben«, veranstaltet vom »Akademisch-Dramatischen Verein«, im Münchner Schauspielhaus stattgefunden, und am 20. Oktober wurde dort – mit Wedekind in der Hauptrolle »Der Marquis von Keith« gespielt, jedoch bald vom Programm abgesetzt.

Wedekinds finanzielle Lage sollte sich jedoch erst allmählich bessern. Obwohl Langen vom Bühnenvertrieb der Werke Wedekinds profitierte, waren Wedekinds neue Verhandlungen mit seinem Verleger äußerst langwierig. Im Juni 1904 kam endlich ein neuer Kontrakt zustande. Zu diesem Zeitpunkt war Wedekind jedoch bereits als Schriftsteller gesellschaftlich anerkannt. Er selbst stellte fest: »Officielle Erfolge sind da« (GB 2, S. 126). Aber damit allein wollte er sich nicht zufrieden geben. Die »gewaltige Wirkung« (GB 2, S. 127), die Gerhart Hauptmann genoß, blieb ihm für seine eigene Laufbahn ein Ärgernis.

Neue Stück entstanden: »Hidalla oder Sein und Haben« (1904) und »Totentanz« (1905). Die erste Buchausgabe von »Die Büchse der Pandora. Tragödie in drei Aufzügen« wurde jedoch am 23. Juli 1904 auf Veranlassung der Staatsanwaltschaft beschlagnahmt. Wegen Verbreitung unzüchtiger Schriften wurden der Autor und dessen Verleger Bruno Cassirer angeklagt. Im Prozeß 1905 vor dem Berliner Landgericht sprach man die Angeklagten frei, jedoch ordnete dasselbe Gericht in der letzten Verhandlung (1906) die Vernichtung der noch vorhandenen Buchexemplare an. Wedekinds Einschätzung, daß seine Karriere keineswegs – angesichts von Zensur und haßerfüllter Pressekritik von rechts – gesichert war, war durchaus nicht verkehrt. Eine seiner Hoffnungen war auch, den Kreis seines Wirkens auszuweiten und – über München hinaus – mit der intellektuellen Avantgarde in Fühlung zu bleiben und neue Kontakte zu knüpfen. Hermann Bahr hatte ihn durch wohlwollende Kritik unterstützt. Persönlich traf er mit ihm erst später zusammen (Wien, Mai 1905). In Berlin machte er die Bekanntschaft mit Maximilian Harden (September 1904), dem einflußreichen Herausgeber der politischen Wochenschrift »Die Zukunft«, der ihn wiederum bald darauf mit Walther Rathenau, dem »Direktor einer der größten Berliner Banken« (GB 2, S. 157) zusammenbrachte. Herwarth Walden lud den Autor zur öffentlichen Vorlesung seiner »Büchse der Pandora« in den von ihm gegründeten Berliner Verein für Kunst ein (1. März 1905).

Häufig war Wedekind auf Gastspielreise. Am 1. Februar 1904 fand als geschlossene Subskriptionsvorstellung im »Intimen Theater« – von Emil Messthaler in Nürnberg (1900) gegründet – unter der Regie von Egbert Soltau die Uraufführung der »Büchse der Pandora« statt. Karl Kraus, den Wedekind seit 1898 persönlich kannte und deren Bekanntschaft sich intensivierte, seit Kraus öffentlich (1903) die »Büchse der Pandora« vor dümmlichen Pressestimmen in Schutz genommen hatte, setzte in einer geschlossenen Vorstellung, anders war unter Zensurverhältnissen auch in Wien nicht zu verfahren, am 29. Mai 1905 erfolgreich eine »Büchse der Pandora«-Inszenierung (Regie: Albert Heine) am Trianon-Theater durch. Die Lulu spielte Tilly Newes, auch Kraus (Kungu Poti) und Wedekind (Jack) waren an der Aufführung beteiligt. Brieflich dankte Wedekind Kraus: »Die Aufführung [. . .] ist ganz ohne Zweifel einer der bedeutungsvollsten Zeitpunkte in der Entwicklung meiner literarischen Tätigkeit. « (GB 2, S. 142) Zuvor schon war am 18. Februar 1905 am Münchner Schauspielhaus, günstig vom Publikum aufgenommen, die Uraufführung von »Hidalla« erfolgt. Die Uraufführung von »Totentanz« brachte Messthalers »Intimes Theater« am 2. Mai 1906; weitere 15 Vorstellungen schlossen sich daran an. Bei der Uraufführung spielte Tilly Wedekind die Rolle der Lisiska, Wedekind die des Casti Piani. Am Tag vor der Aufführung hatten beide geheiratet. Karl Kraus wurde eine geschlossene Veranstaltung des »Totentanzes« in Wien (1906) verboten.

Kennengelernt hatte Wedekind seine Frau in Wien, als »Die Büchse der Pandora« veranstaltet wurde. Damals noch stand er in enger Beziehung zu Berthe Marie Denk, mit welcher schon seit längerem auch Karl Kraus bekannt war. Wedekind begegnete der Schauspielerin in Stuttgart während seines »Hidalla«-Gastspiels (Mitte April 1905). Seiner Mutter schrieb er: »Ich glaube sogar beinah, daß ich mich verlobt habe; ich weiß es aber noch nicht ganz bestimmt und bitte daher, mir vorderhand noch nicht zu gratulieren. « (GB 2, S. 140) Noch andere Schauspielerinnen hatten ihn in ihren Bann gezogen: Mary Irber, mit der er zusammen im Kabarett auftrat, und Gertrud Eysoldt, mit der er in Berlin und Straßburg (1904) auf der Bühne stand. Nach der »Pandora«-Aufführung in Wien schrieb Wedekind aus München enthusiastisch an Tilly: »[. . .] ich muß Dir sagen, wie hoch ich mich beglückt fühle, daß ich Dich sehen und kennen lernen durfte. Daß das Publikum mein abscheuliches Stück ohne Dein kluges und zugleich so madonnenhaftes Spiel nicht so geduldig hingenommen hätte, darüber besteht für mich nicht der geringste Zweifel. « (GB 2, S. 143) Am 8. September

1905 fuhr Wedekind nach Berlin, um in »Hidalla« am »Kleinen Theater« aufzutreten. Victor Barnowsky hatte dessen Leitung als Nachfolger Max Reinhardts übernommen. Mit Barnowsky verhandelte Wedekind, auch Tilly zu engagieren, und nach dem Berliner Erfolg von »Hidalla« ging jener darauf ein. Seit 27. Oktober spielte in diesem Stück Tilly die Rolle der Fanny. Nun löste auch Reinhardt sein in Wien gegebenes Versprechen (Mai 1905) ein, Wedekind als Schauspieler zu verpflichten, und nahm ihn unter Vertrag. Außerdem unterschrieb Wedekind später, am 15. März 1906, einen Autorenvertrag, der Reinhardt und dem Deutschen Theater eine großzügige Option auf alle neuen dramatischen Werke des Autors einräumte. Und dann kam schließlich am 20. November 1906 – fünfzehn Jahre nach der Erstveröffentlichung – an den Berliner Kammerspielen in der Inszenierung Max Reinhardts »Frühlings Erwachen« zur Uraufführung. Sie wurde zu einem sensationellen Theatererfolg.

Drama

Nach Wedekinds eigenen Angaben erfolgte seine Umarbeitung des zweiten Teils der »Büchse der Pandora« (Monstretragödie) zu »Die Büchse der Pandora. Tragödie in drei Aufzügen« zwischen Oktober 1900 und Januar 1901 (W 3, S. 335 u. GB 2, S. 64). Jetzt sind die beiden letzten Akte der Handschrift mit einem neuen ersten Akt versehen. Doch erst im Juli 1902 wurde die Tragödie in der Zeitschrift »Die Insel« veröffentlicht. Bevor noch die dann beschlagnahmte Buchausgabe (1904) erschien, kam die 2. Auflage von »Der Erdgeist« heraus, jetzt unter dem Titel: »›Lulu‹. Dramatische Dichtung in zwei Teilen. Erster Teil ›Erdgeist‹« (1903). Der Text stellt hauptsächlich eine an den Erfahrungen der ersten Inszenierungen orientierte Korrektur des Erstdrucks dar. Wedekind: »Ich habe vieles darin gestrichen und vielem einen natürlicheren Klang zu geben versucht, so daß sich nun vielleicht auch irgend eine andere Bühne dafür erwärmen wird.« (GB 2, S. 96) Rückblickend stellte der Dichter fest: »Statt des Titels ›Erdgeist‹ hätte ich geradesogut ›Realpsychologie‹ schreiben können, in ähnlichem Sinn wie Realpolitik.« (GW 9, S. 426), und: »Selbstverständlichkeit, Ursprünglichkeit, Kindlichkeit hatten mir bei der Zeichnung der weiblichen Hauptfigur als maßgebende Begriffe vorgeschwebt. Aus geistiger Robustheit, aus unbeugsamer Energie und Rücksichtslosigkeit habe ich mir einen Weltmann konstruiert, der an den außergewöhnlichen Naturanlagen einer primitiven Frauennatur in abenteuerlichen Kämpfen zuschanden wird.« (GW 9, S. 440) Zur Rolle der Lulu betonte Wedekind Brandes gegenüber: »Lulu ist [. . .] nur die Verherrlichung des Körperlichen, ebenso wie Mine-Haha. Ich lud ihr deshalb moralisch alle Scheußlichkeiten auf, um die Tragfähigkeit des Körperlichen zu demonstrieren.« (Bohnen, S. 115)

Eine neu bearbeitete und mit einem Vorwort versehene dritte Auflage der »Büchse der Pandora« (1902/1904) erschien 1906. Ihre Fassung beruht auf der Bühnenbearbeitung für die Uraufführung am Nürnberger »Intimen Theater« (K 1, S. 399) und ist auch auf den »Pandora«-Prozeß bezogen. Die französischsprachigen Passagen des zweiten Akts und die englischsprachigen Passagen des dritten Akts sind durchgängig übersetzt. Das 57 Seiten umfassende Vorwort enthält auch die Gerichtsurteile. Als Personenverzeichnis ist der Theaterzettel der von Karl Kraus eingerichteten Wiener Aufführung beigefügt.

Der ausdrücklich so benannten *vom Autor hergestellten Bühnenbearbeitung* der vierten Auflage (1911) entspricht die Ausgabe der »Gesammelten Werke« (1913), welche Teile der Vorrede der dritten Auflage abdruckt. Die vierte Auflage verzichtet auf die Vorrede, enthält aber den »Prolog in der Buchhandlung« (Erstdruck 1910), dessen Anspielung auf Gerhart Hauptmann in den »Gesammelten Werken« gestrichen ist. Die vierte Auflage übernimmt die Übersetzungen der dritten, nimmt aber wieder den Text der Insel-Fassung zur Grundlage. Wedekind teilte Leopold Jeßner (Herbst 1910) mit: »Ich habe eine neue Ausgabe der ›Pandora‹ veranstaltet, in der sich kaum ein Wort mehr findet, an dem die Zensur Anstoß nehmen kann. Sodann ist alles literarisch-polemische daraus weggelassen, was ja auch künstlerisch nur vom Uebel war. Außerdem enthält die Bearbeitung eine Anzahl Regiebemerkungen und einen ›Prolog in der Buchhandlung‹, der sehr leicht darzustellen ist.« (GB 2, S. 248)

Im Frühjahr 1901 konzipierte Wedekind ein neues Stück, »So ist das Leben«, das aber »noch lange nicht bühnenfertig« war (GB 2, S. 66). Bald aber legte er die Arbeit wieder beiseite (GB 2, S. 73). Für eine größere dramatische Arbeit fehlte ihm im Augenblick die Ruhe (GB 2, S. 79, 7. VIII. 1901). Doch im Oktober 1901 machte er sich wieder an den Entwurf und, nachdem er »in den letzten zwei Monaten auf das fleißigste gearbeitet« hatte (GB 2, S. 85, 11. I. 1902), war das Stück vermutlich bereits zum Jahresende im großen und ganzen niedergeschrieben. Handschriftlich ist auf die Notizbücher 10 bis 14 zu verweisen; ein handschriftliches Fragment befindet sich auf der Rückseite des Manuskripts von »Bella. Eine Hundegeschichte«. Erst nach seiner Uraufführung (22. II. 1902) wurde dieses »Schauspiel in fünf Akten« in Buchform veröffentlicht; zuvor waren lediglich die Szene »Auf der Elendenkirchweih« und das Lied des Hanswursts im dritten Akt in der Zeitschrift »Die Jugend« im Vorabdruck erschienen (1902, H. 10 u. 12). Erst die dritte Auflage (1911) führte den Titel: »König Nicolo oder So ist das Leben. Schauspiel in drei Aufzügen und neun Bildern mit einem Prolog. Vom Autor hergestelltes, vollständiges Regieexemplar.« Der Text ist gegenüber den vorangegangenen Auflagen kaum verändert. Der schon in der ersten Niederschrift vorgesehene Prolog ist jetzt ausgeführt. Nur die »Hochgerichts«-Szene bringt größere Abweichungen. Weggefallen sind der Fackeltanz und das Lautenlied der Gefängnis-Szene. Die Umwandlung von 5 in 3 Aufzüge bleibt äußerlich. Die Regieanweisungen sind präzisiert.

Bald urteilte Wedekind: »Das Stück hat den Kegelbahn-Horizont der Münchner Dichter Zunft. Der Humor ist mir dabei so ziemlich vollständig ausgegangen und ich schäme mich des fünf Akte langen Gejammers.« (GB 2, S. 113) Später ergänzte er, »König Nicolo« sei das Ergebnis seiner Empfindungen »über die Verhöhnung, die der Marquis von Keith bei seiner Aufführung in Berlin erfuhr.« (GW 9, S. 430)

Im Sommer 1903 hatte sich Wedekind in die »lautlose Einsamkeit« nach Lenzburg zurückgezogen, »um ein neues Stück zu schreiben«. (GB 2, S. 102) Es handelte sich um das Schauspiel in 5 Akten »Hidalla oder Sein und Haben«. Im September setzte er die Arbeit in München fort, ohne jedoch so rasch voranzukommen, wie er es sich wünschte (GB 2, S. 108). Anfang November zog er sich eine Lungenentzündung zu, und so mußte die Ausarbeitung vorübergehend ruhen. Anfang Dezember konnte er weiterarbeiten (GB 2, S. 114). Im März 1904 war das Drama beendet, im April las er Korrektur (Kraus, Briefe, S. 102), und im Mai wurde das Werk veröffentlicht. Die 5. und 6. Auflage trägt den Titel: »Karl Hetmann, der Zwergriese (Hidalla)« (1911), so auch in den »Gesammelten Werken« (1913), in welcher – wie in den späteren Auflagen – eine kurze Begegnung zwischen Fanny und dem Laufburschen Fritz gestrichen ist. Eine Bühnenbearbeitung ist nicht vorhanden. In Wedekinds Regiebuch endet das Drama mit: »Jetzt fliegt der Name Hetmann wie ein Lauffeuer um die Erde.« Später gab Wedekind den Hinweis, Aufgabe des Stückes sei, »wirkliches Leben vorzutäuschen« (GB 2, S. 344). In einem Entwurf zum Drama werden die Hauptpersonen allegorisch charakterisiert: Hetmann: Sein; Launhart: Haben; Fanny: Rasse; Berta: Häßlichkeit; Gellinghausen: Arbeit; Brühl: Wissen; Morosini: Eitelkeit (K 2, S. 174). Zur Bühnenfigur Hetmann merkte er ausdrücklich an: »Die Wirkung der Rolle ist die Leidenschaft. Der Zweck des Stückes war nicht Belehrung, sondern Verführung [. . .] Er wollte seine Person so hoch postieren, daß die Weiber kniefällig vor ihm um Liebe jammern und jede sich glücklich schätzt, wenn er sich ihrer erbarmt.« (Bohnen, S. 114)

Ende März 1905 begann Wedekind an seinem Einakter »Totentanz« zu schreiben. Karl Kraus teilte er am 5. Juni mit: »Die Arbeit geht jetzt ganz verzweifelt langsam vorwärts.« (GB 2, S. 144) Am 20. Juni sandte er das fertige Manuskript an Kraus ab. Ihm hatte er schon 1904 den Dialog »Hans und Gretel« zum Abdruck in der »Fackel« zugeschickt. Er bildete eine der Keimzellen zu »Totentanz« (Kraus S. 103 f. u. K 2, S. 233). Nachdem Kraus die Veröffentlichung des Dialogs nicht riskiert hatte, antwortete Wedekind: »Ich werde gelegentlich versuchen, den Dialog in eine hochmoralische Pastete hineinzupacken. Vielleicht wird er dann zollfrei.« (GB 2, S. 118, 27. V. 1904) »Totentanz« erschien dagegen als Erstdruck mit dem Untertitel »Drei Szenen« am 4. Juli 1905 in der »Fackel« – »Meiner Braut in innigster Liebe gewidmet«. Noch im selben Jahr erscheint die erste Buchausgabe. Seit der 3. Buchauflage (1909) ist der Titel wegen Strindbergs »Totentanz«-Drama in »Tod und Teufel« geändert. Ein anderer Titelvorschlag lautete »Der Tod des Teufels« (GB 2, S. 177). Kutscher erwähnt noch – in einem Druckbogen vorliegend – einen Dialog (3. Szene) »Franz und Lissiska« (K 2, S. 237, Anm.). Aus dem Jahr 1915 liegt eine handschriftliche Bearbeitung der 1. und 3. Szene in fünffüßigen Jamben vor (K 2, S. 238). Seiner Mutter gegenüber äußerte der Dichter früh die Vermutung: »Ich fürchte nur, daß ihn [Totentanz] außer mir kein Schauspieler auf dieser Welt jemals spielen wird.« (GB 2, S. 147) Außer der Uraufführung in Nürnberg konnte das Stück in der Tat zu Lebzeiten Wedekinds nur noch einmal – Oktober 1916 in München als geschlossene Veranstaltung – aufgeführt werden. In der »Einleitung zu einer Vorlesung« des »Totentanzes« heißt es: »Ich fragte mich, ob ich die Arbeit nicht Mephistos Tod nennen sollte. Die Verhältnisse, unter denen ein Mephisto, wenn das denkbar wäre, sterben müßte, vor allem die Stimmungen, unter denen sein Tod erfolgen müßte, das war das künstlerische Problem, das mir bei dieser Arbeit vorschwebte.« (GW 9, S. 433, vgl. Bohnen, S. 114) In einem Briefentwurf an Max Reinhardt erläuterte er: »Das menschliche Thema, das ich in der Arbeit zu behandeln gedachte, war folgendes: Der *Cyniker*, der nothwendig an seinem eigenen Cynismus zu Grunde gehen muß. Der rohe *Gewaltmensch*, der seiner eigenen Gewaltthätigkeit zum Opfer fällt. Der fehlerfreie *Rechenkünstler*, der an seiner glaubenslosen Mathematik zu Grunde gehen muß.

Vor allem aber – und diesen Vorgang habe ich am stärksten betont – der eingefleischte *Pessimist*, der an seinem unheilbaren Pessimismus zu Grunde gehen muß.« (GB 2, S. 175 f., 4. VI. 1907) Und später (1911): »Die von den beiden Hauptpersonen ausgesprochenen Anschauungen über Frauenemanzipation und käufliche Liebe wollte ich weder als richtig noch als maßgebend hinstellen und ließ sie deshalb im Verlauf der Handlung auf das feierlichste widerrufen.« (GW 9, S. 432) Gegenüber dem ihm keineswegs wohlgesonnenen Literarhistoriker und Mitglied des Münchner Zensurbeirats Franz Muncker räumte er höflich ein: »Das vorliegende Problem künstlerisch zu verkörpern, zu gestalten, ist mir nicht gelungen. Das Stück ist in der Kasuistik stecken geblieben.« (GB 2, S. 253)

Am 19. Juni 1906 machte sich Wedekind an den Entwurf eines neuen Dramas. Gestern habe er, erwähnte er Anfang Oktober in einem Brief an Kraus (GB 2, S. 161), ein vieraktiges Stück fertiggeschrieben (am 9. X. 1906, K 2, S. 243). Im Februar und März 1907 wurde es noch einmal überarbeitet – (eine Reinschrift liegt vor) – und zuerst in der »Wochenschrift für deutsche Kultur« »Morgen«, begründet von Werner Sombart, im Juni 1907 veröffentlicht mit dem Titel »Musik. Sittengemälde in vier Bildern«. Kraus setzte er auseinander: ». . . mein Stück ist vielmehr eine Chronik als eine dramatische Arbeit [. . .] das Beste an dem Stück [ist] der Stoff« (GB 2, S. 161) In einem Briefentwurf an Alfred Kerr führte der Autor aus: »Ich hatte einen fertigen Stoff vorgefunden, von dem Mancher gesagt haben würde: das ist eine schriftstellerisch gänzlich unbrauchbare Biertischzote. Mancher andere hätte vielleicht gesagt: in dem Schicksal liegt der Stoff zu einem ernsten Drama.« (GB 2, S. 212) Im Kommentar unter der Überschrift »Musik oder Der Fluch der Lächerlichkeit« erklärte er: »›Musik‹ ist kein Schlüsselstück, wie mir mit bewußter Böswilligkeit vorgeworfen wird, sondern eine Charakterstudie.« Und er behauptete: »›Musik‹ ist eine sehr leichte Arbeit, aber künstlerisch das Modernste, was ich geschrieben habe [. . .] Dem Stoff habe ich mich so gegenübergestellt [. . .], wie sich der moderne Porträtist seinem Objekt gegenüberstellt. Diese kaltherzige Karikatur ist mir eigentlich zuwider.« (GW 9, S. 434; u. vgl. Bohnen, S. 114) Aber, so verteidigte er sich, die »künstlerisch einzig gerechtfertigte Form schien mir die Parodie zu sein.« (GB 2, S. 213)

Zur Erstveröffentlichung verfaßte er auf Bitten der Redaktion auch eine kurze Einführung, »Mutter und Kind«, in welcher er zur Debatte um den § 218 des Deutschen Strafgesetzbuches Stellung bezog: »Dieser Paragraph ist meiner Überzeugung nach das Ergebnis einer abgefeimten Heuchelei; einer Heuchelei, die tief in unserem

Volksbewußtsein eingewurzelt und mit den stärksten Stricken eines brutalen Egoismus darin verankert ist, eine Heuchelei, deren fanatische Bekämpfung eine der heiligsten Aufgaben unserer leider so weibisch jämmerlichen Frauenbewegungen sein sollte.« Daran schloß er an: »In meinem Sittengemälde ›Musik‹ habe ich darzulegen versucht, daß der Mann, der allein für die bestehenden Gesetze verantwortlich ist, mit dem § 218 nicht etwa das entstehende Leben zu schützen sucht, sondern daß es ihm mit der Androhung von fünf Jahren Zuchthaus lediglich darauf ankommt, dem heranwachsenden jungen Weibe die selbständige körperliche und geistige Entwicklung unmöglicher zu machen, daß es ihm lediglich darauf ankommt, *die Eingeweide* des weiblichen Körpers als eine Domäne männlichen Unternehmungsgeistes strafrechtlich einzuhegen.« (W 3, S. 353 f.)

Die erste Buchausgabe von »Musik« erschien 1907. Die zwei letzten Szenen sind gekürzt. Die einzelnen Bilder erhalten Überschriften (»Bei Nacht und Nebel«, »Hinter Schwedischen Gardinen«, »Vom Regen in die Traufe«, »Der Fluch der Lächerlichkeit«) und Personenverzeichnisse. Die Uraufführung fand am 11. Januar 1908 im Nürnberger »Intimen Theater« statt.

Ein späterer Entwurf »Abtreibung« sei hier zu »Musik« bereits genannt. Sonst sind an Dramenentwürfen aus diesen Jahren zu erwähnen: die »Idee zu einem, natürlich modernen Totentanz, in einzelnen kurzen Scenen (Dialogen)« (GB 2, S. 68 – ohne Zusammenhang mit dem Einakter »Totentanz«); eine »dramatische Szene zwischen drei Personen« (GB 2, S. 76 – Philipp XXV.); das Fragment »Blanka Burkhart. Drei Szenen« (1901); ein Dialogfragment (zwischen einem Dichter und einem Dramaturgen); »Der Held« (ein Sammeltitel für vier Einakter); ein dramatisches Konzept in vier Akten mit Bezug auf den »Erdgeist«; ein dramatischer Prolog zur Eröffnung des neuen Schauspielhauses (München 1901); ein Familiendrama à la Ibsen; die dramatische Idee »Niggerjud«, der Dialog »Schwertkinder«, der Titelentwurf »Öffentliche Generalprobe in fünf Akten«, Teilentwürfe zu »Taugenichts«, erste Entwürfe zu einem Christus-Drama und andere Entwürfe, ebenfalls aus dem Themenkreis »Hidalla« und »Die große Liebe« (K 2, S. 152–182; Höger, Hetärismus, S. 149–157).

Prosa

Der Entwurf des »Hidalla«-Dramas gehört zu dem großen Thema Liebe und Schönheit, welches Wedekind lebenslänglich beschäftigte. Das Roman-Fragment »Mine-Haha«, dessen Heldin Hidalla heißt, stellt nur die Einleitung zu einem Hidalla-Roman dar, den Wedekind unter dem Titel »Hidalla oder Das Leben einer Schneiderin« in den 90er Jahren konzipierte. Dann erwog er 1903 ein Romanprojekt mit dem Titel »Fanny Kettler«, das, wie er seinem Verleger Langen am 1. September ankündigte, einen Band von 200 bis 300 Seiten füllen« sollte (GB 2, S. 107). Dann entschloß er sich jedoch, das Thema in »Hidalla« dramatisch aufzugreifen. Im Oktober 1906 fahndete Wedekind nach einem seiner Tagebücher (1890/91), u. a. mit der Begründung: »Ich wälze nämlich eben einen dramatischen Plan im Kopf herum, dessen Ausführung sehr lange Zeit in Anspruch nehmen würde, zu dem ich aber gerade die erwähnten Aufzeichnungen brauche.« (GB 2, S. 164) Ende November 1906 erwähnte er brieflich, er habe »augenblicklich für eine Arbeit viel zu lesen« (GB 2, S. 166). Vermutlich handelte es sich hierbei um die Vorarbeiten zu dem Projekt »Die große Liebe« (Roman/Drama), eine Fortsetzung der Hidalla-Thematik, die er jedoch erst 1907 auszuführen begann.

Im Sommer 1905 erscheint der selbständige Erzählungsband »Feuerwerk«. Er bringt die unter der Überschrift »Seelenergüsse« in der »Fürstin Russalka« (1897) erschienenen Erzählungen, ergänzt um »Die Schutzimpfung«, die zuerst 1903 in der Münchner Zeitschrift »Freistatt« veröffentlicht wurde. Erst aus dem Nachlaß herausgegeben wurde die Erzählung »Bella, eine Hundegeschichte« (1901/02), zuerst gedruckt in den »Münchner Neuesten Nachrichten« (1919). Die Satire »Münchens Niedergang als Kunststadt« erschien 1902 im »Simplizissimus«, und im selben Jahr die kleine Aphorismensammlung aus dem »Marquis«: »Also sprach der ›Marquis von Keith‹« in der Zeitschrift »Jugend«.

Die Studie »Schriftsteller Ibsen und ›Baumeister Solneß‹«, zuerst veröffentlicht in der »Freistatt« 1902, druckte auch Kraus in der »Fackel« (1906). Mehr und mehr nahm Wedekind auch zu aktuellen Fragen in der Presse Stellung wie z. B. zur »Gründung eines Bundes der Bühnendichter« (Wochenschrift »Die Schaubühne«, 1906). Erst aus dem Nachlaß veröffentlicht wurde das Studienblatt »Kunst und Sittlichkeit« (1906), das zum Themenkreis »Die große Liebe« zu rechnen ist.

Lyrik

1905 erschien der selbständige Gedichtband »Die vier Jahreszeiten«, dessen Auswahl auf der Gedichtsammlung »Die Jahreszeiten« aus der »Fürstin Russalka« (1897) basiert.

Weggelassen wird nur das Gedicht »Falstaff«; an älteren Gedichten kommen hinzu: »Abschied«, »Albumblatt« (zuerst – andere Fassung – in: »Der

Stein der Weisen«), »Allbesiegerin Liebe«, »Das Lied vom gehorsamen Mägdlein«, »Das Opfer«, »Der Anarchist«, »Der Gefangene«, »Der Prügelheini«, »Schweig und sei lieb«, »Sommer 1898«, »Stallknecht und Viehmagd«, »Trost« und »Unterm Apfelbaum«. An jüngeren Gedichten werden aufgenommen: »An Bruno«, »An Mary Irber« (wieder abgedruckt in: »Der Stein der Weisen«), »Autographenjägern ins Stammbuch«, »Bajazzo« (zuerst in: »So ist das Leben«), »Das Lied vom armen Kind«, »Der Zoologe von Berlin«, »Konfession« (zuerst die drei letzten in: »Die Fackel«, 1904, 1905, 1904) und »Lebensregel«. Einige Gedichttitel sind jetzt verändert: »Stimme in der Wüste« in »An einen Jüngling«, »Wehmut« in »Der blinde Knabe«, »Mein Käthchen I. II.« in »Mein Lieschen« und »Mein Käthchen«, »Symbolisten: Anna. Otto« in »Symbolistin« und »Symbolist«, »An Moppchen« in »An Elka«, »Minnas Kochschule« in »Marys Kochschule«, »Kathja« in »An eine grausame Geliebte«, »An mein Weib« in »An Berta Maria, Typus Gräfin Potocka«, »Schreckgespenst« in »Stille Befürchtung«, »Die Fürstin Russalka« in »Lulu«, »Sieben Rappen« in »Die sieben Heller«, »Parricida« in »Am Scheidewege«, »Krafft-Ebing« in »Perversität« und »Begegnung« in »Das Sonntagskind«.

Aus dieser Zeit stammen auch die Gedichte: »An Heinrich Heine«, »Ave Melitta« (später: »Gebet einer Jungfrau«), »Bekenntnis«, »Die Wetterfahne«, »Eh du mon dieu«, das »Lied des Hanswurst« (in: »Jugend«, 1902 u. »So ist das Leben«), »An Walther Laue« (VIII. 1903, Briefgedicht GB 2, S. 103–106), »Lisiska«, »Prolog zur Kaiserin von Neufundland« (unveröffentlicht), »Ratskeller 1891« und »Revolution«.

Im »Simplizissimus« (1901/02) erschienen die Gedichte: »Vorwort« (»Als du mein Held«), »Des Mörders Abschiedswort«, »Das Opfer«, »Der deutsch-amerikanische Handelsvertrag« und »Mein Mädel«. In der »Fackel« wurden bis 1906 veröffentlicht: »Abschied (1903), »Ave Melitta« (1905), »Confession« (1904), »Das Lied vom armen Kind« (1904, Komposition: Nathan Sulzberger), »Das Opfer« (1905), »Der Zoologe von Berlin« (1905), »Die Wetterfahne« (1906), »Revolution« (1905, mit Noten), »Trost« (1903). Erstveröffentlicht wurden »Kalliope (Ein Prolog)« (Prolog zu »Felix und Galathea«, s. S. 28 f.) und »Lisiska« in der Zeitschrift »Bühne und Brettl« (1905).

Die Sammlung »Die vier Jahreszeiten« ist »Berthe Marie Denk in Ehrerbietung zugeeignet«. Das Gedicht »Konfession« versah Wedekind ursprünglich für den Erstdruck in der »Fackel« mit einer Widmung für Gertrud Eysoldt, die jedoch weggelassen wurde. Bedenken hatte Wedekind überhaupt wegen der Veröffentlichung: »Wenn Ihnen nun, Herr Kraus, das Gedicht aus ästhetischen oder kriminellen Gründen unmöglich erscheint, dann werfen Sie es bitte in den Papierkorb.« (Kraus, Briefe S. 108). Nach der Veröffentlichung schrieb er an Kraus: ». . . ich wage noch kaum, Ihnen zu sagen wie ungemein ich mich über den Druck des Gedichtes gefreut habe, in der Befürchtung es möchte noch irgend etwas in die Quere kommen.« (Ebd. S. 110) Kraus veröffentlichte noch eine frühere

Fassung des Gedichtanfangs, die der »zensurgebrannte Dichter« ihm erst nach dem Druck mitteilte (Ebd. S. 109 f. Anm.).

Die Brettl-Lieder »Ilse«, »Brigitte B.«, »Das Goldstück«, »Die sieben Heller« und »Mein Lieschen« erschienen erstmals mit Noten von Wedekind in fünf Heften der »Harmonie«, »Verlagsgesellschaft für Literatur und Kunst« (1901/02).

1906–1914   Berlin–München

Drei Wochen nach dem Erfolg von »Frühlings Erwachen« brachte am 12. Dezember 1906 Tilly Wedekind die Tochter Anna Pamela (später erfolgreiche Schauspielerin und Kabarettistin) in Berlin zur Welt. Am 6. August 1911 wurde in München die zweite Tochter Fanny Kadidja (Schauspielerin, Regisseurin und Schriftstellerin, Emigration 1937 in die USA) geboren.

Anläßlich der Berliner Aufführung von »Frühlings Erwachen« schrieb Wedekind seinem Lehrer der Schauspielkunst, Fritz Basil, wenige Wochen später, daß es für ihn von großer Bedeutung sei, in diesem Stück »den Humor zur Geltung zu bringen, [. . .] das Intellektuelle, das Spielerische zu heben und das Leidenschaftliche zu dämpfen«. »Ich glaube«, setzte er weiter auseinander, »daß das Stück um so ergreifender wirkt, je harmloser, je sonniger, je lachender es gespielt wird. [. . .] Ich glaube, daß das Stück, wenn die Tragik und Leidenschaftlichkeit betont wird, leicht *abstoßend* wirken kann.« (GB 2, S. 170 f.) Die Berliner Polizeidirektion hatte im übrigen das Werk erst zur Aufführung freigegeben, nachdem zahlreiche positive Gutachten und eine Bühnenbearbeitung vorlagen, in welcher beanstandete Textstellen entweder gestrichen oder verändert worden waren. Der 1912 als Bühnenmanuskript gedruckten »Bühnenbearbeitung« lag diese Berliner Fassung zugrunde, von welcher sie nur in wenigen Einzelheiten abweicht.

Wedekinds Arbeit als Schauspieler erreichte ihren ersten Höhepunkt (1906/07). Dazu kamen zahlreiche Gastspielreisen nach München, Wien, Budapest, Prag, Leipzig, Frankfurt, Amsterdam und Rotterdam. Doch in der Zusammenarbeit mit Max Reinhardt ergaben sich Schwierigkeiten, da Wedekinds zum 1. Oktober 1907 auslaufender Schauspielvertrag nicht verlängert wurde. Dagegen sah sich der Dichter zu seinem Nachteil an den fortbestehenden Autorenvertrag mit Reinhardt gebunden. Erst Ende 1908 – auch Walther Rathenau hatte sich vermittelnd eingeschaltet – kam es zu dessen Auflösung. Wedekinds Einschätzung der Theaterpraxis Reinhardts blieb ambivalent. Zwar sah er in ihm einen Überwinder des Bühnen-Naturalismus und erkannte in ihm den Wegbereiter und Schöpfer einer neuen Kunst und eines neuen Bühnenstils, erblickte aber auch in seinem Regietheater die Gefahr, dem Anspruch nach werkgerechten Inszenierungen auszuweichen und mit Vorbehalten sich den Forderungen avantgardistischer Dramatik zu stellen. Wedekind lehnte »Parforce-Regie« ab, worunter er klipp und klar verstand: »Der Parforce-Regisseur ist ein Mann, der sich durch keine Bühnendichtung, mag sie noch so stark sein, in Schatten stellen läßt.« (GW 7, S. 323) In seinem 1910 geschriebenen Glossarium »Schauspielkunst«, in welchem der Theaterdichter Wedekind grundsätzlich zur modernen Bühnenpraxis Stellung bezog, würdigte er gleich zu Anfang kritisch Reinhardts Bedeutung für das moderne Theater.

Für den als Autor und Schauspieler so eng mit der Bühne verbundenen Schriftsteller lag es – ermutigt sowohl durch seine Erfolge als auch in Reaktion auf enttäuschende Theatererfahrungen – natürlich nahe, auch an eine eigene Theatergründung zu denken. So kam es Ende 1907 zusammen mit Paul Cassirer und Artur Landsberger zu dem Plan, in Berlin das »Ariontheater« zu gründen. Und noch 1912 beschäftigte ihn die Idee, eine eigene Theaterschule einzurichten, um eine neue antinaturalistische Schauspielkunst beim Nachwuchs zu fördern.

Am Ende seiner Gastspielzeit in München, im Herbst 1907, faßte Wedekind den Entschluß, Berlin aufzugeben und seinen Wohnsitz wieder nach München zu verlegen. Hier sei es, berichtete er seiner Frau, »geradezu feenhaft schön« (GB 2, S. 184). Zu dieser Zeit verhandelte er auch erneut mit Langen, letztlich mit dem Ziel, zu einer Vertragsauflösung zu kommen. Jedoch erst als 1908 Wedekinds sog. Albert-Langen-Drama »Oaha« auf dem Buchmarkt erschien, erfolgte eine rasche Trennung. Der Verleger Bruno Cassirer war bereit, Verlagsrechte und den Bühnenvertrieb der Werke Wedekinds von Langen zu übernehmen. Ende Oktober war dann der Verlagswechsel perfekt. Doch kam es schon bald über die Auslegung des neuen Vertrages mit Cassirer zu Auseinandersetzungen. Für Wedekind stand fest: »Als mein Verleger ist er kaum mehr möglich.« (GB 2, S. 232, 5. II. 1910) Cassirer konterte mit der Anzeige im »Börsenblatt für den Deutschen Buchhandel« (10. III. 1910): »Ich beabsichtige, aus meinem Verlage sämtliche bei mir erschienenen Werke von Frank Wedekind zu verkaufen [. . .] Ich bitte die Herren Kollegen, die sich für den Ankauf der Bücher Wedekinds mit allen Vorräten und Rechten für Neuauflagen interessieren, sich mit mir in Verbindung setzen zu wollen.« Auf den Bühnenvertrieb wollte Cassirer zunächst nicht verzichten. Dank der Vermittlung von Harden und Max Liebermann kam es jedoch schließlich zu einer gütlichen Einigung, und Georg Müller wurde der neue Verleger Wedekinds. Den Bühnenvertrieb erwarb von Müller 1912 der Dreimasken-Verlag. Kurz nach der Übernahme des Verlages (1910) fanden bereits Verhandlungen wegen der Edition einer Gesamtausgabe statt, die – im Hinblick auf Wedekinds 50. Geburtstag – 1912 gestartet wurde.

Finanziell ging es Wedekind und seiner Familie seit 1906 verhältnismäßig gut. Allmählich konnte aufgrund der Einkünfte aus Theater und Verlag ein kleines Vermögen erworben werden. Die Ehrengabe von 1000 M. der Fastenrathstiftung, die ihm 1913 zugesprochen wurde, gab er an den Schutzverband deutscher Schriftsteller und an Erich Mühsam weiter. Auch die Ehrengabe, die zu Wedekinds 50. Geburtstag gesammelt wurde, ließ er anderen Schriftstellern zukommen, wie er sich überhaupt für notleidende und junge Schriftsteller einsetzte. Der in der »Zukunft« zuerst (1914) ergangene »Aufruf«, der nicht »die Unterstützung eines Bedürftigen, sondern [. . .] die demonstrative *Ehrung* eines hervorragenden Dichters« zum Ziel hatte, um »diesem Dichter, der als einer unserer bedeutendsten Dramatiker um die Freiheit seines Schaffens bis auf den heutigen Tag schwer kämpfen und leiden mußte, ein schwaches Entgelt hierfür und besonders ein Zeichen öffentlicher Verehrung zu bieten«, war von Herbert Eulenberg, Maximilian Harden, Friedrich Kaysler, Thomas Mann, Kurt Martens, Georg Müller, Baron zu Puttlitz, Felix Salten und Hans von Weber unterzeichnet. Wedekinds Bekanntheitsgrad und auch der Kreis seiner Bekanntschaften mit am kulturellen Leben in Deutschland sich beteiligenden Künstlern, Wissenschaftlern und Politikern wuchs von Jahr zu Jahr. Auch international wurde man mehr und mehr auf ihn aufmerksam, wofür die ansteigende Zahl von Übersetzungen und Wedekindaufführungen im Ausland Zeugnis ablegten.

Die herrschenden politischen Verhältnisse in Deutschland standen seinem Werk jedoch entgegen. Am empfindlichsten getroffen wurde Wedekind von der Theaterzensur. Kein anderer Autor wurde »zwischen 1908 und 1918 so häufig mit einem Aufführungsverbot belegt« und mußte »mit so vielen Zensurschwierigkeiten rechnen« wie er (Meyer, S. 300 ff.). Hauptverbündete der Zensur in ihren Angriffen auf das Werk Wedekinds war die gesellschaftlich herrschende sexuelle Unmoral, die den Autor in seinem Werk der Unsittlichkeit bezichtigte. Wedekind antwortete darauf mit einem Stück, »Die Zensur«, das 1908 erschien. Er griff aber auch vielfältig durch öffentliche Stellungnahmen in die zensur- und kulturpolitischen Debatten der Vorkriegszeit ein. Auch in seiner Rede zur

»Kleist-Feier des Münchner Schauspielhauses« (20. XI. 1911) nahm er die Gelegenheit wahr, über die Motive der Zensur aufzuklären: »Wenn Heinrich v. Kleist heute seine Penthesilea schriebe, dann würde der Berliner sowohl wie der Münchner Zensor die öffentliche Aufführung aus Gründen der Sittlichkeit rundweg verbieten.« (GW 9, S. 365) Daß für die Zensurbehörde die »poetische Größe« eines Werkes kein Kriterium darstellte, sondern daß es in Zensurfragen um politische Macht ging, war für Wedekind nicht nur Behauptung, sondern auch Erfahrung. Ein Autor ohne öffentliche Anerkennung galt auch vor der Zensur nichts. Dabei war ihm klar, daß die Polizei »kein maßgebendes«, sondern ein »ausführendes Organ« darstellte: »Ohne Auftrag, ohne Vollmacht, ohne genügende Rückendeckung untersagt die Polizei nicht so leicht etwas.« (Ebd. S. 367) Und in zwei Sätzen umriß er die wilhelminische Epoche, den deutschen Untertanengeist und den deutschen Imperialismus: »Wie aber steht es um ein Volk, das bekanntlich Gott fürchtet und sonst nichts auf der Welt, um eine Weltmacht, um eine Kulturnation, die gegen seine Schriftsteller, sobald sie nur den Mund auftun, die Polizei und den Staatsanwalt zu Hilfe ruft. [. . .] Heute ist dieses Volk reich, stark, satt und selbstgenügsam geworden.« (Ebd.)

Ein praktisches Beispiel für die deutschen Zensurverhältnisse bot der »Münchner Zensurbeirat«. 1908 hatte die Münchner Polizeidirektion den Auftrag erhalten, einen Zensurbeirat zu berufen. Es wurden zwei Haupt- und zwei Ersatzkommissionen mit je sechs Mitgliedern gebildet. Dieser Zensurbeirat blieb in seiner ursprünglichen Konstellation – nur drei neue Mitglieder wurden in das Amt berufen – bis 1918 bestehen. Ihm gehörten u. a. Max Halbe an, der nach einem der ersten öffentlichen Angriffe Wedekinds auf die Münchner Zensurbehörde 1911 austrat. Sein Nachfolger (1912–1913) wurde Thomas Mann, der den Zensurbeirat verließ, nachdem man Wedekinds »Lulu« verboten hatte. Im Dezember 1911 richtete Wedekind sieben Fragen an den Münchner Zensurbeirat, deren erste hieß: »Kennen Sie meinen Einakter ›Die Zensur‹ und wissen Sie, was ich darin über die Beziehungen zwischen Sittlichkeit und Schauspiel gesagt habe? Was haben Sie über die Beziehungen zwischen Sittlichkeit und Schauspiel geschrieben oder veröffentlicht, woraus ich meine Ansichten über diesen Gegenstand korrigieren könnte?« (W 3, S. 246) Wenn auch der Zensurbeirat, der zum künstlerischen und sittlichen Wert der ihm vorgelegten Stücke Stellung zu beziehen hatte, nur *beratende* Funktion besaß, so konnte er sich dadurch – und dies war Wedekind klar – nicht dem Effekt entziehen, durch die *entscheidende* Polizeibehörde instrumentalisiert zu werden. Selbst ein Diskussionsabend, über Schauspiel, Sittlichkeit und Theaterzensur, zu dem Wedekind Mitglieder des Beirats wie auch Vertreter der Polizeibehörde geladen hatte, wurde verboten. Unterstützung in seinem Kampf gegen die Zensur fand Wedekind vor allem im »Schutzverband deutscher Schriftsteller« (München), dessen Mitglied er seit 1911 war, in Kurt Martens (Vorstandsmitglied) und Erich Mühsam, der in seinem seit 1911 erscheinenden »Kain« (»Zeitschrift für Menschlichkeit«) sich energisch gegen die Zensur und für Wedekind einsetzte.

Im September 1908 war die Familie Wedekind nach München umgezogen. Von Berlin Abschied nehmend schrieb er: »Berlin ist keine Stadt, in der man selig werden kann. [. . .] Berlin ist ein Conglomerat von Kalamitäten.« (GB 2, S. 202) Vor seinem Umzug hatte er sich total überlastet gefühlt und einen Nervenarzt konsultiert, da er fürchtete, »es sei eine Schraube los«. (GB 2, S. 201) Im Februar 1908 war seine Frau Tilly ernsthaft erkrankt und deshalb auf mehrere Monate bei ihren Eltern in Graz zu Besuch. Eheprobleme kamen hinzu, da es Wedekind keineswegs leicht fiel, Tillys Ansprüche auf Selbständigkeit und Unabhängigkeit zu akzeptieren. Dann traf ihn – auf Gastspielreise – die Nachricht, daß sein Bruder Donald, ebenfalls Schriftsteller, am 4. Juni den Freitod gewählt hatte.

Am 22. April 1908 wagte Stollberg in München die Uraufführung des Lustspiels »Die junge Welt« (1891!), der ebenso wie der 1909 in Berlin folgenden Aufführung durch den »Akademischen Verein« nur ein Mißerfolg beschieden war. Wedekind räumte selbst ein: »Meine Komödie [. . .] vereinigt mit einem unbeholfenen Aufbau eine dürftige blutleere Charakterzeichnung und ist in unmittelbarer Anlehnung an Ibsens Komödie der Liebe entstanden. Trotzdem ist die Arbeit nicht ganz humorlos und könnte bei guter Darstellung der männlichen Hauptrolle als harmlose, versöhnliche Satyre wirken.« (GB 2, S. 216) Dann folgte am 27. Juli 1909 in München die Uraufführung von »Zensur«, die ein Achtungserfolg war. Im »Vorwort« der 1. Auflage merkte Wedekind mit einem fiktiven Brief an Tilly an: »Besorgte Gemüter lasen aus diesen Scenen, Du hättest einmal zwischen meiner Arbeit und mir gestanden, und beschwerten Dir durch ihre Besorgnisse das Herz. Wem die Scenen gefallen, dem liegt der Argwohn fern, aber den besorgten Lesern schulde ich eine Beruhigung.« (GB 2, S. 211) Wie sehr es Wedekind auf sein Thema »Zensur« inhaltlich ankam, wird durch seine Bemühungen unterstrichen, im Herbst 1907 in München Kontakt zu Pater Dr. Expeditus Schmidt aufzunehmen, mit dem er sich dann während seiner Arbeit an der »Zensur« über theologische Fragen beriet. Er sandte sein Stück auch einem bayerischen Landtagsabgeordneten mit der Bitte, die Unterdrückung seiner dramatischen Arbeiten im Landtag zur Sprache zu bringen. Die nächste Uraufführung – des Einakters »Der Stein der Weisen« – fand am 23. Januar 1911 während eines Wedekind-Gastspiels an der Wiener »Kleinen Bühne« statt; das Stück wurde eine Woche lang aufgeführt. Dann folgte am 20. Dezember im Münchner Lustspielhaus die Uraufführung von »Oaha« als geschlossene Veranstaltung des »Neuen Vereins«, dem auch Wedekind seit 1908 angehörte. Vorausgegangen waren – vom Zensurbeirat unterstützt – mehrfache Aufführungsverbote. Bezeichnend war der – wieder gestrichene – Passus aus einem Entwurf des Antwortschreibens der Polizeibehörde: »Die Art und Weise, in welcher in diesem Schlüsselstück lebende und erst kürzlich verstorbene Personen mit Ihrem Privatleben und ihren Privatangelegenheiten vor die breite Öffentlichkeit gebracht werden, erforderte im öffentlichen Interesse das Verbot des Stückes.« (Meyer, S. 205) Schließlich konnte – nach neuerlicher Prüfung – am 6. August 1912 in München die erste öffentliche Premiere stattfinden. Die Resonanz bei der Kritik war fast durchweg negativ.

Zu Lebzeiten Wedekinds blieb in Deutschland die Aufführung von »Schloß Wetterstein« ebenfalls verboten. Die Uraufführung konnte erst am 15. November 1917 während eines Wedekind-Gastspiels im Züricher »Pfauentheater« erfolgen. Das Schauspiel verursachte – auch nach Aufhebung der Zensur am 21. XI. 1918 – noch einen Theaterskandal, dem ein polizeiliches Aufführungsverbot folgte. Etwas besser erging es dem Drama »Franziska«, das am 30. XI. 1912 in München uraufgeführt werden konnte. Nach der Uraufführung griff die Zensurbehörde ein und erwirkte zwei Tage später eine »Probe vor der Polizei und Zensurbeirat«. Die Folge war, daß ab der dritten Aufführung das 3. Bild verboten war (Meyer, S. 251; K 3, S. 134). Die Uraufführung von »Simson« konnte unbehindert am 14. Januar 1914 am Berliner »Lessing-Theater« gegeben werden. Das Gastspiel in München jedoch wurde von der Zensur untersagt. Der Schutzverband München protestierte und beschloß eine Eingabe an den Bayerischen Landtag, um das Verbot zur Aufhebung zu bringen, doch konnte eine Erstaufführung in München – als geschlossene Veranstaltung – erst am 6. Mai 1918 erreicht werden.

Trotz der Behinderungen durch die Zensur, die natürlich auch in der Theaterprovinz (Fischer, Königsberg) und nicht nur in den Metropolen Berlin, München, Wien eingriff, war aber nicht mehr in Frage zu stellen, daß Wedekind als *der* erste Theaterautor Deutschlands galt. Davon zeugten jetzt die deutschen Erstaufführungen des »Liebestranks« (1910) ebenso wie die zahlreichen Gastspiele in Zürich und Wien (1909), in Düsseldorf und Stuttgart (1910), in Nürnberg und Köln (1911), in Elberfeld, Nürnberg und Stuttgart (1912) usf. Im Juni 1912 kam der erste Wedekind-Zyklus an Reinhardts »Deutschem Theater« in Berlin zustande, dem im Juni 1914 ein zweiter folgte. An dem nach dem ersten Berlin-Zyklus Wedekind zu Ehren gegebenen Festbankett beteiligten sich u. a. Helene Stöker, Max Reinhardt, Werner Sombart und Alfred Kerr, der als angesehener Theaterkritiker sich hinter Wedekinds Theaterschaffen stellte. Wedekind bewunderte den »Paganini der Kritik« (W 3, S. 658 Anm. S. 240) und verfaßte eine Hommage, die 1911 in der »Zeitschrift für freiheitliche Politik und Literatur«, der »Aktion«, erschien. Mit ihrem Herausgeber, Franz Pfemfert, war der Autor bereits bekannt. U. a. wurden auch Gedichte von ihm in der Zeitschrift abgedruckt. In Darmstadt traf Wedekind während einer Soiree mit dem Großherzog Ernst Ludwig von Hessen zusammen (1910). Er nahm die Gelegenheit wahr und besuchte die Darmstädter Künstlerkolonie, wo er sich die neuen Bauten ansah, ebenso wie er sich für die Gartenstadt Hellerau interessierte, wo er unter Führung von Jacques Dalcroze, dem bekannten Musikpädagogen, auch die Hellerauer Schule besuchte und an Tanzdarstellungen als Zuschauer teilnahm. Auch der König von Württemberg bemühte sich um ihn und lud ihn anläßlich der Eröffnung des neuen Hoftheaters (1912) in Stuttgart zum Diner.

Zwei Stationen, Rom und Paris, blieben ihm zur Erholung, bevor sein Jubiläumsgeburtstag nahte. Von Rom aus (19. VI. – 11. VII. 1913) berichtete er nach Hause: »Rom ist die schönste Stadt, die ich bis jetzt gesehen, aber lange nicht so interessant wie Paris. An Theater, Zirkus, Variété ist gar nichts vorhanden.« (GB 2, S. 283) Ein Jahr später fuhr er nach Florenz (Juni 1914), um jedoch nach wenigen Tagen auf Besuch nach Paris weiterzureisen, wo er sich dann für 11 Tage (2. – 13. VII.) aufhielt. Unterwegs beschäftigten ihn nervös die Konflikte mit Tilly, die wegen heftiger Auseinandersetzungen mit Selbstmord gedroht hatte, und die Vorkommnisse während des Festbanketts, das bereits am 24. Juni in München gegeben worden war. Was als Künstler hier Rang und Namen hatte, war vertreten gewesen.

Joachim Friedenthal gab das »Wedekindbuch« als Ehrengabe zum fünfzigsten Geburtstag heraus. »Es sollte nach dem Plan des Herausgebers das Werk und die Persönlichkeit Wedekinds spiegeln im Urteil einer Reihe markanter Männer.« (Vorwort) Als »nachträgliches Geburtstagsgeschenk« erschien 1915 im Drei Masken-

Verlag die Broschüre »Frank Wedekind und das Theater«, die mit den Worten eingeleitet wurde: »Es steht heute unleugbar fest, daß Frank Wedekind in der modernen deutschen Literatur einen Markstein für sich bildet.« (Zur Einführung)

Kurz darauf kam es zum Ausbruch des Ersten Weltkriegs. Das Deutsche Reich erklärte Rußland und Frankreich den Krieg. Einsichtig urteilte Wedekind: »Jetzt sind schwere Zeiten hereingebrochen, das Theater kann froh sein, wenn ihm seine Existenzberechtigung nicht völlig abgesprochen wird« (GB 2, S. 300). Am 1. August bereits wurde der Ende Juli an den Münchner Kammerspielen begonnene Wedekindzyklus abgebrochen.

Drama

Unter dem Titel »Das Kostüm« konzipierte Wedekind bereits Ende Mai 1907 ein neues Stück, mit dem er sich seit August weiterhin befaßte. Mitte September war er in München dabei, die erste Szene fertigzuschreiben (GB 2, S. 188 f.). Die 1. Szene war dann am 21. September vollendet (GB 2, S. 190). Am 26. September schrieb er seiner Frau: »Mit der Arbeit geht es jetzt langsamer. Aber ich komme immerhin vorwärts. Das Schwierigste liegt hinter mir« (GB 2, S. 193). Im Oktober (W 3, S. 335) – Kutscher: definitiv am 3. Dezember (K 3, S. 38) – war die Arbeit am Einakter abgeschlossen. Eine Reinschrift ist erhalten. Das Motto der Handschrift heißt: »Eritis sicut dei«. Das Werk erschien zuerst in der Zeitschrift »Morgen« (1908) unter dem Titel »Die Zensur« (Untertitel: »Theodizee in drei Szenen«). Mit dem Untertitel »Theodizee in einem Akt« wurde die Buchausgabe (1908) publiziert. Ein fiktiver Brief an Tilly (s. S. 79) bildete das Vorwort zur 1. Auflage. Die späteren Auflagen wurden textlich wenig verändert. Das Motto der 2. Auflage (1912) bezog sich auf das Aufführungsverbot der »Büchse der Pandora«. In der »Vorrede zu Oaha« (1909) führte er aus, er habe, was die sittliche Gefahr einer öffentlichen Aufführung der »Büchse der Pandora« betrifft, diese Frage in seinem Einakter »Die Zensur« »nach allen Möglichkeiten hin erörtert«, und könnte sich »gar nichts Besseres wünschen, als daß dieser Einakter einer Aufführung der ›Büchse der Pandora‹ als Prolog vorausginge.« (GW 9, S. 449) Sein Kommentar zum »Einakter« war: Da er »aus nichts als Theorien besteht, ist es überflüssig, darüber zu theoretisieren. [. . .] Hätte ich das Kind beim rechten Namen nennen wollen, dann hätte ich den Einakter: ›Exhibitionismus‹ nennen müssen oder Selbstporträt. Die Kritik hatte mir vielfach den Vorwurf gemacht, daß sich meine Dramen mit meiner eigenen Person beschäftigen. Ich wollte dartun, daß es sich der Mühe lohnt, meine Person auf die Bühne zu bringen.« (GW 9, S. 434 f.) Im Anhang zu einem Brief Wedekinds an Georg Brandes (10. I. 1909) erläuterte er aufschlußreich: »Das Thema, das ich in ›Zensur‹ behandeln wollte, war der Exhibitionismus oder die Schamlosigkeit, natürlich nicht die Schamlosigkeit der Tänzerin sondern meine eigene. Dabei war es mir darum zu thun, dem Publicum einen Stoff mundgerecht zu machen, der mir seit langer Zeit vorschwebt, den ich aber bis jetzt noch nicht zu behandeln wagte: Die Wiedervereinigung von Kirche und Freudenhaus im sozialistischen Zukunftsstaate.« (Bohnen, S. 113)

Der erste Entwurf von »Oaha« hieß »Der Witz«. Wedekind begann daran im Dezember 1907 zu arbeiten. Tilly berichtete er Mitte Januar 1908, er schreibe jede freie Stunde an seinem Stück (GB 2, S. 198). Im März (W 3, S. 335 – K 2, S. 255: Mitte April) war die Niederschrift beendet. Die Reinschrift hat ein Zitat zum Motto: »Das verdammte Fett verdirbt mir meinen ganzen Satanismus«, eine Legende, welche unter einer Wedekind-Karikatur von Olaf Gulbransson im »Simplizissimus« (1904, Nr. 9) stand. Als »Schauspiel in fünf Aufzügen« erschien im September 1908 die Erstausgabe mit der Widmung: »Meiner Muse Tilly zum 11. April 1908«. Eine 2. unveränderte Auflage (Verlag Bruno Cassirer) folgte 1909, und eine 2. veränderte 1911 unter dem Titel »Oaha. Die Satire der Satire. Eine Komödie in vier Aufzügen« (Verlag Georg Müller). Gegenüber Alfred Kerr äußerte sich der Autor: »Meine einzige Rechtfertigung ist die Gewalt des Stoffes, die mich nöthigte, ihn auszuarbeiten, während ich garnicht das Bedürfnis hatte, irgend etwas zu schreiben. Ich sagte mir dabei: Von dem Augenblick an, wo es meinem Helden schlecht geht, muß er sich als ein durchaus liebenswürdiger korrekter Mensch zeigen, dadurch sind die beiden letzten Akte schwächer geworden. Ich hielt dies Decrescendo für dichterisch geboten. Von der Wuth, die man bei mir als Autor voraussetzt, habe ich während des Schreibens nichts empfunden. Uebrigens habe ich der Arbeit gegenüber künstlerisch noch durchaus kein reines Gewissen. Ich hoffe noch manches daran zu bessern.« (GB 2, S. 214) Zur Neubearbeitung seiner Komödie schrieb er Leopold Jeßner: »Das Stück hat jetzt statt fünf nur vier Akte. Da es mir bis jetzt nicht knapp genug war, habe ich nirgends eine Aufführung zugelassen.« (GB 2, S. 257; vgl. S. 80) In der »Vorrede zu Oaha« (1909) benannte Wedekind das künstlerische Problem, das er mit dieser Arbeit bewältigen wollte: »Die Satire der Satire. Mit anderen Worten: Die Satire über die Satire. Mit anderen Worten: Die Satire als Objekt der Satire.« Gegen die Auffassung des Werkes als Schlüsselstück behauptete er: »Statt wie die an sich höchst verdienstvollen Polizeihunde auf den Spuren lebender oder toter Menschen herum[zu]schnuppern, schnuppert eine Kritik, die literarisch sein will, doch wohl besser auf literarischen Spuren umher und stößt dabei vielleicht auf diejenigen Schriftsteller der Weltliteratur, die sich vor mir mit dem Problem, die Satire zum Gegenstand der Satire zu machen, befaßt haben.« (GW 9, S. 448) 1911 kommentierte Wedekind 1. und 2. Auflage: »Als ich das Stück zu schreiben unternahm, fühlte ich mich lediglich als Chronist [. . .] Leider muß ich heute zugeben, daß ich die Vorgänge unrichtig gesehen habe, da mein Blick durch langjährige Zerwürfnisse [. . .] getrübt war.« (GW 9, S. 436; s. Fortsetzung S. 96) Die Redaktion des »Simplizissimus« suchte mit Gegensatiren zu kontern, so schrieb u. a. Ludwig Thoma für den »Simplizissimus« die dramatischen Szenen »Der Satanist«.

Der Einakter »Der Stein der Weisen« ist Wedekinds erstes Stück, das ganz in Versen geschrieben war. Es entstand vom 24. Februar bis 19. April 1909 (GW 1, S. 133). Der handschriftlich überlieferte ursprüngliche Untertitel hieß: »Das Magisterium. Drama in einem Aufzug«, im Erstdruck der Zeitschrift »Jugend« (1909): »Eine Geisterbeschwörung«, so auch im Buchdruck (1909). Als »Der Stein der Weisen oder Laute, Armbrust und Peitsche. Eine Geisterbeschwörung« wurde das Werk in den »Gesammelten Werken« (GW 1, 1912) veröffentlicht. Im »Vorwort« (nur zur Buchausgabe 1909) unterstrich Wedekind: »Mit vollem Bewußtsein [. . .] ging ich darauf, [. . .] das Bild eines Schriftstellers vor Augen zu führen, der sich, trotzdem er sein halbes Leben lang mißverstanden wurde, nicht nur seinen Humor, sondern auch noch ein leidlich unbefangenes Urteil über die Eigenart und über die Mängel seines Humors bewahrt hat.« (W 3, S. 368) Er verstand außerdem den Einakter als eine Art »dramatische Schule« (GW 9, S. 452) und widmete das Stück seinem Lehrer der Schauspielkunst, Fritz Basil. Nach Wedekind ist der »meist symbolische Inhalt des Stückes [. . .] durch den Untertitel ›Laute, Armbrust und Peitsche‹ gekennzeichnet.« (GW 9, S. 452)

Seit dem 12. September 1909 arbeitete Wedekind an einem Drama zunächst unter dem Titel »In allen Wassern gewaschen. Tragödie in drei Bildern«. Am 9. November teilte er Kutscher mit, er sei eben »am Ende des zweiten Drittels einer Arbeit«, die all seine Kraft in Anspruch nehme (GB 2, S. 228). Am 21. Januar 1910 berichtete er seinem Burder Arnim: »Jetzt bin ich eben beim dritten Act eines abendfüllenden Stückes, das mich aber noch einige

Monate beschäftigen wird.« (GB 2, S. 230) Im April war die Arbeit abgeschlossen. Zuerst erschien im Juni der dritte Akt unter dem Titel »In allen Wasser gewaschen. Tragödie in einem Aufzug«, dann der zweite »Mit allen Hunden gehetzt. Schauspiel in einem Aufzug« und schließlich der erste »In allen Sätteln gerecht. Komödie in einem Aufzug«. Georg Brandes verriet der Autor: »Die drei Einakter sind nichts anderes als ein dreiaktiges Schauspiel, von dem ich in Zwischenräumen einen Akt nach dem anderen veröffentlichte, weil mich die deutsche Kritik für künstlerisch tot und völlig steril geworden erklärt hatte.« (Bohnen, S. 117) Dann sollte das Schauspiel in der Zusammenfassung der drei Akte »Schloß Wetterstein. Eine Familientrilogie« heißen. Die erste Buchausgabe (1912) trägt den Titel »Schloß Wetterstein. Schauspiel in drei Akten« und bringt – vor allem durch umfangreiche Kürzungen – eine stark veränderte Fassung. Die Fassung der Gesamtausgabe (GW 6, 1914) bietet ebenfalls einen veränderten und einen zum Teil in Jamben und freie Rhythmen übertragenen Text. Diese letzte Überarbeitung erfolgte im Juni 1913 (GB 2, S. 282 f.).

Die Zusammenfassung der drei Einakter schien Wedekind notwendig zu sein, um zu einem »bühnengerechten Schauspiel« zu gelangen. Er sah voraus: »Infolge der Vorgänge in diesen drei Akten, die etwas abenteuerlicher Art sind, wird das Schauspiel auf den heftigsten Widerspruch stoßen.« Er erläuterte: »Gegenstand dieser Dialoge ist ausschließlich die Familie und deren Gegensatz, die Prostitution.« (GW 9, S. 452) Georg Brandes erklärte er: Alles, »was ich in den drei Akten zu sagen hatte, waren meine eigenen persönlichen Erfahrungen über die von Ibsen behandelten Familienprobleme.« Und: Alles Gegenständliche, alle Geschehnisse seien »nur Vorwände« gewesen, »unter denen ich meine Überzeugungen aussprechen konnte« (Bohnen, S. 117). Lakonisch formulierte Wedekind: »Hauptperson des ersten Aktes [. . .] ist der Mann, im zweiten [. . .] ist es das Weib, im dritten [. . .] das Kind.« (GW 9, S. 452) Zum Schluß des Schauspiels merkte er an: Für die »Seele der Prostituierten« sei »die Erinnerung an Kindheit und Elternhaus der wundeste Punkt«. Deshalb müsse ein »psychologischer Mord, wenn er überhaupt möglich ist«, an dieser Stelle ansetzen (Ebd.). Schließlich betonte er im »Vorwort« zur Buchausgabe (1912, d. i. 3. Auflage): »Das Stoffliche, die Geschehnisse, der Gang der Handlung sind [. . .] vollkommen Nebensache.« (W 3, S. 370) Gegenüber Walther Rathenau erwähnte er, ihm habe bei der Niederschrift des 3. Aktes ein ausführlicher Aufsatz aus dessen Feder »über die Rolle des Geldes im Weltbetrieb« geholfen (GB 2, S. 247).

Die Idee zu einem weiblichen Faust, die Wedekind mit »Franziska« realisierte, reicht weit zurück (Notizblätter aus der Pariser Zeit, s. K 3, S. 113). »Am 8. V. 11 faßte er den ›Plan zu einem weiblichen Faust, Faustine‹, kaufte sich allerlei Faustliteratur und sah und las das Puppenspiel. Als Titel tauchte zuerst ›Hexensabbath‹ auf.« (K 3, S. 114) Am 5. September 1911 war die Niederschrift abgeschlossen. Das Werk erschien unter dem Titel »Franziska. Ein modernes Mysterium in fünf Akten« (1912). Ein Franziska-Fragment, Umarbeitung in Versen, überließ der Autor zum Abdruck den »Blättern des Deutschen Theaters« (1. VI. 1912 – 2. Akt, 3. Bild, 4. Szene). Im Mai 1913 entschloß er sich, eine vollständige »Umarbeitung in Jamben« (GB 2, S. 288) vorzunehmen (s. K 3, S. 132). Diese Fassung wurde als Bühnenausgabe unter dem Titel »Franziska. Ein modernes Mysterium in 9 Bildern« veröffentlicht (6./7. Auflage 1914). Anstelle des für Franziska glücklichen Ausgangs entwarf Wedekind auch einen tragischen Schluß (K 3, S. 133 Anm.).

In einem Brief (5. IX. 1913) an Max Reinhardt kam Wedekind auf die Interpretation seines Werkes zu sprechen: »In ›Franziska‹ versuchte ich, einen ganzen Komplex von Empfindungen in ein Menschenschicksal zu bannen, ohne die meiner Auffassung nach weder die antike Mythologie, noch die religiöse Askese entstanden wären [. . .] Ganz fern lag mir die Verherrlichung des Mannweibs, während ich das ›Mignon‹-Thema zu erweitern suchte und deshalb das Motto wählte: ›Wende die Füßchen zum Himmel‹« (W 3, S. 609). Zum 2. und 4. Akt kommentierte er schon bald nach der Entstehung des Werkes (1911): »Im zweiten Akt von ›Franziska‹ ist das Thema die Ehe. Speziell sind es diejenigen logischen Trugschlüsse, Illusionen und Selbsttäuschungen, durch die, oft auch unter den ungünstigsten Verhältnissen, zwei Menschen noch aneinander gefesselt werden. [. . .] Der komplizierteste Akt [. . .] ist der vierte. Sein Thema ist die Frauenfrage; Eigentum und Besitztum an Menschen. Um einen weiten Überblick zu gewinnen, nahm ich meine Zuflucht zu dem Mysterium von der Höllenfahrt Christi, die sich zwischen dem Kreuzestod und der Auferstehung abspielt. Dies Mysterium ermöglichte mir eine Gegenüberstellung von Christus und Helena als Repräsentanten von Mann und Weib. Als Sinnbilder verwandte ich außerdem die Schatten der Unterwelt in ihrem Gegensatz zu den Mänaden und Bacchantinnen der Oberwelt.« (GW 9, S. 453)

Von »Simson oder Scham und Eifersucht. Dramatisches Gedicht in drei Akten« ist nichts Handschriftliches erhalten. Nach Kutscher begann Wedekind mit der Arbeit am 26. Januar 1913 und schloß sie am 8. Juli während seines Aufenthaltes in Rom ab. Der 2. Akt wurde Ende Juli umgearbeitet (K 3, S. 136 u. S. 141). Kutscher verweist auf einen älteren verwandten Entwurf einer Merowingertragödie (1908, K 3, S. 141 Anm.). 1914 wurde das Werk veröffentlicht und erfuhr im selben Jahr noch vier Auflagen.

An dramatischen Versuchen aus dieser Zeit ist zunächst noch an die Dialogisierung von »Rabbi Esra« zu erinnern. Eine maschinenschriftliche Bearbeitung für die Bühne liegt vom April 1908 vor, die auf frühere Umarbeitungen (1901/1906) zurückgeht. Der dramatische Entwurf »Die Jungfrau« stammt aus dem Sommer 1908. Ursprünglich war er als Dreiakter konzipiert und sollte in Rußland während der Revolution spielen. Dieses »Schauspiel in x Akten« wurde in Fragmenten erst aus dem Nachlaß veröffentlicht (GW 9, S. 179 ff.). Vermutlich um 1907 datiert ein Entwurf »Messalina«, der mit früheren und späteren Entwürfen (»Der Dichter«, »Venus und Psyche«, »An die Schönheit« etc.) korrespondiert. Diese Entwürfe hängen sowohl mit dem Arbeitskomplex »Die große Liebe« als auch mit den »Ehe- und Familiendramen« »Schloß Wetterstein«, »Franziska« und »Simson« eng zusammen, was auch für die späteren Entwürfe »Niggerjud«, »Wärwolf«, »Taugenichts« und »Kitsch« (s. S. 97f.) zutrifft.

Die Entwurfskonzepte zu »Die große Liebe«, die auf den Entwurf »Eden« (1890) zurückweisen, erfuhren 1907 eine Umgestaltung. Ursprünglich als Romanprojekt gedacht, entwickelte Wedekind jetzt – als Dramatiker hatte er seinen Durchbruch erzielt – dafür dramatische Ideen, die auch in den zuvor erwähnten Entwürfen wie in den »Ehe- und Familiendramen«, aber auch bereits in »Hidalla« bzw. im »Totentanz« (»Tod und Teufel«) aufgegriffen sind.

Mit der dramatischen Konzeption der »Großen Liebe« beschäftigte er sich besonders intensiv Anfang 1907 (vgl. auch GB 2, S. 164 – dramatischer Plan), wie die Notizbücher 38–42 (1906/1907) dokumentieren: »Das Stück beginnt im Herbst und endet im Lenz./Titel. Die grosse Liebe« (Nb. 38); »Frühlingsfeier«, »Die grosse Liebe«, »Die Staatsaction? Fragment« (Nb. 39); »Frühlingsfeier« (Fortsetzung v. Nb. 39), »Die grosse Liebe III Ein Gesicht in sieben Bildern« – »öffentliche Generalprobe in fünf Akten« (Nb. 40); »Herbstfrau« (Nb. 41); »Die grosse Liebe. IV.« (Nb 42). »Ende März, spätestens aber Anfang April hat Wedekind die Arbeit an der *Grossen Liebe* aufgegeben.« (Höger, Hetärismus S. 189, Anm. 2, S. 188 f. u. K 3, S. 150–159). Auch die spätere »Arbeit an Heiligenmauern« (1911/13) steht vermutlich mit diesem Projekt einer Dramatisierung noch in Beziehung (vgl. K 3, S. 158 f.).

Mit »Lulu. Tragödie in fünf Aufzügen mit einem Prolog« legte Wedekind 1913 eine Bühnenbearbeitung vor, die wieder auf die Urfassung der ›Monstretragödie‹ zurückgreift. Diese Bearbeitung sollte beide Dramen, »Erdgeist« und »Die Büchse der Pandora« so vereinen, daß eine Gesamtaufführung an einem Abend erfolgen konnte. Gestrichen wurden die nachträglich eingefügten Akte »Erdgeist« III bzw. »Pandora« I. Der Schluß wurde neu konzipiert. Die Jackszene entfiel. Gräfin Geschwitz vertritt Lulu den Weg auf die Straße. Im Kampf zwischen beiden wird Lulu vom eigenen Revolver getroffen. »Visionär« schaut sie ihr Ende.

Prosa

Wedekinds literarische Tätigkeit in diesen Jahren regte ihn auch zu zahlreichen literarischen und kulturpolitischen Essays und Vorträgen an bzw. wurde er auch auf- und herausgefordert, sich zu Kunst und Politik öffentlich zu äußern. Einige Aufsätze bzw. Entwürfe stehen dabei in engem Zusammenhang mit dem Arbeitskomplex »Große Liebe«, so z. B. das »Studienblatt« »Kunst und Sittlichkeit« (1906 – K 2, S. 155), das erst aus dem Nachlaß veröffentlicht wurde und ein Konzept für einen Vortrag darstellt. Hier erörterte Wedekind das Verhältnis von Kunst, Religion und Sittlichkeit zueinander, ein Thema, das er auch in dem Entwurf (Nb 58) »Die Braut von Messina« (Analyse des Schillerschen Dramas) aufgreift (Text s. Rothe, Dramen, S. 62–64). Dieses Aufsatz-Fragment datiert Kutscher auf August 1909. Dann wollte Wedekind den Aufsatz für »Die Zukunft« liefern, mußte aber Harden mitteilen (5. I. 1912): »Mit der Braut von Messina will es nicht vorwärts gehen.« (GB 2, S. 263). Im Mittelpunkt des Essays »Aufklärungen« (1910) – später unter dem Titel »Über Erotik« in etwas veränderter Fassung als Einleitung zu »Feuerwerk« (4./5. Tsd.) abgedruckt – steht das Problem der sexuellen Aufklärung unter dem Wahlspruch: »›Das Fleisch hat seinen eigenen Geist.‹« Familie, freie Liebe, Prostitution werden auf die »Urbedingungen unseres Zusammenlebens« hin, Erotik und Sexualität, untersucht und reflektiert. Wedekind folgerte: »Der erste Ertrag der sexuellen Aufklärung der Jugend wird sich darin zeigen, daß sich die Eltern einmal in sexueller Beziehung, so komisch das klingen mag, klar werden.« In seinem Beitrag zum »Eheproblem im Spiegel unserer Zeit« (1913) ging Wedekind ebenfalls von der »Sinnlichkeit« als Urbedingung für das Zusammenleben in der Ehe aus und ergänzte: »Die Ehe ist für den Menschen da, nicht der Mensch für die Ehe!« Daher könne – unter der Voraussetzung geistiger Freiheit – von der Ehe als Zwang keine Rede sein. »Im großen und ganzen« sei jedoch »die Ehe außer unserer Geburt und unserem Tod das Unerbittlichste, dem wir Menschenkinder verfallen sind.« Das Feuilleton »Gefühlsauffassung« (1914) glossiert noch einmal das Verhältnis zwischen Liebe, Religion und Metaphysik. Dabei kommt Wedekind zu dem Schluß: »Die höchste Entwicklung des Egoismus deckt sich mit dem, was der Ethiker Altruismus nennt.« So mündet Wedekinds ursprüngliche Anschauung, daß der Egoismus die Triebfeder allen menschlichen Handelns sei, in eine Dialektik des Egoismus. Die Phrase vom Leben wird mit der Frage nach dem Lebens*inhalt* beantwortet.

An politischen Aufsätzen sind zu erwähnen: Die Beantwortung der Rundfragen über den Zufall (1909), über die Abschaffung der Todesstrafe (1909), über Politik (1911), über Juden (1912), Weihnachtsgedanken (Das Weltparlament) (1912) und Weltlage (1914). Für das Bestehen alles Bestehenden, führte er aus, gibt es keine Erklärung, wohl aber für dessen Geschichte. Die Themen heißen dann: statt baldiger Abschaffung der Todesstrafe Vermenschlichung der Strafanstalten, Satire und Ironie statt politischer Phrasen, Jude kontra Nichtjude = Moral kontra Politik. Plädiert wird für eine Diskussion eines neuen Arbeitsbegriffs, der dem Sublimationsbegriff der Freudschen Schule entgegengesetzt ist, ebenso wie für die Abschaffung der Geheimdiplomatie und für die Errichtung eines Weltparlaments, für die Abschaffung des Militarismus und für die Expansion der Friedensbewegung.

Selbstverständlich nahm Wedekind auch öffentlich zu Fragen der Theaterkritik und der Theaterpolitik Stellung. Er antwortete auf den Vorschlag der Gründung eines Bundes der Bühnendichter (1906) ebenso wie auf den Dezentralisierungsvorschlag, öffentliche Theateranstalten in städtischer Regie zu errichten (1913), oder er griff in die Debatte um die Besetzung des Münchner Intendantenpostens ein (1912). Er kritisierte in »Schauspielkunst« (1910) die Theaterkritiken der Tagespresse und das Niveau der modernen Schauspielkunst (dazu auch: »Schauspieler«, Notiz aus dem Nachlaß, 1911), schrieb eine Satire auf »Die Macht der Presse« (1912) und griff wiederholt (s. S. 77ff.), so auch in dem Pressebeitrag »Torquemada. Zur Psychologie der Zensur« die staatliche Zensur an und engagierte sich u. a. als Mitherausgeber der neubegründeten Münchner humoristischen Zeitschrift »Der Komet« (1911). Er würdigte in Reden und Aufsätzen Heinrich von Kleist (1911), Alfred Kerr (1911), Arthur Schnitzler (1912), Gerhart Hauptmann (GB 2, S. 276 f. – 1912, zum 50. Geburtstag, von Wedekind jedoch wieder zurückgezogen) und Maximilian Harden (in: »Schauspielkunst«). Auch scheute er sich nicht, zur modernen Malerei Stellung zu beziehen (K 3, S. 32 f.), und machte gar einen Vorschlag zu einem monumentalen Brunnen in München (GB 2, S. 219), wozu er einen ausführlichen Aufsatz »Der Goethe-Brunnen« (1909) veröffentlichte.

Schließlich stellte er auch einen Kommentar zu seinen eigenen Werken (1911) zusammen, denen er den Titel gab: »Was ich mir dabei dachte«. Das Material überließ er 1914 Joachim Friedenthal; es war u. a. auch für den Journalisten und Schriftsteller Gustav Werner Peters bestimmt, der eine Wedekind-Veröffentlichung plante. Wedekind schrieb: »Für jede einzelne Vorstellung habe ich den Beleg in meinen Notizbüchern. Sollte Ihnen das Material verwendbar erscheinen, so würde es mich nur freuen, wenn es sich vollständig verwenden ließe.« (GB 2, S. 298) In erweiterter Fassung durch die Herausgeber wurde der Kommentar aus dem Nachlaß (GW 9, S. 419–453) publiziert.

Lyrik

In die Gedichtsammlung »Die vier Jahreszeiten« wurden für den ersten Band (1912) der »Gesammelten Werke« neun weitere Gedichte aufgenommen: 1. *»Felix und Galathea«* (Fragment) mit einem Vorwort, »Präludium«, »Chor der Alten«, »Zwiegespräch«, »Chor der Nymphen«, »Chor der Nixen«, »Zwiegesang«, »Finale«. Den Erstdruck dieses Fragments brachte »Die Schaubühne« (1908) mit einem um einen Satz reicheren Vorwort und mit einer vor dem zweiten Zwiegesang aufgezeichneten Melodie. Wie aus dem Vorwort hervorgeht, ist die vollständige Handschrift verloren. Bereits 1905 bat Wedekind seinen Freund und Komponisten Weinhöppel: »Du hattest seinerzeit ein kleines Büchlein von mir, betitelt Bucolica. Ich lasse das Büchlein mit Freuden in Deinen Händen, wenn Du es noch hast. Ich hätte aber gerne eine getreue Abschrift davon, da ich einige Verse daraus nothwendig brauche. [. . .] es handelt sich schließlich doch um ein Manuscript, welches, sei es auch noch so unreif und schweinisch, für mich eine gewisse Bedeutung hat, die es für niemand anders haben kann.« (GB 2, S. 138 f.) 1911 erschien ein Luxusdruck des Fragments, in welchem vor dem »Finale« die beiden Gedichte »Galathea« und »Frühling« »an ihrem ursprünglichen Platze« eingefügt worden sind (s. S. 28). Uraufgeführt wurde das fragmentarische Epyllion 1914, öffentlich zuerst 1919. 2. *»Frühlingslied«*. Der Erstdruck in der Zeitschrift »Der Komet« wurde mit der Bemerkung versehen: »In Höfen zur Laute zu singen. Aus dem Französischen. Der Name des Dichters ist mir entfallen. Vielleicht meldet er sich bei Gelegenheit.« 3. *»Die Wet-*

terfahne«. Dieses Gedicht sandte Wedekind am 15. Februar 1906 zur Veröffentlichung in der »Fackel« (1906) an Karl Kraus. Es wurde in der »Zensur« wiederverwandt. 4. *»An die Kritik«*, mit der Notiz als Untertitel: »Gelegentlich der Berliner Erstaufführung von ›Zensur‹« (1910). 5. *»Münchner Zensurbeirat«*. Das Gedicht wurde zuerst in der Zeitschrift »Der Komet« (1911) veröffentlicht. Unter der Überschrift »Tänze«: 6. *»Gruß«*, zuerst in »Schloß Wetterstein«, 7. *»Junges Blut«*, zuerst in »Die Zensur«, 8. *»Modernes Mädchen«* und 9. *»Auf eigenen Füßen* – Donnerwetter«, Erstdruck in »Der Komet« (1911), wiederverwendet in »Franziska« (1912). Den Erstdruck versah Wedekind mit der Notiz: »Die Herren Komponisten werden höflichst aufgefordert, eine entsprechende kräftige Tanzweise dafür zu finden.«

Aus dem Jahr 1907 stammt »Das Goldmannlied«, ungedruckt (K 2, S. 240). Der Erstdruck von »Der Dampfhammer« erfolgte in der »Fackel« (1907, entstanden 1886) mit der Notiz »Nach der Melodie: ›Ist denn Lieben ein Verbrechen . . .‹«. Wedekind schrieb an Karl Kraus dazu: »An der Veröffentlichung [. . .] liegt mir gar nichts, besonders dann wäre ich nicht dafür, wenn die Veröffentlichung *ästhetische* Bedenken hätte.« (GB 2, S. 173 f.; mit Korrekturvorschlägen GB 2, S. 178 f.) Ebenfalls in der »Fackel« (1907) wurde »Die sechzig Zeilen oder Die sieben Worte« erstveröffentlicht. Auch hier machte Wedekind Korrekturvorschläge und ging auf Einwände von Kraus ein (GB 2, S. 172–174). Das Gedicht gehört zum Arbeitskomplex »Die große Liebe«. Es gibt die Satzungen des utopischen Staates daraus wieder (K 2, S. 135 ff.).

Erstveröffentlicht ist in »Der Stein der Weisen« (1909) »Wahre Liebe« (7. Auftritt). »Parodie und Satire« (ca. 1909) wurde erst aus dem Nachlaß (GW 8) herausgegeben.

In »Schloß Wetterstein« wurden zuerst die Gedichte »Grand Ecart« (fragmentarisch, III/4, 1910; GW 8) und »Die Bescheidenheit« (III/4, 1910) sowie der Anfang einer »Anarchisten-Ballade« (III/4, 1910) abgedruckt. Die Gedichte »Was heut Erlogenes«, unter der Rubrik »Sternschnuppen«, »Sphärenmusik«, »Nachklang« und »Sonnenfinsternis« erschienen in der Zeitschrift »Der Komet« (1911) als Erstdruck. Dasselbe gilt für die »Schriftstellerhymne« in »Franziska« (1912). Dort wurde auch das »Gebet eines Kindes« in veränderter Fassung eingefügt. Der »Prolog« »Die Ehe«, gesprochen bei der Aufführung der »Franziska« (1912) in den Münchner Kammerspielen, brachte einen Teil des Gedichtes »Mahnung«, leicht verändert, das mit dem Hinweis »Melodie aus dem Niggersong ›Dixi‹« 1912 in der »Zukunft« abgedruckt wurde.

Die Verse auf den Münchner Polizeipräsidenten und Verantwortlichen für die Münchner Zensur, »Herrn von der Heydte«, wurden zuerst in der »Aktion« (1912) publik gemacht. Außerdem sind noch zu nennen »Ostereierspruch« (1912), ein Vierzeiler (1912, K 2, S. 242 Anm. 3), »Ella Belling. Sonne, Mond und Sterne« (um 1912) und »An einen Dichter« (um 1912). Aus dem Jahr 1914 stammen: »An Karl Henckell zum 50. Geburtstag« (Berliner Tagblatt, 17. IV. 1914) und »Protest« (in: Ehrengabe . . . f. Nikolaus v. Seebach, 1914), ein Versauszug aus dem Dramenentwurf »Der Taugenichts«. Vermutlich ebenfalls aus der Zeit um 1914 datiert »Praktischer Rat«.

1914–1918   München–Lenzburg/Zürich–München

Nach Kriegsbeginn wurden von der Zensur Wedekind-Aufführungen für unerwünscht erklärt (GB 2, S. 322). Von deutschnationaler Seite wurde der Autor in der Presse mit Schmähartikeln überschüttet. Wedekind reagierte. Während einer »Vaterländischen Feier« in den Münchner Kammerspielen am 18. September 1914 hielt er einen Vortrag, veröffentlicht unter der Überschrift »Deutschland bringt die Freiheit«, in dem es heißt: »Frankreich glaubt sich vom furor teutonicus, von der rohen Gewalt, von der numerischen Übermacht überwältigt. Die 42-Zentimeter-Geschosse haben nicht das geringste mit *furor teutonicus* zu tun, sie sind Ergebnisse der allerstrengsten positiven Wissenschaften, der Mathematik, der Physik und der Chemie.« Und er beendete seine Rede mit den Worten: »Wird des jungen Deutschen Reiches Heldenkampf vom Siege gekrönt, dann wird auch den Söhnen Deutschlands ein Vaterlandsstolz daraus erwachsen, der durch seine Selbstverständlichkeit und durch seine sittliche Würde über grellem Hurrapatriotismus, über engherziger Erbfeindschaft gleich hoch erhaben ist.« (Berliner Tageblatt, 27. IX. 1914). Wedekinds patriotische Stellungnahme war nicht nur bezeichnend für die eingeschränkten öffentlichen Handlungsmöglichkeiten der bürgerlichen Intelligenz in der Epoche des Wilhelminismus, sondern auch für die ratlos und ausweglos erscheinende Situation eines oppositionellen Schriftstellers. Natürlich war sich Wedekind aus eigener Erfahrung bewußt, daß keinesfalls stimmte, was er im selben Vortrag äußerte: »Wir Künstler können vor allen anderen Berufen Zeugnis dafür ablegen, daß wir im monarchistischen Deutschland uns eines freieren Wirkens erfreuen, als es uns das republikanische Amerika heute böte, eines weitaus reicheren Wirkens, als wir es im republikanischen Frankreich gefunden hätten.« Dieser Appell an die Reaktion war vergeblich. Wer Wedekind kannte, wußte, das konnte nicht ernst gemeint sein, das war: Ironie und versteckte Provokation.

Die Stimmung in Deutschland empfand er als bedrückend. Friedensaussichten, auf die er von Anfang an hoffte, blieben, wie er sich lange eingestehen mußte, aussichtslos. Seiner Mutter schrieb er (11. II. 15): »Alle besonnenen Leute sehnen hier das Ende des Krieges herbei« (GB 2, S. 319), und an Tilly (26. IX. 16): »Nicht eine Spur von Aussicht auf Frieden.« (GB 2, S. 340) Wedekind war nicht kriegsbegeistert und er haßte die »Kriegsgräul« (GB 2, S. 324 u. S. 330). Von einem *deutschen* Sieg aber erhoffte er sich viel. Begeistert beglückwünschte er Heinrich Mann zu seinem »Zola«-Essay: »Wenn Frankreich stolz auf Zola sein kann, so kann Deutschland meinem Gefühl nach in weit höherem Maße darauf stolz sein, daß dieses Buch von einem Deutschen in dieser Zeit geschrieben wurde. Ihre Arbeit verkörpert die Ueberlegenheit deutschen Geistes, nicht dem Geiste anderer Völker, sondern der ganzen Weltlage gegenüber. Außerdem erscheint mir Ihr Werk als eine That des Friedens, für die Ihnen jeder, dem das Glück seiner Mitmenschen am Herzen liegt, nicht dankbar genug sein kann.« (GB 2, S. 325) 1915 trat Wedekind, von Rathenau aufgefordert, der im November des Vorjahres in Berlin gegründeten »Deutschen Gesellschaft 1914« bei. Dieser politische Verein unterstützte während des Ersten Weltkrieges die Regierungspolitik. Führende Mitglieder waren W. Solf (Staatssekretär des Reichskolonialamtes), die Industriellen R. Bosch, G. Krupp, W. Rathenau, A. Hugenberg, die Historiker H. Delbrück, E. Troeltsch u. a. Wedekinds Motiv für den Beitritt drückt ein Brief an Rathenau aus. »Möge es der Gesellschaft beschieden sein, den Sieg des deutschen Volkes zum Glück für das deutsche Volk zu gestalten.« (GB 2, S. 321 v. 5. X. 15)

Im Oktober 1914 verbrachte er vierzehn Tage in der Schweiz und im friedlichen Lenzburg. Bald nach seiner Rückkehr erkrankte er am Blinddarm und mußte sich zunächst zweimal (Dezember 1914/April 1915) einer Operation unterziehen. Aber ein endgültiger Heilungserfolg wollte sich nicht einstellen. Unter dem Eindruck von Todesgedanken vernichtete Wedekind damals einen Teil seiner Tagebücher.

Von den Werken, die jetzt in der Kriegszeit entstanden, konnten weder »Bismarck«, das die diplomatischen und kriegerischen Auseinandersetzungen zwischen Österreich und Preußen um die schleswig-holsteinische Frage (1863–66) behandelte, noch das balladeske Spiel »Überfürchtenichts«, noch »Herakles. Dramatisches Gedicht in drei Akten« aufgeführt werden. Verhandlungen wegen einer Freigabe zur Erstaufführung – auch mit dem Berliner Zensor von Glasenapp – war kein Erfolg beschieden. Als Ende 1915 Maximilian Hardens Zeitschrift »Die Zukunft« vorübergehend verboten wurde, schrieb ihm Wedekind postwendend: »Gestern Abend erfuhr ich die Nachricht, die mich bei-

nahe ebenso erschütterte wie der Ausbruch dieses Krieges [. . .]
Ich habe das Gefühl, daß Deutschland seit der Schlacht an der
Marne keine schwerere Niederlage erlitten hat. Gestern Abend
konnte ich noch nicht glauben, daß wir uns eigenhändig einen
solchen Schlag versetzen, unseren Feinden ein solches Eingeständnis eigener Schwäche in die Hand spielen könnten. Nun ist
es Thatsache, daß wieder ein Pfeiler unserer Existenz eingestürzt
ist.« (GB 2, S. 325 f.)

Mitte August bis Ende September 1915 weilten er und seine Familie wieder in der Schweiz. Dann, Ende 1915, begann die Zahl der
Wedekind-Aufführungen wieder anzusteigen. Tilly und Frank un-
terstützten diese Erfolge durch ihre Gastspielreisen. Am 28. Dezember 1915 gingen sie nach Budapest und spielten dort vierzehn
Tage lang den »Kammersänger«. Ende Januar gastierten sie in
Mannheim. In München traf sie die Nachricht vom Tod von Wedekinds Mutter (25. III. 1916). Dann folgten Gastspiele in Berlin;
dort nahm er auch aktiv am gesellschaftlichen Leben teil und verkehrte u. a. regelmäßig im »Klub 1914«. Anfang 1917 war eine weitere Operation notwendig geworden. Kaum war sie überstanden,
spielte er wieder in Berlin, arbeitete nebenbei am »Herakles« und
fuhr schließlich zu einem längeren Aufenthalt (7. Mai bis 7. Oktober) mit seiner Familie in die Schweiz. Gastspiele – vor allem in Zürich – rundeten den auch aus Gesundheitsrücksichten unternom-
menen Auslandsaufenthalt ab; »in Zürich eingemiethet, zufällig in
derselben Wohnung, in der ich vor 30 Jahren als Zimmerherr
wohnte, in der Gerhard Hauptmann seinen unvollendet gebliebenen Roman und ich ihm meinen Schnellmaler vorlas.« (GB 2, S.
348) Anfang November fuhr Wedekind erneut in die Schweiz – auf
Gastspiel- und Vortragsreise; in Zürich erwartete ihn die Uraufführung von »Schloß Wetterstein«. Dort erreichte ihn auch die
Nachricht von einem Selbstmordversuch seiner Frau. Die Ehekrise
erreichte ihren kritischen Punkt. Wochenlang lag Tilly im Sanato-
rium, bis sie sich wieder erholte. Wedekind hoffte auf einen gemeinsamen Neubeginn. Seine Frau bestand auf Ehescheidung (W 3,
S. 643). Durch seine vorhergegangenen Operationen gesundheitlich
nicht wiederhergestellt, dachte Wedekind jetzt erneut an einen ope-
rativen Eingriff, um, wie er hoffte, völlig zu genesen. Am 2. März
1918 wurde die Operation vorgenommen.

Frank Wedekind starb am 9. März 1918. Bert Brecht: »Es war
die enorme Lebendigkeit dieses Menschen, die Energie, die ihn be-
fähigte, von Gelächter und Hohn überschüttet, sein ehernes Ho-
heslied auf die Menschlichkeit zu schaffen, die ihm auch diesen persönlichen Zauber verlieh. Er schien nicht sterblich.« (GW 15, 1967)

Unter großer öffentlicher Teilnahme wurde Wedekind am 12. März auf dem Münchner Waldfriedhof bestattet.

Drama

Im August 1914 lies sich Wedekind von Tilly aus den Briefen Bismarcks an seine Braut vorlesen. Der 100. Geburtstag des ehemaligen Reichskanzlers (1815–1898) stand bevor, eingeleitet von einer Flut literarischer Veröffentlichungen, die Wedekind teilweise zur Kenntnis nahm. Am 21. September notierte der Autor: »Plane ein Bismarckdrama« (K 3, S. 196), und Kutscher teilte er mit: »Ich meinerseits beschäftige mich seit Ausbruch des Krieges mit dem Studium der Diplomatie.« (GB 2, S. 305) Im November heißt es: »Ich [. . .] suche etwas historisches auf die Beine zu stellen, was mir allerdings große Mühe macht.« (GB 2, S. 312) Wegen der ersten Operation mußte er die Arbeit unterbrechen. Dann berichtete er seiner Mutter: »Abends liest mir Tilly regelmäßig aus Büchern vor, die ich zu meiner Arbeit brauche, oft sehr trockene, langweilige Stoffe, die ich schwerlich allein so rasch bewältigen würde.« (GB 2, S. 318) Er arbeitete fleißig an dem Entwurf, aber noch Mitte März lag die Konzeption des neuen Dramas nicht fest (GB 2, S. 320 u. K 3, S. 198). Ursprünglich waren sechs Bilder und der Titel »Waffenruhe« in Aussicht genommen. Der 1. Akt war Ende Februar abgeschlossen. Der 2. Akt wurde Ende Januar begonnen und Ende März fertiggestellt. 3. und 4. Akt wurden vermutlich Ende Februar bis Ende März niedergeschrieben. Dann begann er im April mit der Niederschrift des 5. Aktes, unterbrochen durch die zweite Operation. Am 2. Oktober war die Arbeit am Manuskript beendet, und kurz darauf wurde das Werk zum Druck gegeben (K 3, S. 198 f. u. GB 2, S. 322). In der »Monatsschrift für geistiges Leben«, dem »Neuen Merkur«, erschien der Erstdruck (1915) in Fortsetzungen unter dem Titel »Bismarck. Bilder aus der deutschen Geschichte«. »Maximilian Harden in größter Verehrung gewidmet«, kam das Werk in Buchform 1916 heraus: »Bismarck. Historisches Schauspiel in fünf Akten«. Die Handschrift ist erhalten. Unter dem Personenverzeichnis merkte der Autor an: »Zum Zweck der Aufführung wird es sich als nötig erweisen, Kürzungen vorzunehmen oder das eine oder andere Bild zu übergehen, da es dem Autor mehr darauf ankam, die dramatischen Momente der Verhandlungen zu erschöpfen, als sie der Beschränkung des Bühnenabends anzupassen.« (GW 7, S. 84) Aus politischen Gründen verbot die Berliner Zensur eine geplante Aufführung. Eine erste Lesung in geschlossener Veranstaltung fand am 14. Mai 1916 im »Klub 1914« in Berlin statt. Die Uraufführung (1926) brachte das Deutsche Nationaltheater in Weimar.

»Überfürchtenichts«, »eine Art Einakter« (GB 2, S. 345) beschäftigte den Dichter Ende 1915. Im November schickte er dem als Soldat eingezogenen Kutscher die Ballade »Pharao« (Adalberts 1. Monolog) »nur zur Erheiterung, nicht etwa als Zeichen leichtfertiger Stimmung«. (GB 2, S. 325) Im Juli 1916 war das Werk abgeschlossen. »Die erste Niederschrift ist zum Teil erhalten.« (K 3, S. 170) Wedekind bekam nicht nur Schwierigkeiten beim Versuch, das Stück zur Aufführung zu bringen, sondern auch dabei, es gedruckt zu veröffentlichen. Zunächst verbot die Zensur 1916 den Druck. Ein Jahr später erschien »Überfürchtenichts« als Luxusdruck in 500 Exemplaren (Georg Müller). Auch eine Bühnenaufführung wurde anfänglich verboten; November 1917 kam es zur Freigabe, aber Wedekinds Ehekrise hindert beide an der geplanten gemeinsamen Aufführung. Eine Uraufführung fand erst im August 1919 am Berliner »Phantastischen Theater« statt (Seehaus, S. 699).

An »Till Eulenspiegel«, der letzten veröffentlichten Fassung von »Oaha« (s. S. 83f.), arbeitete Wedekind – kaum war die Hauptarbeit an »Überfürchtenichts« geleistet – seit Frühjahr 1916. Tilly teilte er am 14. April 1916 mit, er habe den zweiten Akt von »Eulenspiegel« fertig umgearbeitet (GB 2, S. 333). Ende Mai war der »Kontrakt« unter Dach und Fach (GB 2, S. 337). Das Stück ist jetzt an den Erfahrungen mit den deutschen Kriegsverhältnissen orientiert. Wedekind wollte, wie Kutscher behauptete, »die durch den Krieg veranlaßte ›Lumperei des Gesinnungswechsels‹ bloßstellen« (K 2, S. 264). Die Satire erschien 1916 unter dem Titel: »Till Eulenspiegel. Komödie in vier Aufzügen«. Die Uraufführung dieser Fassung erfolgte am 1. Dezember 1916 in den Münchner Kammerspielen.

»Herakles«, Wedekinds letztes vollendetes Drama, begann der Dichter im Herbst 1916 niederzuschreiben (K 3, S. 209: 6. X. 16). Vorläufig abgeschlossen war die Arbeit am 13. März 1917 (K 3, S. 209). Brieflich teilte er Tilly mit: »Gestern begann ich, mein neues Stück zu diktieren, und werde etwa vierzehn Tage damit zu tun haben.« (GB 3, S. 637 v. 14. II. 17) Hinzu kam noch der Prolog (I, 1). Beschäftigt hatte sich Wedekind mit dem Stoff vermutlich bereits seit Mai 1914, als ihm die »Idee zu einem neuen Drama« kam (K 3, S. 209). Am 9. Juli 1914 (in Paris) notierte er: »Ich konzipiere das Drama Dejanara.« Am 24. Februar 1916 schrieb er Harden: Bei der Lektüre des Aufsatzes »Theater im Krieg« (Harden, Die Zukunft, 1916) »kam mir ein Einfall, dessen Verwirklichung vielleicht eine Befreiung des Theaters von den engen Grenzen zur Folge haben könnte, die ihm der Krieg zieht. Herakles von Euripides als Drama der Kriegspsychose des heimgekehrten Kämpfers.« (GB 2, S. 329) So reifte allmählich die Konzeption vom Krieg als Kampf der Geschlechter und als Menschheitskampf. In der Einleitung zum Vorabdruck (1916) des 6. Bildes im »Berliner Tageblatt« unter dem Titel »Nessos« hieß es: »In dieser hier zum ersten Male gedruckten Dichtung gestaltet *Frank Wedekind* ein Stück der Heraklessage. Herakles tötet den Kentauren Nessos, der sich an Dejaneira vergreift, als er sie über den Fluß Euenos tragen soll.« Das 11. Bild, die Erlösung des Herakles von seinem kriegerischen Leben, wurde ebenfalls vorab im »Berliner Tageblatt« (1917) gedruckt. Als Buch wurde »Herakles. Dramatisches Gedicht in drei Akten« im Dezember 1917 veröffentlicht. Mit großem Erfolg veranstaltete Wedekind eine erste Lesung des Werkes im Juni 1917 in Zürich. An Kutscher schrieb er: Ob die Arbeit »Gewicht hat, ist eine andere Frage. Jedenfalls werde ich nicht überrascht sein, wenn sie sich schließlich als Kitsch entpuppt.« (GB 2, S. 347) An die Handlung des Stückes erinnert, drückte er die – in diesem Werk aufgehobene – Erwartung aus: »Hoffen wir, daß das Glück endlich wieder zur Menschheit zurückkehrt« (GB 2, S. 348). Die Uraufführung – Reinhardt schob sie 1917/18 auf – fand erst am 1. September 1919 im Münchner Staatstheater statt.

Nach 1914 beschäftigte sich Wedekind mit vielen unterschiedlichen Dramenentwürfen. Ein Teil davon läßt sich noch mit dem »Hidalla«-Thema in Verbindung bringen. Am Entwurf »Taugenichts. Eine göttliche Komödie« arbeitete der Dichter konkret zumindest schon um 1914. Einige Verse daraus veröffentlichte er unter dem Titel »Protest« 1914. Ein Entwurf zu diesem geplanten Titel wurde aus dem Nachlaß herausgegeben (GW 9, S. 245–274), leider jedoch vollkommen unkritisch (vgl. K 3, S. 148 Anm. 1). Letzteres gilt auch für die Nachlaßpublikation »Der Wärwolf« (Entwurf zu einer modernen König Lear-Tragödie, GW 9, S. 275–289), den Kutscher noch mit dem Entwurf »Schloß Wildenstein« (1890) in Zusammenhang bringt (K 1, S. 295 f. u. K 3, S. 160). Nach Kutscher hatte Wedekind an diesem Entwurfskonzept bereits um 1910 intensiv gearbeitet; auch die Erzählung von Gespensterschreck in »Franziska« (I, 2. Bild) bezieht sich textlich auf diese Vorarbeit. Die Skizzen zu »Wärwolf« berühren sich auch mit den Entwürfen zu »Niggerjud«, mit dessen Konzeption sich der Autor schon 1896 auseinandersetzte und mit dessen Figur er sich noch 1917 beschäftigte (K 3, S. 146–160). Dies geht auch aus dem Entwurf »Kitsch« (Februar 1916 – Mai 1917) hervor, der – zum Teil im Text unterschiedlich – zuerst 1918 in der Zeitschrift »Das Forum« und dann im Band 9 der »Gesammelten Werke« (S. 205–243) veröffentlicht wurde.

Verschiedene Entwürfe aus dem Umkreis des »Überfürchtenichts«, des Herakles-Mythos und dramatische Skizzen mit politischem Akzent werden noch bei Kutscher (K 3, S. 171 ff., S. 194 Anm., S. 195 f. u. S. 224 ff.) erwähnt und vorgestellt.

Prosa

Außer den bereits genannten autobiographischen Zeugnissen (s. S. 13 ff.) veröffentlichte Wedekind während der Kriegszeit den bereits erwähnten Vortrag »Deutschland bringt die Freiheit« (W 3, S. 260–265) – in den »Gesammelten Werken« mit dem Titel »Vom deutschen Vaterlandsstolz« (GW 9) und in umgekehrter Anordnung abgedruckt –, einen Beitrag zur »Kriegsmappe« des Schutzverbandes deutscher Schriftsteller, den Artikel »Begegnung mit Josef Kainz« (1915), die Episode »Die Furcht vor dem Tode« (1915) und die Würdigung zu Alfred Kerrs 50. Geburtstag im Berliner »Börsen-Courier« (1917). Ein mit Harden gemeinsam entwickelter Plan, eine politisch-satirische Zeitung zu gründen, wurde nicht verwirklicht.

Lyrik

An Gedichten sind aus dieser Zeit datierbar: »Entartung« (»Die Zukunft«, 1915), »Ballade vom toten Krieger« (Sommer 1916, K 3, S. 193 f.), »Der Gartenturm« (Programmheft der Münchner Kammerspiele VII–VIII, 1916), »Der Staatssekretär« (1916), »Beweise« (ca. 1916), »Trost«, »Diplomaten« (aus dem Nachlaß, GW 8), sieben »Politische Disticha« (Erstveröffentlichung aus dem Nachlaß in der Zeitschrift »Münchner Blätter«, 1919), ein Fragment »Todesgewaltig rollen die Räder der Zeit« (K 3, S. 193), der Entwurf »Völkertotentanz« (K 3, S. 195), »Rückblick« (aus dem Nachlaß, GW 8) und »An Tilly« (Anfang 1918, Erstdruck W 2, S. 745. Strophe 2, Zeile 4 muß es heißen: »Meine Zeit ich vertrödeln.« Strophe 3, Zeile 1: »Du bist jung, dein Herzblut wallt«).
Außerdem wurden aus dem Nachlaß noch folgende Gedichte (o. D.) herausgegeben: »Behauptung«, »Der Andere«, »Froh macht Dein Lächeln«, »Schatzerl, einen Kuß« und »Seit gestern morgen ist's vorbei« (GW 8).
Das Lied »Venus Kallipygos« ist in »Überfürchtenichts« (GW 7, S. 294–297), die Verse »Aus den Wolken«, »Wenn ich sterbe, was geht's mich an?« und »Jedem bin ich gern Berater« sind im Fragment »Taugenichts« (GW 9, S. 248, S. 268 u. S. 273 f.) abgedruckt. »Mädchen mit langen Zöp-

fen« und »Die Welt, von oben angesehen« bringt Kutscher (K 3, S. 253 Anm. u. S. 252 Anm.).

Unter dem Titel »Frank Wedekind. Lautenlieder. 53 Lieder mit eigenen und fremden Melodien« veröffentlichten Kutscher und Hans Richard Weinhöppel (1920) ein noch nicht vollständig abgeschlossenes Manuskript, das im Frühjahr 1917 Wedekind für den Druck vorzubereiten begonnen hatte. Kutscher stellte nach dem Plan des Autors die Lieder in drei Gruppen zusammen: Lieder mit eigenen bzw. mit fremden Melodien und – selbständig – eine Gruppe »Nachgelassene Lieder«. Weinhöppel »besorgte den musikalischen Satz, Rhythmisierung und Begleitung, die öfter Wedekinds sehr einfach gehaltene Aufzeichnungen gegen meine großen Bedenken ergänzten und komplizierten.« (K 3, S. 214). Das Buch erschien in 300 numerierten Exemplaren, ausgestattet als Prachtausgabe von Emil Preetorius.

Es enthält folgende Lieder: »Der blinde Knabe«, »Die neue Communion« (s. »Unterm Apfelbaum«), »Die Ernährungsballade« (s. »Die Jahreszeiten«), »Der Taler«, »Galathea«, »Von vorn besehn« (s. »Meiner entzückenden Kollegin Mary I.«), »Ilse«, »Mein Lieschen«, »Wendla«, »Konfession«, »Vergänglichkeit«, »Das arme Mädchen«, »An einen Jüngling«, »Der Tantenmörder«, »Ahasver« (s. »Sommer 1898«), »Die sieben Heller«, »Die Wetterfahne«, »Der Zoologe von Berlin«, »Stille Befürchtung«, »Der Anarchist«, »Felix und Galathea«, »Franziskas Abendlied«, »Marasmus«, »Der Symbolist«, »Die Symbolistin«, »König David« (s. »Im Heiligen Land«), »Diplomaten« (alles Lieder mit eigenen Melodien). – »Das Lied vom armen Kind«, »Die Hunde«, »Seit gestern morgen ist's vorbei«, »Brigitte B.«, »Modernes Mädchen«, »Auf eigenen Füßen – Donnerwetter!«, »Froh macht dein Lächeln«, »Junges Blut«, »Gebet einer Jungfrau« (s. »Ave Melitta«), »Ella Belling. Sonne, Mond und Sterne«, »Frühlingslied«, »Parodie und Satire« (alles Lieder mit fremden Melodien, außer »Seit gestern morgen ist's vorbei« und »Gebet einer Jungfrau«, ohne Melodien). – »Waldweben«, »Idyll«, »Das tote Meer«, »Der Lehrer von Mezzodur«, »Das Opfer«, »Das Goldstück«, »An Berta Maria, Typus Gräfin Potocka«, »Behauptung«, »Bajazzo«, »Stallknecht und Viehmagd«, »Altes Lied«, »Eroberung«, »Neue Liebe«, »Chorus der Elendenkirchweih« (vermutlich eigene Melodien, K 3, S. 244).

Zusammenfassung

Wedekinds Durchbruch auf dem Theater bedeutete einen entscheidenden Wendepunkt. Jetzt bestand für ihn Aussicht, sich voll und ganz seiner dramatischen Produktion widmen zu können. Folge war, nun allmählich auf Auftragsarbeit und auf das aufreibende Engagement für Kleinkunst (Kabarett) verzichten zu können. Lyrische und Prosa-Arbeiten traten endgültig in den Hintergrund, obgleich nicht übersehen werden darf, welchen Nutzen Wedekind aus seiner Brettl-Zeit z. B. auch für das Drama (liedhafte Einlagen, Tänze usf.) zog. Schwieriger gestaltete sich für ihn jedoch der Verzicht auf größere Prosa-Projekte. Der Arbeitskomplex »Die große Liebe« wurde zwar schließlich »dramatisch« ausgewertet. Deutlich wird an diesem Beispiel aber auch, daß Wedekind keineswegs »freiwillig« auf seine Prosa-Arbeiten verzichtete. Ihr bisher verhältnismäßig geringer Erfolg, ließ es ratsam erscheinen, in Rücksicht auf die sich abzeichnenden Bühnenerfolge diese immer wieder aufs neue gefährdete Anerkennung als Theaterschriftsteller durch neue dramatische Werke und durch seinen und Tillys persönlichen Einsatz als Schauspieler und Regisseur zu sichern. Unterstützung fand er dabei vor allem durch Stollberg in München, Meßthaler in Nürnberg und Reinhardt in Berlin. Ohne sie, Vertretern einer neuen Theaterkultur in Deutschland (Freie Bühne, Intimes Theater), die – gegen das klassizistische wilhelminische Theater – Propagandisten eines modernen bürgerlichen Theaters waren, wäre Wedekinds Kampf für eine Erneuerung des Dramas und der Schauspielkunst weiterhin aussichtslos geblieben. Unterstützt wurde er auch durch die begeisterte Zustimmung, die – keineswegs unkritisch – sein Werk durch Kritiken und Essays von Alfred Kerr, Maximilian Harden und Karl Kraus erhielt. Weniger umstritten als die nationale war die internationale Anerkennung, die Wedekinds dramatischem Werk nun entgegengebracht wurde. Trotz seiner Erfolge darf aber nicht übersehen werden, daß Wedekind und diejenigen, mit denen er Partei bildete, in Deutschland jedoch eine kulturelle Minderheitenposition repräsentierten. Die wütenden Angriffe der Zensur gegen sein Werk nahmen kein Ende, und diese öffentliche Zensur – von der Presse mehrheitlich unterstützt – gewann mit Ausbruch des ersten Weltkrieges erneut die Oberhand.

Mit Aufsätzen, satirischen Gedichten und mit seinem dramatischen Werk suchte sich Wedekind gegen seine Unterdrückung als Schriftsteller zur Wehr zu setzen. Dabei sah er sich auch genötigt, Eingriffe in sein eigenes Werk vorzunehmen, um möglichen Zensurverboten zuvorzukommen. Diese Veränderungen am Werk, die keineswegs vorschnell als »opportunistische Maßnahmen« bezeichnet werden dürfen, bestärken Wedekind in seinem dichterischen Verfahren. Allegorische Konstruktion, parodistisches Umfunktionieren traditioneller literarischer Formen und der mit diesen wie gewohnt erwarteten Inhalte sowie das literarische Zitat und die konstruktive szenische und sprachliche Montage bleiben seine prinzipiellen Mittel der literarischen Stilisierung. Sein literarischer Kampf gilt weiterhin der naturalistischen Bühne und einer naturalistischen Schauspielkunst und Schauspielschule. Seine ästhetischen Anschauungen legte Wedekind, neu formuliert, paradigmatisch in seinem kritischen Essay »Schriftsteller Ibsen und ›Baumeister Solneß‹« wie in dem Fragment gebliebenen Aufsatz über Schillers »Braut von Messina« bzw. in »Schauspielkunst« und »Schauspieler« nieder.

Hinzukommt, daß er in seinem literarischen Schaffen jetzt bevorzugt historische Stoffe und Themen mit aufgreift. Am Projekt »Große Liebe« zeigt sich deutlich, daß sich Wedekind um ausführliches wissenschafliches und historisches Material bemühte, aus dem er – analytisch – seine eigene Thematik entwickelt. Dabei berücksichtigte er vor allem wissenschaftliche Literatur zur Geschichte der Sexualität und der Völkerkunde (z. B. Baron von Eckstein: Geschichtliches über die Askesis der alten heidnischen und alten jüdischen Welt als Einleitung einer Geschichte der Askesis des christlichen Mönchsthums. Freiburg 1862; Havellock, Ellis: Geschlechtstrieb und Schamgefühl. 2. Aufl. Würzburg 1902; Pierre Dufour: Geschichte der Prostitution. 6 Bde. Leipzig 1898 ff.), antike Literatur (Plato, Herodot, Plutarch), neueste Forschungsergebnisse der Altertumswissenschaften, utopische Literatur (Machiavelli, Morus, Campanella etc.) und theologische Veröffentlichungen zum Alten und Neuen Testament bzw. zur Kirchengeschichte.

Außerdem hielt sich Wedekind über die aktuellen gesellschafts- und kulturpolitischen Auseinandersetzungen auf dem laufenden. Rathenaus und Sombarts Schriften und Zeitschriftenpublikationen z. B. griff er mit demselben Interesse auf wie er sich gleichfalls mit politischen und kulturkritischen Artikeln und Essays an die Öffentlichkeit wandte.

Nach Ausbruch des ersten Weltkrieges stehen seine Veröffentlichungen ganz im Zeichen dieses geschichtlichen Ereignisses. Wedekind, der seine ästhetischen und lebensphilosophischen Anschauungen zuvor in seinen Einaktern und in seinen Geschlechts- und Familiendramen thematisiert und radikalisiert, versuchte nun den Krieg, seine Voraussetzungen und seine Folgen in sein Werk thematisch einzubeziehen. Seine »Kriegs«-Dramen »Bismarck«, »Herakles« und »Überfürchtenichts« legen dafür ebenso Zeugnis ab wie seine sich wieder erneuernde politische Lyrik. Von vielen in seinem »Lebens«-Kampf mißverstanden, wurde sein Werk zu dem eines bekenntnishaften, fanatischen und vereinsamenden Einzelgängers stilisiert. Als Parodie der Parodie einer unkritischen, ihrer

Zeit angepaßten Wirkungsgeschichte lassen sich späte Verse Wedekinds zitieren:

>»Geläng es doch endlich mal einem Affen,
Innerlichkeit mir abzugaffen!«

Literatur:

Bohnen, Klaus: Frank Wedekind und Georg Brandes, Unveröffentlichte Briefe. Euphorion 72, 1978, S. 106–119

Brecht, Bert: Frank Wedekind. In: Ders., Gesammelte Werke, Bd. 15, Frankfurt 1967, S. 3–4 (1918)

Fischer, Kurt E. (Hrsg.): Königsberger Hartungsche Dramaturgie. Königsberg 1932

Hahn, Manfred (Hrsg.): Wedekind. Ich hab meine Tante geschlachtet. Lautenlieder und »Simplicissimus«-Gedichte. Frankfurt 1982

Hatvany, Ludwig: Ein Fall Wedekind. Die Schaubühne 6, 1910, Bd. 1, S. 366–370

Höger, Alfons: Hetärismus und bürgerliche Gesellschaft im Frühwerk Frank Wedekinds. Kopenhagen/München 1981

Koch, Ernestine: Albert Langen. München/Wien 1969

Komet, Der. Hrsg. v. Paul L. Fuhrmann u. Frank Wedekind, 1, 1911

Kraus, Karl: Die Büchse der Pandora. Die Fackel 7, 1905, Nr. 182, S. 1–18

ders.: (Hrsg.): Briefe Frank Wedekinds. Die Fackel 21, 1919, Nr. 521–530, S. 101–135 u. Die Fackel 23, 1921, Nr. 583–587, S. 31

ders.: (Hrsg.): Frank Wedekind an einen Hund. Die Fackel 32, 1930, Nr. 834–837, S. 74–75

Kutscher, Artur: Frank Wedekind. Sein Leben und seine Werke. Bd. 2 u. Bd. 3 München 1927/1931

Kutscher, Artur u. Weinhöppel, Hans Richard (Hrsg.): Frank Wedekind. Lautenlieder. 53 Lieder mit eigenen und fremden Melodien. Berlin/München 1920

Leiss, Ludwig: Der Fall »Wedekind«. In: Ders., Kunst im Konflikt. Berlin/New York 1971, S. 267–286

MacLean, Hector: The Genesis of the ›Lulu‹-Plays (Teil eines unveröffentlichten Typoskripts) 1978

Meyer, Michael: Theaterzensur in München 1900–1918. Geschichte und Entwicklung der polizeilichen Zensur und des Theaterzensurbeirates unter besonderer Berücksichtigung Frank Wedekinds. Diss. München 1982 (1981)

Rothe, Friedrich: Frank Wedekinds Dramen. Jugendstil und Lebensphilosophie. Stuttgart 1968

Salvesen, Hugh: A Pinch of Snuff from Pandora's Box. New Light on Karl Kraus and Frank Wedekind. Oxford German Studies 12, 1981, S. 122–138

Seehaus, Günter: Frank Wedekind und das Theater. München 1964

Wedekind, Frank: Gesammelte Werke. 9 Bde. München/Leipzig 1912–1921
Autobiographisches. Almanach der Bücherstube 3, 2. Aufl. München
1920, S. 11–14
Gesammelte Briefe. 2 Bde. München 1924
Werke in drei Bänden. Hrsg. u. eingeleitet v. Manfred Hahn. Berlin/Weimar 1969
Wedekind, Tilly: Lulu. Die Rolle meines Lebens. München/Bern/Wien
1969

4. Wirkungsgeschichte

4.1 Die Zeitgenossen (bis 1918)

Bis zur Jahrhundertwende wurden Veröffentlichungen Wedekinds nur gelegentlich zur Kenntnis genommen. Erst nach seinen Theatererfolgen (um 1906) stieg das Interesse für den Autor in der Presse rapide an. Doch mit Beginn des Ersten Weltkrieges nahm das öffentliche Interesse an seinem Werk – nicht zuletzt unter dem politischen Druck der Reaktion – in Deutschland schlagartig ab. Die bis 1918 erschienenen selbständigen Veröffentlichungen über Wedekind wurden alle zwischen 1905 und 1915 publiziert. Auch die zu Lebzeiten des Autors über sein Werk und zu seiner Person entstandenen ausführlichen Essays stammen hauptsächlich aus demselben Zeitraum.

Als Autor wurde Wedekind zuerst durch seine Mitarbeit an der illustrierten Wochenschrift »Simplizissimus« einem größeren Lesepublikum bekannt. Zuvor sind es einige wenige Rezensionen und literarische Notizen in Zeitschriften und Zeitungen, die auf Wedekind als modernen Schriftsteller aufmerksam zu machen versuchen. Dann nimmt sich seiner die Theaterkritik an, als endlich die ersten Aufführungen seiner Dramen erfolgen. Führende Publizisten der Epoche – Kerr, Harden, Kraus – widmen ihm ausführliche Essays. Die erste Monographie über Wedekind veröffentlichte 1905 Raimund Pissin. Die erste literarhistorische Studie verfaßte 1908 Otto Nieten. Im Kampf gegen die Zensur wurde Wedekind vor allem von der linksliberalen Presse und von der literarischen Intelligenz jenseits der Sozialdemokratie unterstützt. Vor allem Erich Mühsam war es, der in seiner Zeitschrift für Menschlichkeit »Kain« unermüdlich gegen Zensur und für Wedekind stritt. Trotz Zensur und der Angriffe der Rechtspresse hatte sich jedoch bis zum Ausbruch des Ersten Weltkriegs im In- wie im Ausland die Auffassung durchgesetzt, daß Wedekind trotz seines Antipoden Gerhart Hauptmann sowohl zum wichtigsten als auch umstrittensten Theaterautor seiner Epoche geworden war. 1918 verabschiedete sich zwar das »Junge Deutschland« von seinem großen Vorbild, aber das Urteil von Seehaus: »Vier Jahre zuvor noch ist Wedekind eine Persönlichkeit des Tages, 1918 den meisten eine Angelegenheit der Literaturgeschichte!« (S. 35), bedarf einer Korrektur, und zwar nicht nur deshalb, weil er die Verflechtungen von Wedekinds Werk mit dem expressionistischen und politischen Theater der zwanziger

Jahre unterschätzt, sondern auch, weil er das sogenannte Frühwerk gegenüber Wedekinds sogenanntem Spätwerk überbewertet und damit eine Interpretationslinie übernimmt, die keineswegs für alle Zeitgenossen Wedekinds selbstverständlich war.

In der realistischen Wochenschrift für Literatur, Kunst und öffentliches Leben »Die Gesellschaft«, die seit 1892 als Monatsschrift für Literatur, Kunst und Sozialpolitik erschien, fand Wedekind zuerst häufigere Beachtung. Die Zeitschrift galt als Organ des süddeutschen Naturalismus, bot aber an Mitarbeitern ein größeres Spektrum und verstand sich über ihre naturalistischen Tendenzen hinaus als Wegbereiterin der Moderne in Deutschland. Wagner und Nietzsche bedeuteten die großen historischen Wendepunkte für eine Erneuerung der deutschen Kultur und des Lebens. 1892 machte hier Richard Dehmel auf Wedekind aufmerksam, um an ihm zugleich das Programm der literarischen Moderne zu erläutern: die Bühne als zentraler Ort der neuen Stilkunst, moderne Charaktere als Ausdruck des Verwobenseins von Bewußtheit und Unbewußtheit, eine neue Technik und neue Komposition, die im »Drama der Zukunft« zu einer neuen »scenischen Entwickelung« führt, um einen neuen Menschen, eine neue Sittlichkeit und ein neues Gehirn zu propagieren. Modern, symbolisch, mysteriös und philosophisch hießen auch die Schlüsselworte, mit denen Karl Henckell in den »Modernen Dichterabenden« (1895) Wedekind vorstellte. Olga Plümacher verwies anläßlich ihrer Kritik (1893) von »Frühlings Erwachen« auf die Tradition des philosophischen Pessimismus und auf das Problem der modernen Zeit und der modernen Kulturformen. Es sei nötig, auf höherer Stufe den Kampf der Kultur mit der Natur, des Bewußten mit dem Unbewußten erneut aufzunehmen, um das historische Prinzip der Vernunft im Zeichen subjektiver Freiheit zu realisieren und dadurch die herrschenden Gesellschaft im Namen des Fortschritts zu modernisieren. Arthur Möller-Bruck, der bereits in einer knappen Rezension von »Der Erdgeist« Notiz genommen (1895) und dessen neuen – symbolischen und philosophischen – Kunstwerk-Charakter unterstrichen hatte, rechnete – wie seine Vorgängerin – zum Mythos der Natur die Natur des Unbewußten. Als identisch wurde definiert: Natürlichkeit = Sinnlichkeit = Weiblichkeit = Lebenstrieb = kulturelle Anarchie. Dieses Resümee war ihm wie anderen Programm. Als einzige, jedoch internationale Erscheinung der *modernen* Kunst in Deutschland apostrophierte Möller-Bruck Frank Wedekind. *Artistik* hieß das Generalwort, mit dem er dessen Kunst auf ihren Begriff brachte. Der Doppeleffekt von Raffinement und Naivität erschien ihm Merkmal von Wedekinds Sprachtechnik. Möller-

Bruck war einer der ersten, der diese neue Ästhetik als tragiko-misch, grotesk und ihre Figuren als individualisierte Marionetten etikettierte. Über den Gehalt seiner Werke urteilte er: »Was ihn reizt, ist das noch Unausgeglichene der Gegenwart, das spezifisch Moderne mit seinem Wirrwarr der Probleme und den überlauten oder überleisen Tönen.« (S. 246) Panizzas »Erdgeist«-Rezension, ebenfalls in der »Gesellschaft« (1896) veröffentlicht, rückte den Be-griff der Marionette in den Mittelpunkt der Kritik. Ihm klangen die Dialoge Wedekinds »wie ein Gespräch aufgezogener Puppen«. (S. 693) Er begriff als »Wedekinds Methode«, die *Realität* des Natur-alismus zu entrealisieren, um die Absurdität der herrschenden Sprach- und Lebensverhältnisse im Tanz des Unbewußten bloßzu-legen. Gegen die deutschdoktrinäre naturalistische Methode vertei-digte er die Kunst Wedekinds und deren anderen Realitätsbegriff: Die Marionetten behalten insofern Recht, als sie die realen Men-schen sind. Diese Diskrepanz ist *ein* Ursprung für Wedekinds dich-terischem Humor und für seine Konstruktion des Komischen aus dem Geist des Tragischen. Schon Bierbaum hatte festgestellt, es sei einer der Kunstgriffe Wedekinds, »die Tragödie mit Grotesken zu behängen« (S. 91). Wedekind arbeitete, wie ein anderer Zeitgenosse bemerkte, »mit allerlei Humoren« (Schwarz, 1897). Dazu gehör-ten: Witz, Satire, Ironie, Parodie und Persiflage.

Um 1900 zählte Wedekind zu den »dreißig literarischen Übel-thätern gemeingefährlicher Natur«, welche – wie die Satire ver-sprach – die neuere deutsche Literatur hervorgebracht hatte. Schnell begann jetzt das Wedekind-Bild sich zu verfestigen. Die kritischen Zeitgenossen verfolgten die Interpretationslinien, Wede-kinds Kunst *ästhetisch* entweder mit dem Begriff »Stil der Gro-teske« (Jacobsohn, S. 11 u. Kerr, S. 134) oder mit dem Begriff der »Dissonanz« *und* »Konstruktion« (Worringer, S. 63 u. Fechhei-mer, S. 294 f.) oder mit dem Begriff des Melodramatischen und Tragikomischen (Harden, S. 205 f.) zu deuten. Der Versuch, Wede-kinds Werk *metaphysisch* zu interpretieren, führte zu der Behaup-tung, es entweder im Resultat als Ausdruck eines romantischen, grotesken oder schwarzen Humors (Kerr, Bab, Jacobsohn, Bran-des, Bahr) oder als Exempel des Willens zum Leben, des Lebens-triebes oder des Kampfes ums Dasein (Schaukal, Fechheimer, Brandes, Pordes-Milo) zu begreifen. *Literaturpolitisch* wurde mit dem Begriff der Decadence – als Auf- oder Abstieg verstanden – ar-gumentiert. Die einen hielten das Thema des Geschlechtlichen und Tierischen an sich für dekadent (Brandes, Worringer, Bab, Hart), die andern traten unterm Begriff der Decadence für das Varieté des Lebens ein (Harden, Jacobsohn), um sowohl die ästhetischen Möglichkeiten der trivialen Literatur für die Moderne als auch das »Épatez le bourgeois« der Caféhaus-Bohème zu verteidigen. Für diese Zeitgenossen galt Wedekind nicht als Gesellschafts-, sondern als Lebenskritiker (vgl. Fechheimer, S. 293). In dieser politischen Debatte wurde Wedekind entweder zum einzigen deutschen Repräsentanten der europäischen literarischen Moderne oder zum einsamen literarischen Einzelgänger oder Außenseiter der deutschen Literaturszene stilisiert. Kerrs Stichwort vom *Bekenner*-Schriftsteller sollte wirkungsgeschichtlich noch beträchtliche Folgen haben (Kerr, S. 137). Literarhistorisch wurde damals Wedekind einerseits in die Tradition der Romantik (Brentano, Grabbe, Heine) gestellt, andererseits mit Rückgriff auf Baudelaire und den europäischen Naturalismus (Zola, Ibsen, Tolstoi) der literarischen Moderne (Strindberg, D'Annunzio, Maeterlinck, Wilde u. a.) zugeordnet (Kerr, Hart, Jacobsohn, Harden). In summa hieß dies: »Der Modernismus umfasst die ganze neuzeitliche Kunst; er bedeutet die Kunst des heutigen Tages, des Augenblickes. Es ist die Kunst, die nicht wiedergeben kann, was im Menschen ständig und ewig, sondern das, was äusserlich ist, momentan, unterscheidend, etwas, was vielleicht morgen schon wertlos, ohne Würde ist. Der Modernismus widerspiegelt unsere Seele sowohl wie den Körper, die Neurose und unsere Unruhe, den Wahnsinn und das Uebermass, unsere Melancholie und unsern Zynismus, das Spasma und die Resignation, den Todesdrang und die Gier nach Geld und nach Liebesleidenschaft.« (Pordes-Milo)

Es war dann Karl Kraus, der in seiner einleitenden Vorlesung (1905) zur »Büchse der Pandora« die Bedeutung Wedekinds für seine Epoche zurechtrückte, indem er mit Nachdruck betonte: Wedekind ist »der erste deutsche Dramatiker, der wieder dem Gedanken den langentbehrten Zutritt auf das Theater verschafft hat.« (S. 7) Kraus apostrophierte den Dichter als »neuen Shakespeare« (S. 8), ein Namensstichwort, das zwar schon zuvor im Zusammenhang mit Wedekind und der modernen Literatur gefallen war, von Kraus aber nun erinnert wurde, nicht nur um seinen Zeitgenossen Wedekinds Welt als große Dichtung vorzuführen, sondern vor allem auch, um die erneute Kongruenz von Welt- *und* Theateranschauung (S. 11) hervorzuheben. Damit faßte Kraus die bisherige Diskussion um die Moderne *und* Wedekind zusammen. Er erkannte die neue dramatische Technik des Autors *und* den ideellen Gehalt seiner Stücke jenseits alles bloß Stofflichen. Und damit entriß er zugleich Wedekinds Werk einer bloß formal oder bloß ideologisch argumentierenden Kritik. Kraus wies beispielhaft die literarische Avantgarde auf die Notwendigkeit des künstlerischen Engagements hin, denn nur so ließ sich erst, wie er dachte, das Programm der Moderne erfüllen.

»Herr Wedekind wird jetzt gehört. Was hat er zu sagen«, mit diesen Worten leitete Harden 1906 die Fortsetzung seiner früheren Kritik ein (S. 70). Er fand für Wedekinds Werk eine Formel: Die Zirkus- als Bourgeoiswelt! Nur wirkte die Bourgeoisie in Wirklichkeit desillusionierend. Die Leidenschaften und Taten, die in ihr nicht vorkamen, sie führte – in ihrer Ökonomie entfesselt – Wedekind auf dem Theater vor. Drei Jahre später befand Theodor Heuß: »Wedekind ist die Literatursensation von gestern.« (S. 262) Nun schrieben die Zeitgenossen über ihn als einen Zeitgenossen. Die einen machten ihn zum »Moralisten« (Harden, Martens u. a.) oder zum »Bekenner« und »Revolutionär« (Mühsam) oder zum »Romantiker« (Schaukal, Salten, Martens) oder zum »Doktrinär« und »Dilettanten« (Hofmiller, Schaukal). Die anderen denunzierten ihn als »Lebensdilettanten« und als »pathologisch entartet« (Scheffler, S. 405, Erlbach, Weigl, Friedell) oder einfach als unfähigen Autor (Goldmann, S. 104). Am Thema »Erotik« schieden sich die Geister.

Bald wird es Mode von einem Wedekind-Stil zu sprechen (Schaukal, S. 724) –, von seiner neuen Dialogtechnik und der »Maschinerie seiner Menschen« (S. 265 f.). Harden fühlte sich an die Scenarios amerikanischer Shows erinnert, andere an amerikanisches Tempo und Sachlichkeit (Möller-Bruck, Viertel). Die Auslegung des Wedekindschen Humors als »modern«, »exzentrisch«, »komisch«, »grotesk« und »philosophisch« (Möller-Bruck, Pollatschek, Salten, Schaukal) reichte bis zur Gegenbehauptung philiströser Humorlosigkeit (Friedell). Man empfand ihn als unseren modernsten Dichter, als den Einzigen, »der es versucht hat, das seelische Ringen unseres Übergangs . . . zu schildern« (Schwarz, S. 236), und verdächtigte ihn zur selben Zeit, sich allmählich mit den konservativen Mächten der wilhelministischen Epoche zu arrangieren (Hardekopf, Tucholsky). Das Inkommensurable seiner Dichtung wurde zum Thema.

Als »Einziger« (Salten) wurde er jetzt innerhalb des zeitgenössischen Literaturbetriebs eingeordnet oder diesem entgegengesetzt. Damit wurde an Wedekind als oppositionellem Schriftsteller – die Kulturkritik isolierte ihn – auch der Versuch gemacht, die gesellschaftliche Bedeutung seines Werkes abzuwehren. Wenn dagegen Mühsam darauf insistierte, Wedekinds Kunst sei ganz und gar subjektiv und besitze erst dadurch Objektivität und gesellschaftskritische Qualität (S. 51), so verschanzte sich die Gegenseite hinter dem Vorwurf, Wedekind fröne einem fruchtlosen Subjektivismus: »Alle seine Dichtungen haben dasselbe betrübliche Thema: »Wedekind kontra Wedekind.« (Friedell, S. 310) Hieß es einerseits noch, der Dichter schreibe doktrinäre Idee- und Thesenstücke (Heuß, Hofmiller, Schaukal), so entwickelte man andererseits mit dem Hinweis auf Wedekinds Biographie und Subjektivismus die These, er verfasse autobiographische Dramen (Hofmiller). Damit wurde der »Fall Wedekind« nicht nur »ein gesundes Fressen für Professor Freud« (Kahn, S. 1042; s. Freud, Kassel-Mühlfelder, Spier), sondern die Geschichte seines Werkes wurde auch zur Entwicklungsgeschichte seiner Person marginalisiert. »Ein Stück von Frank Wedekind wird uns nur mehr interessieren, wenn Frank Wedekind nicht darin vorkommt.« (Hofmiller, S. 124) In diesem auf Wedekind projizierten Zirkelschluß blieb später in großem Umfang die Wedekind-Forschung gefangen. Schule hatte ja bereits der Positivismus der historischen Wissenschaften gemacht. In der Literaturgeschichtsschreibung wurde vor allem, wollte man sich als wissenschaftlich legitimieren, aus dem ›empirisch nachgewiesenen‹ biographischen Fakten das Werk eines Autors und dessen – historischer – Zeitbezug erklärt. Auf popularwissenschaftlichem Niveau machte diesen Versuch an Wedekind zuerst Raimund Pissin. Wedekind soll angeblich diesen Essay als »blödes Gefasel« bezeichnet haben (Kempner, S. 94). Die 1909 folgende Monographie von Julius Kapp mit dem Titel »Frank Wedekind. Seine Eigenart und seine Werke« porträtierte die Autorität einer *starken* und *eigenartigen Persönlichkeit* (S. 9), um dadurch den Darsteller »menschlichen Elends und menschlicher Niedertracht« (S. 140) vor dem Vorwurf einer allzu kritischen Gesellschaftskritik oder gar vor dem Vorwurf der Pornographie in Schutz zu nehmen. Hans Kempner, Kerrs Neffe, begnügte sich in seiner Studie »Frank Wedekind als Mensch und Künstler« (1909, [2]1911) mit einer Kompilation von Beschreibung und Zitaten, um die »großartige Persönlichkeit Wedekinds« (S. 76) zu würdigen, und schrieb das Buch von Kapp aus und nach. Wedekind teilte dem Autor mit: »Wenn meine bisherigen Arbeiten nicht etwa hochgeschätzt, sondern nur als das bischen, was sie sind, richtig gewürdigt würden, könnte ich unbefangen an neue Arbeiten gehen. In dieser Hinsicht würde mir Ihr Werk alle Knüppel aus dem Wege räumen, . . . wenn Sie nicht von Ewigkeit sprächen.« (GB 2, S. 218) Der – rassistisch eingestellte – Paul Friedrich (Frank Wedekind, 1913) wiederholte die bereits gängige Auffassung vom »Erotiker Wedekind« und dessen »Subjektivismus« (S. 12 u. S. 27). Kurt Martens verteidigte Wedekind 1910: »Junge Essayisten, die den Befähigungsnachweis für psychologischen Tiefblick erbringen möchten, wählen sich mit Vorliebe »das Problem Frank Wedekind« zur Behandlung. Sehr geistreiche Studien, umfangreiche Artikel, ja selbst Broschüren haben dieses dankbarste aller literarischen Modelle oft zu porträtieren versucht. Vor allem mußte seine scheinbar so verwickelte Natur auf eine bestimmte Formel gebracht werden: er wurde zum Diaboliker, zum Zyniker oder Ironiker, zum Sexualfanatiker, ja von einem besonders objektiven jungen Verehrer (d. i. Worringer) sogar zum ›Affen aller Menschlichkeit‹ gestempelt.« (S. 94)

Das erste wissenschaftliche literarhistorische Referat zum Werk Wedekinds stellte Otto Nieten 1908 zur Diskussion. Wedekind schrieb darüber: »Ich ließ mir nicht träumen, schon vor Jahren in akademischen Kreisen zu so ernsten Erörterungen Anlaß gegeben zu haben.« (4. II. 1913, K 3, S. 13 Anm. 2) Nieten machte auf ein bisher kaum beachtetes dichterisches Verfahren Wedekinds aufmerksam, alte Mythen zu *modernisieren*, ohne sie jedoch – wie die Naturalisten – in neue soziale Mythen zu übersetzen. Wedekinds *Modernisierung* nicht nur antiker, sondern auch feudaler und bourgeoiser Mythen – auch die Orte wechseln: statt Tempel und Paläste sind es Bureaus, Herrschaftsvillen, Bordells und Vergnügungspaläste – zielt auf deren Auflösung, nach einer, wie Nieten sagte, »das Bedrängende, Stoffliche beherrschenden Idee« (S. 11 f.). Diesen Impuls zur rast- und restlosen Aufklärung nahm er an Wedekinds scharfschneidiger Dialektik, an deren epigrammatischer Schärfe und an seinen überraschenden »gleich Gewaltausbrüchen wirkenden Impressionen« wahr (S. 7). Ob Wedekinds Motiv der Entzauberung von Mythen durch Zurschaustellung der modernen nur den des Eros ausschloß, daran schieden sich die Geister. Worum ging es ideell Wedekind: um den Geschlechterkampf oder um die Emanzipation der Geschlechter, um die Vorherrschaft des Sexualtriebs als Lebensprinzip oder um die kulturelle Repression des zerstörerischen Eros? Die Mischung von Sachlichkeit und Komik, von Gewalttätigkeit und Exzentrik frappierte nicht nur Nieten an Wedekinds Werk. Er gab literarhistorische Hinweise, die zum Teil bis heute nicht von der Wedekind-Forschung aufgearbeitet sind. Er verwies auf die Spätromantik und den Desillusionismus, er erinnerte an Heine und die Decadencepoesie Baudelaires und Verlaines, an Maupassant und Zola, und Berthold Litzmann sprach in der Diskussion von Courteline und der Comédie rosse, in welcher Realität und Phantastik, zusammengewürfelt, ins Groteske und Absurde zerfließen. (S. 4 f. u. S. 25 f.)

In die Debatte eingeführt wurde auch die Frage, inwiefern Wedekinds Werk selbst einer geschichtlichen Veränderung ausgesetzt war. Auch hier gingen die Ansichten auseinander. Man glaubte, seit der Umarbeitung der »Büchse der Pandora« (1906) einen »Bruch in der künstlerischen Physiognomie« zu entdecken oder sah jetzt ein moralisierendes Prinzip nachträglich in seine Kunstwerke hineingetragen (Ebd. S. 23). Andere sprachen von einem Nachlassen künstlerischer Gestaltungskraft (S. 25, Heuß, Hofmiller u. a.) und andere wie Kerr antworteten darauf: »Ich sehe keine Veränderung . . . Wedekinds Werke sind nicht schwächer geworden: bloß ihr Eindruck auf euch.« (S. 139 f.) In der Tat hatte sich auch die Wahrnehmung der Kritik verändert, seit Wedekind Erfolgsautor war, sein Werk unabweisbar zum Dokument seiner Zeit geriet und diesem programmatischer Charakter unterstellt wurde. Darüber hinaus änderte sich die Kritik an Wedekind, weil die Aporien der Kritik seinem Werk gegenüber ausgetragen zu werden verlangten und weil nicht zuletzt – dafür war die sich verändernde Zensur am Werk Wedekinds nur ein Symptom – sich zeigte, wie »modern« angesichts einer Wilhelminischen Kulturpolitik Wedekinds Werk war, hatte doch der Kaiser um die Jahrhundertwende z. B. daran appelliert, »*dem Geiste des Idealismus zu dienen und den Kampf gegen den Materialismus und das undeutsche Wesen fortzuführen, dem leider schon manche deutsche Bühne verfallen ist.*« (S. 78, vgl. Greiner). Seehaus stellte fest, daß selbst liberale Kritiker, »die Wedekinds Anfänge mit Wohlwollen verfolgten«, nach und nach von ihm abrückten (S. 29). Daß die aus dem Vormärz stammende Einrichtung der Theaterzensur keineswegs aus moralischen, sondern aus politischen Gründen durchgesetzt worden war, darf freilich nicht zu dem Irrtum führen, jetzt wäre der deutsche autoritäre Feudalstaat moralisch geworden (Seehaus, S. 62 f.). Vielmehr lief die Nationalisierung der Kulturdebatte – und ihr verschloß sich auch die Sozialdemokratie keineswegs – auf die simple Formel: undeutsch = unsittlich hinaus. Nicht von ungefähr verschärfte sich jetzt wieder die Diskussion um die sog. »Juden-Frage«.

Wie sich am »Fall Wedekind« zeigen sollte, war es nicht nur die nationale Rechte, die den Kurs einer Hegemonisierung der deutschen Kultur bestimmte. Nicht zufällig geschah dies zu einer Zeit, als Wedekind auch international mehr und mehr bekannt wurde. Dies galt, was Übersetzungen und Theateraufführungen betrifft, für Frankreich wie für England, die USA und Rußland. Auch die internationale Kritik machte auf den deutschen Autor aufmerksam (Dukes, Ashley u. a.). Das bedeutendste Dokument dafür war Leo Trotzkijs Artikel über »Frank Wedekind«, der zuerst in der deutschen Zeitschrift »Die neue Zeit« (1908) erschien. Dort hieß es in der Einleitung: »Wir leben in der Epoche eines sich immer mehr vertiefenden Internationalismus. Die russischen Intelligenzler haben im Verlaufe von etwa einem Jahr Wedekind eine Popularität

verschafft, die er in seiner Heimat nicht hat.« (S. 386 f.) Trotzkij
konnte genau zwischen Wedekind und der Funktion, die Wedekind für einen Teil der russischen Intelligenz hatte, unterscheiden,
wenn er schrieb: »Er hat den russischen Intelligenzlern genau das
angeboten, was sie brauchten: eine Kombination von sozialem Ni-
hilismus, jenem ekelerregenden Unglauben an das Schicksal des
kollektiven Menschen, und erotischem Ästhetizismus.« (S. 387)
Auch Trotzkij gehörte zu denen, die einen Wandel in Wedekinds
literarischem Werk sahen. Als »unbedingte Voraussetzung« für
diese Literatur überhaupt benannte er die »kapitalistische Großstadt« als »neuen sozialkulturellen Typ« (S. 368). Auch er bescheinigte Wedekinds Verfahren hastigen Scharfblick, stenographische
Denkweise, Stil und Technik, die Verbindung des Intimen mit dem
Vulgären, die Kombination aus Romantik und Realismus und die
Propagierung eines ästhetischen Kults (S. 368, 371, 377). Und er
kam zu dem Resultat, Wedekind habe »eine innere Revolution
durchgemacht« (S. 381) – nach dem Zusammenbruch der Erotik als
Lebensphilosophie. »Wedekind«, behauptete er, »hat diese Bahn
frei genug durchschritten, um die abergläubische Hochachtung
skrofulöser Philister vor der herrlichen Sünde nicht zu empfinden.«
(S. 386) Damit kehrte Trotzkij zum Ausgang seiner Kritik zurück
und brachte sie auf den für ihn wichtigen politischen Punkt, es sei
scheinrevolutionär, wenn sich die ganze politische Befreiungsfrage
auf die Befreiung des Fleisches hin verenge (S. 385). Spätestens seit
»Totentanz«, verteidigte er Wedekind, sei dieser kein Argument zu
Gunsten der Anarchie des Fleisches (S. 386).

Wie die Zeitgenossen zu Wedekind standen, sollte sich im Jubi-
läumsjahr zeigen, das in mehrfacher Hinsicht ein Grenzjahr war.
Nach Kriegsausbruch wurde offenkundig, daß die angebliche We-
dekind-Gemeinde so zahlreich und so einflußreich nicht war, wie
Wedekinds Gegner zuvor behauptet hatten. Unterstützt wurde er
nur von einer intellektuellen Minderheit, deren Einschätzung von
Wedekinds Werk keineswegs einheitlich war. Und als dieses nun
mit Macht durch die Zensur unterdrückt wurde, da begann man –
und dies sollte sich später gründlich noch einmal wiederholen – in
Deutschland Wedekind öffentlich totzuschweigen. So wurde in
den beiden Sammelschriften, die zu Wedekinds 50. Geburtstag erschienen, ohne daß dies Absicht gewesen war, ein erster Schluß-
strich unter Wedekinds Werk und seine Wirkungsgeschichte gezogen. Im »Wedekindbuch« (1914) schrieben u. a. Bahr, Carl Hauptmann, Kerr, Kutscher, Heinrich und Thomas Mann, Martens,
Mühsam, Rathenau, Sternheim und Stefan Zweig. Joachim Friedenthal eröffnete das Buch mit einer Wedekind-Monographie, die

eine erste Gesamtübersicht über Wedekinds Dichtung geben wollte. Friedenthal rückte den Moralisten Wedekind in den Mittelpunkt seiner Betrachtungen. Er hob hervor, daß es Wedekind in seiner Kritik am Bourgeois *und* Bürger in erster Linie auf den Menschen ankam. Friedenthal war der erste, der Wedekinds Werk unter dieser Devise zu periodisieren versuchte. Die erste Periode umfaßte das Jugend-Werk mit »Frühlings Erwachen« als Höhepunkt, Thema: »Mysterium der Natur« (S. 53). Die zweite gipfelte »in seinem grandiosesten Werk«, der Lulu-Tragödie (S. 47), Thema: »die zerstörende Kraft des Weibes« (S. 79). Die dritte Periode nannte Friedenthal eine der Krise, am reinsten dokumentiert in »Die Zensur«, Thema: der Doktrinär, der Bekenner Wedekind (S. 104). Zur vierten Periode rechnete Friedenthal »Franziska« und »Simson«, Thema: der objektive Dramatiker Wedekind (S. 110). »Ein Bekenner und Gestalter steht vor uns« (S. 121), faßte Friedenthal zusammen. Er zitierte die Philosophie des Pessimismus (Schopenhauer/Hartmann) als ideelle Voraussetzung für Wedekinds Dichtung, hob den *Pathetiker* Wedekind hervor, der ungebrochen den Satz verteidigt habe: »Das Fleisch hat seinen eigenen Geist«, und gab den frühen Werken »Frühlings Erwachen« und »Erdgeist/Pandora« den Vorzug. Diese Einschätzung dominierte im Urteil der Zeitgenossen und sollte noch später Geschichte machen. Thomas Mann erinnerte in einem glänzenden Aufsatz an das »tief deutsche, tief fragwürdige, von grenzenlos verschlagenem Geiste schillernde Werk« Wedekinds (S. 215) und war beeindruckt von einer Szene aus dem »Marquis von Keith«, von dessen Größe nur wenige Zeitgenossen (Nieten, Martens, Block u. a.) überzeugt waren. »Hidalla oder Sein und Haben« galt im Vergleich dazu als das wichtigere Drama; die sog. späten Dramen fanden am wenigsten Fürsprecher (Mühsam, Heinrich Mann). Mühsam war der Einzige, der in der Festschrift entschieden auf den wunden politischen Punkt, die Theaterzensur, zu sprechen kam, obwohl *alle*, die hier schrieben, auf Öffentlichkeit existentiell angewiesen waren.

Zu einer ähnlichen Phaseneinteilung wie Friedenthal kam Franz Blei. Er unterschied zwischen einer »pathetisch-naiven« Periode, die er für Wedekinds gute hielt (S. 42), einer »bewußt pathetischen Periode«, der er den »Erdgeist«, »Marquis von Keith« und »Büchse der Pandora« zurechnete (S. 43), einem Intermezzo der Krise und Abrechnung (»So ist das Leben«, »Hidalla«) und einer »pathetisch-deklamatorischen« Periode (»Simson«), die für ihn den Bankerott der Wedekindschen Kunst signalisierte (S. 45). Er rückte Wedekinds Werk in seinem geschichtlichen Ursprung und in seiner geschichtlichen Bedeutung in die Vergangenheit und behauptete:

»Wedekind steht im grauen Schatten törichter Theoreme.« (S. 50)
Damit gehörte Blei zu den ersten, die versuchten, eine historische
Distanz zwischen sich und Wedekinds Werk zu errichten: »Die
Sehnsucht heutiger Jugend geht auf eine eindeutige Bestimmung
der Stellung des einzelnen in einer viel tiefer empfundenen und ge-
dachten Welt als die der Generation der achtziger Jahre war, die
sich mit den Formeln von Darwin, Taine und Marx schon die letzten Begrenzungen gab.« (S. 51) Daß mit Wedekinds Werk die eigenen Aporien der Moderne, die Konstellation: hochindustrialisierte
Moderne (»Härte« einer »nervengepeitschten Zeit«, S. 214/260) –
subjektlose Subjektivität, zur Debatte gestellt waren, wie es Bruno
Frank mit dem Titel »Modernität und Bekenntnis« (S. 164) umriß,
war den wenigsten bewußt. Einig waren sich die meisten Fest-
schriftler nur über Wedekinds »Exhibitionismus« und darin, daß er
eine neue dramatische *Stil-Kunst* geschaffen hatte. Walther Rathenau rührte an »ungelöste Zeitprobleme« (Kienzl, S. 43), wenn er
Balzacs Welt mit der Wedekinds verglich. Balzac »schuf die Historiographie der werdenden Neuzeit; Beamtentum und Halbwelt,
Aristokratie und Jobberei, Geschäft und Militär, Tribunal und
Presse sind fünfzig Jahre lang das geblieben, wozu Balzac sie gemacht hat« (S. 234 f.). »Wedekinds Welt ist enger, nicht ärmer. So-
zial betrachtet beginnt sie beim besseren Kunstunternehmer und
Impresario und endet beim Kleinbürger und der Dirne; ethisch betrachtet umfaßt sie die letzte bürgerliche Insel berufener Romantik,
die der Flut unserer Zeit widersteht und von Flüchtlingen aller La-
ger bevölkert wird.« (S. 235) Hatte Nieten einsichtsvoll von einer
Modernisierung »antiker« Mythen gesprochen, so kam Rathenau
in Umkehrung der Vorzeichen zum Urteil einer »innerlich antiken
Behandlung des neuzeitlichen Stoffes« (S. 235) durch Wedekind. Je
nach Stellung zur Moderne wechselte das Paradigma ihrer Einschätzung.

Während der Kriegszeit machte als einer von wenigen Will
Scheller unter dem bezeichnenden Titel »Zu Frank Wedekind.
Auch ein Kriegsaufsatz« den Versuch, gegen den chauvinistischen
Nationalismus in Deutschland ein humanes Wedekind-Porträt zu
retten. Mit dem Stichwort »Menschheitserneuerung« griff er ein
Merkwort auf, das jetzt Epoche machen sollte. Das »Junge
Deutschland« – Wedekind unterzeichnete noch 1917 einen Aufruf,
der zur Gründung einer Fördergesellschaft junger Dramatiker un-
ter diesem Namen erging – meldete sich nach seinem Tod zu Wort.
Sie, die frühen Expressionisten, favorisierten, die Rede vom Pathetiker Wedekind aufgreifend, den Kämpfer Wedekind, das seelische
und sittliche Ethos seines Werkes. Verglichen wurde Wedekind mit

Strindberg. Galt ihnen dieser als Seelen-Dramatiker, so Wedekind als »Mythen-Dramatiker« (Kayser, S. 363) Georg Kaiser schrieb: »Brüderlich im Schrei mit August Strindberg . . . Solches Werk dauert. Unverrückbarer Grenzstein an Gebieten. Nachbarlich bleibt uns jener Bezirk, den dieser Dichter ausschritt. Schöne Fremdheit hütet ganz treu den Bestand. Schöne Fremdheit. Wir wallen in größere: Mensch und Mensch.« (S. 255) Der expressionistische Vorbehalt gegenüber Wedekind war aber nicht zu übersehen. Paul Kornfeld drückte ihn am deutlichsten aus: »Daß Wedekind gestorben ist, ist wohl vor allem deshalb ein Verlust für Deutschland, weil er nicht unsterblich ist . . . Seine Rechnung vom Wesen des Menschen konnte nicht stimmen, weil er den wichtigsten Faktor vergessen hatte: daß der Mensch eine Seele hat« (S. 99). Brecht urteilte: »Er gehörte mit Tolstoi und Strindberg zu den großen Erziehern des neuen Europas. Sein größtes Werk war seine Persönlichkeit.« (S. 4) Der Akzent, der jetzt auf die Subjektivierung seines Werkes gesetzt wurde, eröffnete die Chance und die Gefahr einer historischen Relativierung von Wedekinds Dichtung. Für liberale Kenner seines Werkes war dieses »Ichdichtung«, »Ichkunst«, kein »Abbild wirklichen Lebens« (Rath, S. 102). Die akademische Rechte, und nicht nur diese, nahm Wedekinds Dichtung als eine Krankheitserscheinung, als Ausdruck von Perversität wahr: »Unsere Kultur muß ihre Gesundheit und Kraft erweisen, indem sie Wedekind überwindet.« (Gerhard Heine, S. 349) Für die Wirkungsgeschichte Wedekinds hatte dies Folgen. Der Bruch, der nach dem Ersten Weltkrieg mit der literarischen Moderne um die Jahrhundertwende vollzogen wurde, geschah keineswegs nur im Bewußtsein geschichtlicher Aufklärung, und die Überlieferungsmuster, die die Wedekind-Rezeption aus dieser Epoche bereitgestellt hatte, blieben unaufgearbeitet – so wie auch die durch den Krieg abgebrochene Wedekind-Debatte »unvollendet« blieb.

Literatur:

Andreas-Salomé, Lou: Frühlings Erwachen. Die Zukunft 58, 1907, S. 97–100

Bab, Julius: Wedekind und das tragische Epigramm. In: Ders., Wege zum Drama. Berlin 1906, S. 28–32

Bahr, Hermann: Rezensionen. Wiener Theater 1901–1903. Berlin 1903

Blei, Franz: Über Wedekind, Sternheim und das Theater. Leipzig 1915, S. 28–53 (überarbeitet, zuerst in: Das Wedekindbuch. München/Leipzig 1914)

Brandes, Georg: Gestalten und Gedanken. Essays. München 1905

Brecht, Bert: Frank Wedekind. In: Ders., Gesammelte Werke, Bd. 15, Frankfurt 1967, S. 3–4 (zuerst: 1918)

Dehmel, Richard: Erklärung. Die Gesellschaft 8, 1892, S. 1473–1475

Dukes, Ashley: Frank Wedekind. In: Ders., Modern Dramatists. London 1911, S. 95–113

Erlbach, Otto von: Bühne und Moral. Geharnischte Glossen. Allgemeine Rundschau 5, 1908, S. 371–373

Fechheimer, Sigfried: Der Hofnarr Gottes. Eine Frank Wedekind-Studie. Die Gesellschaft 18, 1902, S. 292–298

[Freud] Protokolle der Wiener Psychoanalytischen Vereinigung. Frankfurt 1976 (13. Vortragsabend: am 13. Februar 1907. Rudolf Reitler: Über »Frühlings Erwachen« von Frank Wedekind, S. 105–112)

Freund, Margarete: Von Wedekind zum jungen Deutschland. Ein psychologischer Schattenriß. Das junge Deutschland. Monatsschrift in Literatur und Theater 1, 1918, S. 124–126

Friedell, Egon: Frank Wedekind. Die Schaubühne 4, Bd. 1, 1908, S. 306–310

Friedrich, Paul: Frank Wedekind. Berlin (1913)

Goldmann, Paul: »Hidalla«. Von Frank Wedekind. In: Ders., Vom Rückgang der deutschen Bühne. Polemische Aufsätze über Berliner Theater-Aufführungen. Frankfurt 1908, S. 97–123

Ders.: »Der Marquis von Keith«. Von Frank Wedekind. In: Ders., Literatenstücke. Frankfurt 1910, S. 103–114

Greiner, Ernst-Adolf: Frank Wedekind. Bühne und Welt 16, 2. Hj. 1914, S. 376–381

Hardekopf, Ferdinand: Wedekinds Maske. Die Schaubühne 7, Bd. 2, 1911, S. 440–441

Harden, Maximilian: Theaternotizen. Die Zukunft, 42, 1903, S. 205–207

Ders. : Theater. Die Zukunft 54, 1906, S. 77–86

Ders.: Wedekind-Spiel. Die Zukunft 79, 1912, S. 381–393

Hart, Heinrich: Frank Wedekind. Der Erdgeist. In: Ders. Gesammelte Werke Bd. 4, Berlin 1907, S. 352–355

Heine, Gerhard: Frank Wedekind. Preußische Jahrbücher, Bd. 171, 1918, S. 335–349

Henckell, Karl: Moderne Dichterabende. Zwanglose Zitatenplaudereien. Leipzig/Zürich 1895, S. 94–96

Heuß, Theodor: Frank Wedekind. Der Kunstwart 22, 1909, S. 262–269

Hofmiller, Josef: Wedekinds autobiographische Dramen. Süddeutsche Monatshefte 6, Bd. 1, 1909, S. 116–125

Ders.: Wedekind. In: Ders., Zeitgenossen. München 1910, S. 88–113

Jacobsohn, Siegfried: Frank Wedekind. Der Marquis von Keith (1901). In: Ders., Jahre der Bühne. Theaterkritische Schriften. Reinbek 1965, S. 11–12

Kaiser, Georg, zitiert nach: Knudsen, Hans, Georg Kaiser. Literarische Gesellschaft 4, 1918, S. 255

Kapp, Julius: Frank Wedekind. Seine Eigenart und seine Werke. Berlin 1909

Kassel-Mühlfelder, Martha: Wedekinds Erotik. Sexualprobleme 9, 1913, S. 115–118

Kayser, Rudolf: Der Dramatiker Wedekind. Das junge Deutschland. Monatsschrift in Literatur und Theater 1, 1918, S. 120–122

Ders.: Die Büchse der Pandora, ebd. S. 362–363

Kempner, Hans: Frank Wedekind als Mensch und Künstler. Eine Studie. 2. Auflage Berlin-Pankow 1911 (¹1909)

Kerr, Alfred: Frank Wedekind. In: Ders., Das neue Drama. Berlin 1905, S. 134–142

Ders.: Thoma-Wedekind-Shaw. Die Neue Rundschau 20, 1909, S. 137–142

Kornfeld, Paul: Wedekind. Das junge Deutschland. Monatsschrift in Literatur und Theater 1, 1918, S. 99–100

Martens, Kurt: Frank Wedekind. In: Ders., Literatur in Deutschland. Studien und Eindrücke. Berlin 1910, S. 94–104

Möbius, Martin: Steckbriefe, erlassen hinter 30 literarischen Übelthätern gemeingefährlicher Natur . . . Leipzig 1900. Frank Wedekind, S. 122–124

Moeller-Bruck, Arthur: Frank Wedekind: »Der Erdgeist«. Die Gesellschaft 11, 1895, S. 1682

Ders.: Frank Wedekind. Die Gesellschaft 15, 1899, S. 244–252

Ders.: Wedekind. In: Ders., Die Zeitgenossen. München 1906, S. 201–209

Mühsam, Erich: Frank Wedekind. Kain 4, 1914, S. 49–54

Nieten, Otto: Frank Wedekind (eine Orientierung über sein Schaffen). Mitteilungen der Literarhistorischen Gesellschaft Bonn 8, 1908, S. 3–26

Panizza, Oskar (-zz-): Wedekind, Frank: »Der Erdgeist«. Die Gesellschaft 12, 1896, S. 693–695

Pissin, Raimund: Frank Wedekind. Berlin (1905)

Polgar, Alfred: Wiener Premieren. Die Schaubühne 7, Bd. 2, 1911, S. 493–496

Pollard, Percival: Drama and Wedekind. In: Ders., Masks and Minstrels of New Germany. Boston 1911, S. 227–256

Pollatschek, Stefan: Wedekinds »Oaha«. Die Gegenwart 74, 1908, S. 253–254

Pordes-Milo, Alexander Sigmund: Frank Wedekind. Bühne und Brettl 5, 1905, Nr. 15

Rath, Wilhelm: Frank Wedekind. Ein Rückblick auf den Mann und Dichter. Velhagen und Klasings Monatshefte 32, 1917/18, Bd. 3, S. 96–107

Reden des Kaisers, hrsg. v. E. Johann, München 1966

Salten, Felix: Frank Wedekind. In: Ders., Gestalten und Erscheinungen. Berlin 1913, S. 36–48

Schaukal, Richard: Frank Wedekind. Eine Porträtskizze. Bühne und Welt 5, 2. Hj. 1903, S. 1031–1034

Ders.: Frank Wedekind. Skizze zu einem Porträt. Der Merker 2, 1911, S. 722–729

Scheffler, Karl: Der vermummte Herr. Die Zukunft 58, 1907, S. 403–407

Scheller, Willi: Zu Frank Wedekind. Auch ein Kriegsaufsatz. In: Literarische Gesellschaft 1, 1915, H. 3, S. 5–14

Schickele, René: Erstaufführung von Frank Wedekinds »Musik« . . . Morgen 2, 1908, S. 1501–1502

Schwarz, J.: zitiert nach Kurt Seehaus, Frank Wedekind und das Theater. München 1964, S. 14 (1897)

Schwarz, Karl Johannes: Wedekind-Woche. Der Merker 3, 1912, S. 236–237

Seehaus, Kurt: Frank Wedekind und das Theater. München 1964

Spier, J.: Lulucharaktere! Sexualprobleme 9, 1913, S. 676–688

Trotzkij, Leo: Frank Wedekind. In: Ders., Literatur und Revolution. Berlin 1968, S. 366–387 (zuerst 1908)

Tucholsky, Kurt (Peter Panter): Der Konsumvereinsteufel. Die Schaubühne 10, Bd. 1, 1914, S. 348–349

Viertel, Berthold: Wedekind's »Liebestrank«. Der Merker 2, 1910, S. 219–220

Das Wedekindbuch. Hrsg. u. mit einer Monographie von Joachim Friedenthal. Beiträge von Hermann Bahr, Franz Blei, Paul Block, Lovis Corinth, Richard Dehmel, Franz Dülberg, Fritz Engel, Herbert Eulenberg, Bruno Frank, Max Halbe, Carl Hauptmann, Wilhelm Herzog, Alfred Kerr, Artur Kutscher, Max Liebermann, Heinrich Mann, Thomas Mann, Kurt Martens, Erich Mühsam, Walther Rathenau, Wilhelm von Scholz, Werner Sombart, Carl Sternheim, Jakob Wassermann, Stefan Zweig. – Max Bachur, Walter Bloem, Reinhard Bruck, Louise Dumont, Carl Heine, Felix Hollaender, Bernhard v. Jacobi, Leopold Jeßner, Benno Koepke, Gustav Lindemann, Max Martersteig, zu Putlitz, Alfred Reucker, J. Georg Stollberg, Ernst With, Karl Zeiß, Erich Ziegel. München/Leipzig 1914

Frank Wedekind und das Theater. Berlin 1915 (mit Beiträgen von: Josef M. Jurinek, Paul Block, Artur Kutscher, Hermann Kienzl, Alfred Holzbock, Wilhelm Bolze, Frank Wedekind)

Weigl, Franz: Wedekinds »Frühlings Erwachen« auf öffentlicher Bühne. Allgemeine Rundschau 5, 1908, S. 810–811

Worringer, Wilhelm: Frank Wedekind. Ein Essay. Münchner Almanach. Ein Sammelbuch Neuer Deutscher Dichtung. München/Leipzig 1910, S. 57–64

4.2 Weimarer Republik (1918–1933)

Nach dem Ersten Weltkrieg schien es aussichtsreich, die Debatte über Wedekinds Werk unter demokratischen gesellschaftspolitischen Voraussetzungen erneut aufgreifen zu können. Martin Kessel schrieb: »Schon bald nach Wedekinds Tod wurde in Deutschland die Frage laut, ob Wedekind wirklich verstanden worden sei, und ob er, falls er verstanden wurde, überhaupt auf Bürgerlich verstanden sein wollte. « (S. 84, s. 4.3). Die Abschaffung der Theaterzensur in Deutschland hatte zur Folge, daß Wedekind wieder zu einem der meistgespielten Theaterautoren der Nachkriegszeit wurde.

Schon der Theaterskandal aber um die Aufführung von »Schloß Wetterstein« in den Münchner Kammerspielen (1919) zeigte – u. a. hatte eine Anzahl Pioniere der Reichswehr geplant, eine Vorstellung zu sprengen –, daß keineswegs von einem revolutionären Bruch mit der repressiven kulturpolitischen Vergangenheit die Rede sein konnte. Vielmehr erwies sich rasch, daß die Rezeption der Werke Wedekinds vor 1918 bereits Geschichte gemacht hatte. Der Tradition dieser Geschichtsschreibung – auch ein Symptom für die ungebrochene Kontinuität der sozialpolitischen Widersprüche – konnten die »Erben und Nachgeborenen« nur wenig Neues entgegensetzen, vielmehr zerfiel, wie Theodor W. Adorno schon früh hellsichtig wahrnahm, »die Ganzheit des Werkes selber, die in Erscheinung trat, fürs öffentliche Bewußtsein in Trümmer und Bruchstücke« (S. 627).

Ob Wedekinds Werke wirklich in ihrer Ganzheit schon einmal Ausdruck gefunden hatten, war indessen noch eine ganz andere Frage. So wurde u. a. von Fritz Hagemann darauf hingewiesen, daß es an wissenschaftlicher, systematischer Bearbeitung einzelner Werke fehle und eine textkritische Ausgabe notwendig wäre (S. 8 u. S. 11). Aber aus dem Hinweis, daß Wedekind während des Kaiserreiches der verbotenste Theaterautor gewesen war, wurde für die kritische Rezeption seiner Werke selten Konsequenzen gezogen.

Einerseits wurden jetzt die Phrasen über Wedekind als Bekenner und damit auch die biographische Auslegung seines Werkes fortgeschrieben (Eloesser, Fechter, Kutscher, Schweizer, Vieweger u. a.), andererseits wurde er zum Klassiker der Moderne oder des Expressionismus (Diebold, Elster, Fechter, Strich) erklärt. Andere konstatierten: »Wedekind starb. Mit ihm seine Welt.« (Ehrenstein, S. 65), andere machten ihn zum »Führer«, der »schon in den Tagen der vergangenen Ordnung das Kommende« ahnte (Fechter, S. 6). Und Friedrich Gundolf entwarf in einer erst aus dem Nachlaß herausgegebenen Studie ein düsteres Bild Wedekinds als eines »Herolds der Gewalten«, die nicht Fabel werden dürfen, wenn die Menschheit als Menschheit dauern soll.« (S. 217) Hans Franck, der Verfasser des Romans »Das Dritte Reich«, pries das aufrüttelnde Erlebnis des letzten Krieges, durch den auch der Wedekindsche Subjektivismus hinweggefegt worden sei (S. 328), und in einer ähnlichen Sprache pflichteten ihm andere bei, Wedekind, der einseitige Individualist, habe »nie den Weg zum Volks- oder Menschheitsbewußtsein« gefunden (Elster, S. 10).

Die Zerstückelung von Wedekinds Werk wurde schließlich auch durch die Auswahl festgeschrieben, der es nicht nur durch die Bühne unterworfen wurde. Hatten die Wedekind-Aufführungen bereits nach 1920 der Zahl nach ihren Höhepunkt überschritten, so ließ sich nach 1928 ein steiler Abfall in der Aufführungsstatistik feststellen (Seehaus, S. 37 f.). Außerdem wurden die sog. Nebenwerke vernachlässigt. Zum Kanon der wichtigen Werke rechneten vor allem die Stücke aus der Zeit bis 1906. Die Periodisierungen von Friedenthal und Blei machten Schule und wurden zum Teil auch in die Fachliteratur (Fechter, Hagemann, Schweizer) übernommen. Die einen hielten am Romantiker Wedekind fest (Ludwig Marcuse). (Später zog Martin Kessel (s. 4.3) einen literarischen Vergleich mit den Romantikern.) Die andern suchten den Autor für die neue Sachlichkeit zu retten und schrieben dafür den Erotiker Wedekind ab (Mensing, Matthias). Neu formuliert – und unterschiedlich bewertet – wurde die These von Wedekinds Klassizismus (Diebold, Fechter, Ingrid Krauss, Schweizer, Strich).

»Man muß vielmehr den Blick nach außen wenden«, betonte Mensing, »wenn man dem Dichter allseitig gerecht werden will. Man muß im Atem der Großstadt, im Orchester ihrer Vergnügungen wie ein Steptänzer erzittern, um zu fühlen, wir leben wie Wedekind, wir alle, alle sind Kinder seines Blutes, ob wir es wollen oder nicht, wir würden sterben ohne seine Überzeugung: Man muß den Geschäftsgeist, den Wellenschlag des Verkehrs nachts als Lichtreklame über tausend Dächer entflammen sehen, um zu erkennen, daß das weltanschauliche Bewußtsein von heute ohne seine Dichtung nicht entziffert werden könnte.« (S. 421) Und Schweizer beschwor: »Wedekinds Ziel ist ein Reich der Schönheit und der Kraft, der neue Mensch von Adel, Rasse und Mut, ein Helenentum von olympischer Schönheit und Reinheit, die harmonische Einheit von Leib und Geist, Intelligenz und Kraft, Eros und Logos, von Christos und Dionysos.« (S. 70, ähnlich Fechter, S. 135)

Über Wedekinds Humor schrieb niemand.

Der zivilisatorische Protest (Adorno, S. 622), von dem Wedekinds Werk erfüllt war, wurde von den meisten der autobiographischen Erinnerungen, die jetzt Konjunktur hatten, überdeckt (Ackermann, Blei, Martens, Heinrich Mann, Mühsam, Rudinoff u. a.). Die biographische Methode begann – dazu trug vor allem Kutscher durch seine umfangreiche Werkbiographie bei – in der Wedekind-Forschung zu dominieren. Unter der Prämisse, Dichtung als Resultat von Erlebnissen des Dichters zu verstehen (Kutscher, Gestalten, S. 120), unternahm Kutscher im Blick auf die Biographie Wedekinds, die Biographie seiner Werke zu beschreiben. So versank hinter der Person des Autors die soziale Welt, auf die sich Wedekinds Werk kritisch bezog. Entgegen Wedekinds antinaturalistischer ästhetischer Intention wählte Kutscher ein dieser entgegengesetztes ›naturalistisches‹ wissenschaftliches Verfahren, das ihn nötigte, mit detektivischer Akribie gegen das Werk vorzugehen, um es so schließlich seiner Autonomie zu berauben. Als Geheimpolizisten zu enden, hatte in Anspielung auf Figuren aus Balzacs Romanwerk Wedekind bereits den deutschen Naturalisten vorgeworfen. Statt das Werk nach seinen Intentionen zu befragen, wurde es zu einer Funktion der Biographie. Kutschers Werk gleicht einem riesigen Steinbruch oder einem anatomischen Theater, auf dem eine zerstückelte Leiche zur Schau gestellt ist. Kutschers Irrtum, einer an der deutschen Klassik orientierten konservativen Germanistik einen modernen Autor näherbringen zu können, lag jedoch nicht an der von ihm gewählten Methodik, sondern daran, daß der Autor Wedekind hieß.

Mit dem Bescheidenheitstopos, ihm sei nichts daran gelegen gewesen, »literarhistorische Arbeit zu leisten, sondern aus Erlebnis und Erinnerung ein Bild dieses Menschen und seines Werks« hinzustellen, beendigte Paul Fechter seine Studie über »Frank Wedekind« (1920, S. 174). Er verzichtete auf die noch unaufgearbeiteten philologischen und historischen Materialien zu Wedekind, rückte den – expressionistischen – Dramatiker ins Zentrum seiner Abhandlung und dokumentierte damit als einer der ersten für die Literaturwissenschaft, daß Wedekinds Gesamtwerk allmählich auf die Dramen reduziert wurde. Fechter heroisierte Wedekind »zum Deuter und Läuterer für heute und morgen« (S. 9) und zum Heros des – Lebens und behauptete: »Sein Werk rein als literarische Leistung werten zu wollen, hieße ihm bitteres Unrecht tun . . . Er verneinte alle Literatur und bekannte sich zum Leben« (S. 173). Auch wenn Fechter anfangs betonte, Wedekind habe »sein Leben lang in bitterster Opposition gegen die bürgerliche Welt« gestanden (S. 6), wird deutlich, daß es ihm in seinem Buch mit der Phrase vom Leben weniger auf den Kritiker, als auf den »Bekenner« ankam, und er unterstellte: »In diesem Zwang zum Bekennen lag Glück und Elend, Größe und Schwäche Frank Wedekinds beschlossen.« (S. 170) Den Satz, daß die Jugend Wedekind »zujubelte, die zum erstenmal wieder einen Führer ins Lebendige ahnte« (S. 174), nahm Fechter 1933, da jetzt einem anderen Führer zugejubelt wurde, als »eine völlig falsche Deutung« zurück (S. 178). Die »neue Zeit« nach der Revolution von 1918 sah er jetzt als eine »Episode« an, wie es seiner Meinung nach »nach dem Zusammenbruch von 1918 für das Reich« nun einmal nicht anders gewesen sein konnte, denn erst »heute wird Wedekind«, wie es bei ihm apologetisch heißt, »zum Verkünder der heraufkommenden neuen Kräfte« (S. 179).
Im Vorwort zur fünfbändigen Werkauswahl Wedekinds (1924)

stellte der Herausgeber Fritz Strich den Ethiker Wedekind vor und machte ihn zum Vorkämpfer des expressionistischen Stils (S. 181 f.). Strich rückte Wedekind in die Nähe Nietzsches, denn beide verkündeten, wie es ihm schien, »das gleiche Evangelium: Umwertung aller bürgerlichen Werte« (S. 185) Nach Strich bildete Wedekinds dramatische Form der Mythos: »Von Anfang an haben seine Dramen in einer mythenlosen Zeit den Geist des Mythos in sich, weil sie Endgültiges, Unüberwindbares gestalten.« (S. 188) Damit ebnete Strich die Differenz zwischen Antike und Moderne ein, auf die noch Nieten und Rathenau für Wedekinds Werk ausdrücklich hingewiesen hatten. Der Begriff Mythos gehörte nun selbst zum Vokabular und zur Ideologie eines neuen Heroismus, der sich in einem selbsternannten, von allen Widersprüchen gereinigten Klassizismus gefiel.

Adorno warnte vor solchen »Fälschungen« (S. 619 f.) nicht nur, weil sie sich bloß aus der Stofflichkeit eines Werkes herleiteten, sondern auch, weil beispielsweise unter der Formel des Grotesken allzu rasch und allzu leicht die in Wedekinds Werk versenkte Widersprüchlichkeit seiner Epoche zugunsten einer Idee oder eines Ideals, die doch hinter den zivilisatorischen Verzerrungen anwesend wären, aufgelöst würde (vgl. Strich S. 184). Diese Vereinfachungen und Verengungen in der Rezeption der Werke Wedekinds verraten für die zwanziger Jahre eine geradezu kollektive Abwehr von Wedekinds Werk. Darin liegt der gesellschaftlich tiefe Grund verborgen, warum Wedekind zu einer Ausnahmeerscheinung gemacht wurde. Was in seinen Werken als gesellschaftliche Regel thematisiert wurde, die Dissonanz, sollte Ausnahme sein und bleiben. Adorno widersetzte sich dieser »Verdrängung«, als er behauptete, Wedekind sei »eher ein Ahnherr der Surrealisten als der Expressionisten«, denn er habe wie Brecht, »anstatt in der Oberwelt der ästhetischen Formen zu reden, die Unterwelt der bloßen Stoffe selber zum Reden« gebracht (S. 631). Diesen Hinweis hat die Wedekind-Forschung bis heute nicht ernsthaft aufgegriffen.

Die akademische Forschung, hauptsächlich durch einige Dissertationen vertreten, folgte im großen und ganzen der allgemeinen Wedekind-Rezeption. Ihr Hauptinteresse galt den Dramen, und als Hauptwerke waren jetzt – wenn auch in unterschiedlicher Bevorzugung – »Frühlings Erwachen«, die »Lulu«-Dramen und »Der Marquis von Keith« kanonisiert. Die erste Dissertation über Wedekind verfaßte Otto Riechert (1923), in welcher er sich hauptsächlich mit der Form der Dramen Wedekinds beschäftigte, einen Vergleich mit der Wiener Posse (Raimund, Nestroy) zog, auf rhetorische Figuren, die Dialogstruktur (Stichometrie, Parallelismen, Wiederholungen etc.) und den antithetischen Szenenaufbau einging. Das sog. Spätwerk sah er – eine bereits geläufige Formel aufgreifend – durch »sinkende Formkraft« (S. 95) entstellt. Derselben Meinung, jedoch inhaltsbezogen, war Hagemann: »Die Alterswerke bringen zu seinen Anschauungen nichts Neues mehr« (S. 78). An »Erdgeist« und »Die Büchse der Pandora« suchte Hagemann eine weltanschauliche Wende Wedekinds zu demonstrieren. Mit »Der Büchse der Pandora« werde »Wedekinds dichterische Welt der natürlichen Triebe und sinnlichen Leidenschaften« widerrufen. Philologisch verfuhr Hagemann dabei völlig unkritisch, da er die unterschiedlichen Textfassungen zur »Lulu« zwar teilweise zitierte, sich aber über ihre textgeschichtlichen Zusammenhänge keine Rechenschaft gab. Sein eigener ideologischer Ansatz war ihm wichtiger, den er so definierte: »Wedekind bekennt sich in Erdgeist und Büchse der Pandora zum äußersten *naturalistischen Individualismus und Subjektivismus.*« Dies habe die Erkenntnis zur Grundlage, »daß alles Selbstsucht und Trieb« sei (S. 61 u. S. 74). Diese Deutung der Erotik in einer Zeit, in welcher der Eros aus der Welt flieht (Adorno, S. 620), sollte eine – unerotische – Wissenschaft hartnäckig bis heute beschäftigen.

Hagemanns und die folgenden Dissertationen entstanden nicht zufällig erst zu einem Zeitpunkt, als die Rezeption der Werke Wedekinds gesellschaftlich im Schwinden begriffen war. So stellten die wissenschaftlichen Arbeiten über Wedekind auch eine Bestandsaufnahme dessen dar, was von seinem Gesamtwerk übrigblieb. Das trifft auf die hauptsächlich beschreibende und sich auf Kutscher stützende Studie Franziska Juers über Wedekinds Lyrik ebenso wie auf Hellwigs Darstellung der dichterischen Anfänge Wedekinds zu, die vor allem deswegen hervorgehoben zu werden verdient, da hier – wenn auch inzwischen veraltet – zum ersten Mal eine philologische Erörterung der Texte Wedekinds angestrebt wurde, ein Vorhaben, dem sich die Wedekind-Forschung erst Jahrzehnte später wieder stellen sollte. Zwei Arbeiten setzten sich mit dem »Marquis von Keith« und mit der Figur des Abenteurers in Wedekinds Werk auseinander. Mit dem zur Einschätzung von Wedekinds Werk vielfach herangezogenen Begriff der Groteske als Gattung befaßten sich Mally Untermann und Ernst Schweizer. Der Geschichte des Begriffs Groteske nahm sich Untermann ausführlicher als Schweizer an, der sich auf eine Formbestimmung der Groteske anhand von Wedekinds Dramen beschränkte. Er entdeckte die »Groteskwirkung seiner Technik« vornehmlich »in der Brechung der Situation, der Stimmung« (S. 58) und legte ihre vier Momente zugrunde: die Steigerung, d. h. die Radikalisierung des gesamten Stoffgebiets auf eine ›Idee‹; die Brechung des Lebensgesetzes (»Die reale Wirklichkeit wird von einer subjektiv-phantastischen Welt verdrängt«.); Dissonanz (als Gestaltungsmittel); Negativität, d. h. Verneinung aller positiven Lebenserscheinungen (S. 44). Schweizer leitete Wedekinds Technik der Groteske aus dem Streit um die literarische Richtung des Naturalismus ab und verengte dadurch die Frage nach Wedekinds Stil auf die Debatte literarischer Stile und ihrer literarischen Durchsetzung. Unter der Voraussetzung, vom Naturalismus führe der Weg zur Überwirklichkeit des Expressionismus (S. 43), kam er zu dem Urteil, Wedekinds Werk zeichne sich durch »expressionistischen Naturalismus« (S. 45) aus. Dieser wissenschaftliche und literarische Determinismus, aus dem der gesellschaftliche Kontext der Groteske ausgeblendet war, hinderte ihn, Kitsch und Kolportage statt als bewußtes Stilmittel anders als literarische Geschmacksverirrungen zu interpretieren. Wieder ist auf die Einsicht Adornos zu verweisen, der zeigte, wie Wedekind den zeitbedingten Stoff, »die Bürgerwelt der letzten Vorkriegsjahrzehnte«, durch »Schein und Kolportage und Kitsch« chokartig dekuvrierte (S. 629 f.). Diese Demaskierung, erläuterte er, war Absicht und formbildend: Die dramatischen Situationen gerinnen zu exzentrischen und grotesken Tableaus. Aus szenischen Tableaus setzen sich, der Technik der Montage unterworfen – Wedekinds Zeitgenossen fühlten sich an die Sensationen *und* Ausdrucksformen des Kinematographen erinnert –, seine Dramen zusammen. In ihrer raschen Aufeinanderfolge und in ihrer flexiblen Konstruktion gleichen diese Tableaus der Montage und dem Tempo filmischer Einstellungen und Sequenzen. (S. 632)

Gerlach, Krauss, Wünneberg und Sternitzke berücksichtigten bei ihren Themen in Einzelkapiteln auch das Werk Wedekinds. Gerlach machte den ersten Versuch, auf eines der sog. Spätwerke wissenschaftlich einzugehen, und folgte dabei der negativen Einschätzung der letzten Werke Wedekinds. Sternitzke beschrieb den satirischen Charakter von Wedekinds Brettl-Liedern und teilte sie in drei Gruppen – politische, soziale und erotische Moritaten – ein. Als erster stellte in einer theaterwissenschaftlichen und -geschichtlichen Arbeit Wünneberg die Zusammenarbeit des Regisseurs Stollbergs und Wedekinds in München dar. Das Verdienst von Ingrid Krauss war es, als erste – lange blieb ihre Arbeit der Wedekind-Forschung unbekannt – auf das Verhältnis Wedekinds zum philosophischen Pessimismus ausführlich eingegangen zu sein. Sie stellte die These auf, Wedekind habe zwar in seinem Werk die Erbschaft des popularisierten philosophischen Pessimismus (Schopenhauer) übernommen, aber auch überwunden (S. 144). Davon ausgehend, daß sich Wedekinds Pessimismus in den Jahren 1881 bis 1884 am lebendigsten entwickelt habe (S. 144), nahm sie eine Inhaltsanalyse der Wedekindschen Dramen unter zwei Generalhypothesen vor: 1. Schopenhauer lehre vor Darwin den Kampf Aller gegen Alle (S. 191). 2. Schopenhauer identifiziere den Eros mit dem Willen zum Leben (S. 156). Wedekind spiele diese Anschauungen beispielsweise an den »Lulu«-Dramen durch. Wedekind demaskiere das Motiv des philosophischen Pessimismus: den Schrecken des Individuums vor seinem Untergang (S. 189). Wedekind entdecke dabei als Wurzel des philosophischen Pessimismus einen metaphysischen Egoismus (S. 152 f.). Mit dem Drama »Franziska«, setzte Krauss an, vollziehe Wedekind eine Umwertung des traditionellen philosophischen Pessimismus (S. 148 u. S. 152). Er stelle statt der Forderung des *Individuums* die Forderung des *gesamten* Willens zum Leben in den Vordergrund (S. 171).

Literatur:

Ackermann, Lilly: Willy Grétor, das »Urbild des Marquis von Keith«. Uhu 1927, H. 6, S. 55–59

Adorno, Theodor W.: Frank Wedekind und sein Sittengemälde »Musik«. In: Ders., Noten zur Literatur. Frankfurt 1981, S. 619–626

Ders.: Über den Nachlaß Frank Wedekinds. Ebd., S. 627–633

Blei, Franz: Der schüchterne Wedekind. Der Querschnitt Bd. 9/1, 1929, S. 169–176

Dehnow, Fritz: Frank Wedekind. Leipzig 1922

Ders.: Wedekind. Geschlecht und Gesellschaft 11, 1923, S. 238–242

Diebold, Bernhard: Wedekind der Narr. In: Ders., Anarchie im Drama. Kritik und Darstellung der modernen Dramatik. 2. Aufl. Frankfurt 1922, S. 37–74

Ehrenstein, Albert: Frank Wedekind. In: Ders., Ausgewählte Aufsätze. Heidelberg/Darmstadt 1961, S. 56–66

Eloesser, Arthur: (Frank Wedekind). In: Ders., Die Deutsche Dichtung vom Barock bis zur Gegenwart. Bd. 2, Von der Romantik bis zur Gegenwart. Berlin 1931, S. 446–452

Elster, Hanns Martin: Frank Wedekind und seine besten Bühnenwerke. Eine Einführung. Berlin/Leipzig 1922

Fechter, Paul: Frank Wedekind. Der Mensch und das Werk. Jena 1920

Ders.: Der aktuelle Wedekind. Deutsche Rundschau 237, 1933, S. 178–185

Franck, Hans: Vom Drama der Gegenwart. VI. Subjektivismus. Die Literatur, 27, 1925, S. 325–328

Gerlach, Kurt: Wedekind. In: Ders., Der Simsonstoff im deutschen Drama. Berlin 1929, S. 87–91

Gundolf, Friedrich: Frank Wedekind. Trivium 6, 1948, S. 187–217

Hagemann, Fritz: Wedekinds »Erdgeist« und »Die Büchse der Pandora«. Diss. Erlangen 1925. Neustrelitz 1926

Hellwig, Hans: Frank Wedekinds dichterische Anfänge. Diss. Gießen 1928

Herbst, Kurt: Gedanken über Frank Wedekinds »Frühlings Erwachen« und »Die Büchse der Pandora«. Eine literarische Plauderei. Leipzig (1919)

Heuser, Frederick W. J.: Personal and literary relations of Hauptmann and Wedekind. MLN 36, 1921, S. 395–402

Juer, Franziska: Die Motive und Probleme Frank Wedekinds im Spiegel seiner Lyrik. Diss. Wien 1925

Kayser, Rudolf: Frank Wedekind. In: Ders., Dichterköpfe. Wien 1930, S. 137–141

Krauss, Ingrid: Frank Wedekind und der Pessimismus. In: Dies., Studien über Schopenhauer und den Pessimismus in der deutschen Literatur des 19. Jahrhunderts. Bern 1931, S. 144–191

Kutscher, Artur: Die älteste Fassung von Wedekinds Felix und Galatea. Freie Deutsche Bühne 1, 1919/20, S. 2069–2072

Ders.: Sein Leben und seine Werke. 3 Bde. München 1922–1931

Ders.: »Signor Domino«, eine Quelle Wedekinds. Die Literatur 26, 1923/24, S. 395–398

Ders.: Wedekind und der Zirkus. Faust (Eine Monatsschrift f. Kunst, Literatur und Musik) 3, 1924, H. 7, S. 1–5

Ders.: Gestalten um Wedekind. Uhu 1927, H. 6, S. 120–122

Ders.: »Musik« von Wedekind. Der Scheinwerfer (Blätter der Städtischen Bühnen Essen) 4, 1930, H. 7, S. 3–5

Mann, Heinrich: Erinnerungen an Frank Wedekind (1923). In: Ders., Essays. Berlin 1954, Bd. 1, S. 396–413

Ders.: Damit der »Herakles« gespielt wird (1928). In: Ders., Sieben Jahre. Berlin/Wien/Leipzig 1929, S. 548–552

Ders.: Wedekind und sein Publikum (1928). Der Scheinwerfer (Blätter der Städtischen Bühnen Essen) 3, 1929, H. 3, S. 25–26

Marcuse, Ludwig: Theologien des Eros. Strindberg und Wedekind. Blätter des Deutschen Theaters 9, 1922, H. 1, S. 1–5

Martens, Kurt: Erinnerungen an Frank Wedekind. 1897–1900. Der Neue Merkur 4, 1920, S. 537–549

Matthias, Leo: Frank Wedekind und die Unsterblichen. Eine antiromantische Rede. Das Ziel, Bd. 3 München 1919, S. 140–150

Mensing, Erwin: Wedekind und der Amerikanismus unserer Zeit. Die Horen 2, 1926, S. 419–425

Mühsam, Erich: Frank Wedekind als Persönlichkeit. Uhu 1927, H. 6, S. 122–126

Ders.: Frank Wedekinds letzte Jahre. In: Ders., Namen und Menschen. Unpolitische Erinnerungen. Berlin 1977, S. 220–229

Porzky, Eduard: Der Abenteurer in Wedekinds dramatischem Schaffen. Diss. Innsbruck 1933

Riechert, Otto: Studien zur Form des Wedekindschen Dramas. Diss. Hamburg 1923

Rudinoff, Willy Wolf: Wedekind unter den Artisten. Der Querschnitt 10, 1930, S. 801–807

Schweizer, Ernst: Das Groteske und das Drama Frank Wedekinds. Diss. Tübingen 1929

Seehaus, Kurt: Frank Wedekind und das Theater. München 1964

Sternitzke, Erwin: Die Brettlzeit. In: Ders., Der stilisierte Bänkelsang. Diss. Marburg 1933, S. 64–76

Strich, Fritz: Frank Wedekind. In: Ders., Dichtung und Zivilisation. München 1928, S. 179–191 (zuerst 1924)

Vieweger, Erich: Frank Wedekind und sein Werk. Chemnitz (1919)

Vriesen, Hellmuth: Frank Wedekind. In: Ders., Die Stationentechnik im neueren deutschen Drama. Diss. Kiel 1934, S. 35–39

Weber, Lieselotte: Frank Wedekind. Der Marquis von Keith. Der Abenteurer in dramatischer Gestaltung. Diss. Kiel 1934

Wedekind, Kadidja: Wedekind und seine Kinder. Der Querschnitt 11, 1931, S. 526–530

Wedekind, Tilly: Wedekinds größtes Modell: er selbst. Uhu 1927, H. 6, S. 49–55

Weinhöppel, Hans Richard: Erinnerungen an Frank Wedekind. Aus dem Nachlaß von Hans Richard Weinhöppel. Kölnische Zeitung Nr. 179 v. 31. III. 1931

Weiß, Ernst: Ein Wort zu Wedekinds »Schloß Wetterstein«. (1924). In: Ders., Die Kunst des Erzählens. Frankfurt 1982, S. 187–190

Wünnenberg, Rolf: Georg Stollberg und das neuere Drama in München. Diss. München (1931) 1933

4.3 Drittes Reich (1933–1945)

Im faschistischen Deutschland wurde Wedekinds Werk totgeschwiegen.

Klaus Mann erklärte dazu im Exil: »Wedekind ist untragbar fürs Dritte Reich; er ist ein Kulturbolschewist. [. . .] er hatte immer das Pathos des Oppositionellen [. . .] Es wird eine Wedekind-Renaissance kommen; aber nur in einem Deutschland, in dem alle Werte, die heute mißachtet oder propagandistisch verzerrt werden, ihre Wiedergeburt, oder ihre Geburt schlechthin, erleben. Wedekind wußte, daß er nicht in jedes Deutschland paßte.« (S. 221, 226 u. S. 227)

Ein einziges Mal wurde ein Stück Wedekinds in Deutschland gespielt: »König Nicolo«, 1939.

Es erschienen zwei Dissertationen: eine sehr formale, aber unprätentiöse, der Schule Oskar Walzels verpflichtete Studie über die dramatische Form Wedekinds (Duwe, 1936) und eine völlig unzureichende Studie zum Thema »Die Stellung der Frau in den Werken von Frank Wedekind« (Vieth, 1939).

Literatur:

Duwe, Willi: Die dramatische Form Wedekinds in ihrem Verhältnis zur Ausdruckskunst. Diss. München 1936
Fechter, Paul: Der aktuelle Wedekind. Deutsche Rundschau 237, 1933, S. 178–185
Kessel, Martin: Frank Wedekinds romantisches Erbteil. (1938) In: Ders., Ehrfurcht und Gelächter. Literarische Essays. Mainz 1974, S. 56–87
Mann, Klaus: Frank Wedekind. (1935) In: Ders., Prüfungen. Schriften zur Literatur. München 1968, S. 221–227
Seehaus, Kurt: Frank Wedekind und das Theater. München 1964
Vieth, Adolf: Die Stellung der Frau in den Werken von Frank Wedekind. Diss. Wien 1939

4.4 Tradition und Kritik (1945–1985)

– Der »Fall« Wedekind –

Nach der Niederlage des Faschismus war es keineswegs selbstverständlich, in Deutschland voraussetzungslos an das Werk Wedekinds wieder auf dem Theater und in der Literatur anzuknüpfen. Zwar wurden nach Kriegsende vor allem seine sogenannten Hauptwerke wieder im Repertoire der westdeutschen Bühnen berücksichtigt, aber zunächst blieb für längere Zeit die Zahl der Wedekind-Aufführungen auffällig niedrig (Seehaus, S. 49 f.). In der Deutschen Demokratischen Republik wurde es sogar erst Anfang der siebziger Jahre wieder möglich, Werke Wedekinds auf die Bühne zu bringen (Irmer, S. 25). Nicht nur in den ersten Nachkriegsjahren, sondern bis in die sechziger Jahre hinein wurde überlegt, ob Wedekind noch spielbar und noch lesenswert sei. Sein Werk wurde als eine »versunkene Welt« (Becker, 1947) empfunden, von dem man – eine »unerquickliche historische Erinnerung« – Abschied zu nehmen gedachte (Mochmann, 1947). Eine Wedekind-Renaissance – auf die einzelne hofften (Marsyas, 1947), an der andere zweifelten (Lion, 1962; Hering, 1959) – bahnte sich erst in den sechziger Jahren an (Seehaus, S. 50; Irmer, S. 53). Die Frage: »Ist Wedekind immer noch verboten?« (Herrmann, 1947), war zu Recht gestellt.

Daß Wedekind in Deutschland während des Faschismus ein unerwünschter Autor war, wurde in der Wedekind-Literatur selten diskutiert (Herrmann, Mochmann, Hill, Gittleman, Seehaus, Irmer, Höger u. a.). Wedekind paßte offensichtlich schlecht in die offizielle Kulturpolitik der beiden neuen deutschen Republiken. Als 1957 das Bochumer Schauspielhaus mit Brechts »Dreigroschenoper« und Wedekinds »Marquis von Keith« zum Théâtre des Nations nach Paris eingeladen wurde, lehnte das Auswärtige Amt die Subventionierung des Gastspiels mit der Begründung ab, in beiden Werken könne die Bundesregierung »keinen sinnfälligen Aussagewert für die deutsche Kunst« erblicken (Seehaus, S. 55). Die Doktrin des sozialistischen Realismus versperrte Wedekinds Werk in der Deutschen Demokratischen Republik den Weg zur Bühne. Als »Dramatiker der spätbürgerlichen Decadence« (Rilla, S. 5) abqualifiziert – eine Phrase der Rechten im Kaiserreich –, schien er für den »Aufbau« im Sozialismus kein geeigneter Autor zu sein. Wiederholt wurde auch das Urteil der Zeitgenossen, Wedekind habe seine »vermeintliche antibürgerliche Position nicht als bürgerliche« erkannt (Thomas, S. 312), und so schien sich die Frage von selbst zu erledigen, warum sein Werk von den Faschisten unterdrückt wurde (Mochmann, S. 7 f.). Mit einem billigen Aperçu, das selbst nocheinmal Irmer übernahm (S. 7), gab Ernst Schumacher (1957) unfreiwillig zu erkennen, daß die Ideologie des Sozialismus zu erfüllen wichtiger als die Kritik war: »Frank Wedekind mißverstand zeit seines Lebens die Verhältnisse, aber er verstand die Mißverhältnisse.« (Irmer, S. 7) Das war die Sprache der Sieger, wie sie schon Marx zu hören bekam. In der Restaurationsperiode der Bundesrepublik Deutschland wurde die Frage, warum Wedekind in einem faschistischen Deutschland unterdrückt wurde, erst gar nicht gestellt, weil er schon – tot – war und weil ihn die deutsche Literaturgeschichte vom Kaiserreich bis zur Bundesrepublik zum Außenseiter und Einzelgänger erklärt hatte. So wurden in der Bundesrepublik, als sei die Zeit 1933 stehengeblieben, die alten Urteile und Vorurteile über Wedekind aus den zwanziger Jahren wieder aufgegriffen.

– Spätwerk –

Außerdem läßt sich aufzeigen, daß trotz einiger Unterschiede sich die Urteile über Wedekinds Werk in beiden deutschen Staaten in vielfacher Hinsicht decken. Die literarische Kritik in Ost und West übernahm als verbindlich: Die »Lulu«-Dramen, »Frühlings Erwachen« und der »Marquis von Keith« sind Wedekinds Hauptwerke, auch wenn die Auffassung darüber geteilt blieb, welches das

Hauptwerk sei. Das »Spätwerk« Wedekinds wurde im allgemeinen negativ eingeschätzt. Dabei war man sich keineswegs einig, welche Dramen unter die Kategorie »spät« fielen – die Dramen seit »Zensur«, seit »Schloß Wetterstein« oder seit »Bismarck«? Es rächte sich die Übernahme der Periodisierungen Friedenthals und Bleis, welche ihre Ordnungsvorstellungen wenigstens noch inhaltlich zu begründen versucht hatten. Eine leere Zeitkategorie, zumal bei Wedekinds frühem Tod schwerlich von einem Alterswerk gesprochen werden konnte, gab vielmehr Auskunft über eine unzureichende kritische Auseinandersetzung mit Wedekinds Gesamtwerk. Sigrid Damm, die davon ausging, Wedekind habe den Höhepunkt seiner dramatischen Gestaltung bereits 1901 überschritten (S. 252), wertete das Spätwerk als Ideen-Dramatik, welcher »dramatische Gestaltungskraft« (S. 251) fehle. Ihr Urteil, der Autor habe sich mit seinem Spätwerk an die bürgerliche wilhelminische Gesellschaft angepaßt, teilte sie mit Rothe und Friedmann. Zumindest seit »Schloß Wetterstein«, behauptete Rothe, habe Wedekind das monumentale Drama zu erneuern gesucht. Das affirmative Spätwerk sei »als Versuch einer neoklassischen Dramatik« Ausdruck für einen »Verlust an ästhetischer Qualität« und für die »Überforderung« von Wedekinds »dichterischem Vermögen« (S. 5, S. 118 u. S. 143). Friedmann wandte ein, die Wedekind-Forschung habe »Interpretationsmuster, die auf das Frühwerk passen, ungefragt auf die mittleren Dramen« angewandt (S. 34). »Das Verdikt über die späten Dramen« (bei Faesi, S. 258; Hill, S. 87; Kujat, S. 121, Macher, S. 183, Schulte, S. 150, Schröder-Zebralla, S. 200, Wagener, S. 83 ff.) befand Friedmann – er rechnete darunter die Werke seit »Bismarck« – bestehe aber zu Recht (vgl. S. 174). Interessant ist dabei, daß sich sowohl Rothe wie Friedmann in ihren Behauptungen u. a. auf die Wirkungsgeschichte von Wedekinds Werk beriefen. Das Verhalten der Wedekind-Forschung – nur eine Monographie zum Spätwerk (bis 1968) – bzw. der Bühnen – sie spielen die späten Stücke nicht – werden zu beweiskräftigen Argumenten gegen Wedekinds Dichtung. In der Regel wurden gegen dieses »Spätwerk« drei Einwände erhoben: 1. Verlust an dichterischer Gestaltungskraft, obwohl Wedekinds stilistisches Repertoire zunahm, 2. monumentalistischer Neoklassizismus, ohne daß diese literarhistorische Bezeichnung epochal (z. B. G. Hauptmann oder P. Ernst) definiert wurde, 3. apologetische oder resignative Anpassung an die politischen und kulturellen Verhältnisse des Kaiserreiches, eine politische Unterstellung angesichts der Repression der Werke Wedekinds durch die herrschende Zensur. Kaufmann, Hahn oder Rasch sahen in Wedekinds letzten Dramen eher eine Tendenz zur Selbstkritik am Werke, verglichen sie mit den expressionistischen Menschheitsdramen oder vertraten die Ansicht, die Gestalt dieser Dichtung bedürfe insgesamt erst noch einer neuen Interpretation (Kaufmann, S. 75; Hahn, S. 89–92; Rasch, S. 240). Erst Mauch (1972) und Irmer (1972) versuchten dann, auch die letzten Werke Wedekinds vor einer ausschließlich negativen Beurteilung in Schutz zu nehmen. Irmer griff den Hinweis auf, daß sich die expressionistischen Dramatiker an dem jungen Schiller und dem alten Wedekind orientierten. Er kam zu dem Schluß, Gemeinsamkeiten ließen sich im Menschheitsthema, im Pathos und in der ideellen Abstraktion zwischen den Expressionisten und Wedekind entdecken. Wedekind sehe jedoch nicht nur die Welt, sondern auch die unbedingten Helden in dieser Welt kritisch.« Wedekind episiere das Drama, während die Expressionisten die dramatische Form und den dramatischen Gehalt lyrisch behandelten (S. 182). Zu einem ganz ähnlichen Resultat kam Rolf-Dieter Mauch. Wedekind habe in seinem Gesamtwerk stets eine »Neue Wirklichkeit« zu entwerfen gesucht. In den Spätwerken habe er beabsichtigt, die inneren und äußeren Widersprüche zu enthüllen, in welche der Mensch gerate, wenn er den »gewohnten Kreis der patriarchalischen Weltordnung« verlasse (S. 141). Mit logischer Schärfe würden Ideen wie Menschlichkeit, Ehe und Familie in ihrem Widerspruch zur gesellschaftlichen Wirklichkeit durchdiskutiert, um schließlich »die Absurdität einer sich selbst genügenden Existenz dramatisch zu verdeutlichen«. (S. 141)

– Rehabilitierung –

Das Beispiel »Spätwerke« zeigt, wie langwierig der Prozeß war, Wedekinds Gesamtwerk zu rehabilitieren. Diese Rehabilitierung ist notwendig und noch keineswegs abgeschlossen. Nach 1945 hat das Interesse am Werk Wedekinds erst in den sechziger Jahren spürbar zugenommen und erreichte, was den Umfang der wissenschaftlichen Auseinandersetzung betraf, in den siebziger Jahren seinen Höhepunkt. Erst Ende der siebziger und Anfang der achtziger Jahre hat aber eine ernsthafte philologische Auseinandersetzung (Höger, Maclean) mit Wedekinds Texten eingesetzt. Außerdem spielte für die Literaturgeschichtsschreibung über Wedekind eine wesentliche Rolle, daß sich nur eine Minderheit um die Forschungsgeschichte zum Werk Wedekinds kümmerte. Bei Einzelwie bei Gesamtinterpretationen läßt sich häufig feststellen, daß im Rückgriff auf die Sekundärliteratur äußerst eklektizistisch verfahren wurde. Es ist weniger das Verdienst der westdeutschen als der angloamerikanischen bzw. der Forschung in der DDR in kritischen Berichten auf die Wedekind-Literatur eingegangen zu sein, wobei auch hier zu beobachten ist, daß solche Vorleistungen hierzulande wenig zur Kenntnis genommen wurden. Dies gilt insbesondere für die Forschungsberichte von Force (1964) und Graves (1984). Ausführliche Kritiken zur Forschung finden sich sonst noch u. a. bei Hovel (1966), Mauch (1972), Kujat (1960), Irmer (1970), Thomas (1973), Jesch (1959), Friedmann (1975) und Höger (1981). Die literaturwissenschaftliche Forschung hat sich – darin der allgemeinen Wedekind-Rezeption folgend – hauptsächlich mit dem Theaterdichter und nur wenig mit dem Lyriker (Hahn, Harris, Höger, Irmer, Krohn, Neumann, Riha, Schröder-Zebralla u. a.) und Prosaisten (Hahn, Irmer, Medicus, Moníková, Muschg, Willeke) beschäftigt. Seinen Grund hat dies nicht nur darin, daß Wedekind mit seinem nicht nur vom Umfang her bedeutenden dramatischen Werk schon von seinen Zeitgenossen in den Mittelpunkt der öffentlichen Kritik gerückt wurde, sondern wohl auch darin, daß der politische und erotische Liederdichter *und* Prosaist noch weniger in das Konzept einer sich überwiegend unpolitisch verstehenden Forschung bzw. einer sich mit erotischer Literatur nur moralisch (falls überhaupt) befassender Literaturwissenschaft paßte. Wie bedeutsam die Geschichte der einzelnen Werke, aber auch die vielen Querverbindungen nicht nur zwischen den einzelnen Gattungen, sondern auch der Gattungen untereinander im Fall Wedekinds sind, haben nur die wenigsten der Wedekind-Forscher nach Kutscher berücksichtigt (z. B. Irmer und Höger). Dabei beschränken sich die Korrespondenzen zwischen den einzelnen Werken nicht auf chronologisch fixierbare Arbeitsphasen, sondern schließen frühe und letzte Werke miteinander zusammen. Dies gilt auch insbesondere für die vielfachen Berührungen zwischen Lyrik und Drama bis zu den letzten Versdramen Wedekinds. Irmers Ansatz, Wedekinds Dramen zu »thematisch bestimmten Komplexen« zusammenzufassen und Wedekinds Themen als »Zeit-Themen« zu begreifen, die »im Grunde die gesamte Literatur der Zeit« beherrschten (S. 7), ist methodisch für Wedekinds Gesamtwerk überhaupt ein sinnvolles Verfahren. Der ganze Wedekind muß wieder – und nicht nur in der Forschung – zur Diskussion gestellt werden, sonst wird noch immer ein vor dreißig Jahren formuliertes Bild zur Wedekind-Rezeption Gültigkeit behalten, daß bisher ein »ungenügend bebautes Feld« vorliege, »ein Feld voll wildwuchernder Werturteile« (Krohn, S. 84).

– Expressionismus –

Umstritten blieb die These, Wedekind sei ein Wegbereiter oder ein Vorläufer des Expressionismus (z. B. Gravier, Faesi). Dosenheimer siedelte Wedekind als einen Einzigartigen zwischen Naturalismus und Expressionismus an. Das »gegenständlich Anti-Geistige« seines Werkes, meinte sie, setze ihn zum Expressionismus in Widerspruch (S. 187). In der Zertrümmerung der bürgerlichen Welt durch Animalität, wie es Wedekind in seinem Werk zur Schau stellte, erblickte Baucken den »Beginn der deutschen expressionistischen Dramatik« (S. 2 u. S. 43). Schulte diagnostizierte für »Frühlings Erwachen« und »Erdgeist« einen expressionistischen Stil, der – »naturalistisch getrübt« – schließlich in seinen späteren Dramen, die zu »tendenziöser Diskussionsdichtung« absinken, durch Stilbrüche und allgemeine Stilauflösung außer Kraft gesetzt werde (S. 142 ff. u. S. 204). Faesi sah dagegen Wedekind sich vom Naturalismus weg und zum Expressionismus hinbewegen; er war ihm der Begründer eines »neuen Stils« (S. 260). Unter dem Stichwort »messianisches Programm« reihte Guthke Wedekind unter die Expressionisten (S. 328), während bei Hohendahl Wedekinds Protest gegen die »schöne Sprache« den Dichter die »Phrase« entdecken ließ, sie wurde zu einem wichtigen Mittel des dramatischen Dialogs, und ebenso wurde die Figur des Narren zu einem wichtigen Prototypen des Antibürgers (S. 199 u. S. 271). Beides griffen die Expressionisten auf. Böckmann behauptete, durch die Gattungen der Tragikomödie und der Groteske habe Wedekind den Expressionisten vorgearbeitet (S. 86). Gittleman griff die schon früh von der Kritik geprägte Formel vom Einfluß Wedekinds auf die Expressionisten auf, datierte ihren Wedekind-Kult – Wedekind, der Seher und der Märtyrer – in die frühen zwanziger Jahre und erinnerte daran, daß bereits 1916 die Dadaisten im Züricher Kabarett Voltaire Lieder von Wedekind in ihr Programm aufnahmen (S. 135 f.).

Offensichtlich verstand jeder unter »Expressionismus« etwas anderes bzw. definierte keiner, was er unter Expressionismus verstand. Die Wedekind-Forschung in der DDR griff die – westdeutsche – Expressionismus-These scharf an, nicht zuletzt deshalb, weil sie – wie es in der sog. Expressionismus-Debatte vorexerziert wurde – das literarhistorische Interesse am Expressionismus zur Zeit der Restauration des Kapitalismus in der BRD mit jener Restauration gleichsetzte. Mit der These »kritischer Realismus« wurde dagegen Einspruch erhoben, mit der Etikette eines abstrakten Expressionismus Wedekinds Werk zu entpolitisieren (Kaufmann, Damm, Irmer u. a.). Brecht habe seine kritisch-realistische Dramenkonzeption, von Wedekind gelernt, schrieb Damm und warnte davor, Wedekind zum »Stammvater des existentialistischen, ja des absurden Theaters zu deklarieren« (S. 173). Hahn ließ allenfalls für Wedekinds letzte Dramen gelten: Seine späten »Helden sind in ihrem Antrieb dem ›neuen Menschen‹ des Expressionismus verwandt« (S. 92). Auch Irmer leugnete nicht, daß Wedekind bei den Expressionisten »die erste echte Nachwirkung« (S. 273) hatte, aber er habe sich den Expressionisten auch widersetzt, weil er keine »abstrakten Theorien« (S. 274) auf die Bühne bringen wollte. Als den eigentlichen Erben Wedekinds favorisierte auch Irmer den Realisten Brecht und stellte Wedekind »als das verwandtschaftliche Zwischenglied zwischen Schiller und Brecht« (S. 273 ff.).

Die Wedekind-Forschung, die sich wie die deutsche Literaturwissenschaft in den frühen Jahren der BRD aus politischen Gründen mit dem Werk Brechts schwer tat, ging auf die literarischen Beziehungen zwischen Wedekind und Brecht erst spät gründlich ein. Witzkes (1972) Untersuchung war in der Absicht verfaßt, einen »unmittelbaren Einfluß Wedekinds auf das dramatische Schaffen Brechts« (S. 396) nachzuweisen, und er hob den Einfluß Wedekinds auf Brecht hervor, um damit zugleich Brechts sog. marxistische Wende in ihrer literaturgeschichtlichen Bedeutung zu relativieren. Brechts Interesse für Sozialkritik sei wesentlich gerade auch durch Wedekinds letzte Dramen gefördert worden (vgl. S. 184). Witzkes akribische Studie, in welcher der diskursive Text durch zahlreiche Abhängigkeitsnachweise Brechts von Wedekind unterbunden wird, legte Einspruch dagegen ein, Wedekind *und* Brecht von der künstlerischen Bewegung des Expressionismus zu isolieren. Auch die ausländische Wedekind-Literatur hatte vielfach auf literarische Zusammenhänge zwischen Wedekind, Brecht und dem Expressionismus hingewiesen (Gittleman, Jelavich u. a.). Irmer räumte schließlich ein, Wedekind habe »dem Naturalismus Tribut« gezollt wie drei Jahrzehnte später Brecht dem Expressionismus (S. 13). So wurde Wedekind schließlich doch wieder als ein »Einzelgänger« (Hahn, S. 67) zwischen Naturalismus und Expressionismus literarhistorisch eingeordnet. Anna K. Kuhn umschrieb das in einer neueren Arbeit so: »Was seine sozialkritische Thematik betrifft, knüpft Wedekind also an den Naturalismus an . . . In der Einführung einer vitalistischen, lebensphilosophischen Sphäre dringt Wedekind jedoch über eine naturalistische Problematik hinaus . . . Die Innovationen Wedekinds liegen hauptsächlich im Formalen . . . Es scheint jedoch gewagt, von hier aus Wedekind zum Hauptvorläufer des Expressionismus zu erheben.« (S. 230) Das war wiederum eine Interpretation der Interpretation Irmers, nur mit dem Unterschied, daß die Bedeutung Wedekinds für Brecht darin nicht wieder vorkam.

Insgesamt läßt sich innerhalb der Historiographie der deutschen Literatur im Fall Wedekinds eine merkwürdige Reihung beobachten, falls der Autor nicht überhaupt aus der Literaturgeschichte gestrichen wird (z. B. wie in der Deutschen Literaturgeschichte von den Anfängen bis zur Gegenwart. Hrsg. v. Beutin u. a. Stuttgart ²1984): Shakespeare – Schiller – Büchner – Heine – Naturalismus – Wedekind – Expressionismus – Brecht. Auch hier hat offensichtlich Wirkungsgeschichte Literaturgeschichte geschrieben. Im Interesse des Werkes Frank Wedekinds wird es nötig sein, die literarhistorische Aufmerksamkeit wieder auf die Epoche des wilhelminischen Kaiserreiches (1888–1918) zu lenken. In ihr hat als Augenzeuge, Schriftsteller, Theaterautor und Kritiker Wedekind nicht nur *gelebt*, sondern er wußte sich als Autor auch unmittelbar von ihr betroffen und nahm an der kulturellen Debatte seiner Zeit intensiv Anteil.

– Lebensphilosophie –

Friedrich Rothe hat nachdrücklich zu überlegen gegeben, daß es wenig sinnvoll sei, Wedekinds Dramatik »von der Literatur um die Jahrhundertwende zu isolieren« (S. 1). Er hat seine Studie über Wedekind ganz der lebensphilosophischen Thematik gewidmet, wie sie in der Literatur um die Jahrhundertwende in vielfachen Nuancierungen vorgestellt und aktualisiert wurde. Sich auf Horkheimers Parole vom »großen Jugendstil« berufend, erblickte Rothe in Lebensphilosophie und Jugendstil eine »Antwort auf das Anwachsen der Vergesellschaftung, die in Deutschland nach der Gründung des Kaiserreiches und der Industrialisierung in den siebziger Jahren bedrohlich erschien«. (S. 4) Der Leitsatz, den Rothe für seine Untersuchung aufstellte, hieß: Die »Spannung von Gesellschaftskritik einerseits und Hoffnung auf die ›Natur‹ oder Erlösung im Scheinhaften andererseits, . . . hat in Wedekinds Werk einen einzigartigen Ausdruck gefunden«. (S. 4) Diese emphatische Anerkennung wollte Rothe freilich nur bis zum »Marquis von Keith« aufrechterhalten. Bei Wedekind, führte er aus, unterliege Natur einer »Dialektik der Gewalt«, und der Dichter habe ein Problem des Jugendstils aufgegriffen, wenn er frage, »wie Naturhaftes zum Gesellschaftlichen sich verhalte«. (S. 40) Auch die »Vertauschbarkeit von Kunst und Realität« sei als Thema »für das fin de siècle typisch« (S. 45). Dafür stehe nicht nur Wedekinds »antinaturalistischer Stil« (S. 1) ein, sondern auch ein ausgesprochener Stilisierungswille (vgl. S. 62 ff.), der noch einem Konversationsstück wie dem »Marquis von Keith« die »lebensphilosophische Problematik« in »gesellschaftstheoretischem Gewand« aufdrücke (S. 65). Wedekinds dramatische Personen stehen dann unter dem Bann begrifflicher Konstellation, was zu einer *allegorischen Deutung* seiner

Dramen nötige (S. 64). Im Prinzip werde die *Realästhetik* des deutschen Idealismus jetzt durch eine neue Form der *Wirkungsästhetik* abgelöst (S. 84): »Das Drama soll als bewegtes Abbild des Lebens selbst, dem Leben entsprungen und dieses widerspiegelnd, den Lebenswillen der Betrachter beeinflussen« (S. 84). Hier hat nun Alfons Höger eingehakt: Die »Auffassung, daß Kunst in Zeiten der Dekadenz . . . an Stelle des Lebens treten kann, vertritt Wedekind an keiner Stelle.« (Konstruktivismus, S. 51) Auch er geht davon aus, entscheidend für die Rolle der Literatur im Zweiten Reich sei ihre Umfunktionierung in einen repressiven ideologischen Apparat (S. 11). Die offizielle klassische Kunstauffassung unterm Wilhelminismus – darin stützte sich Höger auf Leiss – beruhe auf dem Grundsatz der Ordnung (Sittlichkeit) und Regelmäßigkeit (›übliche‹ Gestaltung), auf dem Grundsatz der Harmonie und der Ökonomie der Mittel (mit dem Ziel »interesseloser Freude am Schönen«) und auf dem Grundsatz einer verständlichen und realistischen Gestaltung (S. 14). Gegen diese Prinzipien verstoße nun bewußt die Kunst der Moderne. Gesellschaftskritik, wissenschaftliche Analyse und naturwissenschaftliche Erkenntnisse, Geschichtswissenschaft *und* Metaphysik werden für die Künste wichtig. Für Wedekind, der die sinnliche Lust, die Lebensphilosophie auf ihren Ursprung hin befragend, gleichsam metaphysisch begründe, treffe zu, daß er mit dem Thema Sexualität gegen den Grundsatz der Sittlichkeit, mit dem Humor als künstlerische Methode gegen den Grundsatz der Harmonie und mit der Förderung des Erkenntnisinteresses und der Lebenslust gegen die Forderung schlichter Verständlichkeit und bloßer Unterhaltung verstoße (vgl. S. 59 f. u. S. 92). Höger korrigierte und erweiterte damit die manchmal etwas simple lebensphilosophische Darstellung und Interpretation Rothes. Er machte dabei zugleich anschaulich auf die Bedeutung der Philosophie Schopenhauers und Nietzsches wie der Kunstanschauungen Wagners auf Kunst und Literatur um die Jahrhundertwende aufmerksam. Dabei scheint Wedekinds Nietzsche-Interpretation, wie sie im Rahmen der zeitgenössischen Nietzsche-Rezeption erfolgte (vgl. den Hinweis v. Höger S. 51 ff.) noch keineswegs ganz erschlossen zu sein. Jedenfalls wurde darüber bisher in der Wedekindliteratur nur eine bescheidene Diskussion geführt (Firda; Hahn, S. 21 f.; Kalcher, S. 411 ff.; Rothe, S. 84 ff. ; Witzke u. a.). Noch mehr gilt dies im übrigen für die Diskussion über einen anderen bedeutsamen Zeitgenossen, August Strindberg, mit dessen Werk sich Wedekind früh konfrontiert sah (Gravier, Wiespointner u. a.).

Während Rothe davon überzeugt war, daß seine These von der Bedeutung der Philosophie des Lebens für Wedekinds Werk an dessen Spätwerk nur im negativen Sinn ästhetisch verifizierbar sei (S. 5), ging Höger vorsichtigerweise nicht darauf ein, inwiefern sich in seinen Interpretationsversuch auch die Werke nach dem »Marquis von Keith« einbeziehen ließen. Hatte Kaufmann den Bogen schon weit gespannt, wenn er behauptete: »Die individualistisch-sensualistische Doktrin Wedekinds ist einerseits bewußter Protest gegen die Einschnürung und Verstümmelung des Menschen durch die moderne kapitalistische Gesellschaft, andererseits deren spontaner Reflex« (S. 67), so machte Schröder-Zeralla für ihre Studie den »religiösen Sensualismus« Wedekinds generell zur Arbeitshypothese über sein Werk. »Heiligkeit« und »Schönheit«, eine Sentenz Wedekinds aufgreifend, meine die »Synthese von Geist und Sinnlichkeit, von Vernunft und Lustprinzip« (S. 199). Weil dieser Widerspruch aber unlösbar sei, werde der Autor schließlich gezwungen, »die vorhandene Ordnung der Welt anzuerkennen«. (S. 200) So wird Wedekind schließlich doch noch zum Rationalisten der Aufklärung. Indem Wedekind in seinem Werk den dialektischen Widerspruch von Lebensphilosophie und aufklärerischem Rationalismus zu Ende diskutiert, muß dies, so Schröder-Zeralla, notwendigerweise zu Resignation und zur Rückkehr zu einer klassischen Kunstauffassung führen (S. 200). Darüber wird jedoch weder textgeschichtlich noch formal noch inhaltlich der Beweis erbracht.

– Konstruktivismus –

Auch Höger ging davon aus, daß Wedekind, »um der Darstellung Bedeutung zu geben, diese von seiner Weltanschauung her konstruieren muß« (S. 71), eine folgenschwere Vorentscheidung, die unterstellt, daß der Autor erst zum Philosophen werden mußte, bevor er Dichter sein konnte. Höger kennzeichnete Wedekinds dichterisches Verfahren daher als »Konstruktivismus« (S. 71) und definierte es wie folgt: »1. Von einer bestimmten Weltanschauung ausgehend, [. . .] sieht Wedekind es als seine Aufgabe an, durch die allegorische Darstellung der wesentlichen und d. h. der objektiven Wirklichkeit Erkenntnis zu vermitteln. 2. Die Darstellung der objektiven Wirklichkeit [. . .] ist transzendental bestimmt. 3. Die künstlerische Methode [. . .] ist die des Witzes und des Humors [. . .] Dadurch ergibt sich Erkenntnis, und Illusionen werden zerstört.« (S. 76) Um seine These des Konstruktivismus zu untermauern, erörterte Höger ausführlich zwei frühe Aufsätze Wedekinds »Der Witz und seine Sippe« und »Zirkusgedanken«. Vor ihm hatte bereits Irmer die Bedeutung dieser Aufsätze als Schlüssel für Wedekinds Kunstphilosophie und für sein dramatisches Werk hervorgehoben (S. 118 ff.). Wenn in diesen beiden Aufsätzen jedoch, wie beide feststellen mußten, jegliche Metaphysik fürs Leben in Zweifel gezogen wird, dann scheint jede These über Wedekind als Weltanschauungsdichter jedoch fragwürdig zu werden.

Die Bedeutung des Zirkus nicht nur als Metapher für die Rolle der Metaphysik heute, sondern auch als Bild für die Rolle der Kunst, wie es Ritter und Willeke in treffenden literarischen Vergleichen mit Kafka und Kleist beschrieben, und als Bild des Lebens (Best, Kalcher, Klotz, Maclean) oder der Körperkultur (Jones) oder als Allegorie für das Theater des Lebens (Klotz) gedacht, hilft – nicht zu vergessen ist auch die von Exotik und Unterhaltung bestimmte Zirkusbegeisterung im 19. Jahrhundert – den historischen Horizont zu verstehen, dem Wedekinds Werk Ausdruck verschafft und in den es zugleich eingebettet ist. »Nicht nur das Theater, als Publikationsmedium, als Schau und Schaustätte, orientiert Wedekind am Zirkus. Er sucht und deutet unter diesem Aspekt auch den Gegenstand des Theaters: die Welt.« (Klotz, S. 25) So weit, so gut; leider strotzt gerade der Aufsatz von Klotz von philologischen und historischen Fehleinschätzungen, wenn er Wedekinds Kritik am naturalistischen mit Kritik am wilhelminischen Theater verwechselt (S. 24 f.) oder wenn er von Wedekinds »Herrenreiterideologie« (S. 30) oder von dessen kurzgeschlossenem bürgerlichen Bürgerhaß spricht, der ihn dazu bringe, »freie Sexualität und freie Wirtschaftsausübung als Ausdruck ein und des gleichen unbändigen Lebenstriebs zu feiern« (S. 29).

Vielfältigen Deutungen *und* thematischen Fälschungen war vor allem das Thema Sexualität in Wedekinds Werk durch dessen Interpreten ausgesetzt. Allein schon an ein gesellschaftliches Tabu gerührt zu haben, mußte der Autor büßen, indem man ihn zum »Erotiker« abstempelte. Während die Lehre Freuds im Lauf der Zeit wenigstens zum Teil die Autorität von Wissenschaftlichkeit erreichen konnte, »log« der Zeitgenosse Dichter und wurde noch mit Freud widerlegt, wenn er als einer der ersten seiner Epoche für die Literatur entdeckte, im Kunstwerk und durch die Kunst den Zusammenhang von repressiver Sexualität und Unbewußtem darzustellen. Während die Korrespondenzen zum Werk Schopenhauers, Wagners und Nietzsches in der Wedekind-Forschung bereits früh zur Kenntnis genommen wurden, ohne daß damit die historischen Beziehungen schon erschöpfend behandelt wären, wurde erst spät eingestanden, daß Wedekind und Freud gemeinsam mit ihrer Psychologie des Liebeslebens ein Porträt ihrer Epoche geben. In der literarhistorischen Forschung blieb man sich darüber uneins, ob Wedekind als Vorläufer psychoanalytischer Einsichten (Hill, S. 84) oder aber unabhängig und gleichzeitig zu den Recherchen Freuds

(Quiguer, S. 14) oder in Kenntnis von Werken Freuds literarisch das Thema Erotik und Gesellschaft aufgegriffen habe (Gittleman, S. 1). Die Frage nach der »Urheberschaft« scheint müßig zu sein, nicht jedoch die Untersuchung der wissenschaftlichen und künstlerischen Antworten auf die gesellschaftspolitisch brisante Frage »Was ist Sexualität?«. Außerdem konnte auch Wedekind für sich beanspruchen, Hinweise gab dazu bereits Kutscher, daß er sich lebenslänglich intensiv mit der neuesten wissenschaftlichen und belletristischen erotischen Literatur auseinandersetzte, die keineswegs ein gesellschaftlich peripheres Interesse erregte, sondern – ein Symptom der Moderne – auf dem Markt Hochkonjunktur hatte (Irmer, Höger, Medicus).

Die Urteile darüber, wie Wedekind selbst Sexualität beurteilt und dargestellt habe, gehen weit auseinander. »Twisted and deformed by the society which surrounds them and which Wedekind holds accountable, his characters lack an understanding of real happiness and equate it with an outward show of superiority or the ability to impose one's will on others. This is an all-pervasive attitude, Wedekind believes, but is particularly clear-cut in society's ambivalent, hypocritical and degrading attitude to sexual matters. « (S. 26) Bests präzise Beobachtung basierte auf der These, Wedekind gehe grundsätzlich von einem strikten Gegensatz zwischen Sexualität und Gesellschaft aus. Maclean sprach dagegen vorsichtigerweise von einer Neigung Wedekinds, »thinking in terms of opposites and of the fusion of opposites, the *coincidentia oppositorum*« (S. 231), und betonte, Wedekind habe nicht nur in seinem Werk das Problem der Polarität und der Synthese der Geschlechter, sondern auch das Problem der weiblichen und männlichen Elemente im einzelnen Menschen und ihre Abspaltung voneinander behandelt. Gittleman behauptete, »for Wedekind, Eros was the road to a higher culture«, aber: »Like Freud, Wedekind grew to believe that the idea of a nonrepressive civilization was impossible.« (S. 3 u. 1). Ähnlich argumentierte Rasch: »Trotz seiner Zivilisationskritik sehe Wedekind, »daß die pure Sexualität, das uneingeschränkte Lustprinzip gesellschaftsunfähig ist und zerstörend wirkt«. (S. 410) Falsch wäre es, wenn man Wedekinds Kritik darin begründet fände, daß sie Sexualität überhaupt einzuschränken suche. »Er zeigt vielmehr in seinen Stücken, daß die *Art* der Triebunterdrückung durch die bürgerliche Gesellschaft und ihre Moral verfehlt sind.« (S. 411) Am ausführlichsten bezog zunächst Glaser unter dem Stichwort »Der doppelte Sexus« Stellung. Er unterstellte, Wedekind übernehme, darin trotz aller Kritik den sexuellen Anschauungen seiner Epoche treu, die Norm der Heterosexualität und die

Norm der Vorherrschaft genitaler Sexualität. Damit werde das Lustprinzip »immer noch vom patriarchalischen Realitätsprinzip der bürgerlichen Gesellschaft modelliert«. (S. 178) Mit dieser Hypothese verstellte er sich jedoch – ein anderes Reflexionsmuster – den Zugang dazu, daß Wedekind in seinem Werk der Kampf der Geschlechter und damit gerade auch die Heterosexualität zum Problem wird. Wedekinds gesellschaftlicher Sexualkritik ist im vorhinein der Zahn gezogen, wenn für Wedekind vorausgesetzt wird: »Das Abstraktum Lust ist ein bürgerliches Vorurteil« (S. 172). Dann wird es ein leichtes, Wedekinds Kritik auf »kleinbürgerlichen Sexualtrotz« zu reduzieren (S. 153). Diese Kritik der Kritik ontologisiert Wedekinds Begriff der Liebe. Wedekind nimmt sich jedoch in seinem Werk gerade ganz spezifischer Formen sexueller Unterdrückung an. Wenn er unter variierenden Aspekten vor allem pubertäre und weibliche Sexualität beschreibt, dann keineswegs als Perversion in trauriger Abweichung von genitaler Normalität (vgl. S. 150). Vielmehr geht es ihm um Transzendierung gesellschaftsgeschichtlich entstandener Triebunterdrückung und nicht um Transzendierung des Weiblichen und Männlichen zugunsten einer eindimensionalen Triebstruktur. Gerade darin unterscheidet sich Wedekind von Freuds Theorie der Geschichte der Kultur und der gesellschaftlich notwendigen Beherrschung und Sublimation der Triebwünsche. In der Tat will Wedekind nicht bloß ein Abbild bürgerlichen Daseins geben, »nicht zeigen, wie domestizierte Lust in ihm gänzlich verendet« (S. 182), sondern er setzt der bürgerlichen Gesellschaft das Bild eines Lebens entgegen, »dessen ›angeborenes Recht‹ sie ›in barbarischer Weise verkürzt‹ hat« (S. 182).

Wenn hier ein aufklärerischer Impuls wirksam ist, so ließ sich nach seinen Ursachen, Resultaten und nach seinem Ziel fragen. Milkereit faßte zusammen: »Das, was an Wedekind als eigentliche Revolution gegen die bürgerliche Gesellschaft angesehen wird, nämlich die Emanzipation der Sexualsphäre von moralischen Vorurteilen, ist im Grunde nur eine konsequente Erweiterung der bürgerlich-kapitalistischen Prinzipien auf diese Sphäre.« (S. 131) Wedekinds Thema sexueller Emanzipation stellte dann Vitalisierung der Sexualität zur Debatte, um Sexualität als entfesselte Produktivkraft in den Prozeß allgemeiner gesellschaftlicher Rationalisierung und Instrumentalisierung einzubeziehen. Konkret ließe sich der Beweis oder die Widerlegung dieser These am Thema Frauenemanzipation in Wedekinds Werk führen. Lorenz vertrat die Meinung, Wedekind sehe die Lösung der sog. Frauenfrage weder in der gemäßigten Frauenbewegung noch in einem »Zurück zum Mutterrecht« (S. 52), sondern in der Gleichberechtigung unterschiedlicher

Geschlechter. Willeke antwortete, für Wedekind gebe es weder eine reformerische noch eine andere rationale Lösung des Geschlechtergegensatzes. Zwar besitze die Frau einen Anspruch auf ihren Körper und auf eigene Sexualität und das Privileg der Mutterschaft, aber letztlich beharre Wedekind darauf, daß das gesellschaftliche Verhältnis der voneinander unterschiedlichen Geschlechter ein Problem der Kontrolle und notwendiger Hierarchie sei (S. 35). Für eine Wedekind-Interpretation bedeutete das wieder eine Rückkehr zu einer – Rationalisierungsthese.

Marxistische Autoren, die den Gegensatz von Mann und Frau als den »ältesten Klassengegensatz« (Irmer, S. 145) definieren, legten Wedekinds Sexualvorstellungen als utopische aus. »Wedekind betrachtet«, schrieb Irmer, »die bürgerliche Gesellschaft und ihre Ideologien als ein Vorläufiges«, und ihre Herrschaft werde, so Wedekind, erst dann hinfällig, wenn jener älteste Klassengegensatz aufgehoben sei (S. 145). Sigrid Damm berief sich auf den Marxschen Entfremdungsbegriff und leitete daraus ab: »Wedekind reduziert – als spontaner Reflex auf die Entfremdung – den Menschen auf sein tierisches Wesen.« (S. 248) Werden menschliche Funktionen wie z. B. sexuelles Verhalten – Marx verstand darunter die Zeugung – von dem übrigen Umkreis menschlicher Tätigkeit getrennt, so sind sie – nach Marx – »tierisch« (Karl-Marx-Ausgabe, hrsg. v. H. J. Lieber, Bd. 1, S. 565). Ganz im Gegensinn zu Damms Auslegung wäre Wedekind mit Marx gerechtfertigt, der ausführte, daß der Mensch – unter kapitalistischen Bedingungen – »nur mehr in seinen tierischen Funktionen, Essen, Trinken und Zeugen [. . .] sich als freitätig fühlt und in seinen menschlichen Funktionen nur mehr als Tier. Das Tierische wird das Menschliche und das Menschliche das Tierische.« (S. 565) Unter diesem Doppelaspekt Wedekinds Sexualkritik zu begreifen, dürfte für das Verständnis seines Werkes aufschlußreich sein, statt Wedekinds gesellschaftlich konkrete Kritik wilhelminischer Sexualmoral mit utopischem Denken zu verwechseln.

Zum Thema Liebe im Werk Wedekinds muß das Unterfangen, Wedekind ein strukturalistisches Korsett anzupassen und die Forschung, statt sie zu kritisieren, ergänzen zu wollen, als merkwürdig erscheinen (Medicus, S. X). Medicus' Anspruch zielte darauf, »mit Hilfe des Freudschen Systems [. . .] die Antinomien Wedekinds« zu sprengen (S. 79). Das geht natürlich nur, wenn Werk und Autor miteinander identifiziert werden und der Autor prinzipiell als (Sexual-)Ontologe enttarnt wird (S. 207): »Die Lust denkt Wedekind, wie er alles denkt: als substantielles Sein.« Medicus baute seinen Kommentar aus der Textexegese von bisher teilweise unveröffentlichten Fragmenten aus Wedekinds Projekt der »Großen Liebe« auf. Ein Verfahren, gegen das zunächst einmal nichts einzuwenden wäre, wenn der Interpret sich und den Leser über die Textgeschichte der »Großen Liebe« aufgeklärt hätte. Seine gegenüber den Textfragmenten unhistorische Kritik, die Wedekinds Werk zu einem linguistischen Steinbruch macht, führte nicht nur zu einzelnen schwerwiegenden und von der früheren Wedekind-Forschung bereits korrigierten Fehlurteilen (zu »Mine-Haha«, S. 124 f. u. S. 128 f.), sondern ist schlicht nichts anderes als philologische Schlamperei. Aufschlußreich wird aber Medicus' Kommentar dort, wo er sozialgeschichtliche Aspekte verfolgte. Eine Wissenschaftsgeschichte der Sexualität macht zum einen erst einmal bekannt, mit welchem zeitgenössischen Wissen sich Wedekind auseinandersetzte, zum andern läßt sich Einblick darin nehmen, wie sich methodisch der Autor sein Material angeeignet hat, bevor er ans Werk ging. Wedekind wird dann zumindest wieder aus den geistigen Fesseln eines Einzelgängertums befreit, in die ihn als »Sexualpathetiker« Kritik und Literaturwissenschaft geschlagen hatten. Diese Diskussion zu verbreitern, wären in sie auch die populären Gesundheitslehren einzubeziehen, die unter der Parole »Lebensreform« gesellschaftlich wirksam waren. Zu berücksichtigen wären auch die vor der Jahrhundertwende entstandenen eugenischen Lehren und wissenschaftlich verbrämten Rassismus-Theorien, auf die sich Wedekind in »Hidalla« bezieht. Im Zeitalter der Humangenetik sind Wedekinds Sexualthemen, wie Irmer zu Recht anmerkte, keineswegs »so abwegig, wie es heute (noch) erscheint«. (S. 157) Daß Wedekind über wissenschaftlich fundierte Kenntnisse der Kulturgeschichte des Sexuallebens verfügte, steht zweifelsfrei fest, auch, daß er zu allem, was seine Epoche unter Sexualität verstand, eine selbständige kritische Position bezog. Sie mit der Freuds oder gar Reichs zu vergleichen, mag wissenschaftsgeschichtlich sinnvoll sein, gibt aber noch keine schlüssige Antwort darauf, wie Wedekind mit seinem Wissen »ästhetisch« verfuhr, will man nicht einfach voraussetzen, daß er es in »Literatur« übersetzte.

Auf den ersten Blick mag es verblüffend erscheinen, daß just ein Perspektivenwechsel in Wedekinds erotischen Anschauungen zu einem Zeitpunkt eingetreten sein soll, für den eine Vielzahl seiner Kritiker einen Verfall seiner dichterischen Schaffenskraft annahm. Medicus sprach, darin Kutscher folgend, von 1903 als einem entscheidenden Jahr, seit welchem Wedekind eine Kritik seiner utopischen sexuellen Phantasien vollzogen habe. Medicus wollte lieber »statt eines vollständigen Perspektivenwechsels und einer geradlinigen Entwicklung Wedekinds vom Pol der Sinnlichkeit weg zum entgegengesetzten des Geistes hin« eine *Perspektivenerweiterung* annehmen, »deren Entwicklung retardierend und vor allem von einer Suche nach einer Versöhnung der quälerischen Antinomien« von Geist und Geschlecht geprägt sei (S. 126). Quiguer sprach von einer Wende in Wedekinds »érotisme«, die er mit »Tod und Teufel« auf das Jahr 1906 festlegte und in »Die Zensur« realisiert sah: »La sexualité n'est pas source de vie, mais puissance absurde« (S. 27). Wedekind »veut faire de son œuvre un Evangile de vie, – et finalement ses personnages n'ont de choix qu'entre la mort et le renoncement.« (S. 32) Schröder-Zeballa kam zu einem entgegengesetzten Ergebnis und formulierte für »Die Zensur«, hier sei die Absicht, »›Heiligkeit und Schönheit‹ zu vereinen« nicht allein »literarisches«, »sondern sogar religiöses Programm« (S. 16), ein Programm, das Wedekind bis zum »Simson« aufrechterhalte. Ebenfalls auf Analysen Reichs zurückgreifend, verwies sie auf den psychologischen Zusammenhang von Religion und Liebe und behauptete: Wedekind »kämpft für die Aufhebung der christlichen Lustfeindlichkeit, für eine erotische Religiosität. Reich hingegen propagiert eine erotische Soziallehre«. (S. 65)

Was kann über eine Kritik noch gesagt werden, die als tendenzielle Gesamtkritik einerseits propagierte, Wedekinds Hauptwerke seien um die Jahrhundertwende bereits geschrieben, Werke, in denen ganz offenkundig die Erotik ein Hauptthema ist, und die andererseits unterstellte, Wedekind habe nach 1900 sein früheres »erotisches Programm« entweder korrigiert, ergänzt oder gar negiert, und die dem Dichter zugleich bescheinigte, jetzt oder früher oder später habe seine dichterische Gestaltungskraft nachgelassen. Wenn dazuhin quasi eine frühe »Potenz« mit einer späten »Impotenz« konterkariert werden soll, dann scheint mir, daß noch immer einem Autor die Verletzung eines gesellschaftlichen Tabus zur Last gelegt wird.

»Was wir brauchen«, schrieb einmal Paulsen anläßlich einer Rezension über eine Wedekind-Monographie, »sind zunächst . . . eindringliche Strukturanalysen«. (S. 210) Sie setzen allerdings philologisch gesicherte Wedekind-Texte voraus. Beispielhaft hat Höger in zwei Untersuchungen (Hetärismus/Parkleben) demonstriert, was für ein *neues* Wedekindverständnis getan werden muß: 1. sich zunächst philologisch Rechenschaft zu geben über die im Fall Wedekinds keineswegs selbstverständliche Textgrundlage, 2. statt sein Werk mit einem textimmanenten »Geschwafel« zu überschütten, es aus dem kulturellen Zusammenhang der wilhelminischen Epoche heraus zu begreifen und aktuell zu erläutern. Damit ist in der Tat ein Wendepunkt in der Wedekind-Forschung erreicht und für die

Wedekind-Rezeption eine Grenze überschritten, hinter die sie, ohne unkritisch zu sein, nicht zurückkehren kann. Höger ging von der Annahme aus, daß die durch die Industrialisierung erzeugte Lust- und Körperfeindlichkeit – sich ausdrückend in Bedürfnisaufschub, Disziplinierung und Normierung der Sexualität – »vor allem im 19. Jahrhundert extreme Ausmaße annimmt«. (S. 23) Im Protest gegen diese gesellschaftliche Repression stehe auch Wedekind auf der Seite des »Vitalismus«: Wedekind bringe den sexuellen Trieb mit dem »Willen zum Leben« in Verbindung und identifiziere schließlich beide miteinander (vgl. S. 25 f.). Auch Höger konstruierte – noch in der Tradition der Wedekind-Forschung befangen – eine Dreiteilung von Wedekinds Werk. Nach den frühen Werken, die ein Programm sexueller Revolution enthielten, habe er sich »in den Werken der mittleren Periode dem Außenseiter, der als Genie oder Narr die Konkurrenz- und Leistungsgesellschaft konterkariert« gewidmet, »bis er endlich zum zentralen Thema der Ehegemeinschaft« gekommen sei (S. 26). Das »Ideal einer auf dem Hetärismus beruhenden menschlichen Gesellschaft« werde als »biologische Utopie« dem Liebesgefühl, der »bürgerlich bedingten Liebe«, die Sinnlichkeit und Körperlichkeit negiere, gegenübergestellt (S. 89 u. S. 149). Hetärismus als neue Gesellschaftsform heißt, in ihr habe die Frau das Recht auf freie sinnliche Liebe und damit *Natürlichkeit* gesellschaftlich wiedererobert (S. 146). Höger schloß seine Darstellung mit der These ab, Wedekind habe seine hetäristische Anschauung später nicht preisgegeben.

Högers weltanschauliche Auslegung, die weniger den kritischen als den utopischen Reflexionen Wedekinds folgt und die sich nur noch beiläufig mit der Schau- und Denklust, mit dem »kalkulierten Denkspiel« (Hahn, S. 39) beschäftigt, wodurch das Werk Wedekinds ästhetisch bestimmt ist, steht und fällt mit Högers eigener kritischen Vorstellung, durch die Industrialisierung sei die sexuelle Repression und die Territorialisierung der Körper erst gesellschaftlich wirklich umfassend geworden. Abgesehen davon, daß der Ursprung der Geschichte der sexuellen Repression weit zurück hinter die bürgerliche Gesellschaft verfolgt werden könnte, scheint mir der Doppelaspekt von Repression und Emanzipation durch die Industrialisierung als kritischer Einstieg in die Geschichte der Sexualität, wie sie auch durch das Werk Wedekinds zur Debatte gestellt wird, angemessener zu sein. Wedekind modernisiert Mythen, auch den Mythos der Sexualität. Während die Schweizertöchter, in denen noch Gottfried Keller Helena und Lukretia zugleich fand, die Buchführung zu erlernen begannen, wie Walter Benjamin lächelnd schrieb, war sich Wedekind im Gegensatz zu seinem berühmten poetischen Vorgänger darüber bewußt, daß Pandora als Ladenmädchen bei Hubert Tietze in Berlin oder als Grisette in Paris nicht ewig alte Hüte oder neue Kleider verkaufen oder tragen mochte. Unter der Vorstellung, daß die kapitalistische Gesellschaft keineswegs davor zurückschreckt, in ihrem Sinn die Produktivkraft der Frau industriell zu entfesseln, liest sich die Entfesselung der Produktivkräfte der Frau für den Mann unter patriarchalischen Verhältnissen anders: als ökonomische und sexuelle Bedrohung zugleich. Wo dieser »Ansturm« der Frauen auf die männliche Bastille »industrialisierte Gesellschaft« enden würde, war nicht abzusehen. Wie diese »Entfesselung« bewältigt – abgewehrt oder akzeptiert – werden könnte, wenn die Frauen es satt hätten, *ewig* weiblich zu sein, davon ist auch im Werk Wedekinds die Rede.

– Kunst –

Der *Zirkus* diente Wedekind auch als Metapher für hohe und niedere Kunst. Was im Zirkus gezeigt wird, ist nicht die Realität, sondern sind artistische Reflexionen; gezeigt werden Kunst-Stücke. Ob damit das Leben gemeistert werden kann, bleibt eine offene Frage. Das legt nahe, daß Wedekind in seinen Werken künstliche Situationen, Modelle und Scenarios gleichsam als Nummern vorführt, an denen anschaulich wird, ob und inwiefern die Kunst-Übung gelingt und ob und inwiefern sie den Zuschauer über die Wirklichkeit und das Verhältnis der Kunst zu ihr eines Besseren belehrt. In der jüngsten Forschung hat sich die Erkenntnis durchgesetzt, daß es Wedekinds Absicht war, statt sich mit »naturalistischer partikularer Objektivität« zu begnügen, über den »Modellcharakter« seiner Werke hinweg auf das gesellschaftliche Ganze zu verweisen (Damm, S. 183). Für Wedekinds Drama ist es relativ belanglos, ob die Wohnung oder das Bordell den dramaturgischen Ort für das jeweilige Stück darstellt (Irmer, S. 133); bedeutsam ist es aber sehr wohl, bei der Darstellung gesellschaftlichen Lebens sowohl gesellschaftliches »Oben« wie »Unten« einzubeziehen. Auch für die dramatische Handlung und für das »Personal« trifft zu: »Die Figuren und die Handlung existieren nicht eigentlich für sich. Sie werden uneigentlich dargeboten, vom Dramatiker vorgestellt.« (Irmer, S. 139) Aus Mythos und Kolportage ist der Mechanismus der Figuren und der Handlung zusammengesetzt. In einer sehr schönen Studie hat Thies diese Stilisierung durch Namen, durch die z. B. Lulu und Pandora, Straßenmädchen und Göttin ihre Rollen zu tauschen scheinen, als »Rollenstilisierung« und als literarische »Stilisierung eines Prinzips« beschrieben (S. 229 ff.). Rothe sprach ebenfalls von »allegorischer Deutung der Personen als ›Verkörperung eines Begriffs‹« und vom »begrifflich-allegorischen Aufbau« der Wedekindschen Dramen (S. 64), und Glaser von Allegorien als dramatischen Figuren eines Gedankens (S. 169 f.). Stroszeck entdeckte in solcher allegorischer Konstruktion, daß dadurch möglich wird, »die Uneigentlichkeit des theatralischen Scheinens gegen die Eigentlichkeit des identifizierbaren allegorischen Ausdruckstyps zu wenden«. (S. 236) Wahrnehmbar wird wie an Markennamen ein »funktionaler« und ein »historischer Aspekt« der Gestaltung dieser Allegorien (vgl. S. 237). So folgen diese Figuren einem »Typisierungsprinzip« (Hahn, S. 73) und so auch dem der Reihung (Hahn, S. 70). Dieser Technik der Reihung und der Montage ist auch das Drama unterworfen. Auch für die Konstruktion des Dramas bleibt die Allegorie Bauelement, wenn »letztlich das gesamte dramatische Zusammenspiel der Figuren so geformt« wird, daß das »Typische«, das »Ideelle« und, das muß hinzugefügt werden, das »Scheinhafte« und »Theatralische« hervortreten (vgl. Hahn, S. 70). »Alle Stücke Wedekinds«, wiederholte auch Höger, »sind Allegorie«, und er ergänzte, »die realistischen Elemente sind [in diesen Stücken] allein in Bezug auf die unmittelbare Vermittlung der apriori-Begriffe bedeutungsvoll«. (S. 72) Höger definierte daher hier die Allegorie als »konstruktivistische Allegorie« (S. 73).

Wedekinds dichterische Sprache und vor allem der dramatische Dialog sind, dem konstruktivistischen modellhaften Charakter seiner Werke entsprechend, Funktion jener konstruktivistischen Allegorie, Eigentliches im Uneigentlichen und vice versa auszudrücken. Jesch und Kuhn haben untersucht, inwiefern Wedekinds Sprache und Dialog vor allem durch eine »überrollenmäßige Sprachgestaltung« gekennzeichnet sind, welche das Mythologische und Ideenhafte favorisiert. Sprachliche Stilisierung meint aber noch mehr, nämlich: unterschiedliche Sprachebenen und kontrastive Sprachhaltungen und Sprechweisen (rhetorische, konversationsmäßige, aphoristische etc.) zu verwenden, miteinander zu verknüpfen und gegeneinander auszuspielen. Damit ist ein klassizistisches Kommunikationsideal, das auf eine Konsensfähigkeit durch eine – gemeinsame einheitliche und verständliche – Sprache baute, aufgegeben, aber prinzipiell noch nicht das Ideal einer Kommunikation durch Sprache. Dieses ist vielmehr durch die Anstrengung zur Stilisierung aufrechterhalten, die einen in sich vielschichtigen Diskurs, der auch den des sprachlich Bewußten mit dem Unbewußten einschließt, kritisch abzubilden sucht.

Demonstrativ und programmatisch zugleich ist Wedekinds Sprache. Der ihr wie den Figuren und der Handlung als »Moritat« eigene Gestus des Zeigens hat als geheimes Motiv bei allem Tempo und bei aller Vielfalt den Choque, den Stillstand, die Reflexion sich zum Vorwurf gemacht. Immer zielstrebiger entwarf Wedekind seine Dramen, wie Kritik und Forschung bemerkte (Hahn, Irmer, Feuchtwanger, Friedmann, Höger, Lorenz u. a.) zu Lehr- und Lernstücken. »Mit diesem Neuansatz wurde eine Tradition wieder aufgegriffen, die Theater als bewußte Einwirkung auf den Zuschauer begreift. Der Zuschauer ist nicht mehr nur ›Zuschauer‹, sondern Adressat.« (Friedmann, S. 170) Als eine »neue Form von Wirkungsästhetik« etikettierte Rothe Wedekinds Dramatik. Hahn, Irmer oder Kesting redeten von der Wiedergewinnung eines unliterarischen Theaters, von der »Retheatralisierung des Theaters« durch Wedekind (Kesting, S. 202). Dramengeschichtliche und lebensphilosophische Aspekte zur Formbestimmung des Wedekindschen Dramas hob Kalcher hervor: 1. »Die ›Entwicklung [. . .] vom anthropozentrischen zum deterministischen Drama‹ sieht Wedekind auf engste Weise mit der Herrschaft des Naturalismus verknüpft, die er mit aller Entschiedenheit zu brechen unternimmt. « (S. 316) 2. »Die Vielfalt der dramatischen Formen der Jahrhundertwende ist geeint im Gegensatz gegen das drei- oder fünfaktige Dramengefüge.« (S. 413) 3. »Die Unabgeschlossenheit der Darstellung weist zurück auf die Unendlichkeit des darzustellenden Lebens . . . Das Drama erscheint als Stätte der Auseinandersetzung zwischen den Perspektiven des Lebens und dem Leben selbst« (S. 414 f.). Die Demontage des klassischen »Helden« und die Demontage des klassischen Dramas bzw. »das Vordringen dramatischer Formentypen wie Einakter, Einakterzyklus oder Szenenfolge« (S. 414, vgl. dazu auch Wiespointner) bestätigen, Wedekinds Werk ist dafür ein Beispiel, daß eine anthropozentrische bzw. deterministische Kunst zunächst vor allem durch eine *diskursive Dramatik* in Frage gestellt wird. Dieses diskursive Drama ist als neue Stilkunst sowohl auf mimisches *Zeigen* als auch auf *verfremdende* Darstellung angewiesen. Diese dramatische Stilkunst, oft genug – die historische Perspektive verkürzend – fälschlicherweise als Wedekind-Stil personifiziert, kann weder klassische Tragödie noch klassische Komödie sein. Sie macht, die Paraphrase sei gestattet (Haida, S. 107), darauf aufmerksam, daß sie *Spiel* ist, »künstliche Welt, aber mit dem Anspruch, Modell der wirklichen zu sein«. Dabei verzichtet Wedekinds dramatische Sprache keineswegs radikal auf literarische Tradition, sondern analysiert und verarbeitet sie, ohne ihr bloß zu folgen, und ist dadurch allem Historischen gegenüber offen. Sie verschmäht nicht das mythologische, das literarische, das zeitgeschichtliche Zitat; sie kultiviert es formal und inhaltlich, sei es auch als Parodie oder als Paraphrase, wie es z. B. die oft »schwer durchschaubare

Variation des *Faust*-Themas« (Paulsen, S. 210) oder die thematischen Shakespeare-Anspielungen (Richard III., King Lear etc.) verraten. Diese Sprache operiert für ihre Stilisierung bewußt auch mit dem Selbst-Zitat, ohne dadurch, wie die Kritik oft mißverstand, den Zweck einer Selbststilisierung zu verfolgen, sondern um sowohl den Subjektivismus der Anschauung wie den Objektivismus der Geschichte zu brechen.

– Humor –

Als entscheidende künstlerische *Methode* hat als erster Höger den *Humor* für Wedekinds Werk definiert (1979, S. 79). Der Humor, zuständig für die Zuordnung von gegensätzlichen menschlichen Anschauungsweisen wie: Realitätsprinzip kontra Metaphysik, Geschichte kontra Moderne, Metaphysik kontra Metaphysik (Egoismus kontra Altruismus) etc. enthüllt sich dabei selbst als ein metaphysisches Prinzip, welches durch Komik die jeweils extreme und einseitige Gegensätzlichkeit der Vorstellungen für das Leben infragestellt (S. 73 ff. u. S. 123). Die Zerstörung von »Illusionen über das wahre Wesen des Daseins« sei das Erkenntnisziel humoristischer Objektivität (S. 81). Somit erfülle der Humor die Funktion einer Parteinahme für den Willen zum Leben. Konstruktion und Destruktion, Montage und Demontage sind die Verfahrensweisen dieses Humors. Ohne den Begriff des Humors, unterstrich auch Irmer, sei Wedekinds *Theater*dichtung, wobei diese Eingrenzung willkürlich ist, nicht recht zu begreifen. Humoristische Kunst, Irmer etikettierte sie als realistische, heißt: »Kunst aus Distanzgefühl, Kunst, die Distanzgefühl schafft; Kunst der Gegenüberstellung, Vergleichung, Verfremdung. Solche Kunst unterliegt keinem Systemzwang, sie gestattet eine Vielfalt stilistischer und formaler Lösungen.« (S. 282) Mit Vorbehalt bezeichnete Höger Wedekinds Humor, sofern es sich um die »starke Heraustreibung der Gegensätze« handelt, als »grotesken Humor« (S. 88). Plesser übernahm von Wedekind die Bezeichnung »szenischer Humor«, welcher sich im kontrastiven szenischen Aufbau und in der kontrastiven Szenenfolge wiederentdecken ließe (S. 103). Höger machte darauf aufmerksam, daß »Wedekinds Stücke im dramaturgischen Aufbau eher vom Humor als vom Witz geprägt« sind, »der natürlich auch kräftig, aber nur in Einzelszenen und im Dialog, verwendet« werde (S. 76).

Die Frage, inwiefern Wedekind nun Tragödien oder Komödien geschrieben habe oder ob unter dem Prinzip des Humors sein gesamtes Œuvre der Tragikomödie zuzuordnen sei (Höger, S. 82), läßt sich vielleicht jetzt abschließend beantworten. Keineswegs soll durch Lachen oder Weinen in Wedekinds Dramen eine Reinigung von Affekten erfolgen oder Mitleid erregt oder ein skeptischer Humor (Böckmann, S. 86) erzeugt werden. Höger, der diese Kritik vertrat (S. 88), dachte sich als »Ziel des Humors« ein »Gleichgewicht zwischen Lachen und Weinen« (S. 123). Wedekinds Begriff der Balance und der Elastizität aber meint mehr, da er den Sturz, auch den Sturz der Metaphysik, einkalkuliert. Kalcher hat pointiert den Schluß gezogen: »Die groteskkomische Darstellung von Lebensprinzipien verweist auf einen zugrundeliegenden Begriff des Lebens als des Werdens, das Entstehen und Vergehen und neuerliches Entstehen in einem ewigen Kreislauf zeitigt. Anziehung und Abstoßung durch das Leben, das gleichermaßen freuden- wie schmerzvoll, lust- wie qualbringend ist, läßt sich weder in der Komödie noch in der Tragödie, die beide auf der Folie einer gesicherten Weltanschauung, eines verbürgten Sinnes, sich entfalten, noch in der Tragikomödie als deren Versöhnung zur Anschauung bringen. Die Komödie verharmlost die Grauenhaftigkeit des Lebens, wie die Tragödie dessen Lächerlichkeit verdeckt.« (S. 409) Als mißverständlich und humorlos hatte Wedekind selbst die Kategorie »Tragikomödie« für sein Werk zurückgewiesen. Kunst, Spiel, Theater hieß Wedekinds Lebenselexier. Dann wäre Kunst eine Ersatzfunktion der Metaphysik.

– Der Künstler –

Daß die Aufgabe der Kunst und die Rolle des Künstlers gesellschaftlich notwendigerweise mißverstanden werden muß und daß dies nichts damit zu tun hat, als Künstler sich subjektiv mißverstanden zu fühlen oder subjektiv mißverstanden zu werden, war auch eines der Generalthemen Wedekinds (Best, S. 22 ff.). Dennoch blieb das Künstlerthema, wie Editha S. Neumann kritisierte, durch die Wedekind-Forschung unterbelichtet (S. 2 f.). Die Kunst, die sich mit der Abbildung und Analyse des Lebens begnügt, hat als realistische mit dem Leben wenig gemein oder wenig mit dem Leben zu tun. Wenn man sie nicht als Übung zum »Willen zum Leben« begreift, ist sie nur Schein, äußerster Gegenpol des Lebens, mit dem sie sich jedoch im Scheinen eins weiß: das Leben ist Traum – der Traum ist Leben. Literatur ist weder für die Bücherregale des Bildungsbürgertums, noch für die Wissenschaft, noch für den Markt gemacht. Sie erfüllt eine Funktion *zwischen* Leben und Gesellschaft, aber sie ist, will sie sich selbst treu bleiben, keine Funktion der Gesellschaft. Unter diesen Auspizien behandelte Neumann das Thema des Künstlers: »Während . . . die dramatische Literatur der Jahrhundertwende die Situation des Künstlers ganz wesentlich von dem Gesichtspunkt seiner Unwilligkeit oder seines Unvermögens zu einer sinnvollen bürgerlichen Einordnung behandelt, hat Wedekind in origineller Weise das Problem umgedreht. Es besteht bei ihm . . . in der . . . Gefahr für den Künstler, von der bürgerlichen Sphäre angezogen zu werden, sich sozusagen in dem Spinnennetz der Bürgerlichkeit fangen zu lassen.« (S. 14)

Die beiden »Zentralthemen«, das Künstler- und das Sexualthema, »scheinen sich«, wie Neumann sah, »zu komplementieren« (S. 15). Käufliche Kunst und käufliche Liebe, Prostitution und Korrumption stellen nicht nur im Analogieverfahren gefundene Gleichungen dar, sondern haben ihr Gemeinsames in dem durch die Gesellschaft praktizierten Verrat am Leben. Intendiert ist also in der Darstellung des Künstlers in seinem Verhältnis zur Gesellschaft nicht etwa nur ein sozialkritischer Aspekt wie z. B. die Kritik am kommerziellen Kunstbetrieb (Rasch, S. 426) oder Kritik der »middle-class society and morality« (Hovel, S. 65 ff.), sondern eine lebensphilosophische Kritik an einer kunst- *und* lebensfeindlichen Gesellschaft. Der Feudalismus in der Liebe und in der Kunst wie die Kritik an der rationalistischen Vernunft der bürgerlichen Gesellschaft sind Teilaspekte der Wedekindschen Kunst- und Gesellschaftskritik. In der Tat legitimieren sich letztlich Kunst und Künstler durch eine »transzendente Berufung« (Neumann, S. 185). Die Aufgabe der Kunst wäre es, die Wiedervereinigung von Schönheit und Geist wie die Einheit des Prinzips der Vernunft und des Lustprinzips zu proklamieren. Der Künstler, mit dieser metakritischen Last versehen, setzt sich gegenüber dem Leben und der Gesellschaft in doppeltem Sinne der Gefahr der Lächerlichkeit aus: entweder sich als angepaßter Künstler dem Kunstdiktat der Gesellschaft zu fügen oder als »neuer Prophet« (Höger, Der Autor, S. 45 ff.) zu enden. Letztlich sind aber weder das Urteil der Gesellschaft noch die Selbstbeurteilung des Künstlers für das Werk entscheidend. Wenn ein der Kunst und der Gesellschaft zugrundeliegender Begriff des Lebens, die Welt als Wille und Vorstellung, nur unter der Vorstellung der »Ganzheit« denkbar ist (vgl. Höger, S. 47), dann wird es für die Kunst – in ihrem Gegensatz zum Widerspruch von Leben und Gesellschaft – erforderlich, jene fragliche Ganzheit in ästhetischer Gestalt zu re-produzieren. »Aufgabe . . . ist es, nicht zu analysieren, sondern das Leben als Ganzes darzustellen, seinen Sinn in ästhetischer Form aufzuzeigen.« (S. 47) Nicht im Künstler, sondern in seinem Werk, ist dieses neue, nicht widerspruchsfreie Ganze im Stil als ästhetische Ganzheit ausgetragen. In *neuer Stilkunst*, die mit dem »Leben« *nicht* identisch sein kann, will und soll sich die lebensphilosophische Kritik des Künstlers bewähren.

Zu Wedekinds großen Themen zählen Schönheit und Liebe, Erotik und Kunst, Geschlecht und Geist, aber auch Lust und Macht, Liebe und Geld, Geld und Kunst. Von ihrem Gegeneinander, aber auch von ihrer Aus-Tauschbarkeit untereinander erzählt Wedekinds Werk. Die Wedekind-Forschung hat fast vollständig – und gerade für die »späten« Dramen – übersehen, daß seit dem »Marquis« Geld und Macht zu Hauptthemen Wedekinds avancieren. Diese Themen ästhetisch zu bearbeiten und zu bewältigen, darf auch als Versuch einer Antwort auf die Entfaltung der Machtstrukturen bewertet werden, die den Prospekt für die Entstehung des Ersten Weltkriegs – in Deutschland politisch überwiegend befürwortet – abgegeben haben. In einer glänzenden Studie »Non olet – altes Thema und neues Sujet« hat Hans-Peter Bayerdörfer den »Antagonismus dieser Werte« am Beispiel des »Marquis von Keith« dramen- und gesellschaftsgeschichtlich analysiert (S. 349 ff.). Vorgeführt wird in den Werken Wedekinds eben auch, daß die gesellschaftlichen Werte im Geldwert aufgegangen sind (S. 354), und es läßt sich hinzufügen, daß alle »Werte« umgewertet werden unter der Herrschaft von *Macht*. Unschwer zu erkennen, daß über jene in sich verschlungene Thematik die Triebkräfte und das Bild der wilhelminischen Epoche, dieser feudal-bourgeoisen Gesellschaft, sich in das Werk Wedekinds eingezeichnet haben.

Literatur:

Ahl, Herbert: Längst kein Bürgerschreck mehr . . . Frank Wedekind. In: Ders., Literarische Porträts. München/Wien 1962, S. 334–342

Arntzen, Helmut: Der Ideologe als Angestellter. In: Viermal Wedekind. Methoden der Literaturanalyse am Beispiel von Frank Wedekinds Schauspiel »Hidalla«. Hrsg. v. Karl Pestalozzi und Martin Stern. Stuttgart 1975, S. 7–21 (zuerst: 1971)

Arthur, Douglas Reed: Frank Wedekind's social theatre. Diss. Stanford University 1979

Baucken, Rudolf: Bürgerlichkeit, Animalität und Existenz im Drama Wedekinds und des Expressionismus. Diss. Kiel 1950

Bayerdörfer, Hans-Peter: Non olet – altes Thema und neues Sujet. Zur Entwicklung der Konversationskomödie zwischen Restauration und Jahrhundertwende. Euphorion 67, 1973, S. 323–358

Becker, Gertrud: Ist Lulu tot? Frankfurter Hefte 2, 1947, S. 1270–1271

Best, Alan David: Frank Wedekind. London 1975

Böckmann, Paul: Die komödiantischen Grotesken Frank Wedekinds. In: Das deutsche Lustspiel II. Hrsg. v. Hans Steffen. Göttingen 1969, S. 79–102

Damm, Sigrid: Die philosophisch konzipierte Gestalt im Drama Frank Wedekinds. In: Dies., Probleme der Menschengestaltung im Drama Hauptmanns, Hofmannsthals und Wedekinds. Diss. Jena 1969, S. 169–269

Dosenheimer, Elise: Frank Wedekind. In: Dies., Das deutsche soziale Drama von Lessing bis Sternheim. Darmstadt 1974, S. 187–223 (zuerst: 1949)

Dramaturgische Gesellschaft e.V. Jahresband 1964 Frankfurt: Frank Wedekind. Referat: Herbert Pfeiffer, S. 110–125

Dürrenmatt, Friedrich: Bekenntnisse eines Plagiators. In: Ders., Theaterschriften und Reden. Zürich 1966, S. 239–246 (zuerst: 1952)

Emrich, Wilhelm: Immanuel Kant und Frank Wedekind. In: Ders., Polemik. Frankfurt 1968, S. 56–61

Faesi, Robert: Ein Vorläufer: Frank Wedekind. In: Expressionismus. Hrsg. v. Hermann Friedmann u. Otto Mann. Heidelberg 1956, S. 241–263

Feuchtwanger, Lion: Frank Wedekind. Neue deutsche Literatur 12, 1964, H. 7, S. 6–21

Firda, Richard Arthur: Wedekind, Nietzsche and the dionysian experience. MLN 87, 1972, S. 720–731

Force, Edward: The development of Wedekind criticism. Diss. Indiana University (Bloomington) 1964

Franck, Walter: Vom Standpunkt des Schauspielers. Dramaturgische Blätter 1, 1947, Nr. 4, S. 13–14

Frank, Rudolf: Frank Wedekinds Ewigkeitswerte. Festrede zum hundertsten Geburtstag des Dichters. Typoskript 1964

Friedmann, Jürgen: Frank Wedekinds Dramen nach 1900. Eine Untersuchung zur Erkenntnisfunktion seiner Dramen. Diss. Stuttgart 1975

Friedrich, Heinz: Bestie Mensch. Bemerkungen zum Werk Frank Wedekinds. Frankfurter Hefte 10, 1955, S. 823–826

Gittleman, Sol: Frank Wedekind's image of America. GQ 4, 1966, S. 570–580

Ders.: Frank Wedekind and Bertolt Brecht. Notes on an relationship. Modern Drama 4, 1968, S. 401–409

Ders.: Frank Wedekind. New York 1969

Ders.: Sternheim, Wedekind and homo economicus. GQ 49, 1976, S. 25–30

Glaser, Horst Albert: Arthur Schnitzler und Frank Wedekind – Der doppelköpfige Sexus. In: Wollustige Phantasie. Hrsg. v. H. A. Glaser. München 1974, S. 148–184

Graves, Paul G.: Frank Wedekinds dramatisches Werk im Spiegel der Sekundärliteratur 1960 bis 1980: Ein Forschungsbericht. Diss. University of Colorado at Boulder 1982

Gravier, Maurice: Strindberg et Wedekind. EG 3, 1948, S. 309–318

Greul, Heinz: »Ein Scharfrichter seiner Zeit«. Ein Porträt des Satirikers Frank Wedekind, zum 100. Geburtstag aufgezeichnet. Gehört – gelesen 11, 1964, S. 950–960

Günther, Herbert: Paris als Erlebnis. Frank Wedekind und Paris. Antares 1, 1953, H. 5, S. 3–8

Guthke, Karl S.: 2. Wedekind, Kaiser, Kornfeld, Walden, Toller. In: Ders., Geschichte und Poetik der deutschen Tragikomödie. Göttingen 1961, S. 327–341 (zu Wedekind)

Hahn, Manfred: Einleitung. In: Wedekind. Ich habe meine Tante geschlachtet. Lautenlieder und »Simplizissimus«-Gedichte. Hrsg. u. eingeleitet v. Manfred Hahn. Frankfurt 1982 (1967), S. 9–32

Ders.: Frank Wedekind, Leben und Werk. In: Werke in drei Bänden, hrsg.
von Manfred Hahn. Bd. 1 Berlin/Weimar 1969, S. 7–93

Haida, Peter: Frank Wedekind. In: Ders., Komödie um 1900. Wandlungen
des Gattungsschemas von Hauptmann bis Sternheim. München 1973, S.
92–107

Hering, Gerhard Friedrich: Frank Wedekind. In: Ders., Der Ruf zur Leidenschaft. Improvisationen über das Theater. Köln/Berlin 1959, S.
149–155

Herrmann, Klaus: Ist Wedekind immer noch verboten? Aufbau 3, 1947, S.
186–187

Herzog, Wilhelm: Frank Wedekind. In: Ders., Menschen, denen ich begegnete. Bern/München 1959, S. 198–226

Heuser, Frederick W. J.: Gerhart Hauptmann and Frank Wedekind. GR
20, 1945, S. 54–68 (dt. 1961)

Hill, Claude: Wedekind in retrospect. Modern Drama 3, 1960, S. 82–92

Höger, Alfons: Frank Wedekind. Der Konstruktivismus als schöpferische
Methode. Königstein 1979

Ders.: Hetärismus und bürgerliche Gesellschaft im Frühwerk Frank Wedekinds. Kopenhagen/München 1981

Ders.: Der Autor als neuer Prophet: Frank Wedekind. In: Die Rolle des
Autors. Analysen und Gespräche, hrsg. v. Irmela Schneider. Stuttgart
1981, S. 45–51

Ders.: Das Parkleben. Darstellung und Analyse von Frank Wedekinds Fragment *Das Sonnenspektrum*. In: Text und Kontext 11, 1983, S.
35–55

Hohendahl, Peter Uwe: Die Entdeckung der Phrase bei Wedekind/Wede-
kinds Gestalten als Prototypen. In: Ders., Das Bild der bürgerlichen
Welt im expressionistischen Drama. Heidelberg 1967, S. 199–200 u. S.
271–273

Hovel, Ralph Martin: The image of the artist in the works of Frank Wedekind. University of Southern California 1966

Irmer, Hans-Jochen: Der Theaterdichter Frank Wedekind. Werk und Wirkung. Berlin 1979 (zuerst: 1970)

Jesch, Jörg: Stilhaltungen im Drama Frank Wedekinds. Diss. Marburg 1959

Jones, Robert A.: The pantomime and the mimic element in Frank Wedekind's work. Diss. The University of Texas 1966

Ders.: Frank Wedekind: Circus Fan. MfdU 61, 1969, S. 139–156

Kalcher, Joachim: Frank Wedekind: »Tod und Teufel«. In: Ders., Perspektiven des Lebens in der Dramatik um 1900. Köln 1980, S. 292–421

Kaufmann, Hans: Zwei Dramatiker: Gerhart Hauptmann und Frank Wedekind. In: Ders., Krisen und Wandlungen der deutschen Literatur von
Wedekind bis Feuchtwanger. 3. Aufl. Berlin/Weimar 1976, S. 45–81 (zuerst als Vorlesungstext 1964)

Kesting, Marianne: Frank Wedekind. In: Dies., Entdeckung und Destruktion. München 1970, S. 189–203

Klotz, Volker: Wedekinds Circus mundi. In: Viermal Wedekind. Methoden der Literaturanalyse am Beispiel von Frank Wedekinds Schauspiel »Hidalla«. Hrsg. v. Karl Pestalozzi u. Martin Stern. Stuttgart 1975, S. 22–47; überarbeitet in: Ders., Dramaturgie des Publikums. München 1976, S. 138–176 unter dem Titel: Wedekinds Wilhelminische Zirkusspiele

Krohn, Paul Günter: Frank Wedekinds politische Gedichte. Neue deutsche Literatur 6, 1968, S. 84–95

Kuhn, Anna Katharina: Der Dialog bei Frank Wedekind. Untersuchungen zum Szenengespräch der Dramen bis 1900. Heidelberg 1981

Kujat, Alfons: Die späten Dramen Frank Wedekinds, ihre Struktur und Bedeutung. Diss. Jena 1960

Kutscher, Artur: Frank Wedekind. Das Goldene Tor 2, 1947, Bd. 1, S. 489–496

Lederer, Moritz: Wedekind auf dem Theater. Deutsche Rundschau 80, 1954, Bd. 2, S. 799–802

Legal, Ernst: Ein dichtender Breughel. Dramaturgische Blätter 1, 1947, Nr. 4, S. 11–13

Lehnert, Herbert/Segebrecht, Wulf: Thomas Mann im Münchener Zensurbeirat (1912/13). Ein Beitrag zum Verhältnis Thomas Manns zu Frank Wedekind. Jb. d. dt. Schillergesellschaft 7, 1963, S. 190–200

Leiss, Ludwig: Kunstkartenprozesse; der Fall »Wedekind«. In: Ders., Kunst im Konflikt. Kunst und Künstler im Widerstreit mit der »Obrigkeit«. Berlin/New York, S. 245–286

Liebmann, Kurt: Frank Wedekind – Dichter und Moralist. Gedanken zu seinem 90. Geburtstag am 24. Juli. Börsenblatt f. d. Dt. Buchhandel (Leipzig) 121, 1954, S. 657–658

Lion, Ferdinand: Wedekind Redivivus. Merkur 16, 1962, S. 1092–1094

Lorenz, D. C. G.: Wedekind und die emanzipierte Frau. Eine Studie über Frau und Sozialismus im Werke Frank Wedekinds. Seminar 12, 1976, S. 38–56

Macher, Heinrich: Das Komödische und die Satire in den Dramen Wedekinds und Sternheims. Diss. Jena 1973

Maclean, Hector: Polarity and synthesis of the sexes in Frank Wedekind's work. AULLA 13, 1970, S. 231–242

Maclean, Mary: Jean Giraudoux and Frank Wedekind. Australian Journal of French Studies 4, 1967, S. 97–105

Marsyas, (Pseudonym): Wedekind, Sternheim und die Unken. Aufbau 3, 1947, Bd. 2, S. 66–68

Mauch, Rolf-Dieter: Die Darstellung der neuen Wirklichkeit im Werke Frank Wedekinds. Diss. University of California, Davis 1972

Medicus, Thomas: »Die große Liebe«. Ökonomie und Konstruktion der Körper im Werk von Frank Wedekind. Marburg 1982

Mennemeier, Norbert: Frank Wedekind, ein großer Vorläufer des modernen Dramas. In: Ders., Modernes Deutsches Drama. Kritiken und Charakteristiken. Bd. 1, 2. verb. u. erw. Auflage München 1979, S. 326–348

Meyer, Michael: Theaterzensur in München 1900–1918. Geschichte und Entwicklung der polizeilichen Zensur und des Theaterzensurbeirates unter besonderer Berücksichtigung Frank Wedekinds. München 1982

Milkereit, Gertrud: Die Idee der Freiheit im Werke von Frank Wedekind. Diss. Köln 1957

Mochmann, Paul: Abschied von Wedekind. Dramaturgische Blätter 1, 1947, Nr. 4, S. 7–9

Natan, Alex: Frank Wedekind. In: German Men of Letters. Ed. by A. Natan, London 1963, Bd. 2 Literary essays, S. 103–129

Nef, Ernst: Der betrogene Betrüger wider Willen. In: Viermal Wedekind. Methoden der Literaturanalyse am Beispiel von Frank Wedekinds »Hidalla«, Stuttgart 1975, S. 48–59

Neumann, Editha S.: Der Künstler und sein Verhältnis zur Welt in Frank Wedekinds Dramen. Diss. Tulane University 1969

Dies.: Musik in Frank Wedekinds Bühnenwerken. GQ 44, 1971, S. 35–47

Paulsen, Wolfgang: (Rezensionen) Frank Wedekind. Germanistik 10, 1969, S. 210–211

Plesser, Mechtild: Der Dramatiker als Regisseur. Dargestellt am Beispiel von Wedekind, Sternheim und Kaiser. Diss. Köln 1971

Pohl, Gerhart: Der Gegenspieler des Naturalismus. Dramaturgische Blätter 1, 1947, S. 10–11

Quiguer, Claude: L'érotisme de Frank Wedekind. EG 17, 1962, S. 14–33

Ders.: Actualité de Wedekind. EG 23, 1968, S. 88–91

Rasch, Wolfdietrich: Sozialkritische Aspekte in Wedekinds dramatischer Dichtung. Sexualität, Kunst und Gesellschaft. In: Gestaltungsgeschichte und Gesellschaftsgeschichte. Hrsg. v. Helmut Kreuzer. Stuttgart 1969, S. 409–426

Ders.: Das Schicksal des Propheten. In: Viermal Wedekind. Methoden der Literaturanalyse am Beispiel von Frank Wedekinds Schauspiel »Hidalla«. Stuttgart 1975, S. 60–73

Rilla, Paul: Auseinandersetzung mit Wedekind. Dramaturgische Blätter 1, 1947, Nr. 4, S. 1–6

Ritter, Naomi: Kafka, Wedekind and the Circus. GN 6, 1975, S. 55–59

Roser, Dita: Das Bild von Arzt, Medizin und Krankheit im Werke Frank Wedekinds. Eine medizinhistorische Untersuchung. Diss. Kiel 1948

Rothe, Friedrich: Frank Wedekinds Dramen. Jugendstil und Lebensphilosophie. Stuttgart 1968

Salvesen, Hugh: A Pinch of Snuff from Pandora's Box. New Light on Karl Kraus and Frank Wedekind. Oxford German Studies 12, 1981, S. 122–138

Sattel, Ulrike: Studien zur Marktabhängigkeit der Literatur am Beispiel Frank Wedekinds. Diss. Kassel 1976

Schallück, Paul: Das Fleisch hat seinen eigenen Geist. Frank Wedekind. In: Ders., Zum Beispiel. Essays Frankfurt 1962, S. 137–141

Schneider, Georg: Frank Wedekind – und seine Modelle. Welt und Wort 9, 1954, S. 185–186

Schröder-Zebralla, Josephine: Frank Wedekinds religiöser Sensualismus. Frankfurt/Bern/New York 1985

Schulte, Hans Ludwig: Die Struktur der Dramatik Frank Wedekinds. Diss. Göttingen 1954

Schumann, Willy: Frank Wedekind – Regimekritiker? Einige Überlegungen zur ›Majestätsbeleidigung‹ in den ›Simplizissimusgedichten‹. Seminar 15, 1979, S. 235–243

Seehaus, Günter: Frank Wedekind und das Theater. München 1964

Ders.: Frank Wedekind in Selbstzeugnissen und Bilddokumenten. Reinbek bei Hamburg 1974

Seiler, Jan Jopling: Wedekind and Dürrenmatt: a comparative study. Diss. The University of Wisconsin 1973

Slattery, Charles Edward: Frank Wedekind. Isolation in the dramas before 1900. Diss. The University of Iowa 1980

Sokel, Walter H.: The changing role of eros in Wedekind's drama. GQ 39, 1966, S. 201–207.

Spalter, Max: frank wedekind. In: Ders., brecht's tradition. Baltimore, Maryland 1967, S. 113–135

Stroszeck, Hauke: »Ein Bild, vor dem die Kunst verzweifeln muß«. Zur Gestaltung der Allegorie in Frank Wedekinds Lulu-Tragödie. In: Literatur und Theater im Wilhelminischen Zeitalter. Hrsg. v. Hans-Peter Bayerdörfer u. a. Tübingen 1978, S. 217–237

Thies, Henning: Lulu, Mignon, Pandora: Stilisierung durch Namen und Anspielungen im Kontext bürgerlichen Bildungsgutes. Wedekind, *Erdgeist* und *Die Büchse der Pandora*. In: Ders., Namen im Kontext von Dramen. Studien zur Funktion von Personennamen im englischen, amerikanischen und deutschen Drama. Frankfurt/Las Vegas 1978, S. 224–268

Thomas, Hans Joachim: Die weltanschauliche und ästhetische Entwicklung Frank Wedekinds, dargestellt am Werk des Dichters von der Züricher Publizistik bis zu »Der Marquis von Keith« unter Einbeziehung der frühen Versuche. Diss. Halle-Wittenberg 1972

Ude, Karl: Frank Wedekind. Mühlacker 1966

Völker, Klaus: Frank Wedekind. Erg. u. überarb. Auflage München 1977 (zuerst: 1965)

Wagener, Hans: Frank Wedekind. Berlin 1979

Ders.: Frank Wedekind: politische Entgleisungen eines Unpolitischen. Seminar 15, 1979, S. 244–250

Weales, Gerald: The slippery business of Frank Wedekind. American German Review 34, 1967/68, Nr. 1, S. 41–44

Westervelt, William Osborne: Frank Wedekind and the search for Morality. Diss. University of Southern California 1966

Wiespointner, Kurt: Die Auflösung der architektonischen Form des Dramas durch Wedekind und Strindberg. Diss. Wien 1949

Willeke, Audrone Aurelia Barunas: Frank Wedekind's narrative prose. Diss. Stanford University 1972

Dies.: The tightrope-walker and the marionette: images of harmony in Wedekind and Kleist. In: Selected Proceedings of the Twenty-Seventh Annual Montain Interstate Foreign Language Conference. 13. – 15. 10. 1977. Ed. by Laurentino Suárez and Eduardo Zayas-Bazán. East Tennessee State University 1978, S. 89–95

Frank Wedekind and the »Frauenfrage«. Monatshefte 72, No. 1, 1980, S. 26–38

Witzke, Gerd: Das epische Theater Wedekinds und Brechts. Diss. Tübingen 1972

Wysling, Hans: Zum Abenteurer-Motiv bei Wedekind, Heinrich und Thomas Mann. In: Heinrich Mann. 1871–1971. Hrsg. v. Klaus Matthias. München 1973, S. 37–68

4.5 Synopse der Einzelinterpretationen

Lyrik

In der literarischen Kritik und in der literaturwissenschaftlichen Forschung hat Wedekinds Lyrik bis heute wenig Beachtung gefunden, obwohl er lebenslänglich Gedichte und Lieder geschrieben und fast in jedes seiner Dramen Gedichte, Tanzlieder, Balladen aufgenommen hatte. Bekannt wurden vor allem seine Brettl-Lieder, und ihre Bekanntheit verdanken sie nicht der Tradition literarischer Bildung und Forschung, sondern Bühne und Kabarett. Eine philologische Diskussion um die Authentizität der Texte ist noch kaum in Gang gekommen.

In der »Aktion« (1912) wurden »Die vier Jahreszeiten« als »deutsch« und »gotisch« geschätzt: »Materialechtheit, Einklang von Form und Stoff, als Primäres, sekundär die rührende, von selbst verständliche Grausamkeit vereint mit tiefster Reinheit und wehem Witz. Kein geistreicher Egoismus; unbeholfen roher Scherz.« (Bachmair, S. 856) Theodor Heuß nannte dieselbe Gedichtsammlung einen Band, »der künstlerisch nicht schwer wiegt«. (S. 263) Er lehnte »die zur Sensation getriebene Erotik« ab, die ihm »Übelkeit« und »ästhetisches Unbehagen« erzeugte (S. 264). Nieten hob gerade diese Thematik positiv hervor: »Übermächtig triumphiert überall die Macht des Eros, der sinnlichen Leidenschaft, die nun die geheime, wenn auch oft verleumdete Triebfeder alles menschlichen Handelns sein soll.« (S. 5) Friedenthal machte darauf aufmerksam, daß Wedekinds Lyrik über außerordentlich viele Aspekte und Nuancierungen verfügt. Er unterschied zwischen grotesken, lyrischen, satirischen, zynischen, tragischen, romantischen und balladesken Elementen und stellte besonders Wedekinds »moderne Moritaten« heraus, die »manchmal nichts anderes als versifizierte, ironisierte und glorifizierte Gerichtssaalnotizen der Zeitungen« darstellen (S. 24 u. S. 22). Sternitzke teilte Wedekinds »ganze Lyrik« in drei Gruppen ein: »in *Moritaten politischen, sozialen und erotischen Inhaltes*«. (S. 69) In reine, frivole und groteske Lyrik suchte Franziska Juer Wedekinds Gedichte zu gruppieren, während Fechter behauptete: »Unter den normalen Begriff Lyrik sind diese Verse kaum unterzubringen« (S. 136) Auf Wedekinds politische Gedichte wurde zunächst so gut wie gar nicht eingegangen. Gundolf erinnerte zwar an den »Gesellschaftskritiker und Gelegenheitspolitiker« Wedekind und rechnete ihn zu jenen, »die aus der Lösung von Kult, Autorität und Konventionsidealen jeder Art eine neue Frische und Schlagkraft ziehen, zumal durch den beständigen Kontrast der derben, bunten, zackigen Straßenrede mit den metrischen und rhythmischen Vortragsformen« (S. 200). Zum Grundsatz seiner Kritik an Wedekinds Gedichten aber machte er sich: »Es seien Lieder eines Mannes, der Schiller, Geibel und Zeitungen gelesen hat und deren Inhalte so frisch aussingt wie ein Handwerksbursch« (S. 198). Er sah in Wedekinds Gedichten eine kindliche und naive Genialität am Werke und führte aus: »Sie ähneln darin den Balladen früheren Volksgesangs, die abenteuerliche Ereignisse, Moritaten und dergleichen feierten durch gereimten Bericht, bald mit, bald ohne Glosse: es sind verkürzte oder keimhafte Dramen. Wedekinds beste Gedichte sind zugleich seine berühmtesten. Sie können als Großstadtballaden gelten oder als Schwabinger Dorfweisen, weil sie sich trotz allem zivilisatorischen Drum und Dran um zeitlose Animalia drehen, deren Kostüm, Mode und Perversität als neues Gewürz der alten Speise dienen, ohne sie zu entewigen.« (S. 198) Abstand vom eigenen Gefühl, Verzicht auf alles Pathos der Distanz und die Aufwertung des Kitsches zur poetischen Phrase waren ihm Merkmale und Gegenstand seiner poetischen Kunst (vgl. S. 200).

Die Verwandtschaft von Wedekinds Lyrik mit der Heines wurde immer wieder festgestellt (Gundolf, Fechter, Heuß u. a.) ebenso wie die zum Bänkelsang, zur Ballade, zur Romanze und zum modernen Chanson, ohne daß jedoch dieser folgenreiche Vorstoß und Rückgriff auf Formen der Trivialliteratur, die Bedeutung und Funktion literarischer Unterhaltung und Kritik wie auch die literarhistorischen Bezüge – z. B. zur »Decadencepoesie« Baudelaires und Verlaines (Nieten, S. 5), zu Heine, zur französischen Caféhaus-Literatur etc. – bisher im Fall Wedekinds gründlich untersucht worden wären.

Am ausführlichsten gibt immer noch Kutscher text- und literargeschichtliche Auskunft. Die frühen Gedichte Wedekinds kennzeichnete Kutscher als »Schülerpoesie«, beurteilte, vieles stehe dichterisch »auf einer sehr niederen Stufe« oder sei reine »Gelegenheitspoesie«, mußte aber wieder einräumen, daß Wedekinds erste Gedichtsammlung »Die Jahreszeiten« ungefähr zu zwei Dritteln aus Gedichten der Frühzeit zusammengestellt sei (K 1, S. 99 f., K 2, S. 36 f.). Auch Kutscher beachtete Wedekinds politische Simplizissimusgedichte nur am Rande und unterstellte, sie hätten als »Zugeständnisse an den Tag« der Wahrheit ermangelt. Wedekind hätte sie daher »einer Aufnahme in seine Werke nicht für würdig befunden« (K 2, S. 41). Das erscheint aber als wenig stichhaltig, da Wedekind auch weiterhin politische Gedichte schrieb, wie Kutscher nicht abstreiten konnte (K 3, S. 191 f.). Ausschlaggebend war vielmehr, daß Wedekind mit seinen »Simplizissimus«-Gedichten nicht durch einen Neudruck »Reklame« für den »Simplizissimus« machen wollte – zu einer Zeit, in der er an »Oaha« bzw. an »Till Eulenspiegel« arbeitete. Wegen seiner biographischen Ordnungsvorstellung – Wedekind beginnt als Lyriker, setzt sich durch und endet als Dramatiker – übersah Kutscher nicht nur die innere Text- und Themengeschichte von Wedekinds Lyrik, sondern verkannte auch weitgehend ihre Bedeutung für Wedekinds Drama und besonders fürs Versdrama, wenn er z. B. zur Gattung des Tanzliedes (Ballade) anmerkt, zu dieser sei der Dichter gleichsam »naturnotwendig« gekommen (K 2, S. 241).

Kutschers Einschätzung der Lyrik Wedekinds hatte für die Forschungsgeschichte Folgen. Zwar gab er historische Hinweise: Antike Poesie, Vagantendichtung, Volkslied, Bänkelsang, literarisches Rokoko, Lyrik Schillers und Goethes, die Romantiker und Heine, und erinnerte auch an die Klassiker der Parodie, Travestie und des Bänkelsangs, an Bürger und Kortum des 18. Jahrhunderts »sowie an die Biedermeierverse Friedrich Theodor Vischers, Ludwig Eichrodts und Adolf Kußmauls, an Wilhelm Busch, an die ›Musenklänge aus Deutschlands Leierkasten‹, an das ›Kommersbuch‹, und überhaupt an die lebendige studentische und bürgerliche Tradition« des 19. Jahrhunderts oder an die Liederbücher der Heilsarmee (K 1, S. 101), aber er begriff letztlich Wedekinds Lyrik als Vorarbeit und Vorstufe zum Drama. Eine Geschichte der Wedekindschen Lyrik, in der auch die politischen Gedichte ihren Platz haben, ist noch nicht geschrieben, und auch noch nicht ihre Nachgeschichte. Wedekinds Lyrik hat wenig mit dem lyrischen Expressionismus zu tun, aber viel mit der Lyrik Brechts, Mühsams, Tucholskys, u. a.

Nach 1945 hat Manfred Hahn in seiner »Einleitung« (1967) zu seiner Ausgabe der »Lautenlieder« und »Simplizissimus«-Gedichte (später eingearbeitet in: *Frank Wedekind. Leben und Werk.* W 1, S. 7–93) versucht, Wedekinds lyrisches Werk insgesamt zu beurteilen. Er betonte: »Der Lyriker Wedekind erschöpft sich nicht in dem eigenen lyrischen Ton seines Bänkelgesanges« (S. 25). Diesen eigenen

Ton umschrieb er als »bänkelsängerische Groteske« mit »satirischer Verve« (S. 17) und kennzeichnete sie als eine »verfremdete Mischung von sachlicher Kälte, Spaßigkeit, Grauen und Banalität« (S. 16). Er bestritt aber: »Wedekind folgt nicht der Tradition des politischen Bänkelsangs und der bürgerlichen politisch-sozialen Ballade des 19. Jahrhunderts« (S. 18), doch hob er für Wedekinds Lieder und Balladen die »strukturbildenden Züge des Bänkelsangs, besonders seiner Parodien und parodistischen Nutzung in der Kunstdichtung des 18. und 19. Jahrhunderts« (S. 19) hervor, die Wedekind bis zur Parodie der Gattungsstruktur treibt (S. 20). Auch Hahn nahm Wedekinds »Vielfalt lyrischer Aussageweisen« wahr, die »keine einlinige Formel für das Besondere dieser lyrischen Kunst« erlaube (S. 25), scheute sich jedoch, dieses »Besondere« für Wedekinds Lyrik, was ein Schlüssel zu ihr sein könnte, zu definieren. So stellte auch Hahn »nur« inhaltliche Unterscheidungskategorien zu Wedekinds Lyrik auf: groteskes Bänkellied, erotisches und politisch-moralisches Lied. Wie die bürgerliche Literaturkritik hielt auch er Wedekind nicht für einen politischen, sondern für einen moralischen Kopf (S. 30) und unterstellte: »Die starken Widersprüche in den politischen Anschauungen wurzeln gerade darin, daß dieser individualistische Moralist das ›Lebendige‹ als Maßstab setzt.« (S. 31) Das erscheint nun allerdings als eine Konstruktion *der* Konstruktion, daß viele kritische bürgerliche Schriftsteller »unpolitisch« gewesen wären, weil sie »nicht die Funktion der Arbeiterklasse und Arbeiterbewegung« erkannt hätten (S. 31). Im Konsens mit der bürgerlichen Literaturgeschichte erhält Wedekind die Rolle eines »politischen Narren« zugeschrieben (S. 32). Auch für Hahn ist mit den politischen »Simplizissimus«-Gedichte die politische Lyrik Wedekinds abgeschlossen. Von Kutscher übernahm er die Wertung, Wedekind habe »diese Gedichte als künstlerisch unbedeutend nicht in seine Gesamtausgaben« aufgenommen (S. 29).

Eine kleine Auseinandersetzung über Wedekinds politische Gedichte löste Krohn aus, der bereits 1958 schrieb: »Bürgerliche Literaturhistoriker und Kritiker haben in diesem Dichter [. . .] vor allem den ›wilden Mann‹ der ›Moderne‹ gesehen, einen Enkel großer ungebärdiger Ahnen wie Lenz, Grabbe, Büchner, einen verstiegenen Sexualpathetiker, der das ›Fleisch‹ heiliger pries als den ›Geist‹.« (S. 84) Krohn erwiderte: »Bei näherem Hinsehen erweise sich Wedekind »als eminent gesellschaftskritischer Dichter, dessen Werk zwar nicht im Kampf um eine neue, wohl aber im Kampf gegen die absterbende alte Gesellschaftsordnung eine bedeutende Rolle spielte«. (S. 84) Zehn Jahre später antworteten Schumann und Wagener: »Frank Wedekind . . . war im Grunde gar kein Regimekritiker sondern Gesellschaftskritiker.« (Schumann, S. 243) »Wedekind kämpfte nicht gegen eine absterbende Gesellschaftsordnung, sondern gegen eine veraltete Gesellschaftsmoral.« (Wagener, S. 244) Schumann faßte Wedekinds politische Absichten wie folgt zusammen: Seine »Hauptangriffsziele« waren »das Duckmäusertum des deutschen Volkes, die Vorliebe für Anpasserei, das Buckeln vor der Autorität, die Abwesenheit jeglichen politischen Sinns bei den Deutschen, ihre Denkfaulheit und Bequemlichkeit auf diesem Gebiet und ihre Weltfremdheit«. (S. 237) Wedekind »wollte die in starren Konventionen und Verhaltensmaßregeln erstickende wilhelminisch-viktorianische Zeit provozieren, ihren Konformismus, ihren Mangel an Freiheitlichkeit und Toleranz, ihre Heuchelei, ihr Profitdenken, ihren Materialismus und Opportunismus bloßstellen . . . Nicht den Kaiser wollte er treffen sondern . . . seine ›Untertanen‹.« (S. 243) Wagener faßte seine Meinung in einer These zusammen: »Wedekind hat sich zwar mit der Politik eingelassen, aber rein aus Opportunismus bzw. Resignation; ohne politische Überzeugung und Sachkenntnis.« Er sah diese These durch einen angeblichen »Kurswechsel des späten Wedekind von der liberalen Linken zur nationalistischen Rechten bestätigt«. (S. 245) Statt politischer Glaubensbekenntnisse wäre offensichtlich eine *historische* Kritik Wedekinds politischer Lyrik angemessener. Einen Schritt in Richtung literarhistorischer und gesellschaftsgeschichtlicher Aufklärung unternahm Karl Riha mit der ersten und bislang einzigen Interpretation eines politischen Gedichts (»Im Heiligen Land«) von Frank Wedekind. Der Vorwurf des »Unpolitischen« gegenüber Wedekind fällt bislang immer noch auf die Kritik zurück.

Am Beispiel von Wedekinds erotischer Lyrik entwarf Höger paradigmatisch, wie ein historisch-kritischer Zugang zu Wedekinds Gedichten zu erschließen sei. Im Rahmen seiner »Hetärismus«-Thematik interpretierte Höger philologisch und themengeschichtlich den fragmentarischen Gedichtzyklus »Felix und Galathea«, die Vaterunser-Parodie im »Neuen Vaterunser« und die Ballade »Ännchen Tartini, die Kunstreiterin«. Höger machte auf die Geschichte der erotischen Literatur aufmerksam, auf ihre Rhetorik und insbesondere auf ihre Topoi, auch auf die Schäferpoesie, und insbesondere auf die Gattung der Idylle. Wedekind benutzte »gängiges metaphorisches Material«, bediente sich auch dessen z. T. klischeehaften und trivialisierten Charakters und wertete klassische Liebesauffassungen und die erotische Rhetorik parodistisch um. Daß Parodien auf den »Pater Noster« eine lange Tradition haben, erwähnte ergänzend Schröder-Zebralla (S. 59, Anm. 2).

Höger ging nun davon aus, Wedekind habe seine Auffassungen über Erotik in seinen erotischen Gedichten niedergelegt, und zwar die »Definition des Sexuellen als eine rein biologische Aktivität, die Loslösung von Gefühlen, die höhere Priorität des Genußes und der Lust und damit verbunden das Element der Qual als Bestandteil der Lust« (S. 41). So wichtig es dabei ist, die erotische Metaphorik als *metaphorische* in ihren sexuellen Anspielungen und Bedeutungen zu erkennen, so rät gerade hier die Rhetorik im modernisierten Kontext, gerade nicht von einem lyrischen Ich oder gar von einem erotischen Ich Wedekinds zu sprechen, wie Medicus unterstellte (S. 285). In der Formelhaftigkeit von Wedekinds erotischer Lyrik ist vielmehr gerade Wedekinds Kritik an traditionellen literarischen Liebesauffassungen wie an der bürgerlichen asketischen Liebesmoral enthalten. Höger definierte Wedekinds Kritik als Bejahung des Körpers, des Lustprinzips und als Bejahung der orgastischen Potenz der Frau. Damit griff Wedekind ein zentrales Tabu der bürgerlichen Gesellschaft als *einer* Form der patriarchalischen an. Rhetorik und Parodie dienen zur Kodierung der erotischen Botschaft, der erotischen Kritik. Sie wurde von Wedekind nicht nur als *literarische* verstanden. Befähigt zur praktischen war, wer die literarische richtig entschlüsselte: ein Maskenspiel um den Mythos Erotik.

Wozu Höger einen Zugang erschlossen hatte, das suchten Schröder-Zebralla und Medicus zu Ende zu interpretieren: Wedekind »kämpft für die Aufhebung der christlichen Lustfeindlichkeit, für eine erotische Religiosität«. (Schröder-Zebralla, S. 65) »Wedekinds erotisch-lyrisches Ich ist eines, das sich [. . .] zwischen erotischer Utopie und gänzlicher Absage an die Versprechungen des Sexus bewegt.« (Medicus, S. 285) Medicus machte seinen Autor zum Partialobjekt seiner ahistorischen denotativen Methode. Dabei verlieren die Themen, die er ansprach: Prostitution und Kunst, Erotik und Lyrik des Mangels, sexuelle und künstlerische Onanie, Problematik der Heterosexualität, der Mechanisierung des Körpers und der Lust, des Primats der genitalen Sexualität etc., keineswegs dadurch an Bedeutung, daß er die rhetorische Dimension, die Funktion des Zitats und der Montage für Wedekinds erotische Lyrik verkennt. Aber Medicus kennt gleichsam nur die Denotierung, nicht Wedekinds Methode historischer Notierung, seine Metakritik der Liebe. Die Liebe selbst ist, wie Adorno zu Wedekind formulierte, dialektisch geworden. Medicus' Sprachkritik als idealistische Erkenntniskritik möchte diesen historischen Wendepunkt in der Geschichte der Erotik und in der Geschichte der erotischen Literatur am liebsten nicht mitvollziehen. Dagegen wollte Schröder-Zebralla den religiösen Sensualisten Wedekind retten. Wedekinds erotische Lyrik hat in der Tat, worauf Medicus mit einem Benjamin-Zitat schön hinweist, metaphorisch viel mit dem *sichernden Blick* der Prostituierten zu tun, die, »auf die Passanten achtend, zugleich auf der Hut vor den Polizeibeamten« ist (Medicus, S. 336, Anm. 16). Die Erfahrung, die Wedekinds erotischen Versen schmerzlich eingegraben ist, heißt, daß weder erotische Differenz noch erotische Identität der Geschlechter – jenseits heterosexueller Attraktivität und Feindlichkeit – gesellschaftlich *lebbar* sind.

Auch die Geschichte der erotischen Lyrik Wedekinds im Kontext der Geschichte der erotischen Literatur ist erst in Ansätzen entwickelt.

Literatur:

Bachmair, Heinrich Franz: Zu einem Band Gedichte. Die Aktion 2, 1912, Sp. 855–857

Fechter, Paul: Wedekinds Lyrik. In: Ders., Frank Wedekind. Der Mensch und das Werk. Jena 1920, S. 136–145

Friedenthal, Joachim: Frank Wedekind. Sein Leben und sein Werk. Eine Monographie. In: Das Wedekindbuch. Hrsg. u. mit einer Monographie v. Joachim Friedenthal. München/Leipzig 1914, bes. S. 21–26

Gundolf, Friedrich: Frank Wedekind. Trivium 6, 1948, S. 187–217

Hahn, Manfred: Einleitung. In: Wedekind. Ich hab meine Tante geschlachtet. Lautenlieder und »Simplizissimus«-Gedichte. Hrsg. u. eingel. v. Manfred Hahn. Frankfurt 1982, S. 9–32 (zuerst: 1967)

Harris, Edward P.: Freedom and Degradation. Frank Wedekind's Career as Kabarettist. In: The turn of the century. German Literature and Art 1890–1915. The Master Colloquium on German Literature. Ed. by Gerald Chapple and Hans H. Schulte. Bonn 1981, S. 493–506

Hellwig, Hans: Frank Wedekinds dichterische Anfänge. Diss. Gießen 1928

Heuß, Theodor: Frank Wedekind. Kunstwart 22, 1909, S. 262–269

Höger, Alfons: Hetärismus und bürgerliche Gesellschaft im Frühwerk Frank Wedekinds. Kopenhagen/München 1981, S. 37–52 u. S. 62–63

Juer, Franziska: Die Motive und Probleme Frank Wedekinds im Spiegel seiner Lyrik. Diss. Wien 1925

Krohn, Paul Günter: Frank Wedekinds politische Gedichte. Neue deutsche Literatur 6, 1958, S. 84–95

Kutscher, Artur: Frank Wedekind. Sein Leben und seine Werke. 3 Bde. München 1922–1931

Ders.: Die älteste Fassung von Wedekinds »Felix und Galathea«. Freie Deutsche Bühne 1, 1919/20, S. 2069–2072

Medicus, Thomas: Der Abgesang. Erotik und Melancholie im Spiegel der Lyrik. In: Ders., »Die große Liebe«. Ökonomie und Konstruktion der Körper im Werk von Frank Wedekind. Marburg 1982, S. 257–290

Neumann, Editha S.: Musik in Frank Wedekinds Bühnenwerken. GQ 44, 1971, S. 35–47

Nieten, Otto: Frank Wedekind (eine Orientierung über sein Schaffen). Mitteilungen der Literarhistorischen Gesellschaft Bonn 8, 1908, S. 3–26

Riha, Karl: *Frank Wedekind*. Im Heiligen Land. In: Geschichte im Gedicht. Texte u. Interpretationen. Hrsg. v. Walter Hinck. Frankfurt 1979, S. 183–190

Schröder-Zebralla: 1) »Das Neue Vaterunser« 2) »Die Neue Communion«. In: Dies., Frank Wedekinds religiöser Sensualismus. Frankfurt/Bern/New York 1985, S. 53–71

Schumann, Willy: Frank Wedekind – Regimekritiker? Einige Überlegungen zur ›Majestätsbeleidigung‹ in den ›Simplicissimusgedichten‹. Seminar 15, 1979, S. 235–243

Sternitzke, Ernst: Der stilisierte Bänkelsang. Diss. Marburg 1933, S. 64–73

Wagener, Hans: Frank Wedekind: politische Entgleisungen eines Unpolitischen. Seminar 15, 1979, S. 244–250

Prosa

Wedekinds Prosa-Texte wurden von der Wedekind-Forschung lange Zeit stiefmütterlich behandelt. Erst allmählich hat sich ein – vorläufiges – literaturwissenschaftliches Interesse an Wedekinds Erzählungen (Willeke, 1972), an seinem Romanfragment »Mine-Haha« (Höger, 1981; Medicus, 1982) und an seinen literarischen und politischen Essays (Hahn, 1969; Irmer, 1970; Höger, 1979) herausgebildet. Seine erzählerischen Prosatexte paßten am wenigsten in das Schema Frühwerk – Hauptwerk – Spätwerk, so daß sie meist als »Nebensachen« oder als »Ergänzungen« zum dramatischen Werk aus der Diskussion ausgeklammert wurden. Dabei ist es keineswegs gänzlich falsch, Wedekinds erzählerische Prosa als Vor- und Paralleltexte zum Drama, aber auch zur Lyrik zu begreifen. Warum aber Wedekind seine erzählerische Produktion eingeschränkt hat, findet seine Erklärung weder darin, daß er angeblich zum Dramatiker geboren war, noch darin, daß seine Themen nur in dramatischer Gestaltung voll zur Entfaltung kommen konnten. Vielmehr wurde Wedekinds dichterische Produktion hauptsächlich dadurch bestimmt, daß er nach der langen Wartezeit, endlich als Autor erfolgreich zu sein, sich nach seinem Durchbruch auf dem Theater definitiv für das Drama entschied. Ob diese »äußeren« Bedingungen allein ausschlaggebend waren oder ob inhaltliche und formale Bedenken hinzukamen, daß sowohl der Roman »Mine-Haha« (1895) Fragment blieb wie auch das Projekt »Hidalla«, »Fanny Kettler«, »Die· große Liebe« (Prosa/Drama) abgebrochen wurde, muß von der Forschung erst noch ermittelt werden. Vieles spricht dafür, daß sowohl Zensur-Probleme als auch die Frage, wie der gewaltige historische Stoff zu bewältigen sei, eine bedeutende Rolle für Wedekind gespielt haben.

»Mine-Haha oder Über die körperliche Erziehung der jungen Mädchen«

Leo Trotzkij gehörte zu den ersten, die ausführlich mit »Mine-Haha« sich auseinandersetzten. Das scheint einen überraschenden Eindruck zu machen, doch dieser schwindet, wenn daran gedacht wird, inwiefern überhaupt innerhalb der Arbeiterbewegung das Thema »sexuelle Emanzipation« diskutabel war. Trotz der Kenntnis der Geschichte des Frühsozialismus und des Kommunismus, trotz Morgan und Engels wurde in der Sozialismus-Debatte, wie sie seit Stalins Herrschaft sich fortsetzte, das Thema Sexualität als kollektive, als *gesellschaftliche* Produktivkraft weitgehend tabuisiert. So blieb z. B. die DDR-Forschung im Fall Wedekinds gegenüber dessen Prosa-Werken, sofern sie von sexueller Revolution reden, stumm. Hahn begnügte sich mit der Kennzeichnung »Mine-Hahas« als einer »Gesellschaftsutopie« (S. 87). Die bürgerliche Wedekind-Kritik verhielt sich gegenüber Wedekinds Entwürfen einer prosaischen Kritik der bürgerlichen Repression der Sexualität kaum weniger abwehrend.

Leo Trotzkij definierte Wedekinds »sexuelle Revolution« als einen »ästhetischen Kult«, der zum Zentrum den menschlichen Körper, genauer: zum Referenten den »Frauenkörper« habe (S. 377). »›Mine-Haha‹ ist irgendein Mittelding zwischen Jungmädchenerziehung und Muskeltraining.« (Ebd.) Der gesellschaftliche Ort des Kults ist ein ummauerter Park. Trotzkij assoziierte dazu nicht die historischen Notate: Eden, Paradies, Idylle, Garten, sondern die moderne Idee systematischer Erziehung, die jetzt nicht als geistige, sondern als körperliche Bildungsidee sinnlich beschrieben wird. Das System besitzt wie jedes, wie Trotzkij richtig bemerkte, auch Gefängnischarakter, den Charakter einer Strafanstalt. Trotzkij interpretierte das Romanfragment als einen durch die Idee des Körpers bestimmten Anti-Entwurf zur bürgerlichen Erziehung, bei welchem nur das Paradigma ausgewechselt wurde. Deshalb versuchte er, das »Mine-Haha-System« erneut »um seine Achse zu drehen«. (S. 378): Wedekind »liefert ein Bild der sozialisierten Erziehung der Kinder« im Unterschied zur »modernen Familie«, in welcher der »gemeinsame Knoten der wirtschaftlichen Abhängigkeit zwei Generationen gewaltsam aneinander« fesselt (S. 379). Kurzum: »Der Kult des Körpers und der Kampf für dessen Vollkommenheit bringen den Künstler zur Verkündung sozialistischer Erziehungsgrundsätze!« (Ebd.) Trotzkij lenkte die Aufmerksamkeit auf die »Verbindung des Parks zur Außenwelt« und nicht auf dessen Insel-Charakter. Er fragte nach den ökonomischen Grundlagen des Parklebens, die offensichtlich durch abendliche Ballett-Veranstaltungen, folglich durch eine Ökonomie der Arbeit als Körper-Kunst, gewährleistet werden soll. Trotzkij entschüsselte daher Wedekinds Experiment so: »Mine Hahas« sozialisierte Erziehung kann nur eine für wenige sein, sonst gäbe es zuviel Balletts im Lande und man müßte der gesamten übrigen Bevölkerung den Ballettbesuch als Zwang auferlegen (S. 380). So hübsch diese Pointe zur Frage der Ökonomie der Arbeit ist, so verkennt Trotzkij doch hier Wedekinds ästhetische Konstruktion. Jene »Achse« ist erneut umzudrehen, um die Funktion dieser ästhetischen Utopie zu erkennen. Wenn innerhalb des bürgerlichen Bildungs- und Erziehungssystems die Bühne als moralische Anstalt begriffen worden ist, auf welcher die ideologischen Kämpfe des Bürgertums ästhetisch ausgetragen werden, dann bedeutet Wedekinds Umkehrung auch nur eine ästhetische Replik. Die Idee der geistigen wie der körperlichen Erziehung erscheint dabei unter ein- und demselben Anspruch, nämlich gesellschaftlich praktisch werden zu sollen. Damit verweist der »ästhetische Kult« des idealistischen wie des materialistischen Theaters auf etwas Gemeinsames, auf einen sozialen Mangel, auf – unerfüllte Praxis.

An das Niveau Trotzkijs reichte das der zeitgenössischen bürgerlichen Kritik nicht heran, Zeichen jenes Mangels erotischer Selbsterkenntnis im Zeitalter industrialisierter Vernunft. Heuß nannte »Mine Haha« ein Stück »positiver Geschlechtsmoral« und hatte nicht unbedingt etwas gegen das Erziehungsideal dieses modernen »Mädchenpensionats« einzuwenden (S. 267). Weniger liberale Zeitgenossen sprachen schlichtweg von »Pornographie« (vgl. Kapp, S. 39). Friedenthal vertrat die Ansicht, »Mine-Haha« sei »nichts anderes und bedeute nichts anderes als einen *Protest gegen den Geist*, gegen das allzu Geistige«. (S. 39) Er rückte in der Tat, was Glaser gegen Wedekind anführte, »Mine-Haha« in die Nähe »freisinniger Mädchenerziehung« und »asexueller Freikörperkultur« (Glaser, S. 175), wenn er das Werk »entschuldigte«: »Es ist eine im Grunde heiter sinnenfrohe Didaktik der körperlichen Erziehung, geboren aus einer Zeit, in der alles Körperliche und Nackte für Schweinerei gehalten wurde.« Er bestand darauf: »›Mine-Haha‹ sollte nur eine *Utopia*, kein Wirklichkeitsideal werden.« (S. 41) Das hieß, Wedekinds Romanfragment auf doppelte Weise nicht ernstnehmen. So schwankte die Literaturkritik dieses Buches zwischen Verteufelung und Verharmlosung.

Als eine »seltsame Mischung von Utopie und Satire, Wunschtraumgestaltung und pädagogischer Propagandaschrift . . ., halb Tagebuch, halb formlose Novelle« umschrieb Fechter das Fragment (S. 151) und behauptete, sie stelle »die herbste Satire auf den normalen Erziehungsgang der jungen Mädchen« dar (S. 154). Er sah zwar Paradoxien in dieser neuen Erziehungslehre, ordnete aber Wedekinds Entwurf einer »Ausbildung zur Schönheit« als »Satire auf den Zweck der bürgerlichen Mädchenerziehung überhaupt« ein, d. h. er unterlegte, jenes »Traumbild« sei ein »Zerrbild der Ausbildung, wie sie ist« (S. 154). Damit verstrickte er sich in der experimentellen Konstruktion des Werkes, das er *nur* als Spiegelschrift las. Das Selbstzitat Wedekinds, daß im Parktheater seine Pantomime »Der Mückenprinz« gespielt wird, wird wie die Utopie des Romans mißverstanden. Als Gegenwelt besitzt sie ihren Widerpart in der repressiven Sexualmoral der bürgerlichen Welt; als Gegenwelt, als Idylle körperlicher Erziehung, handelt sie aber auch von dem Bruch zwischen beiden Welten und ist von ihm betroffen. Die Doppelbedeutung der Übersetzung »Lachendes Wasser«, die Fechter wohl erkannte, meinte darüber hinaus aber nicht nur einen gesellschaftlichen Antagonismus zwischen Körper- und Geisteskultur, sondern nahm im Namen symbolisch den inneren Antagonismus des Lustprinzips vorweg. Wie scharf die Ablehnung der utopischen Botschaft an die reale Gesellschaft war – Fechter wollte die Dichtung als »menschlich sehr schöne Dichtung« (S. 155) verteidigen –, davon legte noch das Urteil Gundolfs Zeugnis ab, der jene »pädagogische Provinz« als »Pubertätsträume eines tapferen Gymnasiasten« denunzierte, die der erwachsene Wedekind in eine »genußreligiöse Ordnung« bringen wollte (S. 204).

Kutscher korrigierte zuerst Fechters Anschauung, Wedekind habe hier eine Satire auf den üblichen Erziehungsgang der Mädchen gegeben. Den Mädchen aus »Mine-Haha« standen durchaus orgiastische Rituale bevor (Kutscher, S. 131; so auch Medicus, S. 174). Kutscher gab auch den Hinweis, daß für den Rahmen des Romanfragments »künstlerische Erwägungen mitgespielt haben, auch die bequeme Möglichkeit, den fragmentarischen Charakter zu entschuldigen, zweifellos bot sie auch einigen Schutz vor der Zensur, leugnete jedenfalls den unmittelbaren Zusammenhang der Ansichten« mit Wedekind selbst (S. 129). Im ganzen faßte er das Werk als eine »Wunschtraumgestaltung« auf und fand einzelnes daraus als Appell zur Nacktkultur und zur Sexualhygiene beachtenswert (S. 130), so eine andere Variante ritualisierter lustfeindlicher Sexualkultur bevorzugend. Im übrigen machte auf Kutscher das Werk »einen höchst schrullenhaften und ziemlich nichtigen Eindruck (Ebd.).

Wieder verdankt die Wedekind-Forschung Höger auch hier einige Aufklärung. Er bezog das Prosa-Manuskript »Eden« als Vortext in seine »Mine-Haha«-Untersuchung ein. In beiden Fällen handelt es sich um einen »Erziehungsentwurf«. Höger klärte nicht nur philologische, sondern auch historische Zusammenhänge, wenn er auf antike Darstellungen von Kultfesten und deren Opferriten verwies (S. 81 f.), die im übrigen auch aus Beschreibungen der zeitgenössischen historischen und wissenschaftlichen Sexualliteratur entnommen sein konnten. Wedekind greift in seinem Modernisierungsprogramm durch »sexuelle Revolution« historisch weit zurück, praktisch auf ein maternalistisch begründetes geschlechtliches Naturrecht. Dieses Ideal wird heuristisch der »auf Ehe und Familie gegründeten bürgerlichen Geschlechtsmoral« entgegengesetzt (S. 86 u. S. 77): bürgerlich bedingte private Gefühlsliebe gegen hetärische sinnliche Liebe, die über öffentliche Anerkennung verfügt. Nach Höger trat Wedekind für eine Demokratisierung der Sexualität (S. 83) ein und war – zumindest zu dem Zeitpunkt, als er an »Eden« und »Mine-Haha« arbeitete – gegen jede Form der freien Liebe, sofern darunter nur eine Loslösung der Ehe aus kirchlichen und staatlichen Normen verstanden wurde, an deren Stelle eine »gefühlsmäßige, ›von oben herab verordnete‹ Liebe« treten sollte (S. 82 f.). »Freie« sinnliche Liebe ohne jede Form gefühlsmäßiger Abhängigkeit, das war die materialistische Basis, an die für seine Sexualkritik Wedekind anknüpfen wollte.

Vor »Mine-Hahas« »Mädchen-Zuchtschule« graute es nicht nur Adolf Muschg, der das Werk als »Kreuzigung des Fleisches auf dem Altar einer Idee« interpretierte (S. 44). Die Begriffe »obszön«, »pornographisch« und »sexualfaschistisch« werden also noch heute zur Distanzierung nach der Lektüre herangezogen. Moníkovás Aufsatz über das »Totalitäre Glück« erinnerte daran, daß die »Ideen der Rassezucht und der freien sexuellen Verfügbarkeit . . . in der bürgerlichen Gesellschaft lange vor dem Faschismus heimisch« waren (S. 122 f.). Sie warnte vor einem pädagogischen Modell, in welchem die kollektive Erziehung auf einen Verbrauch der Zöglinge »zugunsten einer ungeklärten, in keinem Fall durchschauten Gesellschaft« hinauslaufe (S. 124), wollte aber eine gewisse »Mehrschichtigkeit« als »pädagogisches Traktat, männliche Wunschprojektion, negative Utopie« »Mine-Haha« zugestehen (S. 125). Vielleicht sollte nocheinmal der Versuch gemacht werden, die Achse dieses Romanfragments umzudrehen: Die Herrschaft einer repressiven Sexualmoral, die Verneinung der Körper und der Lust, sind Ausdruck autoritärer Gesellschaftsstrukturen wie autoritärer Gesellschaftssysteme. »Frühlings Erwachen« und »Mine Haha« stehen wirklich in ›geheimer‹ Beziehung zueinander. Unter der Geometrie »Der Körper im Schnittpunkt von Macht und Lust« suchte Medicus dieses »Geheimnis« zu entschlüsseln.

Sieht man einmal von den falschen philologischen Voraussetzungen ab, da sich Medicus unkritisch auf die Angaben Kutschers verließ, entwickelte Medicus seinen Metatext ganz unter dem Aspekt der körperlichen *Disziplinierung*. Fazit: Wie die Ökonomie der Arbeit so verschwindet die Lust ganz in der Ökonomie der *Arbeit am Körper*. Die hier vorgestellte Pädagogik ist ganz auf Berechenbarkeit und Gleichheit abgestellt. Der eigentliche Ort dieses Parklebens ist eine Strafanstalt. Und »diese Parklandschaft ist so artifiziell, wie die dressierten Körper in ihrer Schönheit ihre wahrhafte Natur präsentieren sollen«. (S. 169) Diese wahrhafte Natur ist aber eine imaginäre Größe, und der Ort dieser Erziehung ist so künstlich wie die Erziehung selbst.

Während Trotzkij die Kollektivierung der Erziehung positiv bewertete, hält sie Medicus negativ besetzt. Er erblickte in ihr eine schlechte Utopie, die im Namen des Eros Verrat an ihm begeht. In der Rückprojektion dieser Reflexion würde sich aber wieder und würde sich wiederum *nur* das – wissenschaftlich fundierte – System bürgerlicher Erziehung enthüllen: Berechenbarkeit und Gleichheit, Belohnen und Strafen, Sublimierung des Körpers vice versa Sublimierung des Geistes etc. »Mine-Haha« wird zum Vexierbild für seine Interpreten, die das eigene System im fremden Spiegel nicht erblicken.

Zum Projekt »Die große Liebe« (Prosa-Entwürfe) liegen Beschreibungen, Analysen und Kommentare nur von Kutscher, Höger und Medicus vor. Solange Wedekinds Entwürfe dazu philologisch nicht bearbeitet bzw. veröffentlicht sind, ist es verfrüht, über dieses »Projekt«, mit dem sich nach Meinung Kutschers Wedekind rund 24 Jahre beschäftigte (K 2, S. 121), irgendwelche literarhistorische Urteile zu fällen.

Erzählungen

Zu den Erzählungen Wedekinds liegen nur die Beschreibungen und Einschätzungen Kutschers bzw. die ausführliche Dissertation Willekes vor, sieht man von gelegentlichen Ausführungen ab, die wie z. B. bei Fechter meist Inhaltsbeschreibungen darstellen.

Kutscher unterschied zwischen frühen Erzählungsentwürfen und frühen Erzählungen (etwa bis zur Charakterskizze »Gährung«, 1887), die er nur als erzählerische Versuche gelten lassen wollte und denen er keinen erzählerischen Rang von Bedeutung zubilligen konnte. Als Höhepunkte des erzählerischen Werks Wedekinds schätzte er den »Brand von Egliswyl« und »Rabbi Esra«.

Leider ist dagegen die analytische Studie Willekes von der Forschung bisher kaum zur Kenntnis genommen worden, obwohl sie die erste umfassende Untersuchung über Wedekinds Erzählungen darstellt, in welche auch ausführlich bislang unveröffentlichte Erzählungsentwürfe einbezogen sind. Im ersten Teil ihrer Erörterung behandelte sie in chronologischer Reihenfolge die ersten erzählerischen Versuche bis zu den – darin Kutschers Urteil folgend – reifen Erzählungen aus der Zeit 1894–1903. Als Gründe dafür, warum »the prose genre occupied a secondary place in Wedekind's creative life« (S. 256), führte sie an: 1. Enttäuschung über fehlgeschlagene Publikationsversuche, 2. die allgemeine niedrige Wertschätzung der Gattung der Erzählung und Novelle im späten 19. Jahrhundert, 3. die Auseinandersetzungen mit seinem Verleger Langen und 4. Wedekinds Interesse an einer unmittelbaren öffentlichen Wirkung, die ihm durch ein anonymes Lesepublikum nicht gewährleistet war. Dieser Wunsch nach Unmittelbarkeit habe, so führte Willeke aus, sehr viel mit Wedekinds lebensphilosophischen Anschauungen zu tun. Das Programm, »to demonstrate [. . .] the workings of the fundamental life-principe« (S. 260), läßt sich nicht bloß durch Schreiben realisieren, sondern – Willeke nützte für ihre Argumentation ein Wedekind-Zitat –: »Man muß handeln, etwas in Szene setzen, selber unter die Menge treten und sagen: Da bin ich.«

Willeke, die Wedekinds Erzählungen als »weltanschauliche Lehrdichtung« definierte, legte im zweiten Teil ihrer Arbeit eine Formanalyse der Wedekindschen Prosa vor und verknüpfte sie mit der Analyse ihrer Themen. Als grundlegende Erzählsituation, die für Wedekinds erzählerisches Gesamtwerk typisch sei, entdeckte sie: »A brief introductory framework presents the character and the situation. A dialogue ensues between the characters, which then develops into a monologue. The story, which one of the characters relates in the first-person, is the reminiscence of a past personal experience. At the conclusion of the monologue, the narrative reverts to the initial framework situation. The reaction of the listener (or group of listeners) is conveyed either by another dialogue or by a brief epic conclusion.« (S. 97) Ein Resultat dieser Erzählstruktur ist die Ausschaltung des auktorialen Erzählers, des Erzählers in der dritten Person. Die erzählerische Sprache, bestimmt durch die mündliche Rede, verwendet hauptsächlich rhetorische Techniken. Der Charakter des personalen Erzählers wird auf die Rolle eines einfachen, naiven Typus, den emphatischen Sprecher reduziert. Trotz dieser Stilisierungseingriffe in die traditionelle Form der Novelle mußte Willeke jedoch feststellen: The »structural techniques which Wedekind uses are largely borrowed from the novellistic tradition of the nineteenth century«. (S. 260) Die erzählerische Thematik entspricht, wie Willeke nachwies, dem Hauptthema seiner Lyrik und Dramatik, zusammengefaßt unter dem Stichwort »Vitalismus«. Dabei räumte Willeke ein, daß es schwierig sei, Wedekinds »eros concept« eindeutig zu bestimmen: It »retains a fluctuating and ambivalent quality« (S. 260). Die Ambivalenz der Rationalisierungen des Eros wird durch den Autor formal auch in der Charakterisierung der personalen Erzählerfigur als »naiv« zum Ausdruck gebracht. Dieser Erzähler ist beides: Instrument und Objekt der erotischen Erzählung als Lehre (vgl. S. 150–160).

Literatur:

Fechter, Paul: »Erzählungen« und »Mine-Haha«. In: Ders., Frank Wedekind. Der Mensch und das Werk. Jena 1920, S. 145–151 u. S. 151–155

Friedenthal, Joachim: Frank Wedekind. Sein Leben und sein Werk. Eine Monographie. In: Das Wedekindbuch. Hrsg. u. mit einer Monographie v. Joachim Friedenthal. München/Leipzig 1914, bes. S. 39–44

Glaser, Horst Albert: Arthur Schnitzler und Frank Wedekind – Der doppelköpfige Sexus. In: Wollüstige Phantasie. Hrsg. v. H. A. Glaser. München 1974, bes. S. 172 f.

Gundolf, Friedrich: Frank Wedekind. Trivium 6, 1948, bes. S. 204

Hahn, Manfred: Frank Wedekind. Leben und Werk. In: Werke in drei Bänden, hrsg. v. Manfred Hahn. Bd. 1 Berlin/Weimar 1969, S. 7–93

Heuß, Theodor: Frank Wedekind. Kunstwart 22, 1909, S. 262–269

Höger, Alfons: »Hetärismus« und »Die Große Liebe«. In: Ders., Hetärismus und bürgerliche Gesellschaft im Frühwerk Frank Wedekinds. Kopenhagen/München 1981, S. 77–89 u. S. 149–157

Kapp, Julius: Frank Wedekind. Seine Eigenart und seine Werke. Berlin 1909

Kutscher, Artur: Frank Wedekind. Sein Leben und seine Werke. 3 Bde. München 1922–1931, K 2, S. 125–131 (Mine Haha), S. 121–151 (Die große Liebe); K 1, S. 72–76, S. 118–123, S. 128–130, S. 151–164 (Erzählungen), K 2, S. 26–36, S. 48, S. 242–243 (Erzählungen)

Medicus, Thomas: Der Körper im Schnittpunkt von Macht und Lust oder Die Utopie der glücklichen Körper. In: Ders., »Die große Liebe«. Ökonomie und Konstruktion der Körper im Werk von Frank Wedekind. Marburg 1982, bes. S. 123–174

Moniková, Libuše: Das totalitäre Glück. Frank Wedekind. In: Neue Rundschau, 96, 1985, 1, S. 118–125

Muschg, Adolf: Frank Wedekind: »Mine-Haha« (1969). In: Ders., Besprechungen 1961–1979. Basel/Boston/Stuttgart 1980, S. 43–45

Trotzkij, Leo: Frank Wedekind. In: Ders., Literatur und Revolution. Berlin 1968, bes. S. 376–381 (zuerst: 1908)

Willeke, Audrone Barunas: Frank Wedekind's narrative prose. Diss. Stanley University 1972

Aufsätze

Wedekinds Aufsätze sind bislang nur gelegentlich und vereinzelt als Interpretationshilfen zu seinem belletristischen Werk berücksichtigt worden. Irmer, Höger u. a. haben in jüngster Zeit vor allem den für Wedekinds lebensphilosophische und ästhetische Theorie bedeutsamen »Zirkus-Aufsätzen« bzw. dem Essay »Der Witz und seine Sippe« Aufmerksamkeit geschenkt. Insgesamt sind jedoch Wedekinds literarische und politische Essays und Presseartikel, von den »Schulaufsätzen« angefangen bis zu seinen späten politischen Stellungnahmen, literarhistorisch nicht untersucht worden. Einige dieser Veröffentlichungen sind bislang immer noch schwer zugänglich, da sie weder in die »Gesammelten Werke« noch in die Werkausgabe Hahns Aufnahme fanden. Hinweise und Beschreibungen dieser Aufsätze gab Kutscher.

Literatur:

Kutscher, Artur: Frank Wedekind. Sein Leben und seine Werke. 3 Bde. München 1922–1931, K 1, S. 33, S. 50 f., S. 56–62, K 2, S. 45–48, S. 183–197, K 3, S. 1–36, S. 180–192

Drama

Auf Hinweise auf Gesamtdarstellungen wird hier verzichtet, da diese schon unter 4.4 berücksichtigt wurden. Die Wirkungsgeschichte der Dramen und Pantomimen Wedekinds auf der Bühne wird hier nicht vorgestellt.

»Der Schnellmaler oder Kunst und Mammon«, 1889

Als Vorbild für den dramatischen Wurf gab Kutscher die Wiener Posse an: Das Stück ist von grotesker Situationskomik bestimmt. »Die älteste Bühnenmache mit Verkleidung, Behorchung, Brieftechnik wird nicht verschmäht.« (K 1, S. 133) Wortscherze, Beiseitereden, Aneinandervorbeireden, teilweise gebundene Rede, Rhetorik kennzeichnen den Dialog. Die Personen sind typisierte Charakterfiguren, sie tragen sprechende Namen. »Von allen Werken Wedekinds ist (es) dasjenige, das am wenigsten von (Wedekinds) Art verrät«, urteilte Fechter (S. 82). Irmer ergänzte Kutscher und verwies auf das Personal der Commedia dell'arte (Pankratius Knapp = Pantolone-Figur; oder z. B. Arlecchino = Fridolin, Il Dottore = Dr. Chrysostomus Grübelmeier, öffentlicher Honorarprofessor für Schopenhaurianismus, Zanni = Dr. Steiner) und fügte hinzu: »Das gute Ende wird nur durch die gute Laune des Zufalls gewährleistet, ganz wie in den Stücken der Commedia dell'arte und des Wiener Volkstheaters. Die Posse erweist sich als komisches Schicksalsdrama.« (S. 84) Idealismus und gesunder Menschenverstand, die »dramatische Verarbeitung« dieser beiden Motive bringt das das »antithetische Thema des Stückes: Kunst und Mammon zur Geltung (S. 84), ein Thema, das Wedekind, wie Neumann zeigte, in vielfacher Variation lebenslänglich beschäftigte (Neumann, 1969).

Literatur:

Fechter, Paul: »Der Schnellmaler«. In: Ders., Frank Wedekind. Der Mensch und das Werk. Jena 1920, S. 81–82
Irmer, Hans-Jochen: Der Theaterdichter Frank Wedekind. Werk und Wirkung. Berlin 1979 (zuerst: 1970), S. 82–85
Kutscher, Artur: Frank Wedekind. Sein Leben und seine Werke. 3 Bde. München 1922–1931, K 1, S. 131–137
Neumann, Editha S.: Der Künstler und sein Verhältnis zur Welt in Frank Wedekinds Dramen. Diss. Tulane University 1969

»Kinder und Narren – Die junge Welt«, 1891/1897

Als »Verspottung des alten Familienlustspiels wie des . . . naturalistischen Dramas« begriff Friedenthal Wedekinds zweites Drama (S. 48). Fechter nannte dieses Drama ein »Vorspiel«: »Nicht nur die

Namen einzelner Gestalten, wie Launhart, Brüchmann tauchen in dem späteren Werk Wedekinds von neuem auf: die ganze Fülle seiner Motive und Möglichkeiten liegt hier noch ungeordnet in barokkem Nebeneinander da« (S. 33). Kutscher beschrieb ausführlich die Erstfassung. Zu den Motiven des Stückes rechnete er: die Frauenbewegung und den Naturalismus, und betonte: »Das Lustspiel hat eigentlich einen pessimistischen Grundzug.« (S. 224) »Fragen der Wahrscheinlichkeit und psychologischen Motivierung spielen eine untergeordnete Rolle« (S. 229). In der Person des Dichters Meier sah er vor allem eine Gerhart Hauptmann-Karikatur (S. 223). Der Komödiencharakter sei, so Kutscher, in der Bearbeitung »Die junge Welt« betonter als zuvor, die persönliche Satire auf Hauptmann werde zurückgenommen (S. 231 ff.). Irmer bemerkte: Der »Romanstoff« der Komödie wird von »zwei nicht miteinander korrespondierenden Themen beherrscht: Liebe und Ehe einerseits, Kunst und Mammon andererseits.« (S. 86) Irmer ging ausführlich auf das Frauenrechts-Thema und die Korrespondenzen dieser Komödie mit dem Drama Ibsens (»Komödie der Liebe«, 1862, »Nora oder Ein Puppenheim«, 1879) ein.

Literatur:

Fechter a.a.O. S. 27–33
Friedenthal, Joachim: Frank Wedekind. Sein Leben und sein Werk. Eine Monographie. In: Das Wedekindbuch. Hrsg. u. mit einer Monographie v. Joachim Friedenthal. München/Leipzig 1914, S. 47–50
Irmer a.a.O. S. 85–90. 109, 123–128
Kutscher a.a.O. K 1, S. 205–230
Neumann a.a.O.

»Frühlings Erwachen«, 1891

»Die ›Kindertragödie‹ ist ein schwerwiegendes Buch in der Hand wohlmeinender Erzieher, Lehrer und Väter«, mit dieser Empfehlung versah Plümacher die Lektüre von »Frühlings Erwachen« (S. 80). Die Mischung von »Realistik« und »Phantastik«, den Bruch und den Kampf mit der Natur, ohne den »Kultur« nicht denkbar sei, hob Plümacher kritisch hervor. Sie interpretierte als erste das Drama als pädagogische Aufklärungsliteratur auf der Basis eines »eudämonologischen Pessimismus« – ausschließlich für Väter und Erzieher. Auf den Kontrast zwischen »Frühlings Erwachen« und

»Kindertragödie« im Titel machte Henckell aufmerksam und hielt den Titel für symbolisch: »Auch die Kinder des Menschengeschlechts . . . feiern einmal zuerst mit aller Gewalt ihr ebenso individuelles wie typisches Frühlingserwachen [. . .], wo das bewußte Unbewußte sich seiner Unbewußtheit bewußt wird« (S. 94). Zur Figur des »vermummten Herrn« wähnte er, »sie könnte sämtlichen vermummten oder nicht vermummten Herren Pädagogen zugeeignet sein.« Sein literarisches Urteil: Diese »ganz selbständige, jedes litterarischen Schulbegriffs spottende Dichtung eines geistreichen philosophischen Kopfes« könnte man »im großen Ganzen die moderne Klapperstorchtragödie nennen« (S. 95) Als impressionistische und symbolische »Episodendramatik« charakterisierte sie Scheffler (S. 406). Zuvor hatte bereits Fechheimer erläutert: »In ›Frühlings Erwachen‹ sind die Szenen an einander gereiht, und nicht folgt eine aus der andern. Außerdem ist die einzelne Szene kein fest in sich Abgeschlossenes, sondern sie beginnt unvermittelt und schneidet plötzlich ab. Alle Details in der Form sind negiert.« (S. 295) Karikatur, Dissonanz, Paradoxie, Groteske und Allegorie waren weitere Kriterien, mit denen vor allem die »Lehrerzimmer-Szene« und die »Schlußszene« bedacht wurden (Fechheimer, Andreas-Salomé, Elsner, Pissin). Der vermummte Herr erhielt unterschiedliche Deutungen: Er repräsentiere Wedekind selbst (Andreas-Salomé, S. 99), der »Dämon des Lebens sei gleichzeitig der Teufel (das Unbewußte); das Leben werde gleichsam examiniert« (Freud, S. 108), der vermummte Herr sei der »Lebenstrieb« (Friedrich, S. 26).

Hofmiller hob einsichtig hervor: »Hier [. . .] sind Probleme des Übergangsalters nicht vom erhöhten Standpunkt der Erwachsenen aus gesehen [. . .], sondern vom Standpunkte des Übergangsalters selbst.« (S. 92) Damit wurde auch die Frage gestellt, was »Kindertragödie« heiße. Andreas-Salomé definierte »Frühlings Erwachen« als den »erwachenden Trieb der Geschlechter zu einander« und erblickte das Tragische im Trieb selbst und darin, daß die Erwachenden »bei Alledem im Herzen noch Kind sind« (S. 97). Ähnlich argumentierte Hofmiller, die Kinder seien Unschuldig-Schuldige, »Opfer der dunkeln Gottheit, die alles Leben treibt zu zeugen«. (S. 101 f.) Friedenthal sprach vom »Mysterium der Natur« und vom »Mysterium der Pubertät« (S. 53 u. S. 57). Die Tragödie sei eine »große Anklage, selbst wenn es sie nicht sein wollte (S. 56). Die Tragödie will nicht den Eltern, so Friedenthal, sondern den Kindern gerecht werden. Er verstand die Tragödie als eine, von der die Kinder durch das Leben und durch die Erwachsenen betroffen sind. Friedenthal erkannte schließlich als erster, daß Wedekind mit mathematischem Witz den vermummten Herrn die »Differential-rechnung des Lebens« in der »grandiosen Friedhofsszene« demon-strieren ließ (S. 56).

Die Andeutungen polymorpher sexueller Verhaltensweisen in-nerhalb dieses Dramas fielen negativ wie positiv manchen Zeitge-nossen auf (z. B. Elsner, S. 11). 1907 wurde »Frühlings Erwachen« auch von den Mitgliedern der »Wiener psychoanalytischen Verei-nigung« diskutiert. In seinem Vortrag charakterisierte Reitler an den drei Hauptpersonen und am vermummten Herrn vier verschie-dene Entwicklungsstufen der Sexualität: infantile Sexualität (Mo-ritz Stiefel), normale Sexualität (Melchior Gabor), masochistische Sexualität (Wendla Bergmann), die Sexualität der Erwachsenen (der vermummte Herr). Die beiden Gestalten in der Schlußszene, der tote Moritz und der vermummte Herr, seien »nur Projektionen des Kampfes, der sich in Melchiors Seele abspiele« (S. 106). Freud ur-teilte, »als Kunstwerk« sei die Schrift »nicht hoch zu schätzen« (S. 106). Mit ihm war Federn der Auffassung, es sei das Verdienst We-dekinds unter den modernen Autoren, »die Bedeutung der kind-lichen Sexualität erkannt« zu haben (S. 111). Auf Homosexualität im Stück (Weinbergszene) wurde in der Diskussion nur beiläufig eingegangen. Unterschiedlicher Auffassung war man sich über die Deutung der »Phantasie von der kopflosen Königin«. Einigkeit herrschte darin, was normale Sexualität heiße: genitale Sexualität und Heterosexualität. Diesbezüglich billigte man auch Wedekind eine »tiefe Kenntnis der sexuellen Verhältnisse« (Freud, S. 106) zu. Thema des Werkes sei, wie die Kinder »die normale Sexualität ent-decken« (S. 107).

Als Wedekinds »dichterisch reichstes und im Gefühl schönstes Werk« bezeichnete Fechter »Frühlings Erwachen«, die »Tragödie der Pubertätsjahre« (S. 34 f.). Aus dem »Schicksal Mensch zu sein unter Wesen, die es nicht mehr sind, wächst die Katastrophe«. (S. 42) Die Tragik wachse »nicht aus einem metaphysischen Grenzen-überschreiten, sondern aus unmetaphysischem Grenzenziehen der Menschen« (Ebd.). Fechters heroisch gefärbte Deutung des Lebens und des Dramas fand ihre Nachfolge in Gundolfs Interpretation, der in Melchior den »deutschen Idealisten« (S. 211) verkörpert sah. Wedekinds »Erziehungssatire« sei allein wegen ihrer »begnadeten Stimmungsgesichte« (S. 209) nicht veraltet. Den Vorwurf des the-matischen Überholtseins mußte selbst in einer Theaterkritik Walter Benjamin noch mit dem Einwurf entkräften, daß »die sexuelle Frage nur ein ungelenker Vorläufer der sozialen« sei (S. 551).

Benjamin sprach von dem »resignierten Heimweh« des Kopfes nach dem Körper und deutete darauf hin, daß die »allzu krassen, allzu scharfen Masken dieser Kinder . . . inzwischen Schutzgötter des Wedekindschen Sexus selber geworden« seien (S. 552). Meinte Freud, schließlich handele alles doch nur von »Kindereien« (S. 108), so bestand Benjamin darauf – wie schon Andreas-Salomé –: »Wedekind schrieb nicht die Moritat von den ahnungslosen Flegeln und Backfischen, sondern das Trauerspiel vom Erwachen der eigensinnigen Naturkraft in der Kreatur.« (S. 551) Ließ Fechter offen, wer der vermummte Herr sei: das Leben, der Teufel, der verkleidete Dichter selbst, so werde doch, meinte er, der übliche Tragödienschluß vermieden (S. 41). Gundolf und Benjamin teilten diese Auffassung insofern, als sie auf die »gesamtromantische Ironietechnik« (Gundolf, S. 213) verwiesen, auf die romantische Figur des »eingeweihten Poeten«, den »aufgeregten Autor«, der die Nase hinterm Drama herausstecke (Benjamin, S. 552).

Kutscher, der auch ausführlich auf die verschiedenen Druckfassungen einging und literarhistorische Parallelen wie z. B. zu Goethes Faust I berücksichtigte, brachte zur Deutungsgeschichte weitere Gesichtspunkte ins Spiel. Er unterstrich, daß das Drama eine »Handlung im gewöhnlichen Sinn« nicht besitze (S. 249). Thema der Tragödie sei nicht die »Jugend überhaupt«, sondern die »Pubertät«; Subjekt der Tragik sei die Sexualität, Objekt der Tragik die Jugend (Vgl. S. 246). Die groteske Komik und humoristische Fantastik beschränke sich auch nicht nur auf die Schlußszene, sondern stelle ein Grundelement der Dichtung dar (Vgl. S. 252). Kutscher erinnerte als erster daran, daß das Stück dem vermummten Herrn gewidmet sei; die Widmung bedeute den »Dank des Geretteten« (S. 248). Auch sei es nicht zulässig, den vermummten Herrn allegorisch auszudeuten. Auch wenn diese Figur letzten Endes das Leben repräsentiere, so sei doch diese Gestalt mit Absicht vermummt. In der *Maske*, so läßt sich hinzufügen, kommen zu Wort: das Theater des Lebens und das Leben des Theaters, die komische und die tragische Maske und die Charakter-Masken.

Andreas-Salomé, Lou: Frühlings Erwachen. Die Zukunft 58, 1907, S. 97–100

Benjamin, Walter: Frank Wedekind: Frühlings Erwachen. In: Ders., Gesammelte Schriften Bd. 11, Frankfurt 1980, S. 551–552 (zuerst: 1929)

Elsner, Richard: Frühlings Erwachen. Moderne Dramatik in kritischer Beleuchtung. Heft 1, Berlin 1908

Fechheimer, Sigfried: Der Hofnarr Gottes. Eine Frank Wedekind-Studie. Die Gesellschaft 18, 1902, bes. S. 294–295

Fechter, Paul a.a.O. S. 34–43

Friedenthal, Joachim a.a.O. S. 52–57

Friedrich, Paul: Frank Wedekind. Berlin (1913)

Gundolf, Friedrich: Frank Wedekind. Trivium 6, 1948, S. 187–217, bes. S. 207–213

Henckell, Karl: Moderne Dichterabende. Leipzig/Zürich 1895, bes. S. 94–95

Hofmiller, Josef: Wedekind. In: Ders., Zeitgenossen. München 1910, S. 88–101

Kutscher a.a.O. K 1, S. 234–261

Pissin, Raimund: Frank Wedekind. Berlin (1905)

Plümacher, Olga: Frühlings Erwachen. Für Väter und Erzieher. Sphinx 8, 1893, Bd. 16, S. 76–80

Protokolle der Wiener Psychoanalytischen Vereinigung. Hrsg. v. Herman Nunberg u. Ernst Federn. Bd. 1, 1906–1908, Frankfurt 1976, S. 105–112(13)

Scheffler, Karl: Der vermummte Herr. Die Zukunft 58, 1907, S. 403–407

Hatte anhand der Inszenierungsgeschichte des Dramas Hahn von drei unterschiedlichen Deutungsversuchen: einer elegischen, anklägerischen und humoristischen gesprochen, so wurden innerhalb der Literaturwissenschaft hauptsächlich zwei Deutungen bevorzugt, die das Stück entweder als eine dramatische Allegorie des Lebens oder als ein Tendenzdrama einstuften. Inhaltlich gingen die Meinungen weit auseinander, ob es sich nun um ein soziales Drama, um eine Tragödie der Pubertät, um ein Stück pädagogischer Aufklärung oder um eine lebensphilosophische Kritik der Gesellschaft handelte. Der Deutungsvergleich am Beispiel »Frühlings Erwachen« zeigt – und nicht nur hier –, daß Forschungsgeschichte nicht nur Geschichte *machte*, sondern auch Geschichte *wiederholt*.

Der Verdienst einiger neuerer Untersuchungen war es, den sozialgeschichtlichen Hintergrund in Erinnerung zu rufen, von dem ein Verständnis dieses Werkes nicht abstrahieren kann (Rothe, 1969; Irmer, Roth, Gottschalch, Vohland). Literatur- und philosophiegeschichtliche Beziehungen stellten ausführlich Wagener (1980) und Rothe (1968) zusammen. Rothe, der das Stück gegen den Vorwurf des Anachronistischen in Schutz nahm, verwies auf das »System der bürgerlichen Triebunterdrückung«, das Wedekind angreife (S. 30). Repräsentiert wird es durch Elternhaus, Schule und Kirche. Roth, der anmerkte, daß Kindheit und Schule damals noch nicht als »bühnenfähige Themen« galten (S. 104), hob hervor, daß erst vor der Jahrhundertwende – und nicht nur von den Schriftstellern – Kind und Jugend als soziales Thema entdeckt wurden. Er unterstrich, daß die durch die rasche Industrialisierung veränderten Anforderungen an die Ware Arbeitskraft für einen Teil der Heranwachsenden bedeutete, durch ihre notwendige höhere Qualifizierung erst mit erheblich zeitlicher Verzögerung in den Produktionsprozeß eingegliedert zu werden. *Jugend* als eine »eigene Lebensphase« für die Kinder des Kleinbürgertums und der mittleren Bourgeoisie hatte sich nach und nach gesellschaftlich institutionalisiert (S. 107). Dem entspricht das *Thema* der Jugendlichkeit. Für Wedekinds Stück beobachtete Roth: »Der soziographisch sehr eng gewählte . . . Realitätsausschnitt (das Milieu kleinbürgerlicher Sozialisation) . . . wird zusätzlich noch auf die pubertäre Sexualität eingeschränkt.« (S. 108) Die Schüler »erfahren die sozialen Widersprüche allein vermittelt über Autoritätskonflikte mit Eltern und Lehrern«. (S. 109) Wie auch schon Rothe nahm auch Roth wahr, daß Wedekind der Welt der Erwachsenen »keinen Bereich kindlicher Unversehrtheit und Reinheit gegenübergestellt hat« (Rothe, S. 37), vielmehr wird im Stück die damals herrschende Ideologie geschlechtsloser Kindlichkeit und das über die Jugend verhängte ideologische Gebot der Sexualverdrängung angegriffen. Über die drakonischen Sanktionen gegen jede Form der Selbstbefriedigung, über den kirchlichen und weltlichen Kampf gegen die Onanie, wie er noch zu jener Zeit geführt wurde, unterrichtete Gottschalch. Der Krieg des Leistungsprinzips gegen das Lustprinzip tobt in der bürgerlichen Gesellschaft weiter fort, wenn sich auch, so Gottschalch, das Gebot *unmittelbarer* Triebunterdrückung gelockert hat. Roth führte zu Wedekinds Drama an: »Triebunterdrückung zeigt das Stück . . . als eine notwendige Bedingung für die Aufrechterhaltung von Abhängigkeitsverhältnissen in der bürgerlichen Familie.« (S. 112) Jelavich beschrieb: »*Spring Awakening* dramatizes the ways in which the institutions of family and school attempt to suppress the nascent sexuality of young adolscents and to channel them into rationalized bourgeois professions.« (S. 131) Roth leitete daraus ab: »›Frühlings Erwachen‹ ruft . . . nicht zum Protest gegen die Väter auf.« (S. 112) Die im Stück vorkommenden Väter: die leiblichen Väter, die Lehrer, der Pfarrer, der Vater Staat und Gottvater sind jedoch Repräsentanten ein und desselben autoritären und sexuell repressiven Systems.

Dosenheimer behauptete, hier sind die Kinder »die tragischen Helden« (S. 189), noch genauer formulierte Rothe, die Kindertragödie »verabschiedet den Helden des traditionellen Dramas« (1968, S. 8), und wie er entdeckte auch Kuhn keinen »individualisierten Helden« mehr, sondern ein Kinderkollektiv, das allegorisch für »Natur« stehe (S. 51). Alle diese Kinder, darin stimmte auch Hahn zu, »erleben [. . .] ihre Tragödie« (S. 11).

Zur Bezeichnung »Kindertragödie« bietet die Forschung verschiedene Deutungen an: 1. Die Bezeichnung fungiert als Gattungsbegriff (Genitivus explicativus). 2. Es handelt sich um die Tragödie der Kinder. Die Tragödie wird durch die Kinder verursacht (Standpunkt der Eltern; Genetivus subjektivus). 3. Es handelt sich um eine Tragödie der Kinder. Die Kinder sind das Opfer (Genetivus objektivus). 4. Es ereignet sich eine allgemeine Tragödie. Die Kinder sind davon besonders betroffen (Genetivus partitivus). 5. Eine Tragödie findet überhaupt nicht statt. Roth definierte das Drama als eine »Travestie der Tragödie« (S. 118 f.) und räumte ein, durch den optimistischen Schluß werde die Tragödie, die im übrigen allenfalls in trivialisiertem Sinn als solche gelten könnte, ebenso fragwürdig wie durch die im Stück enthaltene »Tragik als Zitat« (Ebd.). Spalter gab zu bedenken, »since transition in puberty is a natural process, it can hardly be in itself the occasion for tragedy« (S. 59). Gattungsmäßig wäre das Stück eher als Komödie zu bezeichnen, im übrigen sei, so argumentierte Irmer, der Begriff der Tragödie hier »aus dem ästhetischen Bereich in die Sphäre des Lebens übertragen« (S. 113). Hahn meinte: Das »Stück faßt die Tragik bürgerlicher Jugend, den immer erneuten Untergang ursprünglicher Ideale an der Wirklichkeit, . . . die Tragik bürgerlicher Existenz schlechthin, als Leben nach menschenfeindlichen Normen« (S. 18, ähnlich Jelavich, S. 138). Faesi hielt an der Libido als dem »eigentlichen Schicksal dieser Tragödie« (S. 245) fest.

»Kinder erscheinen als Metapher der Natur«, urteilte Rothe (1968, S. 8). Diese Vorstellung teilte Roth. Der Titel »Frühlings Erwachen« lege nahe, die dargestellten Konflikte würden daraus resultieren, »daß Kinder durch Erziehungsmaßnahmen ihrer Natur entfremdet werden«. (S. 115) Naturgeschichte und Gesellschaftsgeschichte prallen aufeinander. Rothe erkannte an, daß Wedekind der »Konfrontation von Lebensphilosophie und Gesellschaftskritik« nicht ausweiche (S. 13). Hahn wandte kritisch ein: »Nicht zufällig wird das ›Leben‹ nicht als Naturwesen personifiziert« (S. 15). Dann kann von einem Dualismus zwischen Natur und Gesellschaft aber nicht mehr die Rede sein (So Friedmann, S. 21, vgl. dazu Medicus, S. 108 ff.).

Damit stellt sich die Frage: Wer ist der vermummte Herr? Interpretiert wurde er: 1. als personifizierte Allegorie des Lebens (Rothe, 1968; Hahn, Irmer, Roth, Kuhn), 2. als Repräsentant des Lebens der Erwachsenen (Roth), 3. als Repräsentant von bürgerlicher Gesellschaft und naturhaftem Leben (Rothe, 1968), 4. als »Reflex imperialistischer Ideologie« (Rothe, 1969), 5. als Teufel (Damm), 6. als Allegorie des Dichters (Mauch, Spalter), 7. als entmythologisierter oder als lebensphilosophischer deus ex machina (Roth bzw. Rothe, 1969), 8. als mephistophelische, skeptische Figur (Rothe, 1968/69; Irmer), 9. als deus und diabolus ex machina,

Leben und Tod (Irmer), 10. als deus ex machina, der die dramatische Illusion aufhebt (Witzke), 11. als eine Mystifikation, die Wedekinds Verlegenheit erweise, »das historische Subjekt sichtbar zu machen, welches die bürgerliche Gesellschaft außer Kraft setzen und überwinden könnte« (Rothe, 1969, S. 40), 12. als Maske des Vaters »le masque de femme« (Lacan), d. h. die vom Vater imaginierte *Maske* der Frau und damit zugleich die vom Patriarchen hinwegimaginierte wirkliche Frau, die Königin ohne Kopf.

Die Version, der vermummte Herr sei ein typischer Vertreter des Bürgertums (Rothe), wiesen Witzke und Medicus zurück. In seiner rationalen Argumentationsweise stelle sich der vermummte Herr über die bürgerliche Scheinmoral (Witzke, S. 190, Anm. 296). Rothe übersieht die »konträre Stellung« des Vaters von Melchior Gabor wie aller Väter dieses Stückes zu dem vermummten Herrn (Medicus, S. 314, Anm. 32). Rothe hatte als erster ausdrücklich auch auf die andere Allegorie des Lebens, Ilse, hingewiesen (S. 28 f.). Das Versprechen des vermummten Herrn, »Interessantes« zu bieten, verheiße sinnliches Vergnügen, Lebens-*Lust* (Medicus, S. 120).

Die Schlußszene sollte – für die Forschung – eine Schlüsselszene (Kuhn, S. 79) sein. Tod und Teufel, Tod und Leben, Moritz und Melchior, der vermummte Herr und Moritz, der vermummte Herr und Melchior geben sich ein Stelldichein. Moritz und der vermummte Herr könnten beide Projektionen Melchiors sein (Kuhn, S. 77). Wer ist Moritz? Eine Allegorie des Todes (Rothe, 1968; Kuhn)! Eine Allegorie der Allegorie »kopflose Königin« (Lacan)! Was bedeutet seine Kopflosigkeit: Identitätslosigkeit (Medicus), allegorische Darstellung eines Sprichworts, den Kopf = Leben verloren zu haben, gespenstische (sexuelle) Erfahrungslosigkeit, Unbewußtes etc. etc.? Jelavich sprach von dem »educational system«, »whereby ›headless queens‹ and ›two-headed kings‹ are produced«. Er beobachtete: Moritz »vacillates between conventional male and female roles, but the latter dominates in the end« (S. 132) Das Mädchen Moritz assoziierte auch Lacan (S. 9) und erinnerte an ein gesellschaftlich uneingelöstes Bedürfnis nach Lust jenseits bloßer – patriarchalisch bestimmter – Männlichkeit und Weiblichkeit. Mit Rückgriff auf Wedekinds Zirkusaufsätze interpretierte Irmer: »Moritz hat als abstrakt-erhabener Idealist Selbstmord begangen, Melchior geht als real-praktischer Idealist ins Leben.« (S. 200)

Humor und Allegorie bestimmen die Schlußszene. Einerseits wurde diese, über die kritisierte Gegenwart hinausweisend, als ein utopischer Epilog verstanden (z. B. Vohland) und »Frühlings Erwachen« überhaupt als eine »›naturhafte‹ Utopie« (z. B. Friedmann, S. 23) klassifiziert. Andererseits begriff man die Schlußszene als ausgesprochen antinaturalistisches Tableau (z. B. Damm). Während Hahn meinte, die »Szene ist schroff von der üblichen Realität, auch von der ›Realität‹ im Drama abgehoben« (S. 14), insistierte Höger darauf, wie alle Stücke Wedekinds sei auch »Frühlings Erwachen« durch und durch *Allegorie* (Höger, 1979, S. 72). Zurecht kann auch der Auffassung Rothes widersprochen werden, Wedekind verwende den »phantastischen Stil ohne Rücksicht auf ästhetische Stimmigkeit nur in der letzten Szene als *Stilmittel*, das dem Realismus der vorausgegangenen Szenen einen Stoß versetzt«. (S. 17) Rothe widersprach sich selbst, wenn er für das gesamte Drama die auf verschiedenen Sprachebenen operierende literarische antinaturalistische Stilisierung Wedekinds beobachtete (S. 20, vgl. dazu auch Kuhn) und schließlich selbst behauptete: »Die stilistischen Härten von Wedekinds Drama . . . sind Ausdruck eines allegorischen Verfahrens« (S. 25). »Unter dem Blickpunkt dieser Allegorieform erscheint »Frühlings Erwachen« nicht mehr in heterogene, phantastische, groteske und realistische Teile zerstückelt«. (S. 27) Roth sprach von dem »dramaturgischen Verfahren«, Irmer von der »ingenieurmäßigen Konstruktion«, »den zentralen Konflikt in verschiedenen Konstellationen zu variieren« (Roth, S. 119, Irmer S. 128). Irmer wies auch darauf hin: »Die ›Jugendkomödie‹ ist in der Hauptsache eine Auseinandersetzung mit den künstlerischen und mit den gesellschaftlichen Sachverhalten des Familiendramas. « (S. 128)

Daß nicht Komik, Satire, Groteske sondern *Humor* das Element ist, wodurch diese Kindertragödie und das Frühlings Erwachen als ein Ganzes vor jeder eindimensionalen pathetischen Jugendstil-Vorstellung wie auch vor jede Art naturalistischer Mitleidsdramatik geschützt werden, hat vor allem Irmer nocheinmal ausdrücklich festgestellt. Der Humor ist die *Stellungnahme* (Irmer, S. 114). Ein Hinweis auf Wedekinds Aufsatz »Der Witz und seine Sippe« mag belehren. Erhabener Humor und Galgenhumor treffen in der shakespearhaften Schlußszene zusammen. Der berühmten Definition der Moral hat Wedekind witzigerweise eine mathematische Formel zugrundegelegt. Darüber entspann sich nur in der angloamerikanischen Forschung (Shaw, Bullivant, White, Burns, Hibberd, Birrell) eine interessante Debatte. Überraschenderweise war der in Mathematik schlechte Schüler Wedekind mathematisch auf der Höhe seiner Zeit: Bekanntlich wird zwischen natürlichen, ganzen, rationalen, reellen (irrationalen) und komplexen Zahlen in der Mathematik unterschieden. Komplexe Zahlen setzen sich aus imaginären und reellen Zahlen zusammen. Die imaginäre Einheit ist definiert durch die Gleichung $i^2 = -1$ (Imaginäre Einheiten werden durch das Symbol i bezeichnet.) oder durch $\sqrt{-1} = i$. Zwei imaginäre Größen, Sollen und Wollen, $\sqrt{-1} \times \sqrt{-1}$ ergeben ein reelles Produkt: -1. In dieser Formel sind ganze, rationale und reelle Zahlen enthalten. Wedekind spricht über Moral »without any display of sentiment or idealism and without recourse to religious concepts [. . .]. The mathematical analogy suggests scientific realism and exactitude.« (Hibberd, S. 635) Birrell bemerkte: »*Sollen* [. . .] is no longer coincident with ›morality‹« (S. 116), und er erläuterte: »*Wollen* may be understood as the broad range of self-assertive and sexual impulses, while *Sollen* represents the whole complex of social, ideological, and religious sanctions, perceived and enforced as absolute imperatives.« (Ebd.) Birrell demonstrierte: »The principal point of the *Sollen–Wollen* equation . . . lies in its insistence that aggressive drives and ethical ideals operate in *conjunction* to create practical morality.« (Ebd.) Und er stellte auch heraus: »The deepest concern of the play is rather the conflict between two radically opposed forms of *Wollen* along with their concomitant (and likewise opposed) *Sollen*-systems.« (S. 120) Kurzum: Sollen, Wollen und Moral lassen sich in ihrem Verhältnis zueinander auch so darstellen: $S = \frac{M}{W}$ (Sollen ist das Produkt des Verhältnisses von Moral und Wollen). $W = \frac{M}{S}$ (Wollen ist das Produkt des Verhältnisses von Moral und Sollen). Sehr schön erkannte Birrell: The »fundamental problem of *Frühlings Erwachen* is that society has completely failed to provide these young people with a value system that would help them to cope with their unpredictable and often violent emotional drives«. (S. 120 f.) Abschließend stellte er – damals wie heute noch gültig – einsichtig fest: »The final tragedy of *Frühlings Erwachen* lies in its implicit – and accurate – prediction that these fumbling, ad-hoc combinations of *Wollen* and *Sollen* will only lead to another generation of repressive adults and bewildered, unhappy adolescents.« (S. 121) $\frac{M}{S} \times \frac{M}{W} = M$.

Literatur:

Birrell, Gordon: The Wollen–Sollen Equation in Wedekind's *Frühlings Erwachen*. GR 57, 1982, S. 115–122

Bullivant, Keith: The notion of morality in Wedekind's *Frühlings Erwachen*. New German Studies 1, 1973, H. 1, S. 40–47

Burns, Robert A.: Wedekind's concept of morality: an extension of the argument. New German Studies 3, 1975, S. 155–164

Damm, Sigrid: Probleme der Menschengestaltung im Drama Hauptmanns, Hofmannsthals und Wedekinds. Diss. Jena 1969

Dosenheimer, Elise: Frühlingserwachen. In: Dies., Das deutsche soziale Drama von Lessing bis Sternheim. Darmstadt 1974 (zuerst: 1949), S. 188–193

Faesi, Robert: Ein Vorläufer: Frank Wedekind. In: Expressionismus. Hrsg. v. Hermann Friedmann u. Otto Mann. Heidelberg 1956, S. 241–263

Friedmann, Jürgen: Frank Wedekinds Dramen nach 1900. Eine Untersuchung zur Erkenntnisfunktion seiner Dramen. Stuttgart 1975, bes. S. 17–23

Gottschalch, Wilfried: Eine Kindertragödie. In: Ders., Autoritäre Erziehung, Flucht und Widerstand. Reinbek b. Hamburg 1977, S. 67–108

Hahn, Manfred: *Frank Wedekind*. Leben und Werk. In: Frank Wedekind. Werke in drei Bänden, hrsg. v. Manfred Hahn. Bd. 1 Berlin/Weimar 1969, S. 7–93

Hensel, Georg: Nachwort. In: Frühlings Erwachen. Eine Kindertragödie. Stuttgart 1971, S. 71–78

Hibberd, J. L.: Imaginary numbers and ›Humor‹: on Wedekind's ›Frühlings Erwachen‹. MLR 74, 1979, S. 633–647

Irmer a.a.O. S. 111–118, S. 128–129 u. S. 198–200

Jelavich, Peter: Wedekind's Spring Awakening. The path to expressionist drama. In: Passion and Rebellion. The expressionistic heritage. Ed. by Stephen Eric Branner and Douglas Kellner. South Hadley Mass. 1983, S. 129–150

Kuhn, Anna Katharina: *Frühlings Erwachen*: Das Drama als Gesellschaftskritik. In: Dies., Der Dialog bei Frank Wedekind. Untersuchungen zum Szenengespräch der Dramen bis 1900. Heidelberg 1981, S. 22–81

Lacan, Jacques: L'Eveil du Printemps. In: A propos de L'Eveil du Printemps de Frank Wedekind. (Paris) 1974, S. 7–10

Mauch, Rolf-Dieter: Die Darstellung der neuen Wirklichkeit im Werke Frank Wedekinds. Diss. University of California, Davis 1972, 1973

Medicus, Thomas: »Die große Liebe«. Ökonomie und Konstruktion der Körper im Werk von Frank Wedekind. Marburg 1982, S. 106–123;

Pickerodt, Gerhart: Frank Wedekind. Frühlings Erwachen. Grundlagen und Gedanken zum Verständnis des Dramas. Frankfurt/Berlin/München 1984

Roth, Friedhelm: Frank Wedekind: »Frühlings Erwachen«. In: Von Lessing bis Kroetz. Hrsg. v. Jan Berg u. a. Kronberg 1975, S. 104–137

Rothe, Friedrich: Die Kindertragödie. In: Ders., Frank Wedekinds Dramen. Jugendstil und Lebensphilosophie. Stuttgart 1968, S. 7–31

Ders.: Frühlings Erwachen. Zum Verhältnis von sexueller und sozialer Emanzipation bei Frank Wedekind. Studi Germanici 7, 1969, S. 30–41

Shaw, Leroy R.: The strategy of reformulation. Frank Wedekind's *Frühlingserwachen*. In: Ders., The playwright and historical change. Madison, Milwaukee and London 1970, S. 49–65

Spalter, Max: Frank Wedekind. In: Ders., Brecht's Tradition. Baltimore, Maryland 1967, S. 113–135

Vohland, Ulrich: Wider die falsche Erziehung. Zu Wedekinds »Frühlings Erwachen«. Diskussion Deutsch 10, 1979, S. 3–18

Wagener, Hans (Hrsg.): Erläuterungen und Dokumente. Frank Wedekind. Frühlings Erwachen. Stuttgart 1981
White, Alfred D. : The notion of morality in Wedekind's *Frühlings Erwachen*: A comment. New German Studies 1, 1973, H. 2, S. 116–118
Witzke, Gerd: Das epische Theater Wedekinds und Brechts. Diss. Tübingen 1972

»Elins Erweckung«, 1894 (1887–1893)

Über das Fragment dieser Komödie in Versen merkte Kutscher an, daß hier bereits die Figur »Schigolch« und als weitere Vorfigur Lulus – neben Ännchen Tartini und Ilse – Ella auftaucht. Höger klärte über die Textgeschichte auf und erwähnte: »Sprachstil und szenische Darstellung greifen bewußt auf das antiklassische Theater zurück, wobei die scheinbar im Gegensatz dazu stehende Versifizierung vermutlich durch Grabbe und den *Urfaust* angeregt wurde.« (Höger 1981, S. 62) Er ergänzte, Wedekind übernehme »teilweise Wagners Sprachstil aus dem *Parsifal* und dem *Nibelungenring*«. (S. 63) Außerdem wies Höger auf Bezüge zu dem Prosafragment »Galathea« (1885) und zur Ballade »Ännchen Tartini, die Kunstreiterin« (1886/87) hin. Das Thema der sexuellen »Erweckung« interpretierte Höger, das Fragment als eine erotische Offenbarung und Erlösung begreifend, wie folgt: Der Held wird von seinen durch die bürgerliche sexuelle Zwangsmoral über ihn verhängten Schuldgefühle durch ein Freudenmädchen, d. h. durch die Bejahung des Lustprinzips, befreit. »Der sexuelle Genuß macht den Menschen zum ›Gott‹, bringt ihn in das Paradies, in das Eden von Fleisch und Blut« (S. 76). Schröder-Zeballas Exegese des Fragments folgte – sie vervollständigend – Högers Hinweisen, »Elias steht . . . auf dem Boden von Wedekinds ›neuem Evangelium‹ und der Logos-Verehrung« (S. 81); d. h. in Wedekinds Programm eines religiösen Sensualismus, so Schröder-Zeballas These, werde die Religion durch den Eros ersetzt bzw. Religion und Eros miteinander vereint (S. 85 u. S. 87). Schröder-Zeballa bezog in ihre Deutung ausführlich das »Neue Vaterunser« und die »Neue Communion« als Vortexte ein.

Schon vor Höger hatte Irmer das Fragment ähnlich gedeutet: »Elias und Ella bewahren sich ihre Unschuld in der kapitalistischen Gesellschaft, die den Menschen fortwährend mit Schuldkomplexen belädt . . . Die bürgerliche Moral, die zum höheren Lob des unbescholtenen Mädchens das verworfene Mädchen braucht, verfälscht die menschliche Moral.« (S. 111) Über die Beziehung von Ehe und Prostitution und über die Unterdrückung der Sexualität durch die

Gesellschaft, war sich Wedekind – nach Marx und vor Freud – früh
ebenso im klaren wie darüber, daß »sexual norms . . . can be defi-
ned only in the context of social or ideological expectations«. (Birrell, S. 116)

Literatur:

Birrell, Gordon a.a.O.
Höger, Alfons: Hetärismus und bürgerliche Gesellschaft im Frühwerk
   Frank Wedekinds. Kopenhagen/München 1981, bes. S. 53–76
Irmer, Hans-Jochen a.a.O. S. 109–111
Kutscher a. a.O. K 1, S. 165–171
Schröder-Zebralla, Josephine: »Elins Erweckung«. In: Dies., Frank Wede-
   kinds religiöser Sensualismus. Frankfurt/Bern/New York 1985, S. 72–87

»Das Sonnenspektrum. Ein Idyll aus dem modernen Leben«, 1901/1921 (1893–1894, 1900)

Zuerst stellte Kutscher das Fragment vor und verwies auf die Beziehungen des Werkes zu »Frühlings Erwachen«, »Mine-Haha«
und die »Ur-Pandora«. Auch hier hat Höger die Geschichte des
Textes kritisch aufgerollt. Rothe erinnerte: »Der erste Untertitel
von ›Sonnenspektrum‹, ›Wer kauft Liebesgötter‹ (im Manuskript
gestrichen), weist, neben der Erwähnung von Kaulbachs Gemälde
im Stück selbst, darauf hin, daß die Darstellung des Erotischen, für
die auch Kaulbach mit seinem Bilde eintrat, als Apologie des Sin-
nenglücks programmatischer Inhalt dieses Werkes ist.« (Rothe
1968, S. 54 Anm. 69) Der andere Untertitel zeige »die Versöhnung
der utopischen Idylle mit der realen Gegenwart« (S. 53). Das ist ein
rascher Schluß. Zuvor muß der gesamte Titel analysiert sein. In di-
rekter Übersetzung heißt Sonnenspektrum: das Bild der Sonne.
Wenn die Sonne ein Lebenssymbol sei, dann, so Höger, stehe es
hier für weibliche Sexualität, konkret für die *vagina* (S. 40). Bedeutsam ist hier aber auch wieder, daß Wedekind mit dem Begriff
Sonnenspektrum auf mathematisch-naturwissenschaftliche Kenntnisse seiner Zeit zurückgreift. Aus der physikalischen Chemie ist
die Spektralanalyse bekannt. Durch das Prisma eines Spektralappa-
rates wird Strahlung zerlegt und meßbar gemacht. Jedes einzelne
Spaltbild hat dabei eine spezifische Farbe (Spektralfarbe). Das Son-
nenlicht läßt sich bekanntlich durch Brechung in die Spektralfarben
zerlegen (Regenbogen). Darüber hinaus lassen sich im Sonnenspek-

trum wie bei anderen Sternen die Emissions- und Absorptionslinien der Sonne beobachten. Diese Hinweise mögen genügen. Wedekind untersuchte in seinem »Sonnenspektrum« gleichsam experimentell das Problem sexueller Energie. Höger erkannte sehr richtig: Im »Sonnenspektrum« wird das Thema angeschlagen, »daß es die eigentliche biologische Bestimmung der Frau ist, die in ihr primär vorhandene Sexualität zu aktualisieren, wobei der Mann Anreiz und Objekt der Lust ist«. (S. 46) Dann erfüllt das »Bordell« praktisch die Funktion eines Labors und die einzelnen Freudenmädchen stellen Fazettierungen der Lebenskraft »symbolisch« dar (vgl. Höger S. 40). Dem »Erlöschen einer der Farben im Sonnenspektrum entspricht das Auftreten einer ›Novice‹« (S. 44). Das läßt nun aber nur den Schluß zu, daß jenes Idyll, das Bordell, dem »modernen Leben« entgegengesetzt ist, wenn man wie Rothe darunter die reale Gegenwart versteht. In der Tat stellt »Das Sonnenspektrum« eine »Verherrlichung des Lustprinzips« dar (Rothe, S. 53), das sich im »Regenbogen« »als jeweils besonders gefärbtes Licht entfaltet (= coitus)« (Höger, S. 40). Höger faßte zusammen: »Die Elemente, aus denen Wedekind diesen anderen, utopisch-idyllischen Ort zusammensetzt, sind 1. die bukolische, domestizierte Parklandschaft, die aus der erotischen Literatur bekannt ist, 2. das klassizistische Haus im antiken Stil, das Reichtum und Aristokratismus symbolisiert, 3. die Intimität des privaten Heims, die das Negligé bloßer Hemden – ohne Korsage und geschnürte Taille – erlaubt, 4. die Kunstausübung als ästhetische Überhöhung des gewöhnlichen Lebens.« (S. 40) Die literarischen Beziehungen zu dem indischen Schauspiel des Königs Sudraka, »Das irdene Wägelchen«, auf welche bereits Kutscher hingewiesen hatte, haben Harris und Fuegi erneut untersucht. Sie schrieben: Wedekinds »playwright has taken the perspective of another culture to explain his own«. (S. 132) Rasch verstand das Fragment völlig falsch als »Dirnenromantik« bzw. als Kritik an der »Dirnenromantik« (Rasch, S. 422 f.). Medicus zog den falschen Schluß, mit dem »Sonnenspektrum« gerate Wedekind »in den Bereich der Pornographie« (S. 123). Irmers Mißverständnisse korrigierte bereits Höger (S. 48). Das »sexuelle Sonnenspektrum« fungiert, wie Irmer jedoch richtig sah, als eine utopische Gegenwelt. Über die reale Welt urteilte Irmer: »Die Prostitution der Frau, in welcher Form auch immer, stellt sich als das Korrelat der Institution Ehe dar. Sie ist ein Idyll für den Mann, eine Hölle für die Frau.« (S. 132) Im »Sonnenspektrum« hat Wedekind gegen diese reale bürgerlich-kapitalistische Welt in einer Umwertung und Umkehrung mit dem Lustprinzip die Probe auf ein Exempel gemacht.

Literatur:

Harris, Edward/Fuegi, John: Frank Wedekind's »Epic Theater« Model: *Das Sonnenspektrum* and Its Indian Source. In: Perspectives and Personalities. Ed. by Ralph Ley. Heidelberg 1978, S. 125–134

Höger, Alfons: Das Parkleben. Darstellung und Analyse von Frank Wedekinds Fragment »Das Sonnenspektrum«. Text und Kontext 11, 1983, H. 1, S. 35–55

Irmer, Hans-Jochen: a.a.O. S. 130–132

Kutscher, Artur a.a.O. K 1, S. 326–336

Medicus, Thomas: a.a.O. S. 121–123

Rasch, Wolfdietrich: Sozialkritische Aspekte in Wedekinds dramatischer Dichtung. Sexualität, Kunst und Gesellschaft. In: Gestaltungsgeschichte und Gesellschaftsgeschichte. Hrsg. v. Helmut Kreuzer. Stuttgart 1969, S. 409–426

Rothe, Friedrich a.a.O. 1968, bes. S. 53–54

»Der Erdgeist«, 1895 – »Die Büchse der Pandora«, 1902/1904 – »Lulu«, 1913

Als etwas durchaus Neues im Stil und Inhalt wurde von den Zeitgenossen »Der Erdgeist« aufgefaßt (Moeller-Bruck, Panizza). Die erste Deutung der Gestalt der Lulu war, sie sei Venus Imperator; die These lautete, »daß über allen bedingungslos und rücksichtslos das Weib herrsche«. Das Drama wurde als ein symbolisches begriffen, als ein »philosophisches Kunstwerk« (Moeller-Bruck), ganz der »naturalistischen Methode« entgegengesetzt, und die Spieler und Denkfiguren bewegen sich, ein komplexer Mechanismus, bestimmt durch das Prinzip des Lebens, wie Marionetten (Panizza, S. 693 f.).

Franz Blei las den »Erdgeist« als ein moralisches Traktat. In Figuren wie Lulu sah er eine »Maschine«, eine Koital-Maschine, und tadelte wie schon Hofmiller (S. 110) das Zurschaustellen eines theoretischen Vaginismus. (S. 39 u. S. 37) Blei gehörte zur Gruppe derjenigen, die die Tragödie aus moralischen Gründen ablehnten.

Wedekinds Zeitgenossen erblickten in Lulu: 1. die personifizierte Sexualität, 2. das Prinzip weiblicher Sexualität, 3. das Urweib, 4. das Weib als Hetäre, 5. das Weib als Verführerin, 6. die Nymphomanin, 7. das Weib als zerstörerische Kraft, 8. das tödliche Lebensprinzip. Einer zahlenmäßig weit überwiegende Mehrheit der Interpreten erschien das Weib Lulu als eine negative Figur – als eine männermordende, auf jeden Fall als eine die Männer bedrohende gefährliche Gestalt. Hinter dieser Abwehr ist unschwer die Abwehr der Sexualität, spezifisch der autonomen weiblichen Sexualität zu erkennen. Insofern steht diese Männer-Interpretation der Lulu zugleich für ein Bild dieser Epoche über die Rolle der Frau innerhalb einer Männergesellschaft ein.

Die Frau ist, so brachte es Mühsam auf den Begriff, Spekulations-Objekt in der Hand des Mannes (S. 1209), und als solches wird Lulu auch in der »Büchse der Pandora« gehandelt. Lulu als Frau gilt nichts; als »mein Weib« ist sie nichts als Frau und ein Nichts als Hure. Unter der Voraussetzung, daß notwendigerweise zwischen Mann und Frau ein Geschlechterkampf herrschen muß, haben alle Zeitgenossen Wedekinds versucht, »Erdgeist« und »Die Büchse der Pandora« zu begreifen. Im Zeitalter des Imperialismus wird das Bild der Frau über die Vorstellung vom Krieg der Geschlechter bestimmt. Als Paradigma entgegengesetzter, aber auf derselben geschichtlichen Basis beruhenden Anschauungen seien, stellvertretend für andere, zwei Interpretationen zitiert. Unter dem Titel »Lulucharaktere« enthüllte Spier: »Lulu ist die Personifikation des weiblichen Elementes der rein . . . losgelösten weiblichen Gier und Sexualität.« (S. 676) »Sie wirkt wie das große Naturgesetz.« (S. 677) In Wedekinds Schauspiel wird der »unheilvolle Einfluß des rein Tierisch-weiblichen auf den Mann« geschildert (Ebd.). »Jeder im Schauspiel auftretende Mann repräsentiert eine Klasse von Männern« (S. 678). Jeder will das Weib Lulu besitzen. »So wirkt die weibliche Urnatur auf den Mann. So kann sie ihn erniedrigen und aus seinen Bahnen der Intelligenz werfen« (Ebd). »Aber die ausgleichende Gerechtigkeit vollzieht in Gestalt des ›Jack the Ripper‹ . . . die Exekution.« (S. 678) »Aber sie (Lulu) zerstört nicht nur alle Männchen, die sich in ihrem Liebesgespinst verfangen, sondern sie zerstört sich selbst.« (S. 683) Ein »Stück Pathologie steckt in der femininen Seele – »Die Sexualität an sich« (S. 687 f.). Natürlich beruhte die Behauptung, der Interpret widersprach sich selbst, Lulu zerstöre sich selbst, auf »falscher« Wahrnehmung.

In seinem berühmten Vortrag zur Wiener Aufführung der »Büchse der Pandora« – Kraus hat ihn später noch zweimal überarbeitet – sprach der Verfasser zu Anfang von dem »Irrgarten der Weiblichkeit«, dem »Seelenlabyrinth«, »in dem manch ein Mann die Spur seines Verstandes verlor«. (S. 1) Als neu und tief empfand Kraus, daß Wedekind der »abgeschmackten Tragik« des bürgerlichen Trauerspiels, der »Tragik der verlorenen Virginität« (S. 2) die »Hetäre als ein(en) Traum des Mannes« entgegenstellte (S. 4). Der Feststellung, daß hier das Weib »zur Allzerstörerin wurde« (S. 2), hielt er entgegen: »weil es von allen zerstört ward« (Ebd.). Die »Revanche einer Männerwelt«, so Kraus, gilt der »allsexuellen

Frau« (S. 5), die als »Genuß-Spenderin« nicht bloß auf die Rolle der »Genus-Erhalterin« reduziert sein will (S. 13). Zum Wahn der die Frau versklavenden Männer gehört: »Der Erwählte sein wollen, ohne der Frau das Wahlrecht zu gewähren.« (S. 4) Im Drama werde daher gezeigt, wie »die Reihe der verliebten Alleinbesitzer« schließlich von der »Reihe der Praktiker der Liebe« abgelöst werde (S. 6). Als »Rächer des Männergeschlechts«, sagte Kraus, tritt »Jack the ripper« auf, »dessen Messeramt symbolisch zu deuten ist: er nimmt ihr, womit sie an den Männern gesündigt hat« (S. 6) – nach Meinung der Männer, nach Meinung einer Männermoral, die als sexuelle Zwangsmoral nicht nur weibliche Sexualität unterdrückt, sondern diese als der Frau eigene auslöscht. »So triumphiert die Unethik des Mannes über die Unethik der Frau« (S. 9), die ihren Körper verkauft, die ihren Körper verkaufen muß. Kraus verstand den »Erdgeist« und die »Büchse der Pandora« als »Tragödie von der gehetzten, ewig mißverstandenen Frauenanmut« (S. 3), die mit dem Lustmord, nichts anderes als männlicher Ausdruck für die Mordlust an der Frau, schließt. »Daß der Freudenquell (der Lust) in dieser engen Welt zur Pandorabüchse werden muß, dies unendliche Bedauern scheint mir die Dichtung zu erfüllen.« (S. 13)

Blei, Franz: Wedekind. In: Ders., Über Wedekind, Sternheim und das Theater. Leipzig 1915, S. 28–53

Friedenthal, Joachim a.a.O. S. 77–83

Friedrich, Paul: Frank Wedekind. Berlin (1913), bes. S. 33–36

Hart, Heinrich: Frank Wedekind, Der Erdgeist. In: Ders., Gesammelte Werke, Bd. 4. Berlin 1907, S. 352–355 (zuerst: 1902)

Hofmiller, Josef: Erdgeist. In: Ders., Zeitgenossen. München 1910, S. 110–113

Kapp, Julius: Frank Wedekind. Seine Eigenart und seine Werke. Berlin 1909, bes. S. 128–138

Kraus, Karl: Die Büchse der Pandora. Die Fackel 7, 1905, S. 1–14 (Die Fackel 22, 1925, S. 43–55; Literatur und Lüge, in: Werke, hrsg. v. Heinrich Fischer. München 1958, S. 9–21, zuerst: 1929)

Moeller-Bruck, Arthur: Frank Wedekind: »Der Erdgeist«. Die Gesellschaft 11, 1895, S. 1682

Mühsam, Erich: Von Wedekind. Die Büchse der Pandora. Die Schaubühne 6, 1910, Bd. 2, S. 1209–1213

–zz– [Panizza, Oskar]: Wedekind, Frank: »Der Erdgeist«. Die Gesellschaft 12, 1896, S. 693–695

Pissin, Raimund: Frank Wedekind. Berlin (1905), bes. S. 17–18

Polgar, Alfred: Wiener Premieren. Die Schaubühne 7, 1911, Bd. 2, S. 493–496, bes. S. 495 f.

Spier, J.: Lulucharaktere. Sexualprobleme 9, 1913, S. 676–688

Viertel, Berthold: Frank Wedekind: Der Erdgeist. Der Merker 1911, Bd. 2, S. 1124–1125

Hatten Wedekinds Zeitgenossen »Lulu« hauptsächlich naturalistisch verstanden, und hatten nur wenige wie Karl Kraus die dramatische Idee, die Melodramatik und – als Moritat – die Handlung
begriffen, so wurde die Doppeltragödie in den zwanziger Jahren
eher expressionistisch oder unter dem Aspekt der Sachlichkeit gedeutet. Es bildeten sich folgende Interpretationsverschiebungen
heraus: Die naturalistische Auffassung Lulus als »dekadentes Ge-
sellschaftsprodukt« (Kessel, S. 67) wandelte sich zur Auffassung
Lulus als eines Typus, zu einer speziellen Form des Weibes (Trieb-
weib, Kindweib, Weibsteufel, Bestie). Zu ähnlichem, wenn nicht
gar zum selben Resultat führte der Wandel in der symbolischen
Deutung, die aus der symbolischen Vielfalt das Prinzip Urweib erwählte und dabei dem dämonischen Prinzip – gleichgesetzt mit
dem Triebhaften – den Vorzug gab. Diese veränderte Deutung vom
Charakter zum Typus, vom Symbol zum Prinzip findet sich z. B.
bei Gundolf und bei Strich. Gundolf, der von »Erdgeist« und »Die
Büchse der Pandora« als den »Hurentragödien« sprach (S. 207), etikettierte Lulu als »die Allegorie des wandelnden Männermords« (S.
216). Karl Kraus' »Genußspenderin« stellte er dem »gesellschaftlichen Schwindel von Finanz, Rang, Stand« gleich, »der die jeweiligen Buhler verwirrt, dämpft, fordert oder hemmt und in jedem
zwischen öffentlicher Rolle und Beischlaf die monotone Spannung
herstellt. (S. 215) Strich, der in Lulu das selbst-zerstörerische Prinzip des Eros favorisierte, sah in diesem selbst Tragik verkörpert
und nicht darin, »daß dieses wilde schöne Tier von der bürgerlichen Gesellschaft eingefangen und von ihr zugrunde gerichtet
wird« (S. 186). Er begriff Lulu als einen »modernen Mythos«,
nicht, weil er darin die Frau seiner Epoche als männliche Maske
entdeckte, sondern, weil er in seiner Zeit ein »ewiges Prinzip«, eine
»Urgestalt« widergespiegelt glaubte (S. 188). Fechter und Elster sahen, vor allem in »Erdgeist«, Sachlichkeit, Objektivität und »etwas
Heroisches« (Fechter, S. 45 u. S. 42) am Werk. Das Weib in Ur-
form als Erlebnis des Mannes (Elster, S. 36, Fechter, S. 45), so hieß
die Formel verklemmter Sachlichkeit, die Lulu als »Schicksal«, als
»Verhängnis«, als »Prinzip« bescheinigte, »kein Mensch«, sondern
»nur Weib« zu sein. Hier schlug nun wahrlich eine barbarische
männliche Maske die Augen auf, die jetzt das »Weib« zum »Trieb«
versachlichte. »Der ewige Krieg der Geschlechter« – das Gespenst
der Väter – erhielt als Faktum hier die Weihe einer Gestaltung, die
»nicht gewertet zu werden« brauchte: »weder negativ noch positiv«. (Elster, S. 45)

Die Projektionen der Männer auf die Gestalt der Lulu, wovon
bei Kraus die Rede war, sie blieben – unerkannt, welche Rolle sie

für das Bewußtsein der Interpreten spielten – eingearbeitet als Faktum in das Prokrustes-Bett der heroisch-sachlichen wie der expressionistischen Deutung und für beide Deutungen irrelevant. »Lulu bleibt im ganzen Stück sich immer gleich, sie erscheint, nur durch jeden neuen Mann, der in Beziehung zu ihr tritt, anders« (Elster, S. 37). »Sie ist letzte Wirklichkeit – und unwirklich zugleich, geformt von der Phantasie derer, die mit ihr leben.« (Fechter, S. 45) Kutscher, der im Lulu-Drama und in der Lulu-Figur den Expressionismus vorgebildet sah (S. 370), rechnete zu Lulus Charakteristik, »was jeder einzelne in ihr sieht und von ihr begehrt, wie es andrerseits den Betreffenden selber charakterisiert« (Ebd.). Jetzt erschien das projizierte eigene Bild als Fetisch der Sachlichkeit, und darin zeichnete sich als eine Mystifikation, als ein Klischee eines der männlichen Bilder über die neue Rolle der Frau in dieser Epoche ab. Selbst der sonst nüchterne Kutscher identifizierte Lulu als Elementargewalt, die als geschlechtliche nur durch die männliche Sexualgewalt erledigt werden könne (S. 362, 365 f.). Tragik konnte er darin keine entdecken. Tragik mußte er darin unterstellen, daß Lulu sich verkauft. Logisch korrekt schloß Kutscher: »Lulu ist wahr. Nicht wahr aber ist das Weltbild der Dichtung«, als dessen Leitmotiv er formulierte: »Dies Ewig-Weibliche zieht uns hinab.« (S. 366) Daß dieses männliche Weltbild – nicht nur Kutschers – mit der Heiligen auch die Hure voraussetzt, wurde nicht wahrgenommen. Hagemann faßte, stellvertretend für seine Zeitgenossen, die zweite Phase der Lulu-Deutung unter der Generalthese zusammen: »Wedekinds dichterische Welt der natürlichen Triebe und sinnlichen Leidenschaften, in der ersten Periode seines Schaffens geglaubt und gefordert, wird hier als irrtümlich und unzulänglich, als verhängnisvoll in ihren Auswirkungen erkannt. Wedekind stellt dieses sachlich fest, aber er wertet nicht.« (S. 62) Im Namen ihrer Väter glaubten die Nachgeborenen, Wedekind ihre Geschichte auf den Leib schreibend, die Doppeltragödie richtig zu verstehen.

Diebold, Bernhard: Anarchie im Drama. Frankfurt 2. Aufl. 1922 (1921), bes. S. 47–55

Elster, Hanns Martin: Frank Wedekind und seine besten Bühnenwerke. Eine Einführung. Berlin/Leipzig 1922

Fechter, Paul a.a.O. S. 43–59

Gundolf, Friedrich a.a.O.

Hagemann, Fritz: Wedekinds »Erdgeist« und »Die Büchse der Pandora«. Diss. Erlangen 1925. Neustrelitz 1926

Kessel, Martin: Frank Wedekinds romantisches Erbteil. In: Ders., Ehrfurcht und Gelächter. Literarische Essays. Mainz 1974, S. 56–87 (zuerst: 1938)

Kutscher, Artur a.a.O. K 1, S. 326–402

Strich, Fritz: Frank Wedekind. In: Ders., Dichtung und Zivilisation. München 1928, S. 179–191 (zuerst: 1924)

Die bedeutsamste Interpretation aber erfuhr die Doppeltragödie in der Vertonung als dreiaktige Oper durch Alban Berg, die dieser im Frühjahr 1928 begann. Kurz vor der Vollendung der Oper starb Berg (1935). Die fragmentarische Lulu-Oper wurde – »unter der schweigenden Nichtachtung der deutschen Kritik« (Beicken, S. 197) – am 2. Juni 1937 in der Schweiz am Stadttheater Zürich uraufgeführt. Particell und Libretto waren ausgeführt. Das Libretto – Wedekinds Text ist um vier Fünftel seines Umfangs gekürzt – wurde vollständig erst 1977 veröffentlicht. 1979 fand die Uraufführung der vervollständigten Oper in Paris statt.

Im Vergleich der Textfassungen Wedekinds und Bergs stellte Dahlhaus fest: »Bergs Textfassung zielt auf eine Eindeutigkeit der Interpretation, die Wedekind [. . .] gerade zu vermeiden suchte.« (S. 73) Dahlhaus sah Bergs Interpretation ganz der Kraus'schen Deutung verpflichtet. Berg hatte die berühmte, von Kraus veranstaltete Wiener Aufführung »Der Büchse der Pandora« 1905 gesehen. Le Rider suchte dagegen eine in sich vielschichtige Wedekind-Rezeption Bergs nachzuzeichnen.

Leider werden in der Musikwissenschaft – daran ist die deutsche Literaturwissenschaft nicht ganz unschuldig – einige philologische Fehldeutungen (noch immer irrt die Gräfin Geschwitz als tragische Hauptfigur durch die Interpretationen) mitgeschleppt. Auf literarische Parallelen der »Lulu« Wedekinds zu Goethes »Faust« und zur Ibsen-Rezeption Bergs verweisen Redlich und Perle.

Adorno, Theodor W.: Erfahrungen an Lulu. In: Ders., Berg. Der Meister des kleinsten Übergangs. Frankfurt 1977, S. 155–174 (zuerst: 1936/1968)

Beicken, Peter U.: Einige Bemerkungen zu Bergs »Lulu«. In: Vergleichen und Verändern. Festschrift f. Helmut Motekat. Hrsg. v. Albrecht Goetze u. Günther Pflaum. München 1970, S. 196–207

Berg, Alban: Lulu. Oper in 3 Akten nach den Tragödien »Erdgeist« und »Büchse der Pandora« von Frank Wedekind. Universal Edition Wien 1936, 1937, 1977

Ders.: Lulu, livret bilingue. Bd. 1 Paris 1979. Lulu. Bd. 2 Friedrich Cerha. Pierre Boulez. François Regnault. Patrice Chéreau. Préface de Rolf Liebermann. Paris 1979

Dahlhaus, Carl: Berg und Wedekind. Zur Dramaturgie der *Lulu*. In: Ders., Vom Musikdrama zur Literaturoper. Aufsätze zur neueren Operngeschichte. München/Salzburg 1983, S. 165–173

Le Rider, Jacques: Lulu de Wedekind à Berg: Métamorphose d'un mythe. Critique 36, 1980, S. 962–974

Oper Frankfurt. Programmhefte der Spielzeit 1979/80. Lulu von Alban Berg. Frankfurt 1979

Mitchell, Donald: The character of Lulu: Wedekind's and Berg's conceptions compared. Music Review 15, 1954, S. 268–274

Neumann, Editha S.: Musik in Frank Wedekinds Bühnenwerken. GQ 44, 1971, S. 35–47

Perle, George: The music of *Lulu*: a new analysis. Musicological Society 12, 1959, S. 185–200

Ders.: *Lulu*: the formal design. Musicological Society 17, 1964, S. 179–192

Ders.: Berg, Alban. In: The New Grove Dictionary of Music and Musicians. Bd. 2, London/Hong Kong 1980, S. 524–538, bes. S. 531–538

Redlich, Hans F.: Die Oper des sozialen Mitleids, II – »Lulu«. In: Ders., Alban Berg. Versuch einer Würdigung. Wien/Zürich/London 1957, S. 210–267

Den neuesten Stand der philologischen Diskussion über die Entstehungsgeschichte von »Der Erdgeist« und »Die Büchse der Pandora« repräsentieren zwei Arbeiten von Höger (1981) und Hector Maclean (Typoskript, 1978). Beide Untersuchungen zeigen, daß im Fall Wedekinds ohne philologische Kritik der Textgeschichte (s. S. 49f.) seiner Werke deren Interpretation fehlerhaft und fragwürdig wird. Dies trifft auch noch z. B. auf die Studie Rothes zu, deren Verfasser sich zwar um die *innere* »Genesis der Lulu-Dramen« bemühte, dabei aber über weite Strecken deren Textgenese vernachlässigte (S. 32 ff.).

Mit einer unbekannten französischen Quelle machte Kutscher (1947) vertraut. Felicien Campsaurs Pantomime in einem Akt »Lulu« war 1888 im Pariser Nouveau Cirque uraufgeführt worden, gleichzeitig wurde sie gedruckt veröffentlicht. Diese Veröffentlichung kannte Wedekind (Kutscher, S. 497). Auf Motive der Commedia dell'arte (Pierrot), des Grand Guignol bzw. der Comédie rosse (Helena, Jack the ripper), auf das Mignon-Motiv und das Bildmotiv machten erneut u. a. Rothe, Irmer, Elsom und Harris aufmerksam. Den Hinweis Kutschers nützte Harris, um die Lulu-Geschichte der Pantomime mit dem Pygmalion-Motiv zu verbinden: »Moral: um eine Frau kennen zu lernen, muß man sie lieben. In den Händen eines Liebenden verwandelt sich Stein in Fleisch.« (Kutscher, zit. S. 498) Harris: »Lulu is liberated from the role which Schön had insisted that she plays. Her fundamental nature may now rise, undisguised, from the depths of her beings.« (S. 55)

Seitdem hat sich die Forschung oft gefragt, wer und was denn Lulu wirklich sei. Mechtild Plesser erkannte ganz richtig: »Man könnte eine ganze Geschichte der Lulu-Interpretationen schreiben. Jeder Rezensent versucht, sie auf einen dominierenden Zug ihres

Charakters festzulegen. Ihr Wesen wird auf eine Formel reduziert: Sie ist das schöne Tier, die Bestie, das Prinzip des Naturhaften schlechthin, der personifizierte Geschlechtstrieb, der Inbegriff des Weiblichen oder auch die unbedingte menschliche Moral.« (S. 37) Die von ihr beobachteten Stereotypen lassen sich auch als jeweils historisch spezifische Projektionen klassifizieren, z. B. als Männerphantasien oder, so Mayer, als Erscheinungsformen historisch unterschiedlicher Männer-Traumatas (S. 131). Die Beobachtung und die These, daß die Geschichte der Lulu-Deutungen selbst eine Geschichte von Projektionen oder Traumen darstelle, sind interessanterweise selbst erst neuen Datums. Entsteht diese Deutung historisch erst zu einem bestimmten Zeitpunkt oder wird sie erst in einem bestimmten historischen Augenblick aufgegriffen, hat nicht einfach nur ein Paradigma-Wechsel, sondern vor allem natürlich eine Problemverschiebung stattgefunden. Diese Entfremdung ist in unserem Fall durch eine Veränderung der gesellschaftlichen Stellung der Frau verursacht.

Außerdem macht – trotz Veränderung gesellschaftlicher Realität – auch Rezeptionsgeschichte Geschichte. Ihre Basis hat diese immer noch in der Gleichzeitigkeit unterschiedlicher gesellschaftlicher Traditionen und Klassenverhältnisse. Den Auftakt der Lulu-Interpretationen nach 1945 stellte z. B. die Deutung Dosenheimers dar, die »Frühlings Erwachen« und die Doppeltragödie als eine »Trilogie des Geschlechts« klassifizierte (S. 196). Dosenheimer »übernahm« das Stereotyp vom »Weib als Triebwesen«: »Wie Lulu [. . .] dem einzelnen Mann zerstörerisch wird, so würde eine durch nichts, weder Sitte, Moral, Gesetz, Familie noch Religion gehemmte Entfaltung der Sinnlichkeit den Bestand der Gesellschaft aufheben und zwar jeder Gesellschaft« (S. 196). Nur war die Epoche, in der die Doppeltragödie geschrieben und gespielt wurde, nicht Repräsentant jeder Gesellschaft. Wenn es jetzt z. B. eher diskutabel war, daß das andere Geschlecht vielleicht auch eine eigene »Triebstruktur« besaß, dann galt für jene vergangene Epoche zumindest: »At the turn of the century, when the ›official‹ view was that women did not have any sexual pleasures at all [. . .], Wedekind asserted the opposite – Lulu personified female erotic delight.« (Elsom, S. 101). Als unbekannte und verdrängte schien die weibliche Sexualität, wenn dieser patriarchalische Mythos ins Wanken geriet, bedrohlich und zerstörerisch zu werden. Darin zeigte sich, das Patriarchat ist bedrohlich und zerstörerisch.

Emrich, der Lulus »unbedingte Natur« zur »unbedingten Moral« erkor (S. 206), reflektierte damit den Dualismus von Fleisch und Geist nur spiegelverkehrt, weshalb ihn Michelsen rügte, »Natur als ›Moral‹ zu bezeichnen, ist von einer bizarren Sinnlosigkeit: wenn Moral Natur wäre, bedürfte es ihrer nicht« (S. 55), um selbst dabei zu bleiben, Lulu bestehe »aus nichts als Fleisch und Vulva« (S. 55). Der »Naturalist« Emrich, dessen geheimer Referent der – ungenannt gebliebene – Essay von Karl Kraus blieb, individualisierte Lulu zur »individuellen Natur« (S. 208) und machte sie zu einer tugendhaften Heldin, die »kraft ihrer Natur« durch eine »völlig enthemmte männliche Natur« – Natur tilgt sich durch Natur – hingemordet wird (S. 218; dazu Boone, S. 425). Emrich, der auf seine Weise einem – kaschierten – Sozialdarwinismus die Treue hält, mag zwar noch an Dr. Schön die »Phantasiebilder« wahrnehmen, die dieser »in die Frau hineinprojiziert« (S. 216), aber nicht die eigenen. (s. auch Medicus, S. 95). Daß Lulu das »Ideal des ›natürlichen‹ Menschen« verkörpere (Kaufmann, S. 67) und daß Natur Natur zerstöre (Hahn, S. 52), dieser Projektion gesellschaftlicher Antagonismen auf »Natur« erlagen auch Naturdialektiker, die sich nun mit einem Sprung, schließlich geschehe diese Vernichtung auch im Auftrag der Gesellschaft, jener Dialektik entziehen wollten.

Gertrud Milkereit, die zutreffend formulierte, Lulu kenne »keine Moral, im Privaten so wenig wie im Gesellschaftlichen« (S. 8), entdeckte, ihr Anderssein mache Lulu zum Mythos, »in dem der Mann sich selbst zu vollenden« suche: »Jeder Mann, dem Lulu begegnet, sucht in ihr die Ergänzung der eigenen Person, durch die er sich selbst zu finden und damit zu verwirklichen hofft.« (S. 4) Damit machte sie als erste auf das Problem aufmerksam, daß die supplementären Bestimmungen des Mannes an der Frau eine »Substantialität des Weiblichen« (Bovenschen, S. 48) voraussetzen. Dem entspricht – auf beiden Seiten – ein ubiquitäres Rollenset (Unger/Vinçon, S. 174): Lulus Rollenwechsel, ihre Masken setzen eine Parade männlicher Figuren, den maskierten Mann voraus. Durch Typisierung der Frau hoffen alle Männer, so Hahn, zu ergänzen, »was ihnen mangelt« (S. 50).

Als »Synkretismus«, Summe und Nichtsumme von Ergänzungsbestimmungen, wird Lulu zum Mythos; sie repräsentiert Mythisches im Rahmen einer Gesellschaft, die – als modern sich verstehend – im Begriff ist, sich industriell durchzurationalisieren. Der Mythos Frau wird modernisiert; er wird in Mythologeme und Stereotypen zerlegt. So wird in der Tat Lulu ein »Suchbild« (Michelsen, S. 55), das ein Ganzes unterstellt und das es als Ganzes nicht gibt. So wird Lulu zum »Rätsel« (Mensching, S. 61). Ihre Häutungen werden nach Zeittakten vollzogen, festgesetzt durch den »lieblosen Herzschlag« moderner Zeiten. Lulu fungiert als »menschliche Moral« (Emrich), als »ideale Frauenrechtlerin« (Völker), »als

Raubtier Nietzsches« (Michelsen). Schein-Werte treten anstelle von Mythen, welche für die moderne Gesellschaft vollständig verloren sind (Spalter, S. 127).

»Erdgeist« und »Die Büchse der Pandora« bilden kein mythologisches Drama (Irmer, S. 143), auch kein Charakter- oder Schicksalsdrama (Böckmann, S. 87). Vielmehr mischen sich in ihnen Kolportage und Mythos, wie Rothe zeigte. Gesellschaftliches und mythisches Geschehen wird zitiert. »Das Zitierte ist als solches kenntlich gemacht.« (Irmer, S. 143) Aber ein Mißgriff wäre es, zu behaupten, Lulu sei »Femme fatale« und »mythologisches Wesen« zugleich (Rothe, S. 33 ff.). Lulu bleibt eine *Kunstfigur* (dazu Stroszeck, S. 219 u. S. 234), und ihr Bild geht ihr voraus, bevor sie in Erscheinung tritt. Die Dramaturgie dieser Doppeltragödie, der dramatischen Figuren und der dramatischen Sprache geschieht nach den Prinzipien der Typisierung und der Montage (Rothe/Irmer), aber diese dienen nicht nur einfach einer Stilisierung (so Rothe, S. 42 ff.), sondern zugleich deren Demontage, Entstellung und Verfremdung. Wie Lulu so steht auch die gesamte Tragödie im Schnittpunkt verschiedener Dimensionen: einer mythischen, einer historischen, einer individuellen und einer ontologischen: Mythos, Geschichte, Gesellschaft, Geschlecht.

Die Ontologen unter den Interpreten haben Lulu auf ein *Sein* festzunageln versucht: »man hat mich nie in der Welt für etwas anderes gehalten, als was ich bin«. Die naiven und die kritischen Vertreter der Projektionsthese nahmen an Lulu wahr: »Ich habe nie in der Welt etwas anderes scheinen wollen, als wofür man mich genommen hat.« Ist »Lulu« wirklich *namenlos* (Irmer, S. 135, Medicus, S. 98), dann läßt Lulu sich gar nicht interpretieren. Ihre Namen und deren Inhalte aber sind aufgerufen: Lulu heißt Nelli, die kindlich schöne Helena; Lulu heißt Mignon, Eva, Erdgeist; Lulu heißt Lou-Lou, die Kokotte und Grisette; Lulu heißt Adelaide, die Hofdame und Kurtisane; Lulu heißt Martha, die Hausfrau; Lulu heißt Pandora, die Göttin, der Dämon (dazu: Thies). Lu-Lu – aus: Das Weib in der Natur- und Völkerkunde, 1885, von Hermann Heinrich Ploss –: »In gewissen Nächten wird eine Trommel geschlagen (unter den Kannibalen auf Neu-Britannien), alle Prostituierte laufen in den Wald, und werden dort von den jungen Männern gejagt. Dies nennt man ›Lu-Lu‹ – ein Ausdruck, welcher sich auf die Frauen selbst oder auf irgend etwas mit dem Gebrauche Zusammenhängendes bezieht.« (zit. n. Kalcher, S. 379) Lulu ist eine »archaische Iteration« (Rothe, S. 35); Lulu ist das »infinitesimale Alphabet der Lu-st« (Medicus, S. 102). Meinte Medicus, bezogen auf jenes Alphabet der Lust scheine Lulu kein zufälliger Name zu sein

(S. 102), so nahm er diesem Namen doch jede historische Dimension und unterlegte ihm, wie schon Glaser (S. 178), eine »strikte Hetereosexualität« als Triebstruktur, dem Körper der Frau durch die Männer, durch Erziehung eingeschrieben. So läßt jedermann Kritik und Phantasie spielen. In dieser *letzten* Projektion scheint der Projektionsvorgang stillgestellt zu sein. Thies erinnerte dagegen an die historische Dimension der weiblichen Namen. Er schloß: »Gesellschaftliche Rollenproblematik und Triebmetaphysik – beides . . . ist in der Lulu-Gestalt zusammengezwungen.« (S. 267) Thies hätte auch fragen können, welche Rollen Lulu in der Doppeltragödie nicht auf den Leib geschrieben werden: Lulu als Mutter (siehe: Der Erdgeist, 1895, II/1) und Lulu als berufstätige Frau, obgleich sie als »Tänzerin« auftritt. Über die soziale Lage der Frauen vor der Jahrhundertwende haben sich die wenigsten der Interpreten Gedanken gemacht. Die mythischen Projektionen auf die Rolle der Frau in jener Epoche, am lockersten plauderte es die Reklame dieser Zeit aus, erfüllte auch die Funktion psychische Abwehr einer sexuell wie beruflich selbständigen Frau. Historisch bildete sich diese psychische Reaktion im Kleinbürgertum und in der bürgerlichen Mittelklasse aus, aus denen jetzt – unter dem Diktat des Kapitals – mit erworbender Ausbildung oder mit dem Anspruch auf Ausbildung Frauen ins Berufsleben drängten. In diesem Sinn war die Doppeltragödie auch ein Stück »Warnliteratur« (Mayer, S. 135) vor dem Hintergrund, daß durch die fortschreitende Vereinnahmung der Frau durch die industrielle Produktion ihre sexuelle Produktivkraft, statt im Besitz des Mannes zu sein, freigesetzt und destruktiv wirksam würde und schließlich selbst defizitären Charakter bekäme.

Höger hatte nun die Auffassung vertreten, daß die Themen der Doppeltragödie »Geschlecht und Gesellschaft« bzw. »Geist und Geschlecht« heißen (S. 103 f.). Er erhob mit seiner Deutung darauf Anspruch, daß mit der Büchse der Pandora ein »hetärisches Prinzip« (S. 131) reaktualisiert würde, das durch die bürgerliche Gesellschaft vernichtet worden sei. Wedekind identifiziere die bürgerliche Gesellschaft generell mit dem Patriarchat. Das geistige Prinzip ist hier, so Höger, ebenso wie die Sexualität der Frau Gegenstand patriarchalischen Eigentums. Das hetärische Prinzip heißt sexuelle Freiheit der Frau (S. 134). Lulu, die Frau, wählt, und nicht der Mann. In der Öffentlichkeit »entfaltet sich ihre potentielle Sexualität als ›Schönheit‹« (S. 112), in der Privatsphäre als »erotische Attraktion«; im Sexualakt schließlich offenbart sich die überlegene sexuelle Potenz der Frau: der Orgasmus der Frau ist »wichtiger als der des Mannes«. (S. 114) Höger suchte nachzuweisen, Wedekind habe vor Freud und Reich gleichsam als biologisches Faktum die sexuelle Prävalenz der Frau erforscht. Die Kunstfigur Lulu wird Höger zur Symbolfigur für das hetärische Prinzip. Und wie für Nietzsche und Freud ist auch für Wedekind, bestätigte hier Medicus, »das Bewußtsein nur ein lächerlicher Spielball des Unbewußten« (S. 97).

Höger, der am Beispiel der »Urpandora« (s. S. 49f.) Wedekinds hetärisches Denkmodell vorführte, gliederte deren fünf Akte daher nach fünf thematischen Schritten: 1. Akt – Darstellung des Besitzes, 2. Akt – Darstellung kleinbürgerlicher Liebe, 3.Akt – Darstellung des Hetärismus, 4. Akt – Darstellung der Rolle des Geldes, 5. Akt – Darstellung des Kampfes ums Überleben. Schlußfolgerung: In einer durchrationalisierten industriellen männlichen Gesellschaft werden schließlich alle Bedingungen des Lebens zerstört. Die bürgerliche Gesellschaft ist eine der Endzeit. Damit sie nicht das Zeitenende bewerkstelligt, bedarf es eines anderen – eines weiblichen – und eines anderen geistigen Prinzips.

In den an die Namen Lulus fixierten Männerprojektionen entdeckte noch Medicus das Supplement als Surrogat der Lust (S. 102). Höger hat konsequent das Ergänzungstheorem zugunsten weiblicher Substantialität abgeschafft. So wird auch hier letztlich der Projektionsvorgang in einer *letzten* Projektion stillgelegt. Abgespalten wird von Weiblichkeit als eines Ganzen – Sexualität, und so wird *weibliche* Sexualität zu einem Teil eines Ganzen (Höger, S. 105 u. S. 112). Silvia Bovenschen suchte die Projektionsthese an Lulu zu Ende zu denken: »Wedekinds Begriff von Natürlichkeit meint [. . .] die Negation all dessen, was der Frau zur zweiten Natur wurde und beständig für ihre erste gehalten wird.« (S. 45) Bovenschen setzte auseinander, daß die Vorstellung substantieller Weiblichkeit unauflöslich an die Männlichkeitsphantasien weiblicher Rollen geknüpft bleibt. Substanz als Weiblichkeit erweist sich gleichfalls als durch die Ergänzungsbestimmungen der Männer erzeugt: In der Doppeltragödie »funktioniert auf einer ersten Ebene das Abwerfen der Rollen als Realisierung des universellen Rollenhimmels imaginierter Weiblichkeit. Auf einer zweiten Ebene scheint in der Negation der Rollen als letzte ›Rolle‹ imaginierte Weiblichkeit als Substanz auf.« (Unger/Vinçon, S. 175) Dieser »Hypostasierung eines Weiblichen ›an sich‹« (Bovenschen, S. 57) stellte Bovenschen eine Auffassung der Frau entgegen, die sie als *spezifische* Weiblichkeit zu definieren suchte. Diese Auffassung läßt sich, das hat sie mit allen Vorstellungen einer weiblichen Substantialität gemein, als Differenztheorie begreifen. »Von dieser setzt sich die reduzierende Behandlung des Themas Frau als ›Frauenfrage«, die Reduktionstheorie, ab. Sie hat darin ihre Affinität zur Differenztheorie, daß auch sie von der Idee einer besonderen Weiblichkeit ausgeht«. (Unger/Vinçon, S. 173) Die Differenztheorie versteht sich als »Affront gegen die Egalitätstheorien«, welche »die Frau zu dem machen wollen, was der Mann schon ist« (Bovenschen, S. 60). Unter diesem Aspekt der Egalitätstheorie, gleiche Rechte für die Frau einzuklagen, d. h. die Frauenfrage dadurch zu beantworten, die Frau männlich zu machen, war Wedekind zu seiner Zeit ein Gegner der bürgerlichen Frauenbewegung (K 1, S. 363), die mit dieser inhaltlich beschränkten Formel freilich historisch nicht zu ihrem vollen Recht kommt.

Wedekinds Doppeltragödie »Lulu« wird für die kritische Interpretation, welche die Ebene der Immanenz und damit selbstkritisch das Feld der Projektion verläßt, notwendig zum Metatext. »Die Theoreme Differenz und Gleichheit scheinen bloß Ideologeme einer über Männerphantasie kodierten Weiblichkeit zu sein. Das Differenztheorem wiederholt auf theoretischer Ebene die Ergänzungsbestimmungen des Mannes an der Frau. Das Egalitätstheorem weist die vermeintliche Gleichheit der Frau als Anähnelung an den Mann aus. Bleibt die Analyse bei diesen beiden grundlegenden Vorstellungen stehen, durchstreicht sie jede mögliche Geschichte der Frau.« (Unger/Vinçon, S. 173) Zuletzt hat Ulrike Prokop kenntlich gemacht: Die Lulu-Interpretation »mag zeigen, daß Lulu eine synthetische Figur ist, nur dazu da, den Widerspruch in den Entwürfen der Liebenden hervorzutreiben. Sie ist – was keine wirkliche Frau ist – ohne eigenen Entwurf; eben darum in den unterschiedlichen Strukturen immer die, die die Wahrheit zutage fördert.« (S. 30) Lulu – eine Männerphantasie, aber sie ist auch eine »Frauenphantasie, eine Machtphantasie«. In Lulu erscheint »die Fähigkeit der Frauen, sich ihrem Gegenüber als Objekt der Imagination darzustellen [. . .] Das ist es, was die Frauen lernen.« (S. 32) »Nicht um Lulu, die wirkliche Frau geht es, sondern um ihr Bild [. . .] Die Frau wird zum Bild. « (Ebd.) Als Kunstfigur – auch an ihr wird Arbeit als Prostitution sichtbar – repräsentiert sie den »Machtaspekt des Projektionsobjekts. Die andere Seite der Beziehung gibt es nicht: ihre Projektion und Bedürftigkeit.« (S. 33)

So kommt die Geschichte der Lulu-Deutungen selbst zu einem Ende. Wedekinds Doppeltragödie wurde »in einem historischen Augenblick geschrieben, in welchem sich die geschichtliche Aktivierung der Frau mit der verstärkten ideologischen Ausarbeitung der Bilder der Weiblichkeit kreuzt«. (Unger/Vinçon, S. 183) Die Geschichte der Lulu-Deutung zeigt, daß ihre Deutungsgeschichte sich transzendieren läßt. Lulu wäre nicht rationalisierbar (Sattel, S.

244). Als Bild erscheint im Drama Lulu zuerst als Pierrot, ein »zum Kunstwerk stilisiertes Wesen« (Thies, S. 233), ein – totes – Bild, das Pierrot-Lulu *entspricht*. Pierrot – der Tänzer, Lulu – die Tänzerin! Auf die Übernahme der Pierrot-Figur durch das französische Varieté-Theater hat Harris aufmerksam gemacht (S. 54). An die Welt als Theater und an die Welt des Theaters ist doppelt erinnert. »Lulu und das Porträt können sich gegenseitig vertreten, doch sind sie nicht völlig eins.« (Thies, S. 245) Auch auf Lulu als Pierrot-Porträt werden in der Doppeltragödie und in der Deutung Imagines projiziert. Für Rothe löste das »Bild den Widerspruch zwischen mythischem, übergeschichtlichem Erdgeist und der vom Altern nicht verschonten femme fatale auf«. (S. 42) Dem widersprach Thies insofern, als er behauptete, Pierrot sei eine Rolle, »die nicht das Weibliche, sondern eher die Geschlechtslosigkeit« betone (S. 253). An Lulus Pierrot-Porträt ist, ließe sich sagen, »das Lustbild und das Angstbild von der freien Frau« (Prokop, S. 32) fixiert. »Im Bild des Pierrot wiederholt sich: Wie dieser ist Lulu ihrem Ursprung nach niedrigstes Wesen; in der Helle der Farbgebung verkörpert sich der weiße Fleck ihrer Geschichte, ihr Durchscheinendes, das kindlich Geheimnisvolle und Unschuldige. In der Helle ihres Scheins wird das unscheinbar Unbewußte überstrahlt.« (Unger/Vinçon, S. 165) So kehrt in diesem Bild auf andere Weise noch einmal das Ausmaß männlicher Projektion wieder: »Ist Lulu nichts als Schein, dann sind die Imagines, die Projektionen der Männer, die Bildform des Körpers der Männer. Der Körper der Frau ist damit besetzt; sie kann gar keine eigene Körperlichkeit entwickeln.« (Ebd. S. 171) Wie Pierrot erscheint Lulu als seelenlos, beseelt durch Bilder. Pierrot-Lulu: männlich-weiblich, weiblich-männlich! Aus jener traurig-komischen Figur entspringt die utopische Vorstellung, was jenseits des historischen Gegensatzes von männlich-weiblich in beiden, Frau und Mann, gemeinsam Wirklichkeit werden könnte, befreit aus der Verstrickung von Projektion und Rolle.

Der gemeinsame Titel des zu Doppeltragödien gewordenen Gesamtwerkes hieß ursprünglich »Die Büchse der Pandora«. Pandora, das göttliche Wesen, tritt in das Leben des Mannes, so erzählt es der Mythos, so wird der Mythos, in modernisierter Fassung wiedererzählt. Pandora, die Frau, tritt in das Leben des Mannes, und er nimmt ihr alles, was sie zur Frau macht. Er raubt ihr auch ihre Sexualität, schließlich auch ihren »Geschlechtsapparat«. Die Büchse der Pandora ist ein »Sexualsymbol« (Rothe, S. 56, Anm. 74). »Das Stück heißt«, so Höger, »in Wirklichkeit die ›Scheide‹«, die Sexualität ist das »zentrale Thema« (S. 103). Die »Büchse« deutet voraus auf Lulus Tod. Wer sie ihr nimmt, hat nicht erst jetzt, sondern schon zuvor das Leben der Frau und damit überhaupt das Leben durchgestrichen. Der Titel »Der Erdgeist« bedeutete dann – mit einer Formulierung Wedekinds – den »Fleischgeist« der Frau. Aus Mythos und Gesellschaft rekonstruierte Wedekind die Geschichtslosigkeit der Frau. Die kleine Korrektur im zweiten Titel »Erdgeist« (1903) wurde im Zusammenhang mit »Der Büchse der Pandora« (1902/04) von Interpreten wie z. B. Hahn u. a. als Doppeltitel verstanden: Erde und Geist = Prinzip Frau und Prinzip Mann = Prinzip Helena und Prinzip Christus (vgl. Höger, S. 142). Vereinfacht ließ sich dann die Doppeltragödie in ihrem ersten Teil als »Tragödie des Geistes« und in ihrem zweiten Teil als die »Tragödie der Lust«, als die Rache des Mannes an der Frau, als Beschwörung des Erdgeistes und als eine »mißglückte Beschwörung« (Hahn, S. 46) lesen. Unserer Auffassung nach handelt die gesamte »Büchse der Pandora« von der »Dialektik der Gewalt« (siehe auch Rothe, S. 40): Das »O verflucht!« der Geschwitz »richtet sich gegen eine gesellschaftliche Welt, in welcher, beruhend auf der Gewaltgeschichte des Mannes gegen die Frau, Frauen ohne Geschichte bleiben sollen.« (Unger/Vinçon, S. 183)

Literatur:

Böckmann, Paul: Die komödiantischen Grotesken Frank Wedekinds. In: Ders., Das deutsche Lustspiel II. Hrsg. v. Hans Steffen. Göttingen 1969, S. 79–102

Boone, C. C.: Zur inneren Entstehungsgeschichte von Wedekinds Lulu: eine neue These. EG 27, 1972, S.423–430

Bovenschen, Silvia: Inszenierung der inszenierten Weiblichkeit: Wedekinds »Lulu« – paradigmatisch. In: Dies., Die imaginierte Weiblichkeit. Exemplarische Untersuchungen zu kulturgeschichtlichen und literarischen Präsentationsformen des Weiblichen. Frankfurt 1979, S. 43–61

Damm, Sigrid a.a.O. bes. S. 209–212

Demski, Eva: To be Lulu. In: Oper Frankfurt a.a.O. S. 9–12

Elsom, John: Lulu Dancing. In: Ders., Erotic Theatre. London 1973, S. 84–104

Emrich, Wilhelm: Frank Wedekind – Die Lulu-Tragödie. In: Ders., Protest und Verheißung. Studien zur klassischen und modernen Dichtung. Frankfurt/Bonn 1960, S. 206–222 (zuerst: 1958)

Ders.: Immanuel Kant und Frank Wedekind. In: Ders., Polemik. Frankfurt 1968, S. 56–61

Faesi, Robert a.a.O. S. 246–248

Glaser, Horst Albert: Arthur Schnitzler und Frank Wedekind – Der doppelköpfige Sexus. In: Wollüstige Phantasie. Hrsg. v. H. A. Glaser. München 1974, S. 148–184

Hagemann, Fritz: Essay über Frank Wedekinds Drama Erdgeist. Carolinum 38, 1972, S. 37–39

Hahn, Manfred a.a.O. S. 43–54

Harris, Edward P.: The liberation of flesh from stone: Pygmalion in Frank Wedekind's *Erdgeist*. GR 52, 1977, S. 44–56

Höger, Alfons a.a.O. S. 91–147

Irmer, Hans-Jochen a.a.O. S. 90–95, S. 133–148 u. S. 200–203

Kuhn, Anna Katharina a.a.O. S. 82–161

Kutscher, Artur: Eine unbekannte französische Quelle zu Frank Wedekinds »Erdgeist« und »Büchse der Pandora«. Das Goldene Tor 2, 1947, S. 497–505

Maclean, Hector: The Genesis of the ›Lulu‹ Plays (Teil eines unveröffentlichten Typoskripts) 1978

Mayer, Hans: Dalila als bürgerlicher Vamp. 1. Lulu und andere Weibsteufel. In: Ders., Außenseiter. Frankfurt 1981, S. 127–137

McGowan, Ursula: Wedekinds Bühnenstil. Zur Interpretation seiner *Lulu*-Dramen. AULLA 16, 1974/75, S. 227–241

Medicus, Thomas a.a.O. S. 94–105

Mensching, Gerhard: Frank Wedekind »Erdgeist«. In: Ders., Das Groteske im modernen Drama. Dargestellt an ausgewählten Beispielen. Diss. Bonn 1961, S. 60–77

Michelsen, Peter: Frank Wedekind. In: Deutsche Dichter der Moderne. Ihr Leben und Werk. Hrsg. v. Benno von Wiese. Berlin 3. Aufl. 1975, S. 51–69 (zuerst: 1965)

Milkereit, Gertrud: Die Idee der Freiheit im Werke von Frank Wedekind. Diss. Kön 1957

Neumann, Editha S. a.a.O.

Plesser, Mechtild: Der Dramatiker als Regisseur. Dargestellt am Beispiel von Wedekind, Sternheim und Kaiser. Diss. Köln 1972

Prokop, Ulrike: Lulu – vom Umgang mit der Sehnsucht. In: Oper Frankfurt a.a.O. S. 18–33

Rasch, Wolfdietrich: Sozialkritische Aspekte in Wedekinds dramatischer Dichtung. Sexualität, Kunst und Gesellschaft. In: Gestaltungsgeschichte und Gesellschaftsgeschichte. Hrsg. v. Helmut Kreuzer. Stuttgart 1969, S. 409–426

Rothe, Friedrich: Kolportage und mythologisches Spiel: Die Lulu-Dramen a.a.O. S. 32–59

Sattel, Ulrike: Studien zur Marktabhängigkeit der Literatur am Beispiel Frank Wedekinds. Diss. Kassel 1976, bes. S. 229–293

Spalter, Max a.a.O. bes. S. 124–130

Stroszeck, Hauke: »Ein Bild, vor dem die Kunst verzweifeln muß«. Zur Gestaltung der Allegorie in Frank Wedekinds Lulu-Tragödie. In: Literatur und Theater im Wilhelminischen Zeitalter. Hrsg. v. Hans-Peter Bayerdörfer u. a. Tübingen 1978, S. 217–237

Thies, Henning: Lulu, Mignon, Pandora: Stilisierung durch Namen und Anspielungen im Kontext bürgerlichen Bildungsgutes. Wedekind, *Erdgeist* und *Die Büchse der Pandora*. In: Ders., Namen im Kontext von Dramen. Studien zur Funktion von Personennamen im englischen, amerikanischen und deutschen Drama. Frankfurt/Bern/Las Vegas 1978, S. 224–268

Unger, Peter/*Vinçon*, Hartmut: Nachwort. In: Frank Wedekind. Erdgeist. Die Büchse der Pandora. Tragödien. München 1980, S. 155–183

Völker, Klaus: Frank Wedekind. München 1977, S. 31–40 (zuerst: 1965)

Zur Geschichte der Lulu-Darstellung und Lulu-Deutungen im Film:
1917 Lulu. Regie: Alexander von Antalffy
1923 Erdgeist, Regie: Leopold Jessner
1928 Die Büchse der Pandora. Regie: Georg Wilhelm Pabst
1962 Lulu. Regie: Rolf Thiele
1975–77 Lulu. Regie: Ronald Chase
1980 Lulu. Regie: Walerian Borowczyk
1986 Lulu. Der Film in Alban Bergs Oper. Regie: Zoltan Spirandelli u. Gabor Csaszari

Literatur (in Auswahl):
Brennicke, Ilona/*Hembus*, Joe: Klassiker des deutschen Stummfilms. 1910–1930. München 1983

Gregor, Ulrich: Lulu im Kino – von Asta Nielsen bis Nadja Tiller. Drei Wedekind-Verfilmungen. Theater heute 3, 1962, H. 9, S. 50–51

»Der Liebestrank«/»Fritz Schwigerling«, 1899/1907

Kutscher beschrieb den Inhalt des Schwanks ausführlich (K 1, S. 287–303). Als dessen Quelle entdeckte er eine Erzählung über einen »Lebenskünstler« namens Schwiegerling in »Der Zirkus und die Zirkuswelt von Signor Domino« (d. i. Emil Cohnfeld, Berlin 1888). Friedenthal machte den Helden des Stückes wie Kutscher zum »Ahnherrn der männlichen Typenreihe Wedekinds« (Kutscher, 1923, S. 398) und rechnete ihn unter die Gruppe seiner Abenteurer-Figuren (S. 51): »Sie sind alle entfernte, vielleicht manchmal entartet zu nennende Vettern der ›Blonden Bestie‹ Nietzsches.« (Ebd.) Mit Katharina, »Ideal körperlicher Vollkommenheit«, beginnt, so Kutscher, die weibliche Typenreihe, die »über Lulu zu Elfi und Franziska führt.« (K 1, S. 296)

Die »Welt als Zirkus« (S. 52) war das Stichwort, das Friedenthal zuerst in Umlauf für dieses »extravagante Welt-Modell« (Irmer, S. 122) brachte. Fechter nannte es eine »witzige Groteske«, die bereits im Personenverzeichnis mit einem »literarischen Witz« (Rogoschin, eine Figur aus Dostojewskis Roman »Der Idiot«) beginnt (Fechter, S. 68 u. S. 65). Kutscher hielt die Figur Schwigerlings selbst für eine Groteske (K 1, S. 295), verstand den Schwank als Spiel, Theater, »das nicht an der Wirklichkeit kontrolliert werden will« (K 1, S. 298), und urteilte: »Wedekinds Verdienst bleibt die dramatisch-groteske Formgebung, die Ausrundung der Persönlichkeit in sich und ihre Kontrastierung, die Schaffung einer reinen Bohemenatur, das Idealbild eines Zirkusmenschen.« (Kutscher, 1923, S. 398) Damit drückte er aber wieder dem Helden eine naturalistische Maske auf.

Elastizität ist ein Schlüsselwort für das Verständnis des Stückes, für dessen metaphysischen – nicht realistischen – Hintergrund. Erst Irmer begriff den Zusammenhang des Schwanks mit Wedekinds frühen Zirkus-Aufsätzen: »Wedekind hat hier seine ›Zirkusgedanken‹ in eine ›Zirkusdramaturgie‹ umgesetzt« (S. 118). Fazit: »Die Verhaltensweise des Menschen in der Welt muß elastisch sein, das heißt zweckmäßig und zeitgemäß, der jeweiligen Situation angepaßt, realistisch.« (Irmer, S. 121) Nur daß hier »realistisch« als kunstfertig und anti-metaphysisch verstanden werden muß.

Literatur:

Fechter, Paul: »Der Liebestrank« a.a.O. S. 65–68
Friedenthal, Joachim a.a.O. bes. S. 50–52
Irmer, Hans-Jochen a.a.O. S. 118–122
Kutscher, Artur a.a.O. K 1, S. 287–303
   »Signor Domino«, eine Quelle Wedekinds. Die Literatur 26, 1923, S. 395–398
Ders.: Wedekind und der Zirkus. Faust. Eine Monatsschrift f. Kunst, Literatur u. Musik 3, 1924, H. 7, S. 1–5
Neumann, Editha S. a.a.O.

»Der Kammersänger«, 1899

Kutscher rechnete den Kammersänger unter die Vertreter des Prinzips der Elastizität (K 2, S. 52); Friedenthal sah in ihm einen bürgerlichen Narren (S. 61). Recht einmütig wurde der Einakter als eine »profane Perspektive auf den kapitalistischen Kunstbetrieb« (Irmer, S. 96) interpretiert. Zwei kleine Zeitschriftenbeiträge Wedekinds, »Ein unheimlicher Gast« und »Ein gefährliches Individuum« (1896), variieren dasselbe Thema. Fechter, Kutscher, Haida betonten den tragikomischen und grotesken Charakter der drei Szenen. Neumann arbeitete das Drama des welthörigen und des idealistischen Künstlers heraus (S. 21 f.). Hahn brachte das Werk auf die Formel vom Antagonismus zwischen Kunst und Leben (S. 62). Diese »Zweiweltenthese« machte auch Geißler zur Grundlage seiner ausführlichen Deutung: »Gerardo als Star ist völlig eingebunden in die Bedürfnisse des Marktes.« (S. 157) Kunst und Privatleben werden vom Kunstgeschäft beherrscht. Der Parvenü ist – nach einem Wort Wedekinds – »abgerichtet«; der Künstler, Dühring, wird »hingerichtet«. Geißler unterstrich jedoch dialektische Zusammenhänge von Kunst, Liebe und Geld. Nicht weniger als niedrige besitzt auch hohe Kunst ideologische Funktion fürs Individuum und für die Gesellschaft: als ästhetischer Fluchtbereich und zur Affirmation der Gesellschaft. Helene z. B., die bürgerliche Liebhaberin, nähert sich unter dem Vorwand, kunstinteressiert zu sein, dem Kammersänger. Dieser sucht mit dem Hinweis auf sein nächstes Gastspiel, von ihr loszukommen. Für den Komponisten gilt: Ohne das Engagement eines Stars gibt es keine Aufführung, für den Star: ohne Anerkennung des Komponisten durch den Markt keine Übernahme der Rolle (Geißler, S. 158). Der Konflikt bleibt ausweglos. Wedekind nimmt der bürgerlichen Welt und der Kunst ihren schönen Schein. Kunst und Liebe sind prostituiert. Wie die Figuren im Stück wird der Zuschauer desillusioniert. Wedekind treibt Kulturkritik über die Kritik der Kultur – der bürgerlichen Liebes-Kultur wie des kapitalistischen Kunstbetriebs – hinaus zur fundamentalen Kritik der Gesellschaft. Diese Kritik zu entschärfen, hat die Kulturkritik selbst Wedekind Subjektivismus vorgeworfen. In der Wedekind-Forschung wird der »Kammersänger« zum ersten Dokument dafür, daß mit ihm die Reihe seiner autobiographischen Dramen sich ankündige (Fechter, S. 72). So wird der Einakter zum »Spiegel des Seelenzustandes seines Dichters« (Thomas, S. 189), und so wird der Gesellschaftskritik die Spitze gebrochen.

Literatur:

Fechter, Paul a.a.O. S. 68–72

Friedenthal, Joachim a.a.O. S. 58–61

Geißler, Rolf: Wedekinds »Der Kammersänger«, aus: Kunst und Künstler in der bürgerlichen Gesellschaft. In: Literatur für Leser. München 1978, S. 156–160

Hahn, Manfred a.a.O. S. 59–63

Haida, Peter: Frank Wedekind. In: Ders., Komödie um 1900. Wandlungen des Gattungsschemas von Hauptmann bis Sternheim. München 1973, bes. S. 96–98

Irmer, Hans-Jochen a.a.O. S. 95–99

Kutscher, Artur a.a.O. K 2, S. 48–56

Neumann, Editha S. a.a.O.

Thomas, Klaus Wolfram: *Gerardo-Dühring*: Ein Selbstgespräch Wedekinds. GQ 44, 1971, S. 185–190

»Münchner Szenen« – *»Der Marquis von Keith«*, 1900/1907

Der Titel des Erstdrucks hatte den Zusatz: »Nach dem Leben aufgezeichnet von *Frank Wedekind*.« Das Personenverzeichnis der ersten Buchausgabe enthält den Hinweis: »Das Stück spielt in München im Spätsommer 1899.« Diese Persiflage auf den Naturalismus verkannten teilweise die Wedekind-Interpreten. Das Stück ist weder eine »Charakter-Tragikomödie« (K 2, S. 70), noch spielt es in einem »milieugerecht gezeichneten« München (Hahn, S. 63). Es als satirische Posse, als eine schlichte »Hochstaplerkomödie« (Fechter, S. 73) oder als »Satire auf die bürgerliche Gesellschaft« (Hartwig, S. 115) zu begreifen, beruht, wie Höger (S. 96 f.) überzeugend widerlegte, auf einem Mißverständnis. Falsch ist es aber auch, zu behaupten, dieses »tragikomische Schauspiel« falle als Stück aus dem Rahmen der Gattungsgeschichte des Dramas (Hartwig, S. 98). Über seine gattungsgeschichtliche Herkunft hat Bayerdörfer eindrucksvoll aufgeklärt. Wedekind nahm Maß an der historischen Konversationskomödie, dem Salonstück, der Comédie à thèse: »In dem Schauspiel *Der Marquis von Keith* ist die Dialektik zwischen Gesellschaft und Außenseitertum so radikalisiert, daß sich die Anlage der ›pièce‹ grundlegend verschiebt. Dennoch bildet sie den Ausgangspunkt. Wie ihr Inhalt, die Welt der Gesellschaft, zum kolportierten Muster wird, das die Halbwelt nachlebt, so bildet ihre Form das dramatische Gerüst, an dem ein wirtschaftliches Projekt als zentrales Sujet aufgehängt wird. So ist das Drama ein Beispiel für Wedekinds ›außergesellschaftliche Gesellschaftsstücke‹, die mit ihren Themen dort beginnen, wo die typischen Gesellschaftsstücke aufhören‹.« (S. 347) Bayerdörfer führte dazu den Nachweis sowohl für die Konstellation und Typologie der dramatischen Figuren als auch für die dramatischen Motive: Geld, Moral, Liebe, Häuslichkeit etc. und für die strikte gesellschaftliche Antithetik. »Monde und Demimonde reichen sich die Hände, [. . .] im fortgeschrittenen Stadium der Gesellschaftsentwicklung schirmt sich das Besitzbürgertum nicht mehr grundsätzlich gegen den Hasardeur ab, sondern paktiert mit ihm, wenn es geschäftlich aussichtsreich erscheint.« (S. 348) Aus der Spannung zwischen den Polen Monde und Demimonde ergibt sich auch die Polarisierung antagonistischer Werte: »Das Drama objektiviert diese Polarität in seinen Außenseitergestalten. Die Gruppe um Keith reproduziert die veräußerlichte, ganz auf das Geschäft bezogene Komponente des bürgerlichen Bewußtseins, die innerhalb des Establishment Casimir verkörpert. Der Gegenpol, die abstrakte Verinnerlichung der bürgerlichen Moral, findet seine dramatische Nachbildung in Scholz« (S. 349). Bayerdörfer sprach von der »verkehrten« Salonkomödie (S. 354). Irmer erkannte schon zuvor prinzipiell die *Parodie* auf literarische Formen des Lust- und Trauerspiels (S. 101 u. S. 104; ähnlich: Nolting, S. 19). Exakt erfaßte Weber, daß der »Marquis« »mit peinlicher Genauigkeit auf die Form des fünfaktigen Dramas hin gebaut« sei (S. 39, siehe auch Hartwig, S. 99). Die historische Dramaturgie wird zitiert; als Ganzes wie in seinen vielfältigen Formelementen zum Zitat aus Zitaten montiert (Vgl. Nolting, S. 18 f.). Dieses konstruktive Verfahren hatte am »Marquis von Keith« Fechheimer schon sehr früh bemerkt (S. 295). Höger hob das »Unwahrscheinliche« des bloßen Geschehens hervor und unterstrich, daß dieses Stück keine *imitatio* darstellt, »sondern konstruktivistisch Wirklichkeit erzeugt.« (S. 99 f.) Stiften so Parodie und Zitat formal Zusammenhang, so auch inhaltlich – durch Figuren und Themen nicht nur aus dem Konversationsstück, sondern auch aus dem klassischen Drama. Ein »modernisiertes« Fausttthema entdeckte hier bereits Kapp (S. 62). Dieses Motiv untersuchte ausführlich Maclean, auch Rothe (S. 70, Anm. 13) und Paulsen (S. 210) machten nebenbei darauf aufmerksam. Wer ist Faust, wer ist Mephistopheles? Hartwig sprach glücklich von der »Doppelung der Hauptgestalt« in den Marquis und in Scholz (S. 97). Fechter bezeichnete deren Doppelgängertum als »dialektisches Widerspiel« (S. 74). Die motivische Verschränkung der Faust-Mephisto-Figur in Keith und Scholz und wechselseitig in beiden entdeckte Maclean (S. 164 u. S. 178 f., dazu auch Dedner, S. 509). Scholz wird zum großen Versucher von Keith (Irmer, S. 204). Aber schließlich bleibt doch Keith avancierteste Hauptfigur und auch – hauptsächlicher Figurenträger. »Mit seinem eigentlichen Namen verbleibt er bezeichnenderweise in der Anonymität« (Kuttenkeuler, S. 575), aber seine soziale Herkunft von »unten« ist bekannt. So wird er im Stück wie auch in der Deutungsgeschichte – historisch dort, wo sie sich auf Dramengeschichte versteht – unterschiedlich taxiert: als Hochstapler und betrogener Betrüger (Friedenthal u. a.), als Abenteurer und Phantast (Fechter u. a.), als Egoist (Kutscher u. a.), als der Prototyp des Unternehmers, als Genußmensch und Spieler (Weber u. a.), als Selfmademan und Idealist (Milkereit u. a.), als Narr und Teufel (Hartwig u. a.), als gefallener Teufel und Nietzscheanischer Umwerter und Rationalist (Maclean/Wipf), als Luzifer und Seiltänzer (Wysling u. a.), als Räsoneur und Hasardeur (Bayerdörfer), als Spekulant, Gründungsschwindler und Intellektueller (Dedner), als Prototyp des Außenseiters (Kuttenkeuler u. a.). Vor allem die Zeitgenossen glaubten in der Figur des Marquis von Keith Wedekind zu sehen (Fechter, Thomas Mann; aber auch noch Kuhn, siehe dazu: Dedner, S. 512). Überwiegend wurde in der Deutungsgeschichte Keith als Hochstapler und Abenteurer verstanden. Über die Geschichte dieser Figur handelten Weber, Rothe, Wysling und Kuttenkeuler. Wichtig ist aber, Keith trägt einen *falschen* Namen (Nolting, S. 19).

Figur und Ideen scheinen, aufeinander bezogen, zu oszillieren. Überhaupt erscheint jede »an Prinzipien fixiert« (Rothe, S. 62). Hartwig und Bayerdörfer beschrieben die wechselseitigen Figuren-Variationen und kontroversen Figurenkonstellationen, welche das Stück »am Laufen halten« (Hartwig, S. 99 u. S. 108, Bayerdörfer, S. 348 f.). Wie schon Hartwig an der Figur Raspes illustrierte (S. 111), haftet allen Figuren etwas Allegorisches an. Höger, der z. B. Bayerdörfers wichtigen Aufsatz nicht zur Kenntnis nahm (ein weiteres Beispiel für die Diskontinuität innerhalb der Wedekind-Forschung), sprach abstrakt von Symmetrie und Asymmetrie im Figurenaufbau, von komplementärer und kontradiktorischer Gegenüberstellung (S. 100 f.). Er definierte diese Dramaturgie als »begrifflich-allegorisch« (S. 125). Rothe (S. 64) nannte sie »konstruktivistisch«. Als Verkörperungen von Etwas, Höger setzte dafür ein: Altruismus und Egoismus, Lebenspessimismus und Wille zum Leben (S. 118 ff., auch Maclean, S. 165 u. S. 170), sind Scholz und Keith gleichsam unsterblich (dazu Rothe, S. 73). Dieses allegorisierende Verfahren haben Rothe und Höger als Wedekinds grundlegendes Stilprinzip beschrieben. Hatte Wedekind seine ästhetischen Anschauungen früh zunächst in den Zirkus-Aufsätzen und in »Der Witz und seine Sippe« skizziert, so referierte er sie neu – und jetzt für seine neuesten Dramen – in dem »kritischen Essay« »Schriftsteller Ibsen und ›Baumeister Solneß‹« (1902). Diesen Aufsatz hat die gesamte Wedekind-Forschung (eine Ausnahme bilden nur Höger, S. 124 und Irmer, S. 170) bisher falsch datiert (1905) und entsprechend falsch zur Interpretation von Wedekinds sog. Spätwerk herangezogen. Für die späteren Dramen Wedekinds ist dagegen der fragmentarische und erst posthum erschienene Essay »Die Braut von Messina« (1909/12) als theoretischer ästhetischer Versuch bedeutsam. Wichtig als Ergänzung zu Bayerdörfers Analyse bleibt, daß Wedekind sich in seiner Dramenkritik natürlich auch auf das Gesellschaftsdrama à la Ibsen bezieht, während er später für seine Ästhetik bewußt das klassizistische Drama zu seinem Referenten macht. Wenn Rothe den späten Aufsatz für seine »Marquis von

Keith«-Deutung zu Rate zog (S. 62 ff.), dann wird er historisch-kritisch dem Drama nicht gerecht.

Auch der Ort der Handlung ist allegorisch – und nicht naturalistisch – repräsentativ für Thema und Zeitgeschichte (dazu Wipf, S. 52). Dedner beschrieb ihn einfallsreich als Szene für die Polarisierung von Metropole und Provinz, von Amoralität und Seelentiefe, von Glück und Unglück, von Babylon und Idylle, von Großstadt- und Kolonialexotik. (S. 500–504): die Metropole als modernisierter Mythos für das Leben, das »Allermodernste«, »halb Tanzboden«, »halb Totenkammer« (dazu Hartwig, S. 102). Repräsentativ für diese allegorischen Vorstellungen ist der »Feenpalast«, Schwindelprojekt und illusionäres Monument (Böckmann, S. 95 f. u. Kuttenkeuler, S. 588). Dem entspricht das Feuerwerk: Täuschungsmanöver, Blendwerk und artistisch realisierte Illusion (Hartwig, S. 100). So ist auch das Drama insgesamt »nicht von wahrer Tragik und echtem Pathos erfüllt, sondern parodistisch, gelegentlich possenhaft, an unrechten Stellen pathetisch und dadurch lächerlich; [. . .] die würdevolle Form mit Harlekinschellen und Scharlatanfetzen behängt, und der alles erschütternde Donnerschlag des Schicksals wird durch einen explodierenden Feuerwerkskörper verursacht«. (Weber, S. 40)

Entsprechend sind auch Sprache und Dialog konstruiert. In seinem eindrucksvollen Aufsatz hatte Thomas Mann bereits auf die »grundunheimliche, kalt-superlativische Rhetorik Wedekinds« hingedeutet (S. 33 u. S. 35). Die Form des Dialogs bewegt sich, so Bayerdörfer, »ständig zwischen reiner Konversation und einem intellektuell zugespitzten Lehr- oder Streitgespräch, dessen Nuancen vom Spielerischen bis zum Verbissenen reichen«. (S. 352 f.) Ein »Aneinander-vorbei-Reden« findet – formal – nicht statt (Wipf, S. 71). Und doch herrscht ein Konversationsstil vor, und doch wiederum kein auf Konsens beruhender »Konversationston« (Bayerdörfer, S. 353 u. Wipf, S. 60). Es handelt sich nicht um einen »einheitlichen Konversationsstil« (Rothe, S. 60). Friedmann kritisierte zu Recht: »Die Charaktere können sich dem Dialog nicht entziehen; aber Dialog als gegenseitiges Verstehen gibt es nicht.« (S. 43) Rothe mißverstand den Zusammenhang von Konversation und Lehrrede »als Zitat von entfremdetem Bewußtsein« (Friedmann, S. 42). Zur Sprache des Konversationsstücks gehörig zählte Bayerdörfer auf: das Bonmot, das Wortspiel, die Reminiszenz, das Zitat, das Aperçu, den Aphorismus. Die Aufzählung läßt sich ergänzen um: die Platitüde (Nolting, S. 23), die Phrase (Wipf, S. 72); den Dialog: in Parataxe und Hypotaxe (Keith/Scholz) geführt (Kuhn, S. 176). Aber, »die Neigung zum Geistreichen und Sententiösen hat Wedekind bis zu dem Punkt gesteigert, wo die stilistische und gesellschaftliche Einstimmigkeit der Konversation zerbricht«. (Bayerdörfer, S. 353) Zum »verkehrten« Konversationsstück, zu diesem »mundo perverso« gehört eine »lingua perversa« (Nolting, S. 25). Verkehrt wird untereinander über eine hochstapelnde Sprache. Keiths Aphorismen dürfen nicht unmittelbar als »geistreich« oder »entlarvend« oder »didaktisch« verstanden werden (Kuhn, S. 207); sie sind auch als *Reklame* zu nehmen: »In der Tat weisen ihn seine Aphorismen über ›Geschäftliches und Allzugeschäftliches‹ oder ›Zur Geneologie des Gewinns‹ in einer Zeit der Nietzsche-Mode als philosophischen Kopf aus.« (Bayerdörfer, S. 354) Nicht von ungefähr versammelte Wedekind provokanter Weise unter dem Titel »Also sprach der ›Marquis von Keith‹« in der »Jugend« (1902) einige jener Aphorismen; blind, wer sie wörtlich nimmt. Die Rede im Konversationsstil führt hier ins Leere. Die Sprache ist wie alle gesellschaftlichen Werte »im Geldwert aufgegangen«. (Bayerdörfer, S. 354).

Wedekinds Zeitgenossen faßten den Gehalt des Schauspiels mit der Formel »Kampf mit dem Leben«, »Kampf um Macht und Leben« (Fechter, S. 73, Kutscher 2, S. 59). Der Dialog zwischen Scholz und Keith im letzten Aufzug deute, so Thomas Mann, hin auf ein »Mysterium der Abdankung« (S. 38). Dem widersprach Kuttenkeuler: Wenn der Verzicht auf Selbstverwirklichung Abdankung und Selbstverwirklichung Verzicht heißt, dann erfolgte die Abdankung hier schon längst oder »sie erfolgt nie!« (S. 587, dazu Damm, S. 229). Es ist »weder Keiths Mittellosigkeit noch seine Verschwendungssucht, die ihn zu Fall bringt«, behauptete Bayerdörfer, letztlich »steht dahinter das wirtschaftliche Interesse Casimirs«. (S. 350) Nicht eine Person, sondern das *Geschäft* setzt sich über ihn hinweg, »wie es alle Personen, an denen ihm gelegen ist, tun«. (S. 351) Aber die Gesellschaft, führte Bayerdörfer treffend aus, behält nicht Recht, sondern nur die Oberhand (S. 354). Seiner Auffassung nach »ist das Hochstaplerstück ein Drama, in dem das Kapital selbst die dramaturgische Schlüsselfunktion übernimmt«: »Seine Intrigen stehen im Zeichen des Geschäfts, seine Dialoge im Zeichen einer abstrakten Selbstbehauptung, sein Personal zerfällt in zwei Welten, sein Milieu wird zum Feld des Konkurrenzkampfes, sein ›denouement‹ wird zum offenen Schluß« (S. 355). Zu ähnlichen Deutungen kamen Friedenthal, der vom Sieg berechnender Ökonomie (S. 64), Hartwig, der von der Darstellung einer »zerfallenen Gesellschaft« (S. 97) sprach. Böckmann: In der »Spielwelt dieser Komödie (geht es) nur noch um den Fiktionscharakter einer Gesellschaft«. »Das Drama gerät in eine Karussellbewegung, [. . .]

der Weg des Fleisches führt zum Tod, während das Geld immer weiter rollt und die Jagd kein Ende nimmt.« (S. 93 u. S. 99). Hahn: »Der Mechanismus des Geldes regiert.« (S. 66) Kuttenkeuler: Die »Idolatrie des Geldes« durchdringt Individuum und Gesellschaft (S. 575). Nolting: »Es geht um das ›Geschäft‹, das ist das Allgemeine (›Moral‹) und das Besondere.« (S. 27). Kuhn: Wedekind ist »hier bemüht, [. . .] die eigentliche kraß materielle Triebfeder der kapitalistischen Gesellschaft bloßzulegen.« (S. 221) Kurzum: »Die Bourgeoisie hat gesiegt, auf der ganzen Linie.« (Dosenheimer, S. 200)

Rothe, Maclean und Höger betonten dagegen eine lebensphilosophische Deutung des Stückes. Rothe: Der Seiltänzer Keith vertraut sich erneut dem Leben, der »endlosen Wellenbewegung des Lebens« an (S. 76). Maclean: Keith »is one of those who perform the invaluable function of opening up an range of possibilities to which the average mentality will never gain access unaided«. (S. 187) Höger: »Ausgehend von den metaphysischen Prinzipien des Pessimismus werden der Egoismus und der Altruismus als die zwei einzigen möglichen Formen menschlichen Verhaltens dargestellt und wird die Bedeutung der Illusion und der nihilistische Charakter des Daseins beschrieben . . . Von der These einer konstruktivistischen Allegorie ausgehend, repräsentiert Scholz [. . .] eine Haltung zum Leben, die dadurch, daß das Sinnlose und Unvernünftige dieses Lebens gesehen wird, zu einer unnormalen Haltung wird und ihren Träger zum Außenseiter, ja zum ›Wahnsinnigen‹ stempelt.« (S. 123 u. S. 115) Über die »Welt als Vorstellung wird zuvor auch Keith desillusioniert, aber er erneuert sie bewußt als lebensnotwendige Illusion und verwirklicht so, »was in ihm wesentlich ist, den Willen zum Leben«. (S. 118 f.). Diese Deutung konvergiert in einem Punkt mit der andern: Behält dort das Geld die Oberhand, so hier das Leben, und nicht die Gesellschaft: Alle gesellschaftlichen Werte gehen im Geldwert auf – bis auf das Leben.

Am Schlußsatz »Das Leben ist eine Rutschbahn . . .«, die humoristische Pointe darf nicht übersehen werden, haben fast alle Interpreten sich aufgehalten. Kutscher dachte sich positiv, daß Keith seine Lebensabenteuer erneut woanders wiederholen würde. (K. 2, S. 64). Weber: »Keith geht aus dem Münchener Abenteuer immerhin mit zehntausend Mark heraus« und »hat erfahren, daß das beste Geschäft in dieser Zeit die Moral ist« (S. 31). Hahn meinte, Weitermachen bedeute erneutes Scheitern (S. 64). Maclean interpretierte die Schlußworte vorsichtig lebensbejahend, die Sentenz bedeute »not so much an ending as a turning point« (S. 187). Rothe urteilte zunächst: Die »Fahrt geht nur nach unten« (S. 74), und behauptete,

Wedekind sei später der negative Aspekt dieses Ausgangs zum Problem geworden. Die alternative unveröffentlichte Sentenz (Nb 53) »Das Leben ist ein verdammt interessantes Experiment!« hebe die Wiederholbarkeit hervor. Das Moment »der in Wahrheit aussichtslosen Fahrt« sei eliminiert (S. 75). Höger griff diesen Hinweis auf und las den originalen Schlußsatz daraufhin »lebensphilosophisch«: »Von der Geburt an geht es immer abwärts, und am Ende erwartet einen der Tod.« (S. 116) Das Leben – ein Kinderspiel, das Leben – ein Experiment: »Sowohl das ›Rutschen‹ wie das ›Experiment‹ können wiederholt werden.« (S. 119) Bayerdörfer vertrat die Ansicht, Keith gebe nicht auf und spiele weiter (S. 352). Kuttenkeuler wertete den Schlußsatz als »Einwilligung ins Dasein«, als »frivol-opportunistische Unterwerfung« (S. 587), während Nolting auf die »zwei Niveaus der Rutschbahn«: oben und unten, wies und urteilte: »Es bleibe alles beim alten« (S. 29). »Zutiefst zweideutig«, so Kuhn, sei die Sentenz »als Ewige Wiederkehr des Gleichen« aufzufassen (S. 219). Keith wie das gesellschaftliche Leben, so sah es pointiert Wysling, verharren im Zustand »ewiger« *Vor-Lust* (Vgl. S. 64).

Die lebensphilosophische und die gesellschaftskritische Interpretation schließen einander nicht aus. Beide Interpretationen stellen aber jedoch »späte« Deutungsversuche dar. Wedekinds Zeitgenossen – Thomas Mann, Friedenthal, Fechter, Kutscher – sahen hinter dem Spiel der Masken den Autor agieren. Sie übersetzten die »allegorischen« Verkörperungen zurück in realistische Charaktere und hielten sie für subjektive Entwürfe des Autors. Sie nahmen das Vordergründige für real, hielten aber, wie Dedner bemerkte (S. 514f.), das Hintergründige für wahr, subjektiv wahr. Dieser Deutungsmechanismus folgte dem allegorischen Schema Maske – Wesen, uneigentlich – eigentlich. Sowohl lebensphilosophischer als auch gesellschaftlicher Kritik war damit der Stachel gezogen. Die Zeitgenossen schienen sich und ihre Gesellschaft in diesem Spiel nicht wiederzuerkennen. Die neuen Deutungen verfahren wie folgt: Die lebensphilosophische rekonstruierte die Idee und entdeckte sie wieder in allegorischen Verkörperungen, in denen das »Leben« mit dem gesellschaftlichen bürgerlichen Leben eine Mesalliance eingeht. Die gesellschaftskritische Deutung ging von der Gattungsgeschichte des Gesellschaftsdramas aus und entdeckte in dessen parodistischer Umwertung eine gesellschaftskritische Intention, verkörpert in Charaktermasken und deren heimlichen Agenten. Alle drei Interpretationsmuster repräsentieren eine Form kritischer Distanzierung. Subjektive *und* objektive Kritik aber sind nötig, nichts hat sich verändert. Die »parabolische Instruktion« dieses

213

Dramas weist sich so in der Tat als ein »Lehrstück« aus (Kutten-keuler, S. 580 u. S. 587): Schärfung des Bewußtseins lautet sein Un-tertitel.

Literatur:

Bayerdörfer, Hans-Peter: *Non olet* – altes Thema und neues Sujet. Zur Ent-wicklung der Konversationskomödie zwischen Restauration und Jahr-hundertwende. Euphorion 67, 1973, S. 323–358

Böckmann, Paul a.a.O. S. 79–102

Damm, Sigrid a.a.O. bes. S. 220–232

Dedner, Burghard: Intellektuelle Illusionen. Zu Wedekinds ›*Marquis von Keith*‹. ZdPh. 94, 1975, S. 498–519

Dosenheimer, Elise a.a.O. S. 199–203

Faesi, Robert a.a.O. S. 241–263

Fechheimer, Siegfried a.a.O. S. 292–298

Fechter, Paul a.a.O. S. 72–78

Friedenthal, Joachim a.a.O. S. 61–67

Friedmann, Jürgen a.a.O. bes. S. 42–50

Goldmann, Paul: »Der Marquis von Keith«. In: Ders., Literatenstücke. Frankfurt 1910. S. 103–114

Hahn, Manfred a.a.O. S. 63–66 u. S. 77–80

Hartwig, Wolfgang: Materialien zum Verständnis des Textes. In: Frank Wedekind, Der Marquis von Keith. Schauspiel in fünf Aufzügen. Berlin 1965, S. 92–120

Höger, Alfons: Der Marquis von Keith, 1900, Beispiel einer konstruktivi-stischen Allegorie. In: Ders., Frank Wedekind. Der Konstruktivismus als schöpferische Methode. Königstein 1979, S. 94–130

Irmer, Hans-Jochen a.a.O. S. 99–105 u. S. 203–204

Kapp, Julius a.a.O.

Kuhn, Katharina a.a.O. S. 162–221

Kutscher a.a.O. K 2, S. 56–72

Kuttenkeuler, Wolfgang: Der Außenseiter als Prototyp der Gesellschaft. Frank Wedekind: »Der Marquis von Keith«. In: Fin de siècle. Zu Litera-tur und Kunst der Jahrhundertwende. Hrsg. v. Roger Bauer u. a. Frank-furt 1977, S. 567–595

Maclean, Hector: Wedekind's *Der Marquis von Keith*: An interpretation based on the Faust and Circus motifs. GR 43, 1968, S. 163–187

Mann, Thomas: Eine Szene von Wedekind. In: Ders., Altes und Neues. Kleine Prosa aus fünf Jahrzehnten. Frankfurt 1953, S. 31–38 (zuerst: 1914)

Milkereit, Gertrud a.a.O.

Nolting, Winfried: Herrschende Kommunikation. Eine Szene aus Wede-kinds »Der Marquis von Keith« als Beispiel der Jahrhundertwende. Lite-ratur für Leser 1980, H. 1, S. 15–30 (Auszug aus ff.)

Ders.: Wedekindes »Marquis von Veith« als Darstellung herrschender Kommunikation und als Beispiel der Jahrhundertwende. In: Ders., Literatur oder Kommunikation. Münster 1982, S. 150–232

Paulsen, Wolfgang: (Wedekind-Rezensionen) Germanistik 10, 1969, S. 210–211

Porzky, Eduard: Der Abenteurer in Wedekinds dramatischem Schaffen. Diss. Innsbruck 1933

Rothe, Friedrich a.a.O. S. 60–76

Weber, Lieselotte: Frank Wedekind. Der Marquis von Keith. Der Abenteurer in dramatischer Gestaltung. Diss. Kiel 1934

Wipf, Verena: Der Marquis von Keith. Diss. Zürich 1969

Wysling, Hans: Zum Abenteurer-Motiv bei Wedekind, Heinrich und Thomas Mann. In: Heinrich Mann. 1871–1971. Hrsg. v. Klaus Matthias. München 1973, S. 37–68

»So ist das Leben« – »König Nicolo«, 1902/1911

Die Deutung, dieses Schauspiel sei inhaltlich ein autobiographisch zu verstehendes Bekenntnis-Drama, blieb bis heute in der Forschung dominant. Diese Interpretationslinie reicht von Blei über Fechter bis Irmer (so auch Dosenheimer und Faesi). Kutscher faßte das Werk als »schmerzlichen Schrei des Dichters«, als dessen »Selbstverteidigung« gegenüber einer ihn nicht vestehen wollenden Zeit auf (S. 97 f.). Er interpretierte das Stück als eine »Passion« (S. 98). Hagemann sah in dem Drama eine »Künstlertragödie« vorgestellt, dennoch repräsentiere es »metaphysische Lebenseinheit« und Lebensbejahung (S. 12). Irmer nannte es »ein symbolistisches Ich-Drama«, dessen Themen seien Künstler und Gesellschaft, menschliche und gesellschaftliche Moral (S. 170 u. S. 174). Sein Hinweis auf Wedekinds Aufsatz »Baumeister Solneß« zur Klärung von Wedekinds dichterischem Verfahren wurde nicht aufgegriffen. Fechter hatte schon von einem »Königsmärchen« als einer Parabel gesprochen (S. 87). Kutscher hatte immerhin die epische Form (S. 99) dieser Dramaturgie geahnt, und Friedenthal war sich des Allegorischen in der Figurenführung bewußt, ohne allerdings näher darauf einzugehen (S. 75). Friedmann wählte den Ausdruck »historische Parabel«, wobei ihn das Historische selbst daran nicht interessierte (S. 27). Er hätte sich damit, wäre er darauf eingegangen, einen Schlüssel für die Deutung von Wedekinds späteren Dramen erwerben können. Als Schlüssel glaubte auch Dedner dieses Werk begreifen zu können, als Schlüssel für das Verständnis des »Marquis von Keith«: König Nicolo und der Marquis waren ihm identische Figuren. (a.a.O. S. 511 f.). In der Tat sind diese beiden Dramen eng

aufeinander bezogen, liest man sie als dramatisch bzw. episch konzipierte allegorische und parodistische Parabeln. In »König Nicolo«, schon sein anderer Titel zeigt es an, wird vordergründig auf
das Verhältnis von gesellschaftlicher Macht, Kunst und Leben an-
gespielt.

Maclean ist es hauptsächlich zu verdanken, daß – mit gutem
Recht – Einspruch gegen die Deutung des »Nicolo« als Bekennt-
nis-Drama erhoben wurde. Sie war, wie ihm nicht entging, durch
die »autobiographischen Elemente« des Stückes verursacht (S. 21).
Zu dessen Motiven, die die dramatische Fabel formen, rechnete er
u. a. »Ödipus auf Kolonos«. Shakespeare-Reminiszenzen (z. B.
King Lear, Der Sturm) lassen sich ebenfalls feststellen. Aber auch
Szenerie und Figuren der Commedia dell'arte scheinen angedeutet.
Maclean erblickte eine mythische Dimension des Stückes aber vor
allem in der Darstellung des Lebens als eines ewigen Kreislaufes:
im Wechsel von Festen und Jahreszeiten, im Wechsel von Geburt
und Tod, von Sein und Schein. Aufstieg und Niedergang, König
und Narr zu sein, Herrscher und Verbannter, Spieler zu sein und
gespielt zu werden, faßte Maclean erneut unter der Deutungsthese
zusammen, das Stück repräsentiere ebenfalls die lebensphilosophische Anschauung des Willens zum Leben. Mit den Gestalten der
Kinder, Filipo und Alma, mit ihrer Vereinigung erhalte dieses lebensphilosophische Märchen seinen utopischen Schluß (Vgl. S. 29
ff.). Kunst- und Lebensmärchen scheinen für einen Augenblick allegorisch eine Einheit zu bilden.

Literatur:

Blei, Franz a. a.O.
Dosenheimer, Elise a.a.O. S. 203–205
Faesi, Robert a.a.O.
Fechter, Paul a.a.O. S. 84–89
Friedenthal, Joachim a.a.O. S. 74–76
Friedmann, Jürgen a.a.O.
Hagemann, Fritz: Essay über Frank Wedekinds Schauspiel König Nicolo
    oder So ist das Leben. Carolinum 37, 1971, S. 11–16
Irmer, Hans Jochen a.a.O. S. 170–175
Kutscher, Artur a.a.O. K 2, S. 93–109
Maclean, Hector: The King and the Fool in Wedekind's *König* Nicolo. Se-
    minar 5, 1969, S. 21–35
Neumann, Editha S. a.a.O.

»Hidalla oder Sein und Haben« – »Karl Hetmann, der Zwerg-riese«, 1904/1911

Die Hinweise, die Kutscher zur Vor- und Nachgeschichte dieses Dramas gab, sind unzureichend, solange über das Arbeitsprojekt »Die große Liebe« keine kritische philologische Untersuchung vorliegt. Zum Thema »Rassismus« verwies bereits vor Kutscher Fechter auf eine Wedekind bekannte Stelle in Immermanns »Münchhausen« (1838/39). Hofmiller verglich das Stück mit Ibsens »Rosmersholm«. Aber seine Behauptung, daß Wedekinds Schauspiel eine Ibsen-Kritik sein könnte, wurde nicht weiter verfolgt. Daß in Hetmann eine Nietzsche-Figur, Zarathustra, persifliert oder gar Nietzsche selbst parodistisch dargestellt sein könnte, vermutete schon Friedenthal (s. auch Hahn, S. 86, Rasch, S. 61, Schröder-Zebralla, S. 168). Schröder-Zebralla zog zu ihrer Interpretation die Erzählung »Bella« und Wedekinds Aufsatz »Über Erotik« zu Rate. Fechter hielt das Werk für »das moderne Seitenstück« zu »König Nicolo«; vor ihm hatte bereits Hofmiller eine inhaltliche und formale Verwandtschaft mit diesem Stück auch im »Marquis von Keith« entdeckt.

Spätestens mit »Hetmann« beginnen die – zeitlich unterschiedlichen – Interpretationsschemata in Kritik und Forschung sich zu verfestigen; ab jetzt werden sie weitgehend unkritisch auf Wedekinds spätere Werke angewandt. Zeitgenossen wie Fechter und Elster galt »Hetmann« als eine der wichtigsten, wenn nicht gar als die »ergreifendste« seiner Dichtungen (Fechter, S. 96). Beide identifizierten Wedekind mit der Hetmann-Figur; Blei wie Hofmiller führten ebenfalls das Schauspiel unter der Rubrik »autobiographische Dramen« an. Dem widersprach erst Kutscher (S. 167 f.), dem wie Friedenthal der »schematisch-allegorische Rahmen« des Stükkes nicht entgangen war (Vgl. S. 174). Von Kampf, geistigem Heldentum und Desillusionierung des Helden sprach Friedenthal, ein Interpretationsmuster, das auch später noch aufgegriffen wurde (Dosenheimer, Faesi, Schröder-Zebralla). Viele sahen wie Hahn in »Hidalla« eine tragische und ironische Bilanz der Lebensziele des Dichters gezogen (Vgl. S. 86). Schon Fechter vermutete, Wedekind widerrufe jetzt einen Teil seiner früheren Anschauungen (S. 97 f.). Für Rothe kündigte sich mit »Hidalla« jene Resignation an, die dann das »Alterswerk« gesellschaftlicher Affirmation preisgegeben habe (S. 80 u. S. 83).

In der neueren Wedekind-Forschung wurden folgende Deutungen favorisiert: 1. In »Hidalla« wird eine in sich antithetische Thematik abgehandelt: Moral und Geschäftsmoral, Liebe und Kapital,

Egoismus und Altruismus, Ideologie und Wahrheit liegen miteinander im Streit. (Kutscher, Irmer, Arntzen, Rasch, Nef). Eine »Sozialutopie« zerbricht an der »sozialen Wirklichkeit«, ein Idealist am kapitalistischen Verwertungsinteresse (Irmer, S. 153). In einer Gesellschaft von Geschäftemachern wird jede Theorie der Selbstverwirklichung zur Ideologie, zur Funktion dieser Gesellschaft. Der Ideologe Hetmann – gleichgültig, welche Lehre er vertritt – wird Angestellter innerhalb eines durch Marketing and Management gelenkten Systems gesellschaftlicher Propaganda (Arntzen, S. 13–15). Hetmann erscheint als »Prophet ohne Lehre« oder als »Prophet mit einer ›falschen‹ Lehre«. Widersprüchlich und falsch ist die Lehre so wie die Gesellschaft, an der sie scheitert (Rasch, S. 67 u. S. 71, Nef, S. 51 u. S. 57). Hetmann scheitert, nicht weil seine Lehre, die Wiedervereinigung von Logos und Eros, falsch ist, sondern weil die Diskrepanz zwischen Lehre und Leben gesellschaftlich unüberbrückbar bleibt (Schröder-Zebralla, S. 185). Wie schon im Drama selbst durch die einzelnen Dramenfiguren, so werden auch durch die Interpreten – jeweils nach ihrem Ansatz – die Figur Hetmanns und seine Lehre ausgedeutet. Irmers einsichtige Bemerkung, Hetmann sei eine antithetische Figur (S. 156), gilt gleicherweise für seine Lehre. Darum ist sie unterschiedlich »besetzbar«. Offenkundig wird diese Antithetik auch in der Titulierung »Zwergriese«, mit der sich Hetmann[1] und Morosini wechselseitig etikettieren, offenkundig auch in der Begriffsklitterung »Moral der Schönheit«. 2. In »Hidalla« wird eine zeitgenössische Diskussion über die naturwissenschaftliche Lehre der Eugenik aufgegriffen. Kutscher, Irmer und Rasch erinnerten an damals verbreitete Schönheits- und Rasselehren: Hentschel, der Initiator des Mittgartbundes veröffentlichte 1904 die Propagandaschrift »Mittgart, ein Weg zur Erneuerung der germanischen Rasse«. 1903 erschien Ludwig Woltmanns rassistische »Politische Anthropologie«. In der Reformbewegung maß man tänzerischer Gymnastik und Nacktkultur eine hohe vitalistische Bedeutung zu. In der Gestalt Hetmanns sahen Arntzen und Rasch sozialgeschichtlich einen Typus eines politischen Propagandisten und Propheten in Erscheinung treten, an dem sich Sehnsüchte und Vorurteile festmachten und durch den Vorurteile und Sehnsüchte verkörpert wurden, wie sie durch eine antagonistische autoritäre Gesellschaft massenpsychologisch geweckt wurden. In der Darstellung eines autoritären Charakters, schließlich gesellschaftlich durchgesetzt und verkörpert in der Füh-

---

1 Schröder-Zebralla entzifferte diesen Namen als verballhorntes »headman« (S. 164). Dgg.: Hetmann = Kosakenführer (Brockhaus 1884, Hinweis Kadidja Wedekind).

rerfigur Hitler und seiner Partei, wurde so, literarisch vorwegge-
nommen, das politisch wahre Gesicht einer ganzen Epoche ent-
schleiert. 3. In »Hidalla« wird eine Debatte über gesellschaftliche
Theorie geführt. Gesellschaftskritisch wird lehrhaft gezeigt, daß
prinzipiell – unter kapitalistischen Bedingungen – jede Lehre eine
ideologische Funktion für die Gesellschaft erhält, zur Ideologie
wird und, wie sich herausstellt, von Anfang an bereits in sich ideo-
logisiert ist. (Arntzen, Rasch, Nef). 4. »Hidalla« läßt sich literarhistorisch entschlüsseln. Wie schon im Fall des »Marquis von Keith«
wird hier Ibsens Gesellschaftsdrama angegriffen. Schon Gumppenberg war sich im Zweifel darüber gewesen, ob dieses Schauspiel
»ernsthaft« oder »parodistisch« gemeint sei (S. 947). Klotz verstand
es als eine Parodie auf das »Ideendrama«, (S. 33), was Arntzen indi-
rekt bestätigte, Wedekind exponiere sein Schauspiel wie ein Boule-
vardstück (S. 11). Im einzelnen wies Klotz nach, daß Wedekind
»sich fürs Muster des bedächtig austarierten geschlossenen Fünfak-
ters« entschied (S. 41): Die fünf Akte sind auf vier Orte verteilt,
diese sind »vorläufige, transitorische Lokalitäten« (Ebd.). Die Zeit
der Handlung ist in sich zerstückelt. Die dramatischen Personen
bleiben »starr die gleichen«. »Eine innere Entwicklung läßt allenfalls Hetmann erkennen«. (S. 42) Ergänzend ließe sich sagen: Waren Lulu und Keith noch synthetische Figuren, so wird Hetmann
zur antithetischen, zum Propheten und Dummen August. Die Einheit der allegorischen Konstruktion wird demontiert. Statt verkörpert zu sein, wird die Theorie, die Lehre zur »Sache« selbst, zur Figur und zur Figurenträgerin: Denn was können Kunst, Schönheit,
Logos und Eros überhaupt noch in einer Gesellschaft sein und be-
deuten, in welcher – ungebrochen – durch das »Haben«, wie es im
Untertitel angedeutet wird, die herrschende Tages- und Gesellschaftsordnung bestimmt ist. Wedekind radikalisiert mit seiner von
ihm weiterentwickelten Dramaturgie selbstkritisch die Diagnose
seiner Epoche. Die gesellschaftlich sich einstellende historische Situation erscheint als auswegslos, lebensphilosophisch gedeutet:
Das Leben zieht sich aus dem Leben zurück. Literarhistorisch ließe
sich ein anderer Zusammenhang weiterverfolgen: eine literarische
Korrespondenz zwischen »Karl Hetmann« und Brechts »Arturo
Ui« (Vgl. Höger, 1979, S. 177, Anm. 61).

Literatur:

Arntzen, Helmut: Der Ideologe als Angestellter. In: Viermal Wedekind.
Methoden der Literaturanalyse am Beispiel von Frank Wedekinds Schau-

spiel »Hidalla«. Hrsg. v. Karl Pestalozzi u. Martin Stern. Stuttgart 1975,
S. 7–21

Blei, Franz a.a.O.

Dosenheimer, Elise a.a.O. S. 205–208

Elster, Hanns Martin: Frank Wedekind und seine besten Bühnenwerke.
Eine Einführung. Berlin/Leipzig 1922

Faesi, Robert a.a.O.

Fechter, Paul a.a.O. S. 89–98

Friedenthal, Joachim a.a.O. S. 67–74

Goldmann, Paul: »Hidalla«. In: Ders., Vom Rückgang der deutschen
Bühne. Polemische Aufsätze über Berliner Theateraufführungen. Frankfurt 1908, S. 97–123

Gumppenberg, Hanns von: (Theaterkritik). Das literarische Echo 7,
1904/05, Sp. 946–948

Hofmiller, Josef a.a.O. bes. S. 102–106

Irmer, Hans Jochen a.a.O. S. 152–159, S. 175–176 u. S. 204–205

Klotz, Volker: Wedekinds Circus mundi. In: Viermal Wedekind a.a.O. S.
22–47 (überarbeitet: 1976, unter dem Aufsatztitel: Wedekinds Wilhelminische Zirkusspiele, in: Ders., Dramaturgie des Publikums)

Kutscher, Artur a.a.O. K 2, S. 159–178

Nef, Ernst: Der betrogene Betrüger wider Willen. In: Viermal Wedekind
a.a.O. S. 48–59

Neumann, Editha S. a.a.O.

Rasch, Wolfdietrich: Das Schicksal des Propheten. Ebd. S. 60–73

Schröder-Zebralla, Josephine a.a.O. S. 159–185

»Totentanz« – »Tod und Teufel«, 1905/1909

Dem Anspruch, mit einer analytischen Studie der Problematik des
Einakters »Tod und Teufel« gerecht zu werden, hat sich erst Kalcher (1980) gestellt. Seine Untersuchung eröffnet auch neue Wege
zum Verständnis der späteren Dramen Wedekinds. Im Gegensatz
zu früheren Urteilen, die in diesem Werk nur ein »Nachspiel« (Irmer, S. 149) zu »Frühlings Erwachen« und »Erdgeist« sahen, griff
Kalcher unter dem Generalthema Lebensphilosophie – unbeküm-
mert darum, ob sich Wedekinds Anschauungen verändert hatten –
dessen Eros-Debatte erneut auf.

Er stellte dar, daß es sich bei diesem Einakter weder um ein The-
sen- noch um ein Charakterstück handelt (s. auch Sokel, S. 203).
Sprachlich setzt sich das Stück aus einer Montage von Konversationsstil, lyrischem und pathetischem Stil zusammen (S. 377).
Schon der Titel fungiert als ein halbes Zitat. Er liest sich, so Kalcher, wie ein Fluch; er liest sich wie ein Motto; Kalcher erinnerte
an Dürers berühmte Darstellung »Ritter, Tod und Teufel«. Der

originale Titel »Totentanz« liest sich, historische Anspielung, wie ein drastisches Memento mori. Aber nicht Lebensverachtung, sondern Lebensbejahung steht zur Diskussion; eine Kritik »lebensfeindlicher Mächte« (S. 292). Mephistos Tod hieß einer der ursprünglichen Titelvorschläge Wedekinds. Außerdem versah der Autor das Werk mit einem Bibel-Zitat als Motto. So erscheint es gleichsam als ein »geistliches« Drama. Jedenfalls ist sein kasuistischer Charakter, wie Friedenthal meinte (S. 88), unverkennbar. Casti Piani – die Übersetzung lautet: Die heimlich Keuschen – und Elfriede von Malchus – ihren Namen erhielt sie, Malchus war der Knecht eines Pharisäers, aus der Bibel – sind von einem merkwürdigen Adel. Kalcher nannte Casti Piani einen »Ritter auf dem Kreuzzug für den Sinnengenuß« (S. 301). Dann ist Elfriede von Malchus, dessen Gegenspielerin, die Kreuzritterin der bürgerlichen Moral. Wenn Casti Piani als geistiger und geschäftlicher Spekulant erscheint (S. 302), dann ebenso Elfriede von Malchus als eine Offizierin der Heilsarmee, Vorkämpferin für die bürgerliche Ehe und Mitglied des »Internationalen Vereins zur Bekämpfung des Mädchenhandels«. Beide wähnen sich im Besitz eines Evangeliums. Das Stück entwickelt sich antithetisch über diese beiden Figuren (Fechter, S. 64, Faesi, S. 255). Aber beide tauschen ihre Rollen, das bemerkte schon Kutscher (S. 236). Das bedeutet einen Perspektivenwechsel und das bedeutet auch ein humoristisches Inszenesetzen des Themas. Casti Pianis geschäftlicher Heroismus und seine heroische Moral werden gründlich demontiert (Kalcher, S. 364). Lisiska, das Freudenmädchen, die Hetäre und der Kunde König alias König Kunde sind ins Spiel gebracht. Demonstriert wird jetzt: Weder das ökonomische Modell noch das bürgerliche Modell der Ehemoral passen zu dem »Triebmodell«, das Lisiska vertritt (Vgl. Kalcher, S. 391). Die Metapher Verkehr für den Geschäftsverkehr und für den ehelichen Verkehr, die Konditionierung des Menschen durch ökonomische und moralische Regeln, hat nichts mit dem Tanz des Lebens zu tun, den Eros verspricht. Die Dynamik des Lebens, (S. 408), die den Tod ein- und nicht ausschließt, erhebt Einspruch gegen die Mechanisierung des Lebens, gegen dessen Funktionalisierung. Lisiska, die antike Hetäre – auch hier modernisiert Wedekind einen alten Mythos – repräsentiert die sexuelle Prävalenz der Frau. Auf diese Weise gibt die Fabel zugleich Kunde von der historischen sexuellen Unterdrückung der Frau durch die patriarchalisch organisierte Gesellschaft (S. 367). Die Perspektive des Lebens reicht weit über die des gesellschaftlichen Lebens hinweg. Casti Piani ist nur scheinhaft entschiedener Gegner der bürgerlichen Gesellschaft. Wedekinds Einakter führt über Sozialkritik hinaus (S. 308). Referent seiner Gesellschaftskritik ist das Leben, aber nicht als Abstraktum: »Alle Akteure des Einakters zielen darauf, des Phänomens der Lust Herr zu werden« (S. 308). Das ist männlich, nicht weiblich. Darin verkennen sie den dialektischen Charakter der Lust. Unwiderruflich entschwindet das Leben einer lustfeindlichen Gesellschaft: Totentanz der Lust, Totentanz des Lebens. Aber eher werden noch die Spekulanten und die Freudenmädchen ins Himmelreich kommen!

Fechter vertrat die Ansicht, Wedekind gebe hier eine »Summe« seiner erotischen Anschauungen, zugleich hätten sich diese jetzt gewandelt (S. 59 u. S. 63). Kutscher unterstellte Wedekind eine »Revision« seiner vitalistischen Vorstellungen. Dieses Urteil hat Schule gemacht (Dosenheimer, S. 199; Irmer, S. 151 u. a.). Das sind Projektionen der Interpreten. Wedekind radikalisiert, wie sich auch hier zeigt, seine Lebenskritik an der Gesellschaft. Je lebensfeindlicher diese zu werden droht, desto kritischer wird jene Kritik. Das Drama wird zum Lehrstück.

Literatur:

Dosenheimer, Elise a.a.O. S. 196–199
Faesi, Robert a.a.O.
Fechter, Paul a.a.O. S. 59–64
Friedenthal, Joachim a.a.O. S. 88–91
Irmer, Hans Jochen a.a.O. S. 149–152 u. S. 205
Kalcher, Joachim: Frank Wedekind: »Tod und Teufel«. In: Ders., Perspektiven des Lebens in der Dramatik um 1900. Köln/Wien 1980, S. 292–410
Kapp, Julius a.a.O. S. 81–88
Kutscher, Artur a.a.O. K 2, S. 229–239
Sokel, Walter H.: The changing role of eros in Wedekind's drama. GQ 39, 1966, S. 201–207

»Musik«, 1907

»Sinn und Form dieses Stückes bestehen in der Parodie.« (Irmer, S. 160) Daß sich Wedekind hier des Stils der Moritat bedient, wird in der Forschung allgemein festgestellt. Fechter nannte es »Schauerballade«, ihr Gegenstand: ein »modernes Gretchenschicksal« (S. 98). Natürlich ist sie deshalb keine Liebes- oder Schicksalstragödie (Friedmann, S. 93). Durch und durch antinaturalistisch in Szene gesetzt, stellt das Stück weder, wie Adorno vollkommen irrtümlich meinte, ein naturalistisches Drama noch ein »kulturpolitisches Manifest« dar (S. 625). Es richtet sich parodistisch gegen das traditionelle Schicksalsdrama Hebbels (»Maria Magdalena«, 1844) wie gegen das naturalistische Gesellschaftsdrama Hauptmanns (»Rose Bernd«, 1903). »Das Stück gewinnt kolportagehafte Züge und verhindert durch krasse Übertreibung jegliche Identifikation des Zuschauers mit den Personen.« (Haida, S. 104) Zum Untertitel erklärte Kutscher richtig: »›Sittengemälde‹ bedeutet eine Bänkelsängertafel, auf der die Motive mit grellbunten Farben ausgemalt, durch kolportagehafte Bearbeitung zersetzt sind.« (K 2, S. 246 f.) Die dramatischen Personen tragen unmögliche karikierende Namen: »ironischpervers« (Adorno, S. 634) – Hühnerwadel, zynisch-pervers – Reißner, der Wolf, persiflierend-pervers – Lindekuh, Blindekuh, gesellschaftlich-pervers – Frau Oberst etc. Völlig mißverständlich wurde die Figur Lindekuh als eine »unbarmherzige Selbstentblößung Wedekinds« (Hauptmann-Kritik!) aufgefaßt (K 2, S. 249), eine Folge der Fälschung Wedekinds zum Bekenntnis-Dramatiker. Sehr schön beschrieb Haida den dramaturgischen Bau: »Die statisch-analytische Darbietungsweise teilt den Stoff in einzelne Bilder auf, von denen jedes einen Titel trägt [. . .] Durch eine stationenhafte Reihung erhielt das Stück epischen Charakter. [. . .] Das vierte Bild . . . gibt nicht wie die vorausgehenden einen Vorgang oder einen neuen Zustand an, sondern ist eine Deutung des Geschehens« (S. 104 f.), so szenisch ganz dem Bauprinzip der Moritat folgend (Vgl. Irmer, S. 161). Aber nicht nur dadurch wird jede tragische Notwendigkeit demontiert, sondern auch durch einen Dialog, den Friedmann treffend »Zitat von entfremdetem Bewußtsein« genannt hat (S. 91). So richtet sich der kritische Impuls, wie Haida anmerkte, nicht gegen den Einzelnen, sondern gegen eine gesellschaftliche Verfassung, deren Banalität des Lebens durch einen grotesken Humor dekuvriert wird.

Natürlich war Wedekind kein Verteidiger des Abtreibungsparagraphen 218 (dazu Irmer, S. 160). In seiner Vorrede »Mutter und Kind« legte er dar, daß es ihm auf die soziale Anerkennung der unverheirateten Frau und den Schutz des noch ungeborenen Lebens sehr wohl ankomme. Helene Stöcker antwortete auf Wedekinds Angriffe gegen die Frauenbewegung und wies sie als überholt zurück: Längst habe sich die Frauenbewegung auch »die Befreiung des Weibes in der Frau« zum Ziel gesetzt (S. 250).

Literatur:

Adorno, Theodor W.: Frank Wedekind und sein Sittengemälde »Musik«. In: Ders., Noten zur Literatur. Frankfurt 1981, S. 619–626
Fechter, Paul a.a.O. S. 98–102

Friedenthal, Joachim a.a.O. S. 86–87

Friedmann, Jürgen: Musik: Modell eines Lernstückes – Die Funktion der theatralischen Mittel, in: a.a.O. S. 88–105

Haida, Peter a.a.O. bes. S. 104–107

Irmer, Hans Jochen a.a.O. S. 160–163

Kutscher, Artur a.a.O. K 2, S. 243–255

Stöcker, Helene: Wedekind und die Frauenbewegung. Morgen 1, 1907, S. 250–251

»Die Zensur«, 1908

Als ein »Schlüsselstück« für das Werk Wedekinds kennzeichnete Damm »Die Zensur«. (S. 260). Die Geschichte der Wedekind-Forschung sei die Probe für diese Behauptung. Kritik und Forschung haben keineswegs bestritten, daß dieser Einakter Wedekinds Konflikte mit den Zensurbehörden zur Voraussetzung hat. Dies verleitete aber einen Teil der Interpreten dazu, wie Best richtig hervorhob, dieses Werk als eine dramatisierte Biographie (S. 279) zu verstehen. Wedekind zieht hier die »Summe« seines Lebens, schrieb Fechter (S. 110). Die »Zensur« sei, Friedenthal sprach es als erster aus, ein »document humain« (S. 104, vgl. K 3, S. 46). Best gab dagegen zu bedenken, Wedekind habe bewußt den Einakter reich mit autobiographischem Material ausgestattet, nachdem die zeitgenössische Kritik ihm immer wieder literarischen Narzißmus vorgeworfen hatte (Hofmiller, S. 118 f. , Kutscher, S. 46, Medicus, S. 237). Bests Hinweis kann noch dadurch ergänzt werden, daß Wedekind bewußt auch Zitate zeitgenössischer gegen ihn gerichteter Kritik in die Dialoge der drei Hauptfiguren hineinmontiert hat (s. z. B. Worringers Wedekind-Aufsatz). Wedekind nahm offensichtlich nicht nur die staatliche Zensur, sondern auch die mit seinem Werk sich befassende Literaturkritik als zensorische Instanz aufs Korn. Dies zum gesellschaftlichen Vordergrund des Stücks!

Beschworen wurde auch, die Dramenfigur sei eine »Maskierung« Wedekinds (K 2, S. 42). So wurde das Werk »naturalistisch« gedeutet als »vergeistigte Biographie« (Shaw, S. 25). Das geht nur, wenn man Wedekinds Persiflage auf Kritik und Zensur nicht ernstnimmt. Der Puritaner Buridan, ein Wortklangspiel, das Sattel entdeckte, trägt mindestens ebenso Züge Gerhart Hauptmanns wie der Dichter Meier in »Kinder und Narren« Züge Wedekinds. Wichtig aber ist, alle drei Figuren von »Zensur« sind extreme Kunstfiguren: Dr. Prantl, der Theologe, Buridan, der Literat, und Kadidja, seine Geliebte. Den »Kunst«-Namen Kadidja kennen wir schon aus anderen Werken Wedekinds. Sattel machte darauf aufmerksam, daß Dr. Prantl als Vornamen den Namen des Kardinals Cajetan trägt, der Luther auf dem Reichstag zu Augsburg (1518) zur Unterwerfung unter die katholische Autorität zwingen sollte. Dann befände sich Buridan in der Rolle des Ketzers. Der Name Buridan ist ebenfalls ein historisches Zitat.

Wer zensiert wen? Schröder-Zebralla war der Auffassung: Prantl zensiert Buridan, Buridan zensiert Kadidja. Mit derselben Logik läßt sich sagen, Kadidja zensiert Buridan, denn sie will, daß Buridan seine Schriftstellerei aufgibt. Schröder interpretierte Prantl, Buridan und Kadidja als Denk-Figuren. Prantl vertritt den zensierenden Logos, Buridan den ästhetischen Logos, Kadidja den Eros des Lebens. Shaw machte auf die antithetische Konstruktion auch dieses Stückes aufmerksam (S. 24). Buridan steht gleichsam zwischen zwei Lagern: Gesellschaft und Leben, Spiritualismus – Sensualismus, Logos und Eros, Theorie und Praxis, Sein und Schein. Unter diesen abstrakten Antithesen suchte die Forschung das Zensurproblem zu erfassen (z. B. Irmer, S. 178, Schröder-Zebralla, S. 26). Mit einer dreifachen Bedeutung befrachtete Schröder-Zebralla diese Antithetik: Kritik an der Zensur als Theaterzensur, Kritik an der bürgerlichen Lustfeindlichkeit als Zensur an der Sinnlichkeit. Kritik an der Zensur als Selbstzensur (S. 27). Wie hängen nun diese drei Kritiken miteinander zusammen? Denn in diesem Einakter, so Shaw, geht es um ein »Denkspiel« (S. 26). Darüber – meinte ein Teil der Intrepreten – gebe der Untertitel, »Eine Theodizee«, Auskunft: Die Lehre der Theodizee bedeute eine Rechtfertigung der Zensur (Sattel, S. 187). Theodizee bedeute hier, so Dosenheimer, eine Rechtfertigung seiner Schöpfung durch den Autor, durch Wedekind selbst (S. 208). Mauch behauptete: Diese Theodizee handele von der Legitimation der Kunst, der Einakter sei eine Verteidigungsrede (S. 70). Von einer Umwertung christlicher Werte sprach Shaw (S. 33), und Schröder-Zebralla vollendete: »Wedekind will die falsche Theodizee der Kirche durch ihre wörtlich zu nehmende Umkehrung ersetzen. « (S. 51) Das heißt: Die christliche Zensur am Eros soll aufgehoben werden. Die Theodizee stellt eine Rechtfertigung des Eros als Lebensprinzip, eine Negation der Zensur dar (S. 50). Eros aber wird gedeutet als die Einheit von Leben und Tod (S. 45–47). Irmer dagegen vertrat die These: Wedekind desavouiere jede Art der Theodizee: der Zensur wie der Kunst, denn das »Leben« ist mehr als eine Lehre. (S. 181).

Gewiß liest sich das Stück nicht als eine Apologie, aber sehr wohl als eine Demontage. Demontiert ward der Begriff einer Kunst als Lebensüberhöhung. Das »Leben« ist der gemeinsame Referent von Kunst und Gesellschaft. Jede Kunstausübung wird dann fragwürdig, wenn das Leben aus der Gesellschaft schwindet. Best beobachtete: Wedekind »uses the artistic world as a paradigm to reveal the infrastructure to society and sees the artistic milieu as a discordant microcosm of society«. (S. 280) »Zensur« thematisiert eine Verweigerung. Kadidja, die Kunstfigur des Lebens, geht und gibt Buridan »frei«. (S. 286). Aber diese Freigabe heißt Desillusionierung. Die Kunst heute darf kein Festgewand, aber auch kein Reformkleid tragen. Jede Ersatzfunktion der Kunst als Metaphysik bleibt angesichts gesellschaftlicher Zensur suspekt. Kunst muß, will sie glaubwürdig bleiben, in ihrer metaphysischen Ersatzfunktion durch Kunst selbst demontiert werden. Das hat auch ästhetisch Folgen; Montage heißt zugleich Demontage. Damit war eine klassizistische Kunstkritik schon zu Wedekinds Lebzeiten nicht einverstanden. Stattdessen hat sie bis heute Wedekind wegen dieser radikalen Ansicht, die keineswegs zu einem affirmativen »Spätwerk« führte, mit der »Zensur« zu einem Autor abgestempelt, der schließlich das eigene Werk negativ bilanziere. (S. 26). Heißt aber Ideologie: »die Gesellschaft als Erscheinung« (Adorno, Prismen, 1963, S. 21), dann stellt nicht Kunst, sondern Gesellschaft für Wedekind eine negative Bilanz dar. Trostlos wie repressive gesellschaftliche Verhältnisse es sind, bieten Kunst und Leben keinen Trost. Ideologie wäre: eine unsterbliche Kunst; sie ist sterblich.

Literatur:

Best, Alan: The censor censored: an approach to Frank Wedekind's »Die Zensur«. GLL 26, 1973, S. 278–287

Damm, Sigrid a.a.O.

Dosenheimer, Elise a.a.O. S. 208–212

Faesi, Robert a.a.O.

Fechter, Paul a.a.O. S. 102–110

Friedenthal, Joachim a.a.O. S. 104–109

Gangi, Golo: Buridan. Der Demokrat 3, 1910, H. 2. Sp. 50 ff.

Gürster, Eugen: Wedekinds Gestalten und die Bühne. Die Scene 12, 1922, S. 44–47

Hofmiller, Josef: Wedekinds autobiographische Dramen. Süddeutsche Monatshefte 6, 1909, Bd. 1, S. 116–125

Irmer, Hans Jochen a.a.O. S. 176–181

Kutscher, Artur a.a.O. K 3, S. 37–48

Mauch, Rolf-Dieter: Die Darstellung der neuen Wirklichkeit im Werke Frank Wedekinds. Diss. University of California. Davis, 1972, 1973

Medicus, Thomas a.a.O. S. 230–237

Sattel, Ulrike a.a.O. bes. S. 185 ff.

Schröder-Zebralla, Josephine a.a.O. S. 17–52 u. S. 186–198

Shaw, Leroy R.: Bekenntnis und Erkenntnis in Wedekinds »Die Zensur«. In: Frank Wedekind zum 100. Geburtstag. Hrsg. v. der Stadtbibliothek München. München 1964, S. 20–36

»Oaha. Die Satire der Satire« – »Till Eulenspiegel«, 1908/1911/1916

Über die gesellschaftlichen und biographischen Hintergründe dieser »Skandalchronik« (K 2, S. 258) informierte Kutscher. Hofmiller nannte es ein »Schlüsselstück sans phrase« (S. 122). Kutscher schloß sich ihm an: »Wir haben es mit einem Schlüsselstück in des Wortes reinster Bedeutung zu tun, mit einer Posse in Steckbriefen.« (S. 258). Auch Irmer übernahm – wie viele andere – diese Etikettierung und wertete das Stück als autobiographisches und kulturhistorisches Dokument (S. 105). Wie Friedenthal hielten die meisten Kritiker diese pasquillartige Literaturkomödie (Kutscher, Fechter) für »nicht gelungen« (S. 87). Nur Alfred Kerr nahm es etwas in Schutz: »›Oaha‹ ist als Werk des Literatenhasses im Vergleich zur Literatursatire von Arno Holz gespensterhaft groß.« (S. 140). »Das Stück wurde nie fertig«, wie Kutscher feststellte (S. 262).

Wedekind gibt durch die mehrfachen Überarbeitungen Einblick in seine dichterische Verfahrensweise. Er paßt nicht nur sein Werk historisch veränderten Zeitbezügen an – Till Eulenspiegel als »Kriegsfassung«: Bloßstellung der »Lumperei des Gesinnungswandels« (K 2, S. 164) –, sondern versucht, dem bloßen Stoff, der story, allmählich ihr bloß Stoffliches zu nehmen. Unabhängig voneinander stellten Stefan Pollatschek und Michael Meyer den Begriff »Schlüsselstück für »Oaha« in Frage. Meyer wies darauf hin, einerseits stehe der Typus Schlüsselstück allegorischer Dichtung als deren »Überspitzung« nahe (S. 192). Andererseits widerspreche die »Vordergründigkeit des Code« im Fall von »Oaha« dem Begriff Schlüsselstück per se (S. 196). Die »Satire der Satire verdient eher die Bezeichnung einer literarischen *Karikatur*. Pollatschek bemerkte ebenfalls die »Unverkennbarkeit der Gestalten« und wertete das Stück als Kampfschrift »gegen die technische Herstellung des Humors«. Als »Zeitprodukt« und im »Kampf für den Humor in diesem ›humorlosen Deutschland‹« sei es »so modern, wie etwa die jetzigen Erfindungen, wie ein Luftschiff, wie ein Gleitboot«. (S. 253 f.)

Literatur:

Fechter, Paul a.a.O. S. 78–81
Friedenthal, Joachim a.a.O. S. 87
Hofmiller, Josef a.a.O. 1909, bes. S. 121–125

Irmer, Hans Jochen a.a.O. S. 105–108
Kerr, Alfred: Thoma–Wedekind–Shaw. Die Neue Rundschau 20, 1909, S. 137–142
Kutscher, Artur a.a.O. K 2, S. 255–264
Meyer, Michael: Theaterzensur in München 1900–1918. Geschichte und Entwicklung der polizeilichen Zensur und des Theaterzensurbeirates unter besonderer Berücksichtigung Frank Wedekinds. Diss. München 1982, S. 191–212
Neumann, Editha S. a.a.O.
Pollatschek, Stefan: Wedekinds »Oaha«. Die Gegenwart 74, 1908, S. 253–254

»Der Stein der Weisen oder Laute, Armbrust und Peitsche. Eine Geisterbeschwörung« (1909/1912)

Als eine märchenhafte Allegorie und närrische Tragödie (Irmer, Friedenthal), in welcher Motive aus dem »Faust«-Stoff und historische Daten zur Figur des mittelalterlichen Alchemisten Basilius Valentinus verarbeitet sind, hat die Wedekind-Forschung dieses erste, ganz in Versen gehaltene Drama des Dichters ausgewiesen. Motivgeschichtlich darf auch an Calderón de la Barcas berühmtes Werk »La vida es sueño« erinnert werden. Basilius identifizierte Kutscher »ohne viel Umschweife«, so dem üblichen Interpretationsraster entsprechend, mit der Person Wedekinds (S. 72). Kutscher brachte alles Nötige zur stofflichen Entstehungsgeschichte. Das Werk selbst sei »in erster Linie von persönlichem Interesse« (S. 71). Seinen eigenen Hinweis, das Stück handele auch vom Humor als Weltanschauung, hat er nicht weiterverfolgt (S. 69 u. S. 72).

Literatur:

Friedenthal, Joachim a.a.O. S. 102–104
Irmer, Hans Jochen a.a.O. S. 205–208
Kutscher a.a.O. K 3, S. 65–74

»Schloß Wetterstein«, 1910

Diese »Familientrilogie« (Mühsam, S. 1271) gleicht, schrieb Irmer, »einem Triptychon, einem dreiteiligen ›Sittengemälde‹.« Er bezeichnete sie als eine Moritat (S. 164). Mühsam behauptete, die Trilogie behandele die »Stellung der Geschlechter zueinander« auf drei

Ebenen: als Drama der Eifersucht (Komödie), als Drama der Scham (Schauspiel) und als Opferfest (Tragödie). Irmer vertrat eine ähnliche Deutung: »Jedem Akt liegt die gleiche dramatische Situation zugrunde: der Kampf auf Leben und Tod zwischen einem Mann und einer Frau.« (S. 163) Als ein Theoriestück über Liebe, Ehe und Familie definierte Friedenthal die Trilogie und hielt sie für die Bilanz einer Berechnung von Liebe und Ehe (S. 102). Faesi: Die Handlung dieses Triptychons »geht ins Monströse krimineller und pathologischer Art« (S. 256). Die sonst so interpretationsfreudige Germanistik wußte zum Gehalt des Werkes nichts weiter zu sagen. Auffällig war das Geständnis, dieses Schauspiel bleibe unverständlich, begrifflich klar schäle sich nichts heraus (Dosenheimer, S. 214; Faesi, S. 257; Fechter, S. 116). Dieses Eingeständnis läßt sich als eine unbewußte Abwehr deuten. Kutscher hielt in diesem Fall sogar Zensur für angebracht (K 3, S. 112).

Die literarischen Anleihen bei Shakespeares »König Richard III.«, bei Beethovens Oper »Fidelio« (ursprünglich: »Leonore«, 1805) und die Korrespondenz mit den »Lulu«-Dramen, Irmer hielt 7/III für eine »Selbstparodie der Lulu-Jack-Szene« (S. 164, dazu auch Medicus, S. 253 f.) blieben nicht unbeobachtet. Dem vielleicht bedeutsameren Hinweis Wedekinds auf seine Auseinandersetzung mit Schriften Rathenaus (K 3, S. 104) wurde bisher nicht nachgegangen. Klar dürfte jedenfalls sein, daß Wedekinds Bilder aus dem Familienleben in Gegensatz zu Ibsens und Hauptmanns Familiendramen stehen (K 3, S. 99 Anm.; Weiß, S. 187). Kutscher erkannte durchaus den allegorischen Charakter der Dramenfiguren. Tschamper nannte er eine Personifikation des Todes, Effi hielt er für eine moderne Hetäre (S. 99 u. S. 102). In der Tat läßt sich dieses Schauspiel als eine »surrealistische« Parodie auf das bürgerliche Familiendrama begreifen. Gesellschaftliches bedeutet Mythisches, Mythisches bedeutet Gesellschaftliches, und der Mythos spielt in den gesellschaftlichen Oberklassen von Geburts- und Geldadel. In der Tat scheint jetzt das Drama radikal auf der »›Haben‹-Seite« (Irmer, S. 165) angesiedelt zu sein. Irmer favorisierte deshalb die Deutung, Thema von »Schloß Wetterstein« sei »Liebe und Ehe in der kapitalistischen Gesellschaft« (S. 165). Mühsam dagegen zog die Deutung vor, das Schauspiel repräsentiere verschiedene Aspekte einer Triebpsychologie (S. 1271). Diese gesellschaftlichen und psychologischen Interpretationen ergänzte Ernst Weiß durch eine dritte: Er betonte: »Wedekind setzt Menschen in die Welt, die für diese ihre Welt ein Gegensatz sind; aber sie sind nicht Gegensätze in sich selbst.« (S. 187) Das heißt, Wedekind konzipiert – bewußt gegensätzlich dazu historische literarische Motive und Formen zitierend und montierend – eine antiklassische und anti-naturalistische Dramaturgie. Als Todesgott bzw. als göttliche Venus treten Tschamper bzw. Effie von Wetterstein auf. Jener Todesgott zahlt nur in einer Münze, »in Gold, und Gold kennt nicht Namen, nicht Ruhm, nicht Würde, nicht Zorn, nicht Lachen noch Liebe« (S. 190). Effie dagegen: »das gesammelte, in sich selbst zum höchsten Liebreiz zusammengeschmiegte Leben!« (Ebd.) Noch einmal, so diese Deutung, schlägt – von Mal zu Mal verschärft – Wedekind hier das Grundthema der Lebensphilosophie an. Alles deutet auf »Untergang« und nocheinmal »Untergang« (Vgl. S. 189). Die Perspektive heißt, dies begriff Irmer, jetzt nicht mehr Utopie, sondern Apokalypse. (S. 167). Das Leben verabschiedete sich aus einer nichts anderem als dem Todesprinzip folgenden und den Tod bringenden tödlichen patriarchalischen Gesellschaft.

Literatur:

Dosenheimer, Elise a.a.O. S. 212–216

Faesi, Robert a.a.O. bes. S. 256–257

Fechter, Paul a.a.O. S. 112–117

Friedenthal, Joachim a.a.O. S. 92–102

Irmer, Hans Jochen a.a.O. S. 163–169

Kutscher, Artur a.a.O. K 3, S. 92–112

Lorenz, Dagmar: Wedekind und die emanzipierte Frau. Eine Studie über Frau und Sozialismus im Werke Frank Wedekinds. Seminar 12, 1976, S. 38–56

Medicus, Thomas a.a.O. S. 250–256

Mühsam, Erich: Schloß Wetterstein. Schaubühne 6, 1910, Bd. 2, S. 1269–1271

Rothe, Friedrich a.a.O. S. 119–125

Weiß, Ernst: Ein Wort zu »Schloß Wetterstein«. In: Ders., Die Kunst des Erzählens. Frankfurt 1982, S. 187–190 (zuerst: 1924)

Scheller, Will: Schloß Wetterstein. Die Neue Rundschau 23, 1912, Bd. 1, S. 580–584

»Franziska. Ein modernes Mysterium«, 1912

Schon Erich Mühsam mußte eine Verteidigung für »Franziska« schreiben, da die zeitgenössische Kritik seine dramatischen Arbeiten seit »Hidalla« überwiegend negativ beurteilte. Er hielt »Franziska« für »Wedekinds reichstes und tiefstes, in der Konzeption kühnstes und im ganzen Wurf genialstes Werk«. (Schaubühne, S.

664) Schwarz bewunderte den »tollen Wirbel« dieser Theatralik (S. 237), die Mühsam als eine »Symphonie« »aus grotesken und lyrischen, romantischen, tragischen, lustigen und pikanten Tönen« beschrieb (S. 667). Wedekind zog alle Register seines dramaturgischen Könnens: Er beginnt und endet, so Irmer, das Schauspiel mit einer Parodie auf das Familiendrama (S. 211). Zugleich scheint das Werk Parodie und Pastiche der Faustsage und der Faust-Dichtung Goethes zu sein, aber mit dem Anspruch, Welt-Theater zu sein, ein Mysterienspiel, Theater im Theater, ausgestattet mit Chören und Liedern. Den vielschichtigen dramaturgischen Aufbau: kontrastive Szenenfolge, literarische Kontrapunktik zum klassizistischen Drama, Einsatz objektivierter Formen der Sprache wie Erzählung und Lied, Spiel im Spiel, Verssprache als konzentrierte Sprache und parodistisches Mittel, symbolisch-allegorische Stilisierung der Handlung und der Figuren, mußte auch Friedmann anerkennen (S. 155). Klar war allen Interpreten, daß hier eine bewußt modernisierte Gestaltung der Faust-Thematik versucht worden war. Aber bereits der Untertitel »modernes Mysterium« fand nur geteilten Beifall. Übersehen wurde, daß auch er schon ironisch gefärbt war, eine zitierte Phrase, von der damals – nicht nur in der Literatur – gerade inflationärer Gebrauch gemacht wurde. Ein zeitgenössischer Kritiker behauptete, das Stück sei gar kein Mysterium (Hecht, S. 674), und – freilich ungewollt – hatte er damit gar nicht so sehr Unrecht.[1] Kutscher bezeichnete es als »das Mysterium vom Weibe« (K 3, S. 119). Außerdem wies er darauf hin, daß der mephistophelische Veit Kunz »Mysterien« schreibe (S. 117). Er verwies auch darauf, daß »Franziska« nach der »biographischen Technik« des Mysterienspiels (Leben Christi) abgefaßt sei. Himmel, Erde und Hölle werden in Bewegung gesetzt. Irmer ging, auf Kutscher sich stützend, auf dieses Mysterienspiel im Spiel ein und erläuterte dessen Programm: die »Wiedervereinigung von Heiligkeit und Schönheit« (S. 216 f.).[2] Aus Goethes »Venezianischen Epigrammen« stammte das Motto zu »Franziska«. Irmer meinte: »Das ›Mysterium‹ machen Franziskas Verwandlungen aus.« (S. 210) Franziska: die Faustina, das Mann-Weib, der Ehe-Mann, die Ge-

---

1 Beides trifft zu: Mysterium und Mystifikation (Erläuterung K. Wedekind).

2 Mystifikation/Mysterium: »Im 7. Bild des Stückes tritt Veit Kunz als Jesus Christus auf. Es existierte ein Verbot, Jesus Christus auf einer weltlichen Bühne darzustellen. – Wedekind hatte eine Erneuerung und Erweiterung des Christentums im Sinn, eine Versöhnung mit der Sinnenfreudigkeit und Naturnähe des klassischen Altertums.« (Erläuterung K. Wedekind)

liebte, die Hure, die Schauspielerin, der Genius, der Dämon, Helena, ein Mythos, der Eros, Madonna usf.! Kutscher dagegen dachte es sich so: Gezeigt wird, wie das Weib wieder zurückfindet zu seiner wahren Natur (S. 130). Fechter und Friedenthal sahen sowieso in dem modernen Mephisto Veit Kunz, in diesem »titanischen Menschen« und nicht in Franziska die Hauptfigur (Fechter, S. 117 f. u. Friedenthal, S. 114, s. auch Kutscher, S. 122).

Franziska ist, scharfsichtig formulierte es Mühsam; »eine durchaus poetische Figur« (Kain, S. 133), eine Kunstfigur, und das Drama selbst, gegen jeden Verdacht einer »Altersschwäche« erhaben, ein »Akkord der Lebensbejahung« (Mühsam, S. 667). In der Tat findet jede »symbolistische« Darstellung im Drama seine »rationalistische Auflösung« (Kain, S. 136). Franziska, so sah es Friedmann, zerbricht schließlich alle ihr aufgedrückten Rollen (S. 144), sie will keine Leibeigene sein (Mühsam, S. 133). Aber falsch wäre es, sie als reale Person zu nehmen, auch sie ist eine Allegorie des Lebens, und nicht – wie männliche Projektion sich einbildet – eine Realisierung der Weiblichkeit, Rollenträgerin aus der Sicht des Mannes.

Die sog. »Schlußapotheose« (Schwarz, S. 237) entlarvt diesen Männlichkeitswahn. Friedenthal konnte sie sich nicht anders als eigentlich »banal« zurechtlegen (S. 114). Fechter schrieb ohne jeden Skrupel männlich-selbstbewußt: »Dieses Schlußbild des Mysteriums mit Liebe, Güte, Kinderjubel und Ehe ist der bitterste Hohngesang Wedekinds auf den Glauben an die Entwicklungsmöglichkeiten der Frau – und zugleich auf das eigene Prophetentum. Er wirkt fast wie ein Racheakt mit der penetranten Gartenlaubenholdheit, die das Familienglück umweht: Wedekind rächt seine eigene Vergangenheit an sich und der Frau. Der männliche Faust endigt wenigstens im Himmel der Seligen, nachdem er den Kreislauf seines Lebens vollendet hat: der weibliche, der es dem Mann gleichtun will, endet damit, daß er den geistig wie den sinnlich Starken sitzen läßt und in die Ruhe einer sich selbstbescheidenden Ehe flüchtet. Die Gartenlaube siegt auf der ganzen Linie, wie sie für die Frau am Ende (sic!) immer siegen wird.« (S. 124) Vielleicht hätte Fechter besser geschrieben: Das Stück endet im Kitsch. Der ganze fünfte Akt ist nämlich, wie schon Irmer richtig bemerkte, Parodie und – zeitkritische Anspielung, Zitat. Der fünfte Akt spielt in Dachau (s. auch Neumann, S. 106). Bekannt waren damals die Künstlergruppe Neu-Dachau (Dill, Hölzel, Langhammer u. a. – stimmungshafte Landschaftsmaler, z. T. in Jugendstil-Manier), aber auch das Künstlerpaar Diefenbach und Höppener (Fidus), die der Lebensreformbewegung (Nacktkultur, Sonnenmenschentum, Vegetarismus usw.) anhingen. Mit der Reformbewegung hatte aber Wedekind wenig im Sinn. Bekannt war auch eine andere Franziska – die sonst so rührigen biographischen Deuter von Wedekinds Dichtung schenkten ihr nicht viel Aufmerksamkeit – Franziska Gräfin zu Reventlow: Legende (s. Fritz, Helmut: Die erotische Rebellion. Das Leben der Franziska Gräfin zu Reventlow. Frankfurt 1980, S. 48–58) war in Schwabing schon ihre Geschichte um ihr Kind, den Hetären-Sprößling, den Sohn, der keinen Vater haben sollte. Madonna mit dem Kinde, nannte Klages beide; Fotografien, die Mutter ganz in Weiß mit dem Kind auf dem Arm, zeigten sie so. Bedeutsamer als eine solche Anspielung war eine literarische, der zum geflügelten Wort gewordene »Zarathustra«-Spruch: »Alles am Weibe ist ein Rätsel, und alles am Weibe hat eine Lösung: sie heißt Schwangerschaft.« Wie dem auch sei, nicht vergessen werden darf auch Wedekinds »Antwort« in der Änderung der Schlußverse (Bühnenausgabe 1914). Dort heißt es ironisch:

>»Das Heer der Kunstphilister knirscht empört,
>   wenn ich mir noch ein glücklich Los gestalte . . .«

Die Madonna mit dem Rosenkranz, die mater gloriosa, stellt freilich auch einen Parallelismus zu Goethes »Faust II« (Grablegung) dar. Almer, der Maler, verklärt Franziska zur Madonna und erklärt sie zugleich – Wedekind karikiert die männliche Inbesitznahme – zu »ma donna« (so Neumann, S. 103). Leben und Kunst werden zum Idyll (Neumann, S. 107). Das aber war eine ironische Reprise, ein keineswegs ernstgemeintes Zugeständnis an den Publikumsgeschmack, ein esoterischer Hinweis zugleich darauf, daß *so* die Kunstfigur Franziska nicht zu verstehen sei. Wedekinds humoristisches Schlußbild einer neuen »heiligen Familie« wurde von einer humorlosen Literaturkritik jedoch, sich selbst desavouierend, gründlich mißverstanden. Äußerlich blieb ihr dann so oder so Wedekinds im Humor verschlossene lebensphilosophische Kritik.

Literatur:

Elsner, Richard: Frank Wedekind. Franziska. Moderne Dramatik in kritischer Beleuchtung. Berlin–Pankow. 1912, Heft 15
Dosenheimer, Elise a.a.O. S. 216–219
Faesi, Robert a.a.O.
Fechter, Paul a.a.O. S. 117–124
Friedenthal, Joachim a.a.O. S. 110–115
Friedmann, Jürgen a.a.O. bes. S. 133 ff.
Hardekopf, Ferdinand: Wedekinds Maske. Die Schaubühne 7, 1911, Bd. 2, S. 440–441

Hecht, Georg: Ein Wort gegen Wedekind. Die Aktion 4, 1914, Sp. 673–674

Irmer, Hans Jochen a.a.O. S. 209–217

Kutscher, Artur a.a.O. K 3, S. 113–135

Mühsam, Erich: Franziska. Die Schaubühne 8, 1912, Bd. 2, S. 664–668
Ders.: Franziska. Kain 2, 1912, S. 129–144

Neumann, Editha S. a.a.O. bes. S. 99–107

Rothe, Friedrich a.a.O. S. 125–132

Schwarz, Karl Johannes: Wedekind-Woche. Der Merker 3, 1912, S. 236–237

»Simson oder Scham und Eifersucht«, 1914

Zur Geschichte des Simsonstoffes im Drama gaben Gerlach und Irmer einige Erläuterungen. Zur Thematik des Dramas muß aber auch auf die damals öffentlich geführte Debatte über den Ursprung des Schamgefühls berücksichtigt werden, an Debatten über Frauenemanzipation bis zur psychologischen Analyse von Scham und Eifersucht. Auf einige Veröffentlichungen, die Wedekinds Interesse fanden bzw. finden konnten, sei hier nur kursorisch hingewiesen: auf Mühsams Aufsatz »Kultur und Frauenbewegung« (1913), auf Oskar A. H. Schmitz' »Hetärentum und Frauenemanzipation« (Der Neue Merkur 1, 1914/15), auf den Artikel »Zur Phylogenese des Schamgefühls« von Viator (Morgen, 2, 1908), auf Rathenaus Schrift »Von Schwachheit, Furcht und Zweck« usw.

»Scham und Eifersucht sind mit der Würde des Menschen schlechterdings nicht in Einklang zu bringen; denn sie setzen die Ungleichheit der Menschen voraus, die fortwährende Unterdrückung des einen durch den anderen.« (Irmer, S. 186) Scham und Eifersucht hielt im Gegensatz zu Kutscher (K 3, S. 142) Irmer neben dem Künstlerthema für die zweite gewichtige dramatische Thematik. Die antithetische Konstruktion in der Themen- und Figurenführung fand allgemein Beachtung. Delila und Simson, Og und Simson, Delila und Og tauschen die Rollen: schamlos und schamhaft zu sein, blind und sehend. Auch die gesellschaftliche Ordnung findet ihre Umkehrung. Die Philister machen sich die Schamlosigkeit zu ihrer neuen Ideologie. Kutscher kritisierte dieses Thema in Variationen als ein äußerliches »logisches Spiel« (S. 142). Irmer zog andere Äußerungen und Notizen (Entwurf »Jungfrau«) hinzu, um zu belegen, daß Schamgefühl und sexuelle Zwangsmoral sich nach Ansicht Wedekinds dialektisch entsprechen. (S. 186 f.). Solange das hetärische Prinzip der Lust gefesselt bleibt, solange besteht keine Hoffnung auf gesellschaftliche Freiheit und Gewaltlosigkeit unter den Geschlechtern. So kommt nur das »von politischer und sexueller Wollust verdinglichte Weib . . . als Racheengel über die Männer-Gesellschaft«. (Irmer, S. 185) Gesellschaftlich bedeutet dies dreifachen Untergang: Mit dem Untergang der hetärischen Frau, mit dem Untergang der Perspektive des *Lebens* vollzieht sich der Untergang der Gesellschaft und damit auch der Untergang der Kunst, so wie sie in der Figur des Simson vorgestellt wird. Der blinde Seher teilt – wie im Mythos – das Schicksal der Gesellschaft, aber diese geht notwendigerweise unter.

Wedekind hat für die dramatische Handlung diesmal ausdrücklich eine biblische Legende benützt. Antiker und christlicher Mythos beschäftigten ihn bekanntlich lebenslänglich – von seinen ersten bis zu seinen letzten Dramen. Jedesmal handelt es sich dabei um Hinweise auf Ursprüngliches, aber die Mythen werden nicht glorifiziert, sondern aktualisiert und – die klassizistische Form des Versdramas parodierend – modernisiert. Die allegorische Konstruktion von Fabel und Figuren widersteht jeglicher Psychologie (s. dgg. Gerlach, S. 88). Scham und Eifersucht sind thematische Figuren. Die Parabel prognostiziert den Untergang – über die unmittelbar bevorstehende »Katastrophe« des ersten Weltkriegs hinaus. Mit Recht wies Irmer nicht nur die Behauptung, Wedekinds Spätwerk sei der »neoklassizistischen Monumentalkunst« (z. B. Rothe) zuzuordnen, zurück, sondern widerlegte sie auch als Geschichtsklitterung (S. 181). Eine Fälschung aber bedeutet auch, Wedekinds »Spätwerk« als »Selbstporträt« (Fechter, S. 129) abzutun. Die »Einsamkeit« Simsons oder Wedekinds, von welcher Irmer bzw. Fechter sprachen, ist nicht die ihre, sondern die einer Gesellschaft, in welcher Surrogate an die Stelle des Lebens getreten sind. Der Form des Surrogats nähert sich – durchaus bewußt – auch Wedekinds Stilkunst an.

Literatur:

Fechter, Paul a.a.O. S. 125–129
Friedenthal, Joachim a.a.O. S. 115–120
Gerlach, Kurt: Wedekind. In: Ders., Der Simsonstoff im deutschen Drama. Diss. Berlin 1929, S. 87–91
Irmer, Hans Jochen a. a.O. S. 181–188
Kutscher, Artur a.a.O. S. 136–146
Neumann, Editha S. a.a.O.
Rothe, Friedrich a. a.O. S. 132–138

Zum hundertsten Geburtstag Bismarcks (1915) erschien eine Flut literarischer, politischer und historischer Veröffentlichungen über diesen deutschen Staatsmann. Wedekind widmete Maximilian Harden das Werk, einem »begeisterten Parteigänger Bismarcks und erbitterten Gegner des . . . deutschen Kaisers« (Irmer, S. 219) Die Kritik hob es als erstes dokumentarisches Schauspiel hervor. Verglichen mit der apologetischen Bismarckliteratur konnte man diesem Werk schlecht »Objektivität« und »Sachlichkeit« aberkennen (Fechter, S. 129 f. u. K 3, S. 200). Sogar die Auffassung wurde vertreten, Wedekind habe mit »Bismarck« das Theater von einer »üblen, geschichtsklitternden Mischgattung«, nämlich dem historischen Drama, gereinigt (zit. b. Irmer, S. 44). Kutscher bezeichnete Wedekinds Drama als sein »unpersönlichstes Werk«, und Fechter empfand es als eine »halbe Entgleisung« (K 3, S. 199 u. Fechter, S. 131). Beide waren offensichtlich nicht ganz glücklich über Wedekinds angebliche »Objektivität«. Zudem paßte dieses Werk ganz und gar nicht in das bekannte Deutungsschema über Wedekinds »Spätwerk«. Störte Kutscher die »materialistische Exaktheit« (S. 131), so versuchte Kutscher das Werk damit aufzuwerten: »Geschrieben ist der Bismarck aus Interesse an den wirklich großen und kriegerischen Ereignissen, an dem Ringen Preußens und Österreichs um die Vorherrschaft, an dem genialen diplomatischen Spiel des Mannes, der sich entschloß, die deutsch-nationale Einheit unter Leitung des heranwachsenden Preußens herzustellen« (S. 200). Das war nun freilich Kutschers Bismarck-Bild. Der Biograph Wedekinds verdrängte schnell sein biographisches Wissen darüber, warum eigentlich die Familie Wedekind Deutschland 1872 verlassen hatte. Nach Kutscher wurde nun für Wedekind Bismarck »Ausdruck der Sehnsucht nach einem rettenden Manne« (S. 200). Irmer hob dagegen hervor, es sei bemerkenswert, »daß Wedekind während des Weltkrieges nicht den deutsch-französischen Krieg und die Gründung des Deutschen Reiches als Gegenstand dramatischer Darstellung wählt, sondern den Bruderzwist zwischen Preußen und Österreich« (S. 222). Mit Sicherheit läßt sich zumindest sagen, daß »Bismarck« auch als eine Antwort auf den gerade ausgebrochenen ersten Weltkrieg gemeint war – ein »Kriegsdrama«.

Etwas enttäuscht stellten Fechter wie Kutscher fest, das Stück handele nur von Männern und Politik, es handele sich um eine »absolute Männersache« (Fechter, S. 129 u. K 3, S. 199). Irmer merkte an, das Volk spiele in Wedekinds »historischem Schauspiel« keine Rolle (S. 222). Dargestellt werde die Rolle eines »Revolutionärs von oben« (S. 219). Irmer entdeckte auch parodistische Züge in der dramaturgischen Inszenierung und in der Montage des zitierten historischen Dialogs. Ganz allgemein hatte schon Harden von einer »entfleischten« Bismarck-Figur gesprochen (zit. b. K 3, S. 206). Dies weist alles darauf hin, daß Wedekinds Stück keineswegs »moralisch-heroisch« konzipiert war oder daß Wedekind bloß einer Bismarck-Mode (Hahn, S. 89) folgte. Irmer wies auch hier zurecht den Vorwurf zurück, »Bismarck sei »neoklassizistische Monumentalkunst« (S. 218). Heinrich Mann schrieb über Wedekind: Er »führte das Unheil auf Bismarck zurück, er hatte sich mit ihm bekannt gemacht. Sein ›Bismarck‹ ist wohl nur Zwischenakt, mehr Wiedergabe als Schicksal, ein ungeliebter Held. Oder liebte er ihn, und durchschaute nur die Folgen, die solch ein Held hat?« (S. 409)

Ganz im Gegensatz dazu warf die neuere westliche Wedekind-Forschung dem Autor sein »nationalistisches Drama« als blanken Opportunismus, der sich dazuhin nicht ausgezahlt habe, vor (Wagener, S. 250). Schumann schrieb: »eine klare Verherrlichung des starken Mannes« (S. 242). Friedmann charakterisierte Bismarck als »positiven Helden« und strengte sich an, den Autor einer »positivistischen Position« zu überführen (S. 165 u. S. 161): In »Bismarck« erfährt »das imperialistische, feudal-bürgerliche System der wilhelminischen Ära und seine Kriege durch die Verherrlichung der Bismarckschen Politik seine Rechtfertigung«. (S. 168) – Zumindest diese Deutungen sind eine – literaturwissenschaftliche – Geschichtsfälschung.

Literatur:

Fechter, Paul a.a.O. S. 129–131

Friedmann, Jürgen a.a.O. bes. S. 161–169

Hahn, Manfred a.a.O. bes. S. 89–90

Irmer, Hans Jochen a.a.O. S. 218–225

Kutscher, Artur a.a.O. K 3, S. 196–209

Mann, Heinrich: Erinnerungen an Frank Wedekind. In: Ders., Essays. Berlin 1954, Bd. 1, S. 396–413 (zuerst: 1923)

Schumann, Willy: Frank Wedekind – Regimekritiker? Einige Überlegungen zur »Majestätsbeleidigung« in den »Simplicissimusgedichten«. Seminar 15, 1979, S. 235–243

Wagener, Hans: Frank Wedekind: Politische Entgleisungen eines Unpolitischen. Seminar 15, 1979, S. 244–250

Kutschers Andeutungen über die Entstehungsgeschichte und die verschiedenen Entwürfe zu dem Bühnenspiel »Überfürchtenichts« sind leider unvollständig. Mit der Deutung des »Rätselspiels« hatten, wie sie einräumten, Fechter und Kutscher Schwierigkeiten (Fechter, S. 167, K 3, S. 172). Fechter bekannte zum Bilderrätsel dieser »seltsamen Rätseldichtung«: »Ihr Sinn? Es dürfte schwer halten ihn zu formulieren. Wie man sich auch dreht und wendet, es ist nicht möglich, rein aus dem, was vorliegt, eine Deutung zu finden.« (S. 167)

Wer Wedekinds Humor kennt, errät das Bilderrätsel. Mehr wird nicht verraten.

Literatur:

Fechter, Paul a.a.O. S. 165–167
Kutscher, Artur a.a.O. K 3, S. 169–173

»Herakles«, 1917

Kutscher und Irmer suchten Wedekinds Bearbeitung des Heraklesstoffes mit den antiken Darstellungen und Deutungen der Heraklessage zu vergleichen (K 3, S. 215–216 u. Irmer, S. 189–192). Zu schlüssigen analytischen Ergebnissen, inwiefern Wedekind wesentlich mit der Rezeptionsgeschichte dieses Mythos übereinstimmt bzw. inwiefern er sich von dieser unterscheidet, kamen beide nicht. Zwar behauptete Irmer, Herakles- und Prometheusgestalt würden einander angenähert, aber schon Rothe fiel beispielsweise auf, der Befreiung des Prometheus durch Herakles würde keine Bedeutung zugemessen (S. 141). Auch diese Tat bleibt wie alle andern Episode unter Episoden. Übereinstimmend interpretierten Kutscher und Irmer die Herakles-Handlung als einen »Kampf mit sich selbst« (K 3, S. 216), als einen Kampf Herakles' um seine Identität (Irmer, S. 189). Auffällig bleibt, daß – wie Kutscher und Irmer – auch die meisten anderen Wedekind-Interpreten nicht auf die »Entstehungszeit« dieses Kriegsdramas eingingen; erst Friedmann hat dies versucht (S. 164 ff.).

Um es vorwegzunehmen, wie schon für »Bismarck« kam Friedmann auch für »Herakles« zu der Überzeugung, das Drama liefere eine »Rechtfertigung für den Krieg« (S. 169). Das scheint mir aber genauso falsch zu sein wie Rothes Behauptung, Wedekind kehre mit »Herakles« »unter den Schutz eines klassizistischen Himmels« zurück (S. 142). Friedmanns und Rothes gemeinsames Interesse war es, Wedekind – wenn auch auf verschiedenem Wege – gesellschaftlicher Affirmation in seinem »Spätwerk« zu überführen. Der eine versuchte dies über eine formale Stilanalyse, der andere durch eine Inhaltsanalyse zu beweisen. Dies führte beide bereits auf halbem Wege zu nicht aufzulösenden Widersprüchen: Rothe beobachtete, daß das Drama in seinem dramaturgischen Bau eine Episodenstruktur aufweist. Er erkannte darin die Form des Stationendramas und die Passion des Mysterienspiels wieder. Als Versdrama in klassischen Versmaßen erweckte »Herakles« bei Rothe einen »neoklassischen« Eindruck, für ihn bestätigt durch das mythologische antike Gewand. Antiker Mythos und christliche Leidensgeschichte als formale dramatische Prinzipien dünkten Rothe Bombast. Er sah das Drama – wie auch schon »Franziska« und »Simson« – zur »monumentalen Phrase« verformt (S. 143). Unter dem Aspekt der Parodie und der Modernisierung von Mythen liest sich jedoch Rothes Analyse etwas anders: Mythos und Geschichte, Antike und Christentum, Klassik und Moderne werden noch einmal auf die Bühne zitiert. Wozu? Heinrich Mann versuchte darauf eine Antwort zu geben: Er sprach von *Kampf*, und in der Tat scheint »Herakles« nichts anderes als eine bloße Reihung von Kämpfen, gewalttätigen zwischen Männern und Frauen zu sein. Heinrich Mann sprach auch vom *Helden* und fügte hinzu: »Nur wahrhaft Mensch sein dürfen ohne Scham und Eifersucht, mehr will schließlich kein Held.« (S. 550) Daraus ließe sich, so Wedekind, die Psychose des Helden begreifen. Wohin aber mit dem Helden in einer gesellschaftlichen Welt, die systematisch den Untergang plant? Ausgehend von dieser kritischen Überlegung, versetzte Wedekind den Herakles-Mythos in die Moderne. Wohin sollten die Soldaten als angebliche Helden der Moderne aus dem Krieg zurückkehren? – sie, die den modernen Prometheus entfesselten! Die »Apotheose« des Helden verrät es. Menschen, nicht Helden braucht die Erde. Noch einmal deutete Wedekind darauf hin, nicht der Unterwerfung der Natur, sondern den Perspektiven des Lebens zu folgen. Fechter zog einen verkehrten Schluß: »Zwischen Ja und Nein, zwischen Himmel und Hölle leuchtet fast versöhnlich der Abglanz eines griechischen Götterhimmels auf« (S. 135). Wedekind verwechselte keineswegs Griechenland mit Deutschland, mit der Moderne. Genau jene klassizistischen Harmonisierungsversuche suchte er zu demontieren. Mit dem Experiment demonstrativer Parodie riskierte er am eigenen Werk die Phrase und – sein eigenes Stichwort – Kitsch.

Literatur:

Fechter, Paul a.a.O. S. 131–135
Friedmann, Jürgen a.a.O. S. 161–169
Irmer, Hans Jochen a.a.O. S. 189–197
Kutscher, Artur a.a.O. K 3, S. 209–224
Mann, Heinrich: Damit der »Herakles« gespielt wird. In: Ders., Sieben Jahre. Berlin/Wien/Leipzig 1929, S. 548–552 (zuerst: 1928)
Rothe, Friedrich a.a.O. S. 138–143

»Die Pantomimen«, »Die Flöhe oder Der Schmerzenstanz«, 1897/1914; »Der Mückenprinz«, 1897; »Die Kaiserin von Neufundland«, 1897; »Bethel«, 1921

Wedekinds Pantomimen fanden bei der literaturwissenschaftlichen Forschung wenig Beachtung, wie Jones 1966 in seiner Studie feststellen mußte, obwohl auch sie für Wedekinds Vorstellungen über Theater und Leben ein eindrucksvolles Zeugnis sind. Kutscher verwies auf Wedekinds »Zirkusbegeisterung, auf sein Interesse an Tanz und Ballett und beschrieb in knappen Zügen eine Vorgeschichte der literarischen Pantomime, nicht zuletzt, um damit die lange Zeit als niedere Kunst taxierte Pantomime aufzuwerten. (K 1, S. 305–306). Jones korrigierte diese absichtsvolle Aufwertung und betonte: Wedekind »found in the pantomime a rebuttal to a theater which for him had grown too ›literary‹, too unnatural, and too far removed from its purposes of reaching the soul through the senses«. (DA) Zirkus und Varieté in Paris und London waren die Stätten, wo Wedekind die Pantomime als eine moderne Form des »entertainements« kennenlernte. Fechter fühlte sich durch »das Gespenstige dieser wortlosen Welt« (S. 159) beeindruckt und nannte Wedekinds pantomimische Entwürfe »groteske Ideen« (S. 155). Kapp schrieb: »Man hat die Empfindung, als ob der Dichter das ganze Leben, die ganze menschliche Gesellschaft, ihre Moral und Kultur, Gewohnheiten und Gebote, bis hin zu den ewigen Naturgesetzen [. . .] vor einem großen Hohlspiegel passieren lasse und uns daraus dann das Bild entwerfe.« (S. 53) Jones unterstrich: »Wedekind's efforts to reinstate mimic elements in the theater through pantomime had a lasting effect on his later work.« Wedekinds Sicheinlassen auf die Pantomime stellte, so Jones, einen Höhepunkt im Versuch dar, »to revitalize German drama and stagecraft«. Wedekind gehört wie Brecht zu den Theaterautoren, die das Theater unserer Zeit zu revolutionieren versuchten (DA).

Literatur:

Fechter, Paul a.a.O. S. 155–160
Jones, Robert Alston: The pantomime and the mimic element in Frank We-
    dekind's work. Diss. The University of Texas, 1966 (zit. n. DA Nr.
    66-7340)
Kapp, Julius a.a.O. S.
Kutscher, Artur a.a.O. K 1, S. 303–316

Register

SAMMLUNG METZLER

J.B. METZLER

Printed in the United States
By Bookmasters